원림과 중국문화 3

園林與中國文化, 王 毅 著
Copyright ⓒ [1990] by [王 毅]
All Rights reserved.

Korean translation edition ⓒ 2014 by The National Research Foundation of Korea
Published by arrangement with the author, Yi Wang, China
Through Bestun Korea Agency, Seoul, Korea.
All rights reserved.

이 책의 한국어 판권은 베스툰 코리아 에이전시를 통하여
저작권자인 저자 Yi Wang과 독점 계약한 (재)한국연구재단에 있습니다.
저작권법에 의해 한국 내에서 보호를 받는 저작물이므로
어떠한 형태로든 무단 전재와 무단 복제를 금합니다.

본 책은 (재)한국연구재단의 지원으로 학고방출판사에서 출간, 유통합니다.

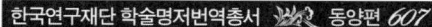

원림과 중국문화

3

저자 | 王 毅
역자 | 김대원

文

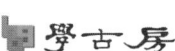

|일러두기|

1. 이 책은 주곡성(周谷城)이 주편(主編)한 '중국문화총서(中國文化叢書)'의 하나인, 왕의(王毅)의 『원림과 중국문화(園林與中國文化)』(上海人民出版社, 1990, 5)를 완역한 것이다.
2. 번역은 최대한 원문의 의미를 살리되 가급적 쉽고 이해가 용이한 현대어를 위주로 하였다. 번역된 글이 직역으로 이해되지 않는 경우, 본의에서 위배되지 않는 범위 내에서 한국적인 언어의 표현방법을 구사하였다.
3. 원문의 각주는 장별로 나누어 주석하였다.
4. 인용문은 원전에 대한 이해가 용이하도록 하여, 한글로 표기하고 주석에서 원문을 참고하게 하였다. 주석의 원문이 없는 경우에는 한자를 병기하였다.
5. 단행본인 경우에는 『』로 표시하고, 편명(編名)·시제(詩題)·서(序) 등은 「」로 표시하였으며, 그림은 〈 〉로 표시하였다. 단행본과 편명·시제·서 등을 함께 표시할 경우에는 『사기(史記)·오제본기(五帝本紀)』의 예로 표기하였다. 원문 인용에는 " "를 사용하였고, 강조나 요약 인용의 경우는 ' '를 사용하였다.
6. 인명을 포함한 고유명사, 고전용어, 전문용어 등에 관하여 일반인도 인식할 수 있도록 주석과 풀이를 제공하며, 원전을 인용한 경우에는 출처를 상세하게 밝혔다.
7. 한글표기와 한자표기의 음이 같은 경우에는 병기하였고, 한글표기와 한자표기의 음이 다를 경우에는 [ ]를 사용하였다.
8. 본문의 내용과 관련된 도판을 최대한 수록하여 내용에 대한 이해도를 높이고자 하였다.

저자 서문

이 책은 지면이 너무 작거나 내용도 그리 복잡하지 않지만, 대체적인 의미는 간단명료하게 개괄했다고 하겠다.

첫째, 중국고대문화의 완정한 체계에서 극히 일부분을 채택했지만, 그것들은 원래 곤륜산과 아름다운 숲이 한 곳에 이어진 것과 같다. 비유하자면, 이 가운데서 언급한 한대(漢代)의 작은 초형인(肖形印)·천지에 가득한 화상전(畵像磚)·색조가 아름답고 고운 당삼채(唐三彩)·얼음처럼 깨끗한 당대(唐代)의 백자(白磁)·진(晋)나라 사람의 수담(手談)·송(宋)나라 사람들의 다도(茶道)·골동서화(古董書畵)·금기시주(琴祺詩酒)·원시종교(原始宗敎)·선진제자(先秦諸子)·위진현학(魏晉玄學)·송명이학(宋明理學) 등과 같은 것이다. 이전의 관례로 보면 이런 것들은 반드시 형이하학적(形而下學的) '기(器)'로 구분하거나 혹은 형이상학적(形而上學的) '도(道)'로 귀결시켰지만, 그 사이에 중첩된 산과 물이 아득하게 보였던 것도 아니고, 눈에 보이는 모든 현상과 원림이 반드시 관계된 것도 아니다.

둘째, 중국고전원림의 면모는 중국고대사회형태의 기본특징과 역사과정에서 엄격한 제약을 받았다. 비록 대수롭지 않은 산을 쌓고 물길을 내는 기교라든가 담담한 분경(盆景)·짧은 난간(欄干)·자그마한 명나라 양식 의자 같은 것 등에 엄격한 영향을 끼쳤다. 원림의 면모가 한 단계 변천할 때마다 모든 정치·철학·예술의 많은 영역에서 전반적인 사회문화체계의 발전과 변화의 추세에 이르기까지 필연적인 원인이 있었다고 보아야 할 것이다.

이 두 가지의 서술이 대체로 마음에 들지 않는다면, 전인들이 역대원림의 형태를 나보다 분명하게 묘사했는지 논할 것 없이, 이 책은 잘못된 기록까지 설명해야 할 것이다. 다시 말해서 독자들로 하여금 원림의 산(山)·지(池)·정(亭)·대(臺)를 통하여 그 이면의 깊고 넓은 배경을 볼 수 있다면 다행이겠다. 물론 책 곳곳에서 얕은 식견이 드러나서 보잘 것 없지만, 세상에 흔치 않은 방법은 시도해볼 가치가 있을 것이다.

원림과 중국문화를 번역하며

 이 책은 중국의 원림과 원림문화를 통시적으로 연구한 것이다. 중세 중국의 원림은 건축이면서 동시에 그것을 경영한 사람의 우주·사회·인간에 대한 정취를 표현하는 예술적·심미적 수단이었다. 뿐만 아니라, 원림을 통해 중세의 많은 시(詩)·서(書)·화(畵)·건축(建築) 등의 예술이 발전되기도 하였다. 원림[정원]은 중국인의 사상, 즉 그들의 우주관·자연관·인생관 등을 나타냈다. 이는 자연과 조화시키려는 마음, 자연과 인간이 하나라는 사유를 표현한 것이다. 중국인들은 원림으로써 정조(情操)를 배양하고, 미학적인 가치를 표현하며, 우주관과 인생관을 포함시켰다. 독일의 역사철학자 슈펭글러(Spengler; 1880~1936)의 저서 『서양의 몰락』에서도 그러한 점이 확인된다.

중국처럼 풍경을 건축의 실제 요소로 담은 나라는 지금까지 없었다. 또 중국의 묘우(廟宇)는 독립된 건축물일 뿐만 아니라 풍경을 위하여 배치했으며, 전반적인 설계에서 산·물·나무·돌·대문·담장·다리·집 등의 조화를 꾀하였다. 중국문화는 원림을 종교예술문화가 되도록 하였으며, 원림을 통하여 중국의 가옥과 궁전건축을 이해하도록 하였다.

 중국에서 원림을 조성한 것은 삼황오제 때부터라고 하지만 문헌기록으로는 주(周) 문왕 때부터라고 한다. 초기의 원림에는 과목(果木)과 채소 등을 심고 금수(禽獸)를 길렀는데, 제왕의 교화와 심신 단련에 목적이 있었다.
 후대에 내려올수록 제왕뿐만 아니라 제후들이 유원(囿園)을 만들게 되었고, 한나라 때부터는 돈과 권세가 있는 개인들도 만들기 시작하였는데, 여기에는 자연과 조화를 이루고 자연에 귀의하려는 노장사상이 많은 영향을 끼쳤다. 이 때의 궁원(宮園·황가원림)으로는 미앙궁(未央宮)·사현원(思賢苑)·상림원(上林苑)·동원(東苑)·감천원(甘泉苑) 등이 유명하였고, 사원(私苑)으로는 무릉원(武陵園)이 유명하였다. 시대를 거듭할수록 원림의 규모는 커지고 화려해졌다.

위진남북 시대는 정치사회의 혼란, 귀족의 비대, 문인의 피난, 불교와 도교의 흥성, 산림문학의 발달 등으로 각종원림이 수 없이 생겨났다. 귀족이나 문인들도 한 결 같이 승려나 도사들처럼 산과 들에 기거하고자 했다. 물론 수심양성(修心養性)이 목적이었다. 산거야처(山居野處)가 쉽지 않은 경우에는 도시 안에 자연을 상징하는 원림을 만들고 자기의 미감과 인격을 표현하고 성정을 기탁하였다.

수당 시대에는 이궁원유(離宮苑囿)의 규모는 더욱 커졌고 중국정원의 기본형식이 완성되었다. 여기에는 조원기술과 산림문학이 큰 역할을 하였다. 이 때에 유명한 것은 왕유(王維)의 망천별업(輞川別業)과 백거이(白居易)의 여산초당(廬山草堂) 등이었다. 특히 〈망천도(輞川圖)〉는 일종의 정원설계도이기도 하여 귀중한 사료가 되고 있다. 여산초당은 문인의 이상적인 생활의 전형(典型)이 되었다. 백거이가 쓴 「초당기(草堂記)」는 아름다운 초당의 모습을 찬탄한 명문장이기도 하다.

송나라 때 이격비(李格非)가 쓴 「낙양원명기(洛陽名園記)」에는 20여개의 크고 좋은 원림이 소개되어 있다. 송조(宋朝)가 양자강 남쪽의 임안(臨按; 지금의 杭州)으로 천도한 후부터는 강남 일대에 원림을 만드는 것이 크게 유행되었다. 즉 금릉(金陵; 지금의 南京) 광릉(廣陵; 지금의 揚州) 상주(常州) 소주(蘇州) 항주 일대에 수 백 개의 원림이 조성되었다.

원나라 때는 화가 예찬(倪瓚)이 만든 청비각(淸閟閣)·운림당(雲林堂)·사자림(獅子林) 등이 유명했는데 사자림은 지금도 소주에 남아 있다.

명나라 때 역시 당송시대의 전통을 계승하면서 원림을 조성하는 것이 전국각지에 유행했다. 원림설계는 갈수록 전업화(專業化) 기교화(技巧化)되었다. 이때의 원림에 관한 글로는 계성(計成)의 『원야(園冶)』, 육종연(陸從衍)의 『취고당검소(醉古堂劍掃)』, 문진형(文震亨)의 『장물지(長物志)』 등이 남아 있다. 또 명나라 때

조원된 것으로는 졸정원(拙政園)·유원(留園)·만원(漫園) 등이 소주에 남아 있다.

청나라 때는 소주와 양주지역에 있는 원림을 본 건륭황제(乾隆皇帝)가 북경의 궁정원유(宮廷苑囿)에 모방하기도 하였다. 북경의 어원(御苑·皇家園林)으로는 이화원(頤和園)·원명원(圓明園) 등이 유명하고, 강남의 사원(私園)으로는 이원(伊園)·개자원(芥子園)·수원(隨園) 등이 유명하였다. 모두 기화요초·기암괴석·누각전정·대소원지 등으로 전통원림의 특징을 갖추었다.

중국미술의 특징이 일반적으로 거대하고 화려하고 섬세하며 기교적이라고 하는데, 중국의 원림도 그렇다. 한국정원의 자연스런 아름다움과는 달리 중국 원림은 인간의 기교를 다해 만든 괴석과 가산(假山), 온갖 꽃과 이상한 모양의 인공못[池], 동굴과 곡교(曲橋)가 많은 전각과 누정 등으로 이루어졌다. 따라서 한국인이 중국정원을 보면 쉽게 싫증을 느낄 수 있고, 중국인이 한국정원을 보면 보잘 것 없다고 할 수도 있다.

우리가 중국의 원림을 관람할 때는 중국인의 자연관과 인생관, 미의식, 중국문인의 조원관(造園觀) 등을 생각하며 보아야지 단순히 건물의 화려함·괴석과 가산의 웅장함, 화초와 과목의 번잡한 등만 보면 안 된다. 중국원림은 중국인 사상의 총체이며 상징이기 때문에 원림과 문학, 미술, 철학 등 모든 문화와의 관계를 고려하여 보아야할 것이다.

중국의 경우 원림은 사대부의 은일문화가 형성되기 시작한 위진남북조시대로부터 발달하였다. 이 시대에는 사대부의 은일문화가 전면적으로 발달하여 원림 외에도 시와 회화, 음악 등 사대부의 은일문화를 구성하는 각각의 영역이 높은 수준을 이루었다. 이처럼 시와 회화, 음악 등의 예술이 원림과 융합되어 사대부의 은일문화를 형성하였으며, 이러한 각각의 예술 영역들이 예술적 취향과 풍격을 공유하면서 상호 교류하는 것은 필연적이라고 할 수 있다.

가령 시와 원림에 국한하여 볼 때, 진나라 말기 저명한 원림 건축가이자 시인이었던 사령운의 시는 대부분 원림의 경관에 대한 묘사였고, 그의 시에 대한 제가의 평가도 원림의 풍격에 대한 형용어와 직접적으로 통하는 것이었다. 뿐만 아니라, 양나라의 종영이 자신의 『시품』이란 저서에서 원림의 풍격을 묘사하는 언어를 가지고 시의 풍격론을 펼쳤던 것도 이와 같은 원림문화 속에서 가능한 것이었다.

　원림이라는 것은 형태상으로나 내용상으로 인간의 우주에 대한 이상을 예술적으로 표현하는 하나의 심미적 수단이다. 따라서 이 책은 원림에 반영된 중국 역대의 심미관·우주론·예술정신 등의 전반을 인식하고, 아울러 문학·예술·철학·건축 등 각 분야별 인문적 사유와 예술적 구현 형태를 다각도로 탐구할 수 있다.

　중국원림을 통하여 문화예술 전반에서 중국 고전과 관련된 총체적인 지식기반을 제공하며, 한국의 역대 원림에 관한 인문·예술적 사유와 심미구현의 실태를 연구하는 기반이 되기를 기대한다.

　시·서화에서부터 문학·철학에까지 일천한 식견으로 번역한 책이지만, 이를 통하여 인문학과 공학·건축·예술·철학이 소통하는데 조금이라도 도움이 되기를 바랄 뿐이다. 이 책의 번역을 위하여 수고를 마다하지 않은 이기범 박사와 동료 교수인 장지훈 박사에게 고마운 마음을 잊지 않겠다. 아울러 책을 완간할 수 있게 지원해준 한국연구재단 관계자 여러분께 감사드리며, 귀한 책으로 엮어 준 학고방 하운근 대표님께 삼가 사의를 표한다. 항상 가까운 곳에서 묵묵히 참고 견디어 준 아내와 가족들에게 고마움과 사랑을 전한다. 끝으로 평생을 자나 깨나 걱정해주시다가 지난 해 유명을 달리하신 어머니 영전에 이 책을 바친다.

　　　　　　　　　　　　　　　　　　2014년 1월 15일 어머니 기일에
　　　　　　　　　　　　　　　　　　소남헌(素南軒)에서 김대원

원림과 중국문화

차 례

01 중국고전원림의 발전 요약

제1장 상고 원림과 선민의 원시숭배 ·· 3
    제1절 영대靈臺 ·· 6
    제2절 영소靈沼 ·· 21
    제3절 영유靈囿·원림苑林 ·· 31
    제4절 상고원림의 대략적인 모양 및 그 의의와 영향 ······························ 44

제2장 양주의 원림 ·· 66
    제1절 신을 즐겁게 하는 것으로부터 인간을 즐겁게 하는 것까지 ········ 67
    제2절 건축미학에서의 천국과 속세 ·· 74
    제3절 산수의 아름다움과 인격의 아름다움 ·· 81

제3장 진한시기 원림 ··· 91
    제1절 통일대제국의 예술상징 ·· 93
    제2절 진한시대의 우주관 및 원림과 건축의 예술풍격 ························ 101
    제3절 한대 예술풍격의 개설 — 우주를 뒤덮는 기백과 역량 ············ 127

제4장 위진남북조 원림 ··· 145
    제1절 서한 궁원이 남긴 업적 — 동한에서 남북조시대까지의 황가원림 ···· 147
    제2절 사인원림士人園林의 발흥 ·· 154

제5장 수·초당·성당의 원림 ·· 225
    제1절 황가원림皇家園林 ·· 227
    제2절 사인원림士人園林 ·· 242
    제3절 초당·성당 예술과 한·당 풍모의 동이점 개설 ·························· 259

제6장 중당에서 양송까지 원림 ··· 283
    제1절 호중천지壺中天地는 중국고전원림에서 중당 이후의 기본적인 공간원칙이다 ···· 285
    제2절 호중壺中에서 전반적으로 발전한 중당·만당의 원림예술기교 ···· 307
    제3절 송대 원림의 전형적인 의의 중 첫째인 비교할 수 없는 정미한 호중의 경관체계 ···· 333

제7장 명청 시대 원림 ··· 369
    제1절 호중천지에서 개자납수미芥子納須彌까지 ······································ 371
    제2절 구주청안九州淸晏 — 황가궁원의 회광반조回光返照 ···················· 378
    제3절 명청 원림의 예술기교인 개자납수미의 여러 수단 ·················· 388

찾아보기 ··· 392

02 중국봉건사회 형태의 특징과 중국고전원림 발전의 역사가 형성된 원인

제1장 중국봉건사회 구조의 특징을 결정하는 사대부계층과 집권제도의 관계 ·············· 3
제2장 사대부 출처사은의 모순과 은일문화의 발전 ·· 21
    제1절 춘추전국시대에 제기되어 양한시대에 성숙된 모순 ······································ 22
    제2절 위진남북 시대에 탐색된 은일문화의 전반적인 발전과정 ······························ 33
    제3절 초당·성당에 성숙된 사은출처의 균형관계가 원림 발전에 미친 영향 ········ 52
    제4절 중은 — 중당 사인中唐士人들의 고통스러운 재창조 ······································ 74
    제5절 중은中隱을 마음에 새겨두고 더욱 확장시킨 양송 사인兩宋士人 ················· 96
    제6절 오랫동안 배양된 탈바꿈 ·· 119

제3장 원림—은일문화의 가장 기본적인 재체 ··· 136

03 천인지제天人之際의 우주관과 중국고전원림의 경계

제1장 천인지제天人之際가 중국고대철학의 주제로 성립된 원인 ································· 143
제2장 중국고전원림의 사중四重경계 ··· 167
    제1절 끝없이 광대하며 만물을 함유한 우주의 모방형식 ······································ 169
    제2절 무아지경 — 원림의 경관과 우주의 융합 ··· 173
    제3절 유아지경 — 심미자審美者와 원림·우주의 융합 ·· 190
    제4절 조화롭고 영원한 우주의 운율 ·· 208

제3장 송명이학의 중대한 의의 중 첫째인 천인지제 체계의 강화와 완선이 원림경계에 미친 영향 ········ 243
    제1절 이학의 출현과 강화되고 완선해진 천인체계를 기본목적으로 하는 역사의 필연성 ············· 245
    제2절 이학의 강화와 천인체계 완선 방법 ·· 268
    제3절 천인체계의 강화와 완선이 송대 이후 원림경계에 미친 영향 ··················· 279

찾아보기 ··· 324

04 사대부인격의 완선과 중국고전원림의 흥기작용

제1장 중국봉건사회 형태의 특징과 사대부인격 완선의 의의 ·············· 3
제2장 사대부인격완선에 대한 중국고전원림의 작용 ·············· 31
제3장 송명이학의 중대한 의의 중 둘째인 인격관·우주관·원림심미 삼위일체의 고도 강화 ·············· 67
 제1절 공안낙처孔顔樂處 — 이학理學의 인격이상과 그것이 생겨난 역사적 필연성 ·············· 71
 제2절 이학 중건과 이상인격의 강화 방법 ·············· 94
 제3절 공안낙처孔顔樂處와 송대 이후의 원림미학 ·············· 113

05 중국사대부의 사유방식과 중국고전원림의 사의寫意기법

제1장 중국고전원림에서 사의의 운용 ·············· 147
제2장 중국사대부 사유방식의 특징과 그 형성 원인 ·············· 175
제3장 송명이학의 중대한 의의 중 셋째인 전통사유방식의 고도·강화·완선이
   원림의 사의에 미친 영향 ·············· 199
제4장 사의가 중국사대부 문화예술에 차지하는 보편적 의의 ·············· 242

06 중국고전미학에서의 중화中和원칙과 중국고전원림의 조경예술

제1장 중화 — 중국고전미학 방법론의 기본원칙 및 그 정제와 반제 ·············· 313
제2장 고전원림예술에서 중화의 실현 - 풍부·조화·완정이 구축된 경관체계 ·············· 337
 제1절 중국고전원림 경관요소의 분류와 조합 ·············· 341
 제2절 중국고전원림예술의 공간원칙과 기법 ·············· 393

찾아보기 ·············· 426

07 중국전통문화체계의 높은 자아완선이 원림문화에 미친 영향

제1장 동진 시기에 초보적으로 확립된 사대부 문화예술체계 ·················· 3
제2장 송대 원림의 전형적인 의의 중 둘째인 호중壺中은
       고도로 완선된 사대부 문화예술체계 ·················· 21

08 중국고대문화체계와 중국고전원림체계의 종결

제1장 '호천'에서의 탐닉과 '천인'체계의 분산 ·················· 155
제2장 은일문화의 필연적 침윤 ·················· 215
제3장 졸재·나원과 사대부 인격의 융해 ·················· 251
제4장 전통사유방식과 사의예술의 자체소멸로 인한 원시사유로의 복귀 ·················· 307
제5장 이면으로 향하는 예술변증법과 중국고전원림·건축예술의 쇠퇴 ·················· 361

결   론 ·················· 446
찾아보기 ·················· 449

04 사대부인격의 완선과 중국고전원림의 흥기작용

위(魏)·진(晉)부터 명(明)·청(淸)까지 천백 년의 역사 속에, 사대부들이 원림을 통하여 자기 인격 완선을 실현한 예는 이미 알고 있는 것이다. "어려서부터 세속과 맞지 않았고, 타고나길 자연을 좋아했네"❶와 "젊어 이미 벼슬에 뜻을 두지 아니하고, 흰머리로 소나무와 구름을 벗하였네"❷한 것들이다. 이러한 문장이 얼마나 되는지 누가 명확히 헤아릴 수 있는가? 사인(士人)들의 원림 속에서 볼 수 있는 "뜻을 구함[求志]"·"천성을 함양함[養眞]"·"초연한 경지를 마음껏 펼침[寄傲]"·"속세의 일을 알려고 하지 않음[洗耳]"·"처음에 품었던 뜻을 이룸[遂初]"·"사리에 밝음[坦蕩]" 등등은 인격 완선을 표시하는 것이 아니겠는가? 심지어 황가(皇家)의 원림이나 관청의 관사(官舍) 속에서도 "욕심을 줄이고 정성과 공경으로 마음을 닦음[澹泊敬誠]"·"몸을 깨끗이 씻고 덕(德)으로 목욕함[澡身浴德]"·"호북 사이에서 생각함[濠濮間想]"·"뜻을 기름[頤志]"·"마음을 담박하게 함[澹心]"·"즐거움을 뒤로함[後樂]" 등의 문구를 사용하였다. 이러한 문구로 이름 하여진 경치 좋은 곳이나 명소는 어디든 다 그렇게 하였다.
비교적 이러한 것들이 표면적 현상으로 더욱 깊이 들어간 단계가 사대부의 원림 중에 산(山)과 수(水)·화(花)와 석(石) 등이다. 그것은 자기의 인격적 이상을 담아두거나 표현하지 않았다면, 원림 속의 모든 경물(景物)들은 영혼(靈魂)이 없을 것이다. 때문에 신기질(辛棄疾, 1140~1207)은 "도연명(陶淵明)이 있었으므로 국화가 있었으며, 임포(林逋)가 없었다면 매화도 없을 것이다."❸라고 한 것이다.
후일 이어(李漁, 1611~1679)가 조원예술(造園藝術)과 원림 주인의 인격 사이는 그림자가 형체를 따르는 관계라고 하여 "주인이 고아하여 공교함을 취하니 공교롭고 고아한 것은 스스로 이르는 것이요, 주인이 속되어 옹졸함을 용납하니 옹졸하고 속된 것은 밖에서 들어오는 것이다. …… 꽃 하나 바위 하나도 마땅한 자리를 얻게 하니, 주인의 정신이 이미 여기에 드러나게 된다. 어찌 얼굴을 살피고 모습을

❶ 「귀원전거오수(歸園田居五首)」중 첫 번째 시, 『도연명집(陶淵明集)』2권. "少無適俗韻, 性本愛丘山"
❷ 「증맹호연(贈孟浩然)」, 『이태백전집(李太白全集)』9권. "紅顔棄軒冕, 白首臥松雲"
❸ 「완계사(浣溪沙)·종매국(種梅菊)」, 『가헌장단구(稼軒長短句)』11권. 自有陶潛方有菊, 若無和靖即無梅

본 이후에만 그 사람 됨됨이를 식별할 수 있다고 하는가?"❹라고 말하였다.

크게는 산천(山川)과 같아서 또 이와 같지 않음이 없다. 예를 들자면, 원굉도(袁宏道, 1568~1610)는 광복산(光福山)을 보고 "누각과 정자가 완연히 그림과 같다[樓閣臺榭, 宛然圖畫]"라고 아름다운 경치를 감탄하다가 드디어 "아! 이 산을 만약에 화정(和靖) 임포(林逋)나 운림(雲林) 예찬(倪瓚, 1301~1374)과 같은 사람 한둘을 얻어서 그 속을 꾸민다면, 어찌 사람과 산이 모두 아름답지 않겠는가!"❺라고 하는 경지에 이르렀다.

그 실재는, 또 어찌 원림 산수의 심미적 경지가 이와 같을 뿐이겠는가? 중국 사대부의 문화가 서예·그림·시·바둑·다도·술·음악·원예 등등이 모두 같은 부류이니, 사대부의 인격가치체계 중의 "품(品)"은 자기의 기본표준으로 작용하지 않음이 없으며, 사대부의 이상적인 인격을 표현하는데 자기의 기본목적의 하나로 작용하지 않음이 없다. 심지어 "시품(詩品)"·"화품(畫品)"·"서품(書品)"·"기품(棋品)" 등으로 이어졌는데, 육조 이후에 출현한 예술 표준명칭은 모두 직접적으로 위진시대(魏晉時代)에 성행한 선비들의 인격을 품등(品等)하는 부류에서 옮겨온 것이며, 고대문화 이후의 오랜 발전 속에서도 바뀌지 않고 계속 사용되어 점점 완벽해져 갔다.

이러한 것들이 설명하고 있는 것들은, 중국사대부 인격의 완벽함과 고전 원림에 내재되어 있는 사대부 문화를 포괄한 예술체계 사이에 어떤 핵심적이고 필연적인 관계가 있다는 것이다. 제 2편에서 이야기한 중국 사대부 계층 특징을 만든 원인을 생각해 본다면, 이러한 필연적인 관계는 중국 봉건사회의 기본적인 특징 위에서만 생겨나고, 또 이러한 사회형태 발전의 총체적인 역사과정 속에서만 생겨난다는 것을 추측할 수 있다. 이와 같다면 중국 고전원림, 또 나아가 사대부의 인격을 탐구해 보지 않을 수 없다는 것을 진정으로 이해해야한다.

❹ 「거실부(居室部)·산석제5(山石第五)」, 『한정우기(閑情偶寄)』4권, "主人雅而取工, 則工且雅者至矣. 主人俗而容拙, 則拙而俗者來矣. …… 一花一石, 位置得宜, 主人神情已見乎於此, 奚俟察顔觀貌, 而後識別其人哉."
❺ 「광복(光福)」, 『원굉도집전주(袁宏道集箋注)』4권, "嗟夫, 此山若得林和靖倪雲林一二輩妝點其中, 豈不人與山俱勝哉."

제 1 장

중국봉건사회 형태의 특징과 사대부인격 완선의 의의

◁ 원명원(圓明園)

4

세계문화에서 오랜 역사의 발전과정에서 나타난 중국봉건문화는 시종일관 수많은 영웅호걸들이 풍부한 지혜와 정감으로 지식층의 이상인격을 구축하는 데 목숨까지 바쳤다. 물론 그러한 예는 찾기 어렵지만, 다음 두 가지를 언급할 수 있다.

하나는 공자의 인학仁學[1]과 자사子思·맹자의 인성론人性論[2]에서부터 이학가들이 말한 "모든 인류는 나의 동포이며 만물은 나와 함께 한다."[3]는 이론에 도달한 것이고, 다른 하나는 장자·굴원·사마천·혜강에서부터 문천상文天祥[4]·사가법史可法[5]의 생각에까지 이른 것이다.

따라서 "덕을 닦지 못하고, 학문을 강구하지 못하며, 의를 들어도 실천하지 못하고, 불선을 고치지 못하는 것이 나의 근심이다."[6]라는 말과 "부귀도 음탕하게 할 수 없고, 빈천도 옮길 수 없으며, 무력도 굴하게 할 수 없다."[7]는 말로부터 "천하가 근심할 것을 먼저 근심하고, 천하가 즐긴 후에 즐긴다."[8]는 것과 같은 명언이 나오게 되었다.

중국사대부의 인격완선 중에 도라고 칭송되는 사례는 많은데, 큰 틀에서 그들은 고대민족정신을 체현한 것이다. 사람들은 자주 습관적으로 도덕적인 의의와 가치적인 측면에서 감동하였는데, 이러한 문제에 대해서 잠시 생각해보자.

도대체, 어떤 원인이 사회체제로 하여금 오랜 시간동안 사대부인격완선을 위하여 거대한 에너지를 쏟게 했는가? 이런 문제는 고전원림과 사대부인격관계를 이해하는 데 필수적이다.

인격과 도덕규범을 인류 각 민족역사의 발전과정에서 요구된 것과, 특수한 문화환경과 사회구조에서 요구되는 것으로 나눈다면, 여기에서는 후자에 더욱 관심이 간다.

세계의 각 민족문화에서도 사람들이 자연산수를 매우 사랑한 것을 보았지만, 중국고전원림의 발전을 설명하려면, 중국고전봉건집권제도와 사대부계층의 특징이 동일한 점을 다양하게 보아야 할 것이다.

중국고대 인격이론 중에서, 일찍 체계를 이루어 후세에 많은 영향을 끼친 것은 공자의 '인'에 관한 학설이다. 공자 '인학'의 내용과 의의에 대해서는, 이택후 선생이 「공자 재평가」라는 글에서9) 가치를 매우 중시하였다. 그 글에서 '인'의 외재적 의의는 "원시씨족체제 에서 형성된 민주성과 인도주의가 두드러진다." 고 하였다. 씨족체제가 점차 군주집권제도로 바뀌어 갈 때에도, 여전히 전자는 종법 혈친 관계의 기초 위에서 구축하려는 미련을 가지고 있었지만, "이미 갖추어진 엄격한 등급질서는 또 어떤 '박애博愛'의 인도적 관계를 갖추어서" 긴밀한 상관관계가 있으면서도 피차가 제약하는 것은 '인'의 내재적인 의의이다.

"예禮가 무너지고 악樂이 붕괴되는 것을, 주周나라 천자가 힘으로 할 수 없는 원인은 밖으로는 권위가 이미 상실된 역량이 영향을 미쳤다는 데에 있다. …… '주례周禮'를 부흥하는 임무와 요구를 씨족귀족 개체의 구성원에게 넘겨주었으며, 그들은 자각적이며 주동적이고 적극적으로 이러한 '역사의 중대한 임무'를 맡아주기 바랐다. 그들 개인을 존재시키는 것이 최상의 목표와 임무라고 여겼다."는 것과 "모든 외재적 인도주의와 내재적 심리원칙 및 혈연관계의 기초는 모두 각각 인격체가 형성된 위에서 실현될 수 있다."는 것이 인에 내포된 의의이다.

그러나 인학 이상의 실현이 사대부에 의지해서 추구한다는 것은 불가능하다는 것만 지적하였다. 이러한 기초 위에서 한걸음 나아가서 설명해야할 것이다.

첫째, 어떻게 해야 인격이 완선 된다는 것은 중국전통사회의 모든 사회생활10)에 대한 도덕적 행위로서 모두 중요한 의의가 있다. 둘째, 어떻게 해야 이런 도덕행위가 사대부계층에서 이루어져야 가장 중요한 것을 담당하게 된다는 것이다. 아래에서 함께 보자.

춘추전국시대에 많은 학술사상의 유파 중에서 오직 공자의 인학仁學만 후세 중국봉건사회형태 속에서 시종일관 통치적 지위에 있었다. 이는 의식형태 자체의 원인이 아니며, 아울러 인학이 기타 학설에 비하여 논리체계상 더 큰 역량이 있었던 것도 아니다. 중국봉건사회형태가 군주집권제도로 발전된 이후에도 광범위하게 원시종법 혈연관계를 보존시켰고, 더욱 새롭게 통일된 군주집권제도는 원래의 "아버지는 아버지다워야 하고[父父], 자식은 자식다워야 한다[子子]."

한다는 종법관계를 만들어서 2천여 년 간 "임금은 임금다워야 하고[君君], 신하는 신하다워야 한다[臣臣]."는 봉건사회의 기초가 존재하였다.

씨족사회 내부의 조화로운 관계는 계급제도에까지 원시의 우애友愛·평등平等·신의信義·상조相助·어른을 공경하고 어린이를 사랑하는[尊長愛幼] 등의 도덕이 유지될 수 있었으며, 군주집권제도는 방대한 종법제도와 같은 모양으로 개조되고, 씨족전통의 도덕을 통해서 겨우 유지될 수 있었다.

이처럼 새롭게 유지되는 역량은 곧 공자의 인학과 공자 이후 유가들의 책들에 실려 있는 도덕이론을 오랜 세월동안에 수많은 사람들이 실천한 것이다. 중국 역사상 일찍이 기타 역량을 대신 취하여 시도한 예가 그치지 않았던 예를 들겠다.

"묵가墨家11)는 오랜 전통이 외재적 결속력을 회복하여 종교를 세우려고 하였다."12) 법가13)는 인학에 초점을 맞추어 "가까운 사람을 친애하는 것도 구분이 있어야 하니[親親則別], 사사로움을 좋아하는 것은 위험하다[愛私則險]."14)고 하였다.

그들은 "친애하는 것과 멀리하는 것[親疎]·가까운 것과 먼 것[遠近]·귀한 것과 천한 것[貴賤]·아름다운 것과 악한 것[美惡]을 막론하고, 하나 같이 도량으로 단정해야 한다."15)고 주장하였는데, 남북조의 불교는 전통유가의 도덕적 쟁론을 쫓아서 한 시대에 떠들썩하였다.

그러나 이러한 충격은 시종일관 봉건사회 형태의 지위에서 유가 도덕원칙을 변천시킬 수 없었고, 오히려 이를 반대하는 자들 중에 어떤 이는 종적을 감추었으니, 묵자墨子와 같은 사람들이다. 더욱 더 유가의 도덕원칙에 동화된 사람들이 갈수록 많아졌다. 법가法家16)·현학玄學17)·불가佛家18) 등도 예외가 될 수 없었다. 이러한 사실들은 다음과 같은 점을 설명해준다.

인학仁學이 봉건사회형태에서 시종일관 필수적인 것이었다. 이는 특수한 도덕성을 부여한 것에 기인한 것이 아니고, 원시 혈친 종법제도를 떠나서 기초하였기 때문에, 중국군주집권제도의 조직이 세워질 수도 없었고, 살아남을 방법이 없었다.

공자 인학의 외재적 의의는 전통씨족사회 사람들 사이의 관계를 돌아보고 발전시켰으면, 좀 더 일찍 출현하지 않고 '예가 붕괴되고 음악이 무너진[禮崩樂塊]' 뒤에 생겼는가? 원래 인학이 전통씨족사회의 정수를 그토록 깊이 찾아낼 수 있었기 때문에, 일종의 생명을 분투하는 이상으로 여겼기 때문에, 일상생활의 사람사이에서 민몰되었을 뿐만 아니라, 먼저 사인들이 독립적으로 진행해 온 깊은 정신활동의 역량과, 사회이상을 구축할 능력을 갖추는 것이 전제조건이었다. 이러한 전제조건은 춘추시대 이전에는 근본적으로 존재하지 않았던 것이다.

제2편에서 이미 '선비[士]'를 가리켜 종법귀족 중의 최하층이라고 하였고, 그들은 대부분 어떤 한 경대부에 예속되어있었고 그에 대한 책임을 졌을 뿐이었다. 때문에 '선비가 나라 일을 모른다[士不知國]'는 상황이 되었으며, 공자 시대에도 "천하에 도가 있으면 정치는 대부에게 있지 아니하고, 천하에 도가 있으면 서민들이 사사로이 의논하지 아니한다."19)라고 하는 데까지 이르렀다. 경대부들은 오히려 일부분도 얻지 못하였고, 그들 아래에 있던 '사'는 당연히 나라일을 알지 못하였으니, 순자는 일찍이 다음과 같이 술회하였다.

마음은 수양을 다하고, 덕행은 두터움을 다하고, 지려는 밝음을 다해야하니, 이는 천자가 천하를 취하는 이유이다. 정령과 법은 모두 때에 맞게 해야 하며, 듣고 판단하는 것은 공적으로 결정해야하니, 위로는 천자의 명령에 따르는 것이요, 아래로는 백성들을 보호하는 것이니, 이는 제후가 국가를 취하는 이유이다. 지행을 닦고 벼슬에 임하니, 다스려지면 위로는 윗사람을 따를 수가 있고, 아래로는 그 직책을 보존할 수 있으니, 이는 사대부가 전읍을 취하는 이유이다. 법칙과 도량과 형벽과 도적의 제도를 따르고, 그 뜻을 알지 못하더라도 엄히 그 수를 지키고, 삼가 더하거나 빼지 말아야 한다. 부자가 서로 전하여 왕공이 유지되었다. 그러므로 삼대는 비록 망하였으나 다스리는 법도는 오히려 남아있으니, 이것이 관리나 모든 아전이 녹봉을 취하는 이유이다.❶

❶ 『순자(荀子)·영욕(榮辱)』제4편, "志意致修, 德行致厚, 智慮致明, 是天子之所以取天下也. 政令法, 擧措時, 聽斷公, 上則能順天子之命, 下則能保百姓, 是諸侯之所以取國家也. 志行修, 臨官治, 上則能順上, 下則能保其職, 是士大夫之所以取田邑也. 循法則·度量·刑辟·圖籍, 不知其義, 謹守其數, 愼不敢損益也. 父子相傳, 以持王公, 是故三代雖亡, 治法猶存, 是官人百吏之所以取祿職也."

여기에서 명료하게 말한 것은 다음과 같다.

삼대[夏·殷·周] 이전의 천자는 '마음은 수양을 다하고, 덕행은 두터움을 다해야 한다.'는 자격이 필요했고, 경대부는 '지행이 닦여야 한다.'는 뜻은 '위로는 윗사람을 따라야만, 아래로 그 직책을 보존할 수 있다.'는 것일 뿐이다. 지위가 더 낮은 '관인백리官人百吏, 즉, '사'에 이르러서는 이미 '지'와 '덕'이 없다고 할 수 있다. 춘추시대 이전에는 사대부가 사회이상 실현을 목적으로 한 적이 없었으며, 자신의 인격완선을 목적으로 삼았다는 데에 문제점이 있다는 것을 알 수 있다.

문화영역의 상황은 이와 한 계통으로 이어져서, 『한서·예문지』에 제자백가의 학문을 왕관[20]에서 나왔다고 하였는데, 상고시대의 문화가 널리 보급되지 않고 최고 통치자들만이 점유하였다는 면에서 이해한다면, 이는 정확한 이론이다.[21] 『장자·천하』에서 말했다.

백가의 여러 기술은 모두 뛰어난 바가 있어서 때에 따라 쓰임이 있다. 비록 그럴지만 두루 알지 못하고 한 부분에 뛰어난 선비이다. 천지의 아름다움을 판단하고, 만물의 이치를 분석하며, 옛사람의 온전함을 살펴서, 적은 사람만이 하늘과 땅의 아름다움을 갖출 수 있었고, 신묘하고 밝은 모양을 이름 지을 수가 있게 되었다.❶

---

❶ 『장자(莊子)·천하(天下)』, "百家衆技也, 皆有所長, 時有所用. 雖然, 不該不遍, 一曲之士也. 判天地之美, 析萬物之理, 察古人之全, 寡能備於天地之美, 稱神明之容."

전국시기 학술은 전례 없이 발전하여 구류백가九流百家22)설이 천하에 통용되었다. 그 시대에는 '한 부분에 뛰어난 선비'를 숭상하였으며, '천지의 아름다움을 갖춘' 사람은 매우 드물었다. 이것에서 앞에서 순자가 말한 삼대의 관인백리가 '법칙·도량·형법·도적을 따랐다.'고 한 것은 억측이 아니라는 것을 알 수 있다.

이렇게 편협한 문화기초 위에서는 사대부들도 전체사회 이익과 자연·인류 사회를 전반적으로 이해하기 위한 기반을 닦을 수 없어서, 자신의 인격완선을 실현하였다.

춘추시대 이후에 '예가 붕괴되고 음악이 무너졌다.'는 상술한 정황은 중대한 변화를 일으켰다. 사대부는 이전의 종법제도에서 분리되어서 어떤 한 경대부에게 직접 예속되지 않은 자유지식계층이 되어서, 그들 중 어떤 이들은 많은 제후 중에서 자신이 복종할 대상을 선택하였으며, 어떤 이들은 강학이나 상업 등으로 별도의 살길을 모색하기도 하였다. 이는 경대부의 전읍田邑23)에서 기식하던 전통적 경제관계와 달랐다.

이와 동시에 문화영역에서의 상황은 이전에 제자백가에 산재해 있던 왕관의 학문이 변한 것을, 여영시余英時 선생은 『중국지식계층사론』에서 '철학의 돌파'라고 하였으니, 이는 매우 합당한 것이다. 그는 다시 장학성章學誠의 『문사통의文史通義·원도原道』의 한 단락을 인용하여 춘추 이후의 '선비가 도에 뜻을 둔' 원인을 명확하게 설명하였다.

예와 악을 맡은 직책은 각각 전문적인 관직을 비록 이루의 눈 밝음과 사광의 귀 밝음이 있더라도 반드시 이르러야 하는 것이 법률)이었다. 지금은 관직을 지키는 것이 전하지 않아서, 내가 도덕으로써 그 가르침을 밝히니, 사람들마다 모두 도덕으로 여긴다. …… 모두 스스로 지극하게 여겨서 그 도로써 천하를 바꾸기를 생각하는 사람들이다.❶

❶ 장학성(章學誠), 『문사통의(文史通義)·원도(原道)』, "······夫禮司樂職, 各守專官, 雖有離婁之明, 師曠之聰, 不能不赴範而就律也. 今云官守失傳, 而吾以道德明其教, 則人人皆自以爲道德矣······ 皆自以爲至極, 而思以其道易天下者也."

    원래 천자는 '뜻을 이루려는 마음은 닦음을 다하고, 덕행은 두터움을 다한다.'는 것만 할 수 있었으나, 이것이 '사람들마다 모두 스스로 도덕을 행하게 한다.'는 것으로 변하여 '심지어 스스로 지극하게 되어서 그 도로써 천하를 바꿀 생각을 한다."는 데까지 이르렀으며, 춘추 무렵에 사대부의 인격조건이 변화하여 거대해졌음을 알 수 있다.
    공자는 완전한 인학 체계를 세울 수 있었고, 집착하여 심지어 모든 사인계층의 생명이상까지도 높일 수 있었기 때문에, 춘추시대 사인의 지위와 인격을 크게 변화시키는 기초를 열었다. 이는 근본적으로 상상할 수 없었던 것이다.
    사대부 인격완선은 춘추시대에 시작되었다는 원인을 설명하면, 또 하나의 문제에 직면하게 된다. 공자가 여기에서, 사대부 인격이 완선 된 이상 전통씨족사회를 회복한 사람들을 한 곳에 연계시킬 목적이었다면, 이런 인격완선은 개조과정을 거쳐야, 진한 이후에 이루어진 새로운 군주집권제도의 지주가 되는 조건이 구비되는가?
    인학과 인격이론을 공자시대에는 곳곳에서 반대하는 사람들이 있었으나, 이후 2천여 연이 지난 봉건사회에서 대대로 보배롭게 사용되었다. 이러한 변천에는 두 가지 기본조건이 필요했던 것이다.
    첫째, 공자가 이상적으로 생각하였던 씨족종법제도는 진한시대 이후의 봉건사회와 깊은 관계가 있었던 것은 앞에서 이야기했듯이 군주집권 종법제도는 전통씨족종법제도보다 방대하다.
    둘째, 사회체제는 통일된 제도를 구축하는 동시에 인학을 방대하게 개조하여 새로운 제도의 의식형태의 길을 찾아서, 임무를 완성할 수 있게 하는 것이 전

제1장 중국봉건사회 형태의 특징과 사대부인격 완선의 의의

국시대 제자백가들의 사명이었다.

전국시대에 보이는 모순 현상은 주의할 가치가 있다. 한편으로 약육강식과 서로 속이는 것이 전례 없이 격렬하였으며, 다른 한편으로는 많은 사상가들이 인격완선을 중시하여 인성이론이 전례 없이 깊고 광범위한 수준에 이르러서 견실한 기초를 세웠다.

전국 초기의 묵자가 주장한 겸애설兼愛說을 맹자는 인의에 크게 해가 된다고 여겼다. 실제로 묵가나 유가에서 겸애와 인학은 상통하는 면이 많다.[24] 따라서 묵자는 공자와 똑같이 사대부의 '수신修身'을 강조한 의의는 괴이하게 여길 것이 아니었다. 공자는 '인'은 천하를 크게 할 수 있는 사회적 상태로 여겨서 "자신을 이겨서 예로 돌아가는 것을 인이라 하고, 하루라도 자신을 이겨서 예로 돌아간다면 천하가 인으로 귀의할 것이다."[25]라고 하였다.

이 말을 묵자가 계승하여 『묵자·수신』에서 사대부인격의 의의를 논하여 '치천하治天下'로 구체화하여 다음과 같이 말하였다.

선비는 비록 학문이 있더라도 행위는 여기에 근본 해야 한다. 그러므로 근본을 불안한 데에 두면은 힘써도 풍부한 결말이 없고, 가까운 사람을 친애하지 아니하면 힘써도 멀리 있는 사람이 오지 아니하며, 친척을 도와주지 아니하면 힘써도 밖으로 교제할 수도 없다. …… 이러한 까닭으로 선생이 천하를 다스림에 반드시 가까운 사람을 살펴서 먼 데 있는 사람을 오게 하였으니, 군자는 가까운 것을 살펴서 가까운 것이 수양되게 하는 사람이다.❶

---

❶ 『묵자(墨子)·수신(修身)』, "士雖有學, 而行為本焉. 是故置本不安者, 無務豐末. 近者不親, 無務來遠. 親戚不附, 無務外交. …… 是故先王之治天下也, 必察邇來遠, 君子察邇而邇脩者也."

12

그런데 이것은 묵자가 공자의 인격론을 인습적으로 조술한 면이 아니기 때문에, 그가 '내원來遠'·'외교外交'라고 말한 것은 전국시대에는 공자의 원래의 뜻이 아닌 것이 분명하다. 자사 이후에 전국시대 사상가들의 인격이론이 공자와 같거나 다른 점이 분명하게 드러났다. 『중용』의 문장에는 사대부 인격이론이 매우 많다. 이것은 전대에 없었던 것으로, 그 속에 가장 중요한 점 두 가지가 있다.

첫째, 사대부 인격완선의 목적과 의의는 통일된 군주집권종법제도 국가를 건립하는 데에 있었다. 예를 들면 다음과 같은 것들이다.

천하와 국가를 다스림에는 구경이 있다. 곧 몸을 닦는 것과, 어진 이를 높이는 것과, 어버이를 친히 하는 것과, 대신을 공경하는 것과, 여러 신하들을 몸처럼 여기는 것과, 서민을 자식처럼 돌보는 것과, 모든 장인들을 오게 하는 것과, 먼 곳 사람들을 부드럽게 대하는 것과, 제후들을 감싸는 것이다. 몸을 닦으면 도가 서고, 어진 이를 높이면 미혹되지 않게 되고, 어버이를 친히 하면 제부와 형제들이 원망치 않게 되고, 대신들을 공경하면 현혹되지 않게 되고, 여러 신하들을 제 몸처럼 여기면 선비들의 예로 보답함이 중하게 되고, 서민을 자식처럼 아끼면 백성들이 격려되고, 모든 장인들이 오면 재물의 쓰임이 족하게 되고, 먼 곳 사람들을 부드럽게 대하면 곧 사방이 그에게로 귀의하게 되고, 제후들을 감싸면 곧 천하가 그를 두려워하게 된다. …… 천하와 국가를 다스리는 데에는 구경이 있으나, 그것을 행하게 하는 것은 하나이다.

'성'은 스스로 자기를 이룰 뿐만 아니라 만물을 이루게 하는 것이다. 자기를 이루는 것은 '인'이요, 만물을 이루는 것은 '지'이다. 성의 덕은 내외를 합하는 도이다.

이제 천하의 수레는 궤가 같고, 글은 문자가 같으며, 행동은 윤리가 같다. 비록 그 자리는 있더라도 진실로 그러한 덕이 없다면 감히 예악을 만들지 못한다. 비록 그러한 덕은 있으나 진실로 그러한 자리가 없다면 또한 감히 예악을 제정하지 못한다.

오직 천하의 지극한 성인이라야 능히 총명하고 지혜로워서 족히 세상에 임할 수 있을 것이고, 너그러

제1장 중국봉건사회 형태의 특징과 사대부인격 완선의 의의

운 도량과 온유한 성품이 족히 천하를 포용할 수 있을 것이며, 강하게 분발하여 강건하고 굳셈이 족히 도리를 잡을 수 있을 것이고, 엄숙하고 장중하여 치우치지 않고 바름이 족히 공경할 수 있으며, 문장과 조리가 치밀한 것이 족히 분별할 수 있을 것이다.❶

---

❶ 『중용(中庸)』, "凡爲天下國家有九經, 曰, 修身也, 尊賢也, 親親也, 敬大臣也, 體群臣也, 子庶民也, 來百工也, 柔遠人也, 懷諸侯也. 修身則道立, 尊賢則不惑, 親親則諸父昆弟不怨, 敬大臣則不眩, 體群臣則士之報禮重, 子庶民則百姓勸하고, 來百工則財用足, 柔遠人則四方歸之, 懷諸侯則天下畏之. …… 凡爲天下國家有九經, 所以行之者 一也."
"誠者, 非自成己而已也, 所以成物也. 成己, 仁也, 成物, 知也. 性之德也, 合外內之道也."
"今天下車同軌, 書同文, 行同倫. 雖有其位, 苟無其德, 不敢作禮樂焉, 雖有其德, 苟無其位, 亦不敢作禮樂焉."
"唯天下至聖, 爲能聰明睿知, 足以有臨也, 寬裕溫柔, 足以有容也, 發強剛毅, 足以有執也, 齊莊中正, 足以有敬也, 文理密察, 足以有別也. …… 是以聲名洋溢乎中國, 施及蠻貊, 舟車所至, 人力所通, 天之所覆, 地之所載, 日月所照, 霜露所隊, 凡有血氣者, 莫不尊親, 故曰配天."

공자와 똑같이 존친尊親을 강조하여, 혈연종법관계가 모든 정치관계의 기초임을 강조하고, 인학仁學에 내재된 가치와 외재된 가치의 통일[26]을 강조하였지만, 인격완선을 통하여 사회이상을 실현해야하는 것이 공자와 크게 다른 점인가! 사대부인격 완선과 이후 2천여 년이 지난 봉건집권제도의 관계는 이 속에서 근본이 안정된 것이 아닌가?

둘째, 사대부 인격가치의 확립과 천인지제의 우주체계 확립의 통일이다. 예를 들겠다.

오직 천하의 지극한 성이라야 그 본성을 다할 수 있으니, 그 본성을 다할 수 있으면 사람의 본성을 다할 수 있을 것이요, 사람의 본성을 다할 수 있으면, 사물의 본성을 다할 수 있을 것이요, 사물의 본성을 다할 수 있으면,

14

천지의 화육을 도울 수 있을 것이요, 천지의 화육을 도울 수 있으면, 천지와 함께 참여할 수 있을 것이다.

크도다. 성인의 도여! 충만하게 만물을 발육하여 높음이 하늘에 극하였도다. 넉넉하고 크도다! …… 그 사람(성인)을 기다린 이후에 행한다. 그러므로 진실로 지극한 덕이 아니면 지극한 도는 이루어지지 않는다. 그러므로 군자는 덕성을 높이고 학문을 말미암으니, 광대함을 지극히 하고 정미함을 다하며, 고명을 다하고 중용을 따르며, 옛 것을 잊지 않고 새로운 것을 알며, 후함을 돈독히 하고 예를 높이는 것이다. 이러한 까닭으로 윗자리에 있으면서도 교만하지 않으며, 아랫자리에 있으면 배반하지 않는다. 나라가 도가 있을 때에는 그 말이 족히 흥기시킬 수 있고, 나라에 도가 없을 때에는 그 침묵이 족히 몸을 용납할 수 있다.

오직 천하의 지극한 성이라야 천하의 근본을 다스릴 수 있으며, 천하의 근본을 세울 수 있으며, 천하의 화육을 알 수 있다.❶

---

❶ 『중용(中庸)』, "唯天下至誠, 爲能盡其性, 能盡其性, 則能盡人之性 能盡人之性 則能盡物之性 能盡物之性 則可以贊天地之化育 可以贊天地之化育,則可以與天地參矣."
"大哉聖人之道! 洋洋乎, 發育萬物, 峻極於天, 優優大哉! …… 待其人而後行. 故曰苟不至德, 至道不凝焉. 故君子尊德性而道問学, 致廣大而盡精微, 極高明而道中庸. 溫故而知新, 敦厚以崇禮. 是故居上不驕, 爲下不培. 國有道其言足以興, 國無道其默足以容."
"唯天下至誠, 爲能經倫天下之大經, 立天下之大本, 知天下之化育."

덕이 있는 자가 하늘에 짝한다는 것을 혹자는 천명은 오직 덕이 있는 사람에게 내려온다고 하였다. 이러한 점이 본래 주나라 사람들이 은나라를 멸망시킨 주요 이유였다.

明明在下	밝고 밝은 덕이 아래에 있으며
赫赫在上	빛나고 빛난 명은 위에 있느니라.❶
假樂君子	아름다운 군자시여

顯顯令德	밝고 밝은 덕행을
宜民宜人	신하와 백성에게 널리 미치니
受祿於天	그 복록을 하늘에서 받았네.❷

❶ 『시경(詩經)·대아(大雅)·대명(大明)』.
❷ 『시경(詩經)·대아(大雅)·가락(假樂)』

이와 같은 말들은 「雅」·「頌」 중에 매우 보편적인 것이며, 『상서尙書·강고康誥』 등에서 자주 말하여, 문왕의 '명덕'이 하늘에 전하여져 상제가 "이에 문왕에게 대명을 내렸다."²⁷⁾고 한 것이다.

덕이 있는 사람이 천명에 부응했다는 설은 한편으로 생각이 새로운 것이었으며, 다른 한편으로는 은나라 사람들의 오래된 정서였다. 주나라 사람들은 하늘을 공경하면서도 멀리하였는데, 이렇게 반은 새롭고 반은 낡은 방법은 대부분 은나라 사람들을 위한 것이었으며, 그들은 자기가 믿는 것이 "하늘은 친하게 함이 없고, 오직 덕을 돕는다."²⁸⁾고 하였다.

춘추시대에는 더욱 이와 같았다. 유명한 예로 조귀는 신에게 제사 지내며 사용한 희생과 옥백은 단지 "작은 신뢰라도 믿음에 부흥하지 못하면, 신이 복을 내리지 않는다."고 하여 잘못된 것을 멀리 하여서 이러한 것이 머물러 있지 않도록 마음으로 결정하였다.²⁹⁾

공자의 인격이론에서 천명을 한 자리에 유착시킨 설명이 있지만, "천명을 알지 못하면, 군자가 될 수 없다."³⁰⁾라고 말한 것은 천명이 복을 내리고 덕을 내린다는 옛날의 위엄을 없앤 것이다. 이에 공자도 사대부가 인격을 구축하는 것에 대하여 직접이고 실질적인 작용을 말하기 어려웠으며, 자신의 이상인격을 희망함에는 비교적 현실적 의의를 찾아서 신성함이 근거하였지만 항시 그것만 생각한 것은 아니었다.

그러나 공자의 인격이론에서 갖추어진 보편적 철학의의는 '천天'을 인격신의 '명命'이나 '천명天命'으로 대체할 때, 그가 말한 것은 새로운 뜻이 있었다.

위대하시다. 요의 임금노릇 하심이여! 높고 크도다. 오직 저 하늘이 가장 크거늘, 오직 요임금만이 그와 같으셨으니, 넓고 넓어 백성들이 무어라 형용하지 못하는구나. 높고 크도다! 그 공을 이룸이 있음이여. 빛나도다. 그 문장이 있음이!❶

> ❶ 『논어(論語)·태백(泰伯)』, "大哉, 堯之爲君也! 巍巍乎, 唯天爲大, 唯堯則之. 蕩蕩乎, 民無能名焉. 巍巍乎, 其有成功也, 煥乎其有文章!"

이 말은 넓고 큰 하늘은 인격을 본받는 대상으로 여겼다는 것이며, 이는 전대의 끝없이 위대한 천제가 명을 세운 것에 의지한 것과는 크게 달라진 것이다.

전국시대 이후에 공자가 상술한 인격관은 크게 진전되었다. 중국인이 희망하는 통일 관념이 전국시대에 확고하게 세워져서, 학술사상이 번영한 것도 전국시대에 출현하였고, 문화의 업적이나 정치·군사·외교·업적도 사대부지위나 인격의 신속한 제고와 불가분의 관계가 되었다.

이때에 한 폭의 거대한 화면이 출현하였는데, 이는 전례 없이 광대하고 완전한 우주 개념이고, 거대한 정치업적과 이상이었으며, 완선한 사대부 인격이상이 중화의 대지 위에서 제일 먼저 한곳에 견고하게 융합되었다.

전국시대 사대부 인격이상도 당시의 우주관과 정치이상의 배경 위에서 색다른 빛을 발산하였다. 이 시기의 우주는 비록 인격신의 위엄과 숭고함을 더욱 버렸으나, 여기에 반영된 것은 도리어 전과 비교할 수 없을 정도로 광대하고 분명한 새로운 세계였다. 하지만 이 속의 사대부 인격가치가 온 세상에서 주목하게 되었다.31) 바꿔 말하면, 사대부 인격가치가 전례 없이 제고된 것도, 방대하고 분명한 현실과 우주의 윤곽을 그리는 능력을 가지게 된 것이다.

따라서 『중용』에서의 자각은 '지성至誠'·'지덕至德', '군자가 덕성을 높이고 학문을 하게 한다[君子尊德性而道問學]'는 것과 '우주의 화욕을 참미함[贊天地之化育]'·'만물을 발육시키고, 높음이 하늘에 지극하였다[發育萬物, 峻極於天]'는 것들과 긴밀하게 결합되었다. 『중용』에서 우주관·인격관·정치관을 대통일시켜야 할 원인이 생겨난 것을 발견할 수 있다. 이것은 모든 봉건사회의 인격이론을 파악하는 관건이다.

『중용』에서 인성은 더욱 진일보하여 사대부인격 완선의 기초가 되었고, 또한 그 의의가 모든 우주체계와 하나로 융화되었다. 이러한 것은 전례 없이 오묘하고 광대한 영역에서 사대부인격의 방향을 구축하였고, 이것을 맹자가 한걸음 나아가서 확정하였다. 전국시대사상가들이 인성에 대하여 토론하는 것은32) 공자가 "성품은 서로 가깝고 습관은 서로 멀다."33)고 한 것에 비하여 더욱 깊고 넓었으므로, 맹자는 인성론을 가지고 사대부 인격이상과 우주관을 일체시킨 대표자이다. 『맹자·진심상』에서 다음과 같이 말했다.

그 마음을 다하는 자는 그 본성을 알게 되며, 그 본성을 알게 되면 천을 알게 된다. 그 마음을 보존하고 그 본성을 함양함이 곧 천을 섬기는 도리이다. 단명하거나 장수하거나, 자기 몸을 닦고 조용히 천명을 기다리는 것이 천명에 순하는 도리이다."❶

---

❶ 『맹자(孟子)·진심상(盡心上)』, "盡其心者, 知其性也, 知其性則知天矣. 存其心, 養其性, 所以事天也. 殀壽不貳, 修身以俟之, 所以立命也."

이러한 '심心'·'성性'·'천天'의 통일은 전국시대 이전에는 볼 수 없는 것이었다. 맹자가 공자의 인학에 내재된 의의와 외재된 의의를 통일시켰으며, 독보적으로 개척하였다. 그런 예는 얼마든지 있다.

인격완성의 방면에서 그가 제시한 "나는 나의 호연지기를 잘 기른다."는 것과 "그 기는 크고 지극히 강하여, 곧게 길러서 해가 없으면, 우주 사이에 가득 차게 된다. 그 기는 의와 도에 짝하는 것이다."34)고 하였다. 여기에서 사대부는 자기 인격가치를 높여서 우주 및 도의와 같은 수준이 되어야 할 것을 명확하게 요구하였다. 다른 한 방면에서 그는 사대부 인격완선은 숭고한 목표라고 규정하였다. 이는 분명히 사대부계층이 전에 없던 중대한 사회역사적 책임에 직면하였다고 여겼기 때문이다.

그가 '하늘이 장차 큰 임무를 내린다[天將大任].'고 한 단락의 첫머리에서 요지를 밝혀서, '순임금은 밭이랑 가운데에서 발탁되었다[舜發於畎畝之中].'고 하였다. 이는 자기의 이상실현은 요순 성인의 업적이라는 것을 거듭 밝혔고, 심지어 '사람들은 모두 요임금과 순임금처럼 될 수가 있다[人皆可爲堯舜]'고 하였다. '공자의 후학들은 제나라 환공과 진나라 문공의 일에 대하여 이야기하지 않는다[仲尼之徒無道桓文之事].'고 한 것은 그가 이윤伊尹의 인격에 대하여 "천하의 백성들이 요임금과 순임금의 은택을 잊지 못하는 것을 자신이 시궁창 속에 빠진 것처럼 여겨서 천하를 자임한 것이 이와 같았다."35)고 생각했던 것이다.

맹자 이후에 사대부 인격이론에 공헌을 한 사상가는 순자荀子이다. 순자의 '성악설性惡說'과 맹자의 '성선설性善說'은 서로 상반되지만, 그들이 개조하고 방대화한 공자의 인격이론의 길과 방식은 완전히 일치한다는 것을 주의해야한다. 즉 모두 인성의 발굴을 통하여 사대부가 사회를 책임질 것을 제시하였고, 그 가치를 상승시켜 우주의 높은 수준으로까지 실현시킨 것이다. 순자는 자사·맹자와 동일하였는데, 사대부인격완선의 내용을 우주와 통일된 집권국가의 법칙으로 확장시켜서 넓혔다. 그는 다음과 같이 말했다.

군자가 마음을 기름에 진실함(성)보다 좋은 것이 없으니, 지극히 진실하면 다른 것이 필요 없다 …… 하늘과 땅은 대단히 크지만, 진실하지 않으면 모든 만물을 화육시키지 못한다. 성인은 대단히 지혜롭지만, 진실하지 않으면 천하의 백성을 교화시키지 못하며, 아버지와 자식은 대단히 친하지만, 진실하지 않으면 틈이 있게 되고, 군주는 대단히 높지만, 진실하지 않으면 비천하게 된다. '성'이라는 것은, 군자가 지켜야 하는 것이며, 정치의 근본인 것이다.❶

> ❶ 『순자(荀子)·불구(不苟)』, "君子養心莫善於誠, 致誠則無他事矣. …… 天地爲大矣, 不誠則不能化萬物. 聖人爲知矣, 不誠則不能化萬民. 父子爲親矣, 不誠則疏, 君上爲尊矣, 不誠則卑. 夫誠者君子之所守也, 而政事之本也."

    이것은 맹자와 구별되는데, 전국 후기에 순자의 인격이론에서 연유하여 대통일 군주집권제도 사이에서 필연적으로 연계되어, 지난 어느 때보다 분명하다는 것을 알 수 있다. 순자가 지은 『유효』라는 책 1편에서 인격을 고도로 완선한 유학자의 효과에 대하여 전적으로 논하였다.

군자는 안으로 수양하기를 힘쓰고 밖으로 겸양하여 몸에 덕을 쌓기를 힘쓰며 도를 따라서 처신해야한다. 이와 같다고 한다면, 귀한이름이 해나 달과 같이 일어나서, 천하가 응해오는 것이 우레 소리와 같을 것이다.

저 큰 유학자는, 비록 누추한 집에서 거처하여, 송곳을 둘만한 조그만 땅도 없지만, 왕공도 그와 이름을 다툴 수 없다. 백리의 땅을 사용하는 천리의 국가라도, 그와 더불어 싸워 승리할 수 없다. 폭국을 회초리로 다스려 천하를 한 결 같이 가지런하게 하니, 기울어질 수 없다.❶

❶ 『순자(荀子)·유효(儒效)』, "君子務修其內, 而讓之於外, 務積德於身, 而處之以遵道, 如是, 則貴名起如日月, 天下應之如雷霆."
"彼大儒者, 雖隱於窮閭漏屋, 無置錐之地, 而王公不能與之爭名. 用百里之地, 而千里之國, 莫能與之爭勝. 笞棰暴國, 齊一天下, 而莫能傾也."

순자와 맹자는 왕도정치와 패도정치의 구분을 강조하였다. 그는 진나라가 "천하의 군사력을 증강시켜, 제후들을 위협한다."는 무력에만 의존하는 것을 반대하였다. 그것은 "말세의 병사이니, 근본적인 전통이 없다"36)고 인식하고, 또 "그러므로 국가를 다스리는 사람이 의를 앞세우면 왕도정치를 하게 되고, 신을 앞세우면 패도정치를 하게 되며, 권모술수를 앞세우면 망하게 된다."고 하였다.

'의를 세운다.'는 기초가 곧 사대부의 인격완선에 있으므로, 그는 통치자에게 최고의 본보기를 세워서 "공자는 송곳하나 꽂을 만한 땅이 없었어도, 마음에 진실한 의로움을 지니고, 그 자신의 행동에 의로움을 더하여, 언어로 지어 이 세상에 나타내었다. 의를 가지고 성취한 시기에는 천하에 감추어지지 않았고, 이름을 후세에 드리운 것이다."37)하였다.

순자가 재차 강조한 사대부가 '지의志意에 성의誠義를 가진다.'는 것과 '왕도王道'를 세울 수 있는가, 오래도록 보존할 수 있는가 하는 관건은, 이런 것이 한 번 예견된 이후에 2천여 연 동안 봉건사회에서 줄곧 중요한 의의를 가졌다.

전국시대 사대부인격의 의의는 이론상에서 크게 진일보하였고, 인격실천에서 한 시기의 성취가 영원히 환하게 밝혀졌다. 그 대표적인 자들이 장자莊子와 굴원屈原이다.

장자와 굴원은 묵자墨子나 전자방田子方과 단간목段干木과 노중연魯仲連과 당차唐且 등과 같이 시종일관 자신의 인격 이상에 뜻을 세웠으나, 어떤 대가가 없어도 애석하게 여기지 않았으며, 어떤 권세에도 굴하지 않았다.

더욱 중요한 것은 그들이 자신의 생활방식과 정치이상과 학술업적 및 예술창작 등을 통해서 사대부 역사상 전례 없이 광활하게 우뚝한 인생실천을 수립하여 사대부 인격완선에 모범이 된 것이다. 그들의 신상에도 사대부인격과 새로운 사회형태 및 우주관념의 필연적인 관계를 분명히 볼 수 있다.

굴원 자신은 말할 필요 없고, 장자도 세상을 은둔한 사람이었으며, 그들은 광활한 우주모식을 천지와 함께 소요하는 정신적 성향을 가졌다. 장자가 "공이란 대개 천하요 다른 것과 비슷하며, 만물을 대신 변화시켜도 백성들이 믿지 않는다."38)고한 인격이상 등은 선명하게 표현한 것으로, 전국시기에 성숙된 우주관과 정치관의 공동적인 특징이다.

여기에서, 공자의 인학과 내재된 인격이론을 개조하고 방대하게 변화시킨 것이 새로운 사회제도에 필요하여서 관념형태의 임무가 원만하게 이루어진 것을 볼 수 있다.

이후의 봉건문화 발전 속에서 사대부 인격완선은 시종일관 한 계층으로 전체사회에 중추적인 조건을 이루게 되었다. 전국시대에 제자백가 인격요소의 3대 요소39)는 시종일관 이후 역대 인격이론에서 연용되어, 송명이학에까지 진일보 강화되고 완선되었으나, 그 총체적 격식과 방법이 없었으며, 또 맡은 임무를 어떻게 바꿀 수가 없었다. 이러한 내용은 이편 제3장에 상세히 실려 있다. 진한시기 이후의 각 철학가들은 상술한 인격론을 직접 계승할 수 있었다는 예를 들겠다.

동중서가 "어진사람은 도를 바르게 할뿐 이익을 도모하지 않으며, 이치를 닦고 공에는 연연하지 않는다."40)하였고 "태백의 지극한 덕이 천지와 대등하다."41)고 하였다. 이것은 그가 '성선설'·'성악설'을 조화시킨 '성화선미설性禾善米說'42)을 말한 것으로, 이는 모두 전국시기 인격관을 전승한 것이 분명하다. 그런데 복잡한 일면이 있다. 예를 들면, 현학의 인격관에서 표현한 것은 인학과 전국·진한시기 이후의 유가 인격관과 상반되어서, 사인의 사회적 책임을 해석한 것도 인학과는 전혀 상관없는 것 같다. 왕필王弼의 말로 그 예를 들겠다.

자연은 이미 풍족하니, 거기에 무엇을 더하는 것은 잘못 된 것이다.
지혜가 저절로 갖춰져서 행하는 것은 그릇된 것이다.
공을 자기에게 있게 하면 공은 오래도록 있게 할 수가 없다.❶

❶ 『왕필집교석(王弼集校釋)·노자주(老子注)·2장』.

    그러나 실제로 현학의 최고 이상은 '무위無爲'·'순자연順自然'을 통하여 이전보다 풍부하게 내재되고 조화로운 '천인지제'의 우주체계43)를 수립하는 것이다. 이상과 사회책임을 실현하기 위하여, 그들은 인성에 대하여 새로운 발굴을 진행하여, 인성과 만물을 같은 것으로 인식하여, 모두가 '자연'에서 근본 한다고 여겼으며, 심지어 성인에게까지도 자연의 본성을 자기의 마음으로 여기려고 하였다. 왕필의 「노자주」를 예로 들겠다.

만물은 자연을 본성으로 삼는다.
성인은 자연의 성품을 통달하고 만물의 정을 꿰뚫었다. ……그러므로 마음은 대적하지 아니하고 물성이 저절로 얻어지게 된다.❶

❶ 『왕필집교석(王弼集校釋)·노자주(老子注)·29장(章)』, "萬物以自然爲性", "聖人達自然之性, 暢萬物之情, …… 故心不亂而物性自得之也."

다른 한편으로, 현학은 인성에 내재된 만물의 성품[자연]을 포괄하여 상승하여 우주본체의 높은 영역에 까지 이르러서 "천지는 자연에 맡긴다."⁴⁴⁾하였고, "큰 통치자는 천하에 마음을 마음으로 삼는다."⁴⁵⁾고 하였다. 현학의 이러한 사유방식과 인격이론의 건립 방식은 전국시대의 인격론의 바탕에 근원한다는 것을 쉽게 알 수 있다.

사실, 전국시기에 장자의 인격이론은 이러한 방식을 사용하여 유가와 서로 통하였다. 예를 들면, 그들이 말하는 '진인眞人'의 인격은 진선진미한 것과 같은 것인데, 그 원인을 『장자』에서 예로 들겠다.

처연하기는 가을과 같고, 따뜻하기는 봄과 같고, 기쁘고 노여운 것은 사시와 통하고 만물과 더불어 마땅함이 있어서 그 지극함을 알 수가 없다.❶
하늘과 사람이 서로 다툼이 없는 것을 진인이라고 한다.❷

> ❶ 『장자(莊子)·대종사(大宗師)』, "凄然似秋, 暖然似春, 喜怒通四时, 与物有宜而莫知其极".
> ❷ 『장자(莊子)·대종사(大宗師)』, "天與人不相勝, 是之謂眞人."

다른 한편으로 장자는 자사·맹자와 같이 인격완선의 내재적 기초를 강조하여, 인성의 충만함과 공자가 회답한 "덕을 형상화 하지 못한 것을 어떻게 말 할 것인가?"라고 한 문제를 말했다.

평평한 것은 물이 정지하여서 이루어진 것이니, 그것은 본받을 수 있다. 안으로는 보존하고 밖으로는 어지럽게 하지 않아야 한다. 덕이라는 것은 조화를 이루도록 닦는 것이다.❶

> ❶ 『장자(莊子)·덕충부(德充符)』, "平者, 水停之盛也, 平者, 水停之盛也. 其可以爲法也, 內保之而外不蕩也. 德者, 成和之修也."

이 때문에 장자 일파는 사대부가 인생길을 선택하는 것에는 표면상으로 유가와 상반된다. 하지만 취사선택하는 원인은 여전히 인생의 득실에 있는 것이다.

옛날의 이른바 덕이라는 것은 벼슬하는 것을 이르는 것이 아니다. ……관직이 자신에게 있는 것은 성명이 아니다. …… 그러므로 말하기를 사물에게 자기를 잃어버리고 속세에 자기의 본성을 잃어버리는 사람을 거꾸로 된 사람이라고 한다.❶

> ❶ 『장자(莊子)·선성(繕性)』, "古之所謂德者者, 非軒冕之謂也, ……軒冕在身, 非性命也. ……故曰: 喪己於物, 失性於俗者, 謂之倒置之民."

이러한 측면에서 풀이하면 『장자·각의』 속에 『중용』과 서로 통하는 글이 꽤 많은 것은 이상한 것이 아니다.

물의 본성은, 잡된 것이 섞이지 않으면 맑고, 동하지 않으면 평평하다. 막혀서 흐르지 못하면, 또한 맑아질 수가 없으니, 자연의 덕과 비슷한 형상이다. 그러므로 순수하여 잡된 것이 섞이지 않고, 고요하고 한결같아 변하지 않으며, 담담히 무위하고, 움직이면 자연의 운행을 따른다. 이것이 정신을 보양하는 도인 것이다. …… 사람의 정신은 사방으로 자유로이 유동하여, 이르지 못하는 곳이 없다. 위로는 하늘 끝에 이르고, 밑으로는 땅 속에 서리면서, 만물을 변화시키고 양육시키지만, 그 형상은 알 수가 없다. 그래서 그것을 동제라고 부른다.❶

❶ 『장자(莊子)·각의(刻意)』, "水之性, 不雜則淸, 莫動則平. 鬱閉而不流, 亦不能淸, 天德之象也. 故曰, 純粹而不雜, 靜一而不變, 惔而無爲, 動而以天行, 此養神之道也 …… 精神四達並流, 無所不極, 上際於天, 下蟠於地, 化育萬物, 不可爲象, 其名爲同帝."

한 편으로는 '순수하고 잡되지 않으며, 정일하고도 변화 없는 것'을 필요로 하며, 또 한 편으로는 '덕'·'천'의 일체·'화육만물'을 바란다. 다만 이러한 인성과 우주관이 결합한 기초위에 인격완선을 실현할 수 있으므로, '천지의 도와 성인의 덕'은 장자와 유학에서 같은 구조의 인격이론이다.

'유학과 도가의 상호 보완[儒道互補]'므로 현상은 연구자들이 항상 언급한 것으로, 유학과 도가가 서로 보완할 수 있기 때문에, 구체적인 문제에서 일치성이 있을 뿐만 아니라, 이론구조의 일치성이며, 이들의 사유방식이 원래 하나의 공통사회에 존재한다는 점을 주의해야 할 것이다.46)

결론적으로 중국봉건사회가 통일된 군주집권종법제도에서, 사대부계층이 황권과 광대한 종법사회 사이에서 유대관계를 담당할 수 있어야, 황권과 종법사회 이익을 충당하여 쌍방을 조절할 수 있다. 이러한 연계와 조절이 중국봉건제도 사회체제의 기본임무이다. 이것이 없다면, 대통일 사회가 생존할 수 없다.

이러한 지위와 책임은 사대부계층이 이룬 전체 민족사회이익·정치이상·우주관에 초점을 모을 것을 요구하며, 또 사대부계층의 천성은 황권으로부터 서민들에게까지 광대한 전체의 공동이익을 집중시킬 수 있는 능력을 요구한다.

그러한 책임은 더욱 무거워져 존재하는 시간과 공간의 범위가 갈수록 넓어졌으며, 사대부에게 품부한 객관적인 요구도 사람들을 더욱 놀라게 하였다. 그 결과는 세계문화 속에서 유일무이하게, 오랜 역사의 발전과정에서 중국봉건문화는 시종일관 수많은 영웅호걸들이 커다란 지혜와 풍부한 정감으로 지식층의 이상인격을 구축하는 데 목숨까지 바쳤던 현상이 나타났다.

이 때문에 범중엄이 "먼저 천하가 근심하는 것을 근심하고 나중에 천하가 즐거워하는 것을 즐거워한다."는 명언을 찬탄 할 때도 그가 앞에서 총체적으로 서술한 것을 잊지 않았고, "옛날 어진사람의 마음이, …… 사물 때문에 기뻐하지 아니하고 자기 때문에 슬퍼하지 아니한다. 묘당의 높은 곳에 거처하면 백성을 근심하고, 강호의 먼 곳에 처하면 임금을 근심한다."고 하였다. 이러한 말은 얼마나 명백한가! '민民'·'군君'이 대통일의 종법집권제도를 용납하지 않았다면, 어떻게 먼저 천하를 근심하고 나중에 천하를 즐기는 '어진 사람의 마음仁人之心'이 있겠는가!

원(元) 하징(何澄) 〈도잠귀장도(陶潛歸莊圖)〉 부분

01 인학(仁學):『논어』는 인(仁)자가 85장에 105번이나 나온다. 그래서 공자(孔子)학문을 '인학(仁學)'이라고도 한다.

02 자사(子思)·맹자(孟子)의 인성론(人性論): 사람은 선한 본성을 타고난다는 인성론,『시경(詩經)』·『주역(周易)』등의 경전에도 성선에 관한 사상이 보이며, 이를 체계화 한 것이 맹자의 성선설이다. 『중용(中庸)』에서는 "천명을 성이라 이른다[天命之謂性]"고 하여 성은 하늘이 사람에게 부여한 것, 사람이 날 때부터 갖추고 있는 것으로 규정했는데, 맹자는 이것을 선이라고 본 것이다.

03 동포물여(同胞物與): 민포물여(民胞物與), 만물동체(萬物同體)사상을 이른다.

04 문천상(文天祥; 1236~1283): 남송 말 정치가·시인이다. 길주(吉州) 여릉(廬陵) 사람. 자는 송서(宋瑞) 또는 이선(履善)이고, 호는 문산(文山)이다.

05 사가법(史可法; 1602~1645): 명나라 말기 하남(河南) 상부(祥符) 사람. 자는 헌지(憲之) 또는 도린(道鄰)이고, 시호는 충정(忠靖) 또는 충정(忠正)이다. 저서에『사충정공집(史忠正公集)』4권이 있다.

06 『논어(論語)·술이(述而)』, "德之不修, 學之不講, 聞義不能徙, 不善不能改, 是吾憂也."

07 『맹자(孟子)·등문공하(滕文公下)』, "富貴不能淫 貧賤 不能移 威武 不能屈 此之謂大丈夫".

08 범중엄(范仲淹),「악양루기(岳陽樓記)」,『범문정공집(范文正集)』7권, "先天下之憂而憂, 後天下之樂而樂."

09 『중국사회과학(中國社會科學)』1980년 제2기 논문집에 이택후(李澤厚) 선생의 「공자의 재평가[孔子再評價]」가 보인다.

10 전반적인 사회생활은 물질적인 것이 아니라 정신적인 것을 이른다.

11 묵가(墨家): 중국 전국 시대, 노나라 사람 묵자의 사상을 신봉하던 제자백가의 한 파.

12 이택후(李澤厚),『공자재평가(孔子再評價)』, "墨家爲恢復遠古傳統的外在約束力企圖建立宗敎."

13 법가(法家): 법률(法律)을 닦거나 또는 법률(法律)에 정통(精通)한 학자(學者)로, 제자백가의 하나이다. 전국시대에 출현해서 유가의 자연법적인 예에 대해 실정법적인 법의 우위를 주장했다. 예(禮)가 지연적·혈연적 공동체를 결합하는 것이었지만, 춘추 중기 이후의 생산력의 발전에 의한 공동체의 붕괴는 예를 대신한 법에 의한 지배를 요구했다. 이 사실을 간파한 법가의 사상가들은 한결같이 발전적 역사관을 갖고 시대에 부응하는 지배를 실시할 것을 주장하였다. 거기에는 또 하나의 인간관이 있다. 즉 법의 실질은 상과 벌이지만, 법의 유효성의 전제는, 인간이 욕망의 충족을 추구하는 존재이며, 그것은 또한 상벌에 의해 통제할 수 있다고 하는 견해이다.

14 『상군서(商君書)·개색(開塞) 제칠(第七)』.

15 『관자(管子)·임법(任法)』, "不知親疎遠近貴賤美惡, 一以度量斷之."

16 구동조(瞿同祖)의「중국법률과 중국사회」의 제6장 「유가사상(儒家思想)과 법가사상(法家思想)』및 부록인『중국 법률의 유가화(儒家化)』에 자세히 보인다.

17 가장 격렬하게 유가(儒家)의 도덕(道德)을 규탄한 현학가(玄學家)인 혜강(嵇康)의 본심(本心)은 예교(禮敎)를 보옥처럼 갖추었으니, 이러한 것은 노신(魯迅) 선생이 일찍이 지적한 것으로 「위진(魏晉) 풍도(風度)와 문장(文章)·약(藥)·주(酒)와의 상관관계」,『노신문집(魯迅文集)』제6권392항에 보인다.]이며, 곽상(郭象)이후의 유가와 현학(玄學)은 날로 융화하여, 남송(南宋)의 유의경(劉義慶)에 이르러서는 위진(魏晉)의 현풍(玄風)을 총결하여『세설신어(世說新語)』를 편찬 하였는데, '덕행(德行)'을 36장의 수장(首章)으로 하

였다.

18 『주자어류(朱子語類)』126권, "불가(佛家)의 설은 군신(君臣)과 부자(父子)의 관계를 폐하려 하니, 그것은 구폐(舊廢)의 부득이 한 것에 의존한다. 또 지금 한 절과 같은 경우, 예로부터 있는 노장(老莊)의 무리에 의존하여, 그 명분 또한 매우 엄중하니, 어떻게 폐할 수 있겠는가!"라고 하였다.

19 『논어(論語)·계씨(季氏)』, "天下有道, 則政不在大夫, 天下有道, 則庶人不議."

20 왕관(王官): 왕조(王朝)의 관리(官吏)이다.

21 호적(胡適)의「제자(諸子)는 왕관(王官)에서 나오지 않았다는 이론[諸子不出王官論]」, (『고사변(古史辨)』제4책에 보임)은 어떤 사람을 따르는 가의 여부는 어떤 관직(官職)에 있었는가에서 나온다는 이론으로, 학술계에 보편화되지 못하였다. 사면(思勉)의 『선진학술개론(先秦學術槪論)』제4장과 여영시(余英時)의 『중국지식계층사론(中國知識階層史論)』34항을 참조 바란다.

22 구류백가(九流百家): 9종의 학파와 온갖 학자.

23 전읍(田邑): 제후에게 내렸던 봉지(封地)를 이른다.

24 『회남자(淮南子)·주술훈(主術訓)』·『한창려문집교주(韓昌黎文集校注)』권1「독묵자(讀墨子)」·여사면(呂思勉), 『선진학술개론(先秦學術槪論)』하편 제5장「묵가(墨家)」등에 보인다.

25 『논어(論語)·안연(顏淵)』, "克己復禮爲仁, 一日克己復禮, 天下歸仁焉."

26 인학(仁學)에 내재된 가치와 외재된 가치의 통일은 내부와 외부를 합한 도(道)이다.

27 『상서(尙書)·강고(康誥)』, 文王之'明德'聞於天上帝'乃大命文王."

28 『좌전(左傳)·희공오년(僖公五年)』에 『주서(周書)』를 인용하여 "皇天無親, 唯德是輔."라 하였다.

29 『좌전(左傳)·장공십년(莊公十年)』에 "曹劌已爲祭神以犠牲玉帛只是'小信未孚, 神弗福也.'小信未孚, 神弗福也."라고 보인다.

30 『논어(論語)·계씨(季氏)』, "不知命, 無以爲君子."

31 전국시기 사대부인격가치가 세상에서 주목한 것은 이시기 여러 영웅들과 정치가들이 선비들을 대한 예절은 공자가 궁핍했던 것과는 대비가 된다.

32 『맹자(孟子)·고자상(告子上)』과 『순자(荀子)·성악(性惡)』 등에 보인다.

33 『논어(論語)·양화(陽貨)』, "性相近, 習相遠."

34 『맹자(孟子)·공손추상(公孫丑上)』, "我善養我浩然之氣", "其爲氣也, 至大至剛, 以直養而無害, 則塞於天地之間. 其爲氣也, 配義與道."

35 『맹자(孟子)·만장상(萬章上)』, "思天下之民匹夫匹婦, 有不被堯舜之澤者, 若己推而內之溝中, 其自任以天下之重如此."

36 『순자(荀子)·의병(議兵)』에 보인다. "反對秦國那種僅僅依靠武力而'兵强海內, 威行諸侯', 認爲這只是'末世之兵, 未有本統."

37 『순자(荀子)·왕패(王霸)』, "仲尼無置錐之地, 誠義乎志意, 加義乎身行, 箸之言語, 濟之日, 不隱乎天下, 名垂乎

後世."

38 『장자(莊子)·응제왕(應帝王)』,"功盖天下而似不自己, 化貸萬物而民弗恃." 이 말은 노자(老子)의 말에 의탁한 것이다.

39 제자백가 인격요소의 3대 요소는 인성에 대한 발굴, 사대부의 사회책임에 대한 개시, 인격론과 우주관의 통일이다.

40 『춘추번로(春秋繁露)·교서왕에게 월나라 대부들이 인하지 못하다고 대답하다[對膠西王越大夫人不得爲仁]』, "仁人者, 正其道不謀其利, 修其理不急其功."

41 『춘추번로(春秋繁露)·관덕(觀德)』, "泰伯至德之侔天地."

42 『춘추번로(春秋繁露)·심찰명호(深察名號)』에 자세히 나온다.

43 우주체계는 사회제도를 포괄하는 우주 전반적인 체계를 이른다.

44 『왕필집교석(王弼集校釋)·노자주(老子注)·5章』, "天地任自然".

45 『왕필집교석(王弼集校釋)·노자주(老子注)·2章』, "大制者, 以天下之心爲心."

46 이 책 제5편 참고.

제 2 장

사대부인격완선에 대한 중국고전원림의 작용

◁ 창랑정(滄浪亭)

악양루(岳陽樓)

사대부 인격완선은 중국봉건사회 체제에서 대대로 의존해왔으며, 인격완선도 중국고전원림과 서로 연관되었다. 일찍이 언급한 도연명陶淵明과 맹호연孟浩然에 비유할 수 있으며, 또 '먼저 천하가 근심하는 것을 근심한다.'고 한 이상인격의 근본은 악양루岳陽樓에서 마주한 산수풍경을 연상하는 것에 비유할 수 있다. 이와 같은 문제는 사대부 인격완선이 중국고전원림에서 필연성과 보편성의 연관관계가 있느냐 없느냐이다.

제2편에서 이미 제시한 원림과 전체 사대부문화체계는 사대부의 상대적 독립인격이 필수적이란 것이다. 아래에서 더욱 구체적으로 둘 사이의 관계를 토론할 것이다.

중국봉건사회는 사대부의 인격이 사회의 근본과 이익을 체현하기를 요구한다. 물론 체현한 것을 이익으로 귀착시키려는 것이 결코 아니다. 중국봉건사회의 규모와 역사가 함께 발전해야 할 문제이다. 한편으로는 중국봉건사회가 황권으로 모든 사회요소를 제약한다면, 사대부 인격도 결코 예외일 수 없다.

이 때문에 사대부인격의 상대적 독립과 집권제도의 모순도 필연적으로 봉건사회를 시종일관 관통하는 것이다. 이러한 사회를 바탕으로, 사대부계층은 서주西周의 종법제도로부터 벗어나서, 자기 스스로 독립지위와 정치이상과 인격이상을 갖춘 날부터, 이러한 모순의 해결방법은 사대부 인격완선을 실현할 수 있는가에 달려있다.

공자가 제시한 "선비는 도에 뜻을 둔다."[1]는 원칙이 당시에도 오랜 시간동안에 은일적 방식에 의존해야 비로소 실현된다는 것을 아래에서 볼 수 있다.

돈독히 믿고 배우기를 좋아하며, 죽음으로 지켜 도를 잘 구현하며, 위태로운 나라에 들어가지 않고 어지러운 나라에 거처하지 않는다. 천하에 도가 있으면 나타나고, 도가 없으면 숨는다.❶

> ❶ 『논어(論語)·태백(泰伯)』, "篤信好學, 守死善道. 危邦不入, 亂邦不居, 天下有道則見, 無道則隱."

　　은일문화가 형성된 초기에, 그들은 곧 사대부로서 피동적인 생계수단과 소극적인 생활방식을 찾았을 뿐만 아니라, 중요한 것은 사회형태에 능동적으로 상호 관계하는 것이 필수적이었다. 전국시기에 사대부 인격이론이 크게 발전한 내용 중의 하나는 공자가 상술한 사상을 널리 발전시킨 것이다. 맹자가 유명한 말을 많이 했다. 아래에서 예를 들겠다.

선비는 궁하여도 의를 잃지 않으며, 통달하여도 도를 떠나서는 아니 된다. 궁하여도 의를 잃지 않으므로 선비는 자기를 터득할 수 있으며, 통달하여도 도를 떠나지 않으므로 백성들에게 신망을 잃지 않는다. 옛사람들은 뜻을 얻으면 은혜를 백성들에게 베풀고, 뜻을 얻지 못하면 수신하여 세상에 드러낸다. 궁하면 홀로 그 몸을 선하게 하고 영달하면 천하와 선을 함께 한다.❶

> ❶ 『맹자(孟子)·진심상(盡心上)』, "士窮不失義, 達不離道. 窮不失義, 故士得己焉. 達不離道, 故民不失望焉. 古之人得志, 澤加於民, 不得志, 修身見於世. 窮則獨善其身, 達則兼濟天下."

출처出處나 사은仕隱을 막론하고 사대부 생명의 가치는 인격완선에 기초를 두었으니, 벼슬자리에 있는 것과 인격완선 과정에서 모순이 발생될 때, 맹자의 취사선택은 매우 명확한 것이었다.

'물고기 요리는 내가 먹고 싶은 것이고, 곰 발바닥 요리도 또한 내가 먹고 싶은 것이지만, 두 가지를 겸할 수 없으면 물고기는 버리고 곰 발바닥을 취할 것이다. 삶은 내가 하고자 하는 바이고, 의 또한 내가 하고자 하는 바이나, 두 가지를 겸할 수 없다면 삶을 버리고 죽음을 취할 것이다.'고 하여 그가 '애와 의를 나누지 않음'에 극렬히 반대하여 만종에 녹봉을 받는 것을 '이것은 그 본심을 잃은 것'이라고 여긴다.❶

❶ 『맹자(孟子)·고자상(告子上)』. "魚, 我所欲也, 熊掌亦我所欲也; 二者不可得兼, 舍魚而取熊掌者也. 生亦我所欲也, 義亦我所欲也; 二者不可得兼, 舍生而取義者也." 所以他堅決反對 "不辨禮義" 而受萬鍾之祿, 認爲 "此之謂失其本心."

여기에서 사대부 인격완선은 그들이 출처하거나 사은하며 살아가는 길과 밀접한 관계가 있다는 것을 알 수 있다.

중국봉건사회제도의 기본특징은 왕권제도로 "전주가 지은 것은 율이고, 후주가 소한 것은 영令2)이다."3)는 것은 2천여 연 이상 행해진 법칙이고, 그들은 사대부계층의 인격이상과 전제제도 사이의 모순을 결정한 것은 한계가 있어서 제한된 일부분은 '임금의 명령에 대항抗君之命'하거나 '간쟁과 보필諫爭輔拂'의 적극적인 방식을 통하여 해결할 수 있었다. 그러나 별도의 많은 정황 아래에는 '홀로 그 몸을 선하게 하는獨善其身' 방식을 통해서만 사대부 인격이상을 전제제도에 빼앗

기지 않을 수 있었다.

그러나 은일문화가 더욱 적극적으로 작용하여 그들은 '도道'를 가지고 개인이익을 희생하는 것으로 인격이상이 객관적 현실로 변하여, 그에 따른 평가도 변하여 전체 사인계층의 도덕적 유형을 헤아리는 척도가 되었고, 이러한 변화에 따라 벼슬에 나가는 사람들은 정감과 이상적인 면에서 구체적으로 의탁하게 되었다.

대다수의 사인들에 대하여 말한다면, 상술한 여러 요소는 더욱 많은 곳에서 관념적인 형태를 표현하였지만, 그들은 간쟁하거나 보필한 것을 제외하고도 사대부가 대통일 체계에서 유일하게 왕권전제의 상규수단을 제약할 수 있었다.

바로 이 때문에 간쟁하거나 보필하는 작용이 매우 제한되어, 사회체제도 필연적으로 몇몇 사인들이 홀로 그 몸을 선하게 하고, 많은 사인들이 그것을 경모할 것을 요망함으로써, 충분하게 발전하는 가운데 놀랄 정도로 능동적인 역량이 갖추어졌다.

한대의 사인들은 자신이 황권의 통제 아래에 살면서, '도가 없으면 은거한다[無道則隱]'는 실제권력이 전혀 없었더라도, 그들은 또한 시종일관 사대부인격완선의 책임을 잊은 적이 없었다. 동방삭·동중서·양웅 등은 모두 은일하는 가운데서 '마음을 바로하고 하나의 선행으로 돌아간다[正心而歸於一善].'·'선왕의 풍도를 읊는다[詠先王之風].'는 등의 환상을 하였다. 이는 은일이 사대부 인격완선작용을 실제로 대신해 주기가 어렵다는 것을 설명한 것이다.

위진남북 시기는 은거하는 문화와 원림예술이 빠르게 발전 하였다. 그 내용 중에 하나는 원림이 사대부인격을 보증하는 작용을 보편적이고 명확하게 인식하였다. 이러한 몇 가지를 들겠다.

傲墳素之長圃	오만한 무덤 긴 텃밭에 있어
步先哲之高衢	선현의 높은 길을 거닐어 보네.
雖吾顔之雲厚	비록 나의 근심이 두텁지만
猶內愧於寧蘧	오히려 안으로 편안한 것이 부끄럽네.

有道餘不仕	도가 있어도 벼슬하지 않고
無道吾不愚	도가 없어도 나는 어리석지 않으리.
……	……
於是退而閑居	이에 물러나 한가롭게 거처하며
於洛之涘	낙수의 물가에 거처하리라. ❶
三徑就荒	세 갈래 오솔길은 잡초 우거졌어도
松菊猶存	소나무와 국화는 그대로 남아있네.
……	……
引壺觴以自酌	술병과 술잔 끌어당겨 혼자 마시며
眄庭柯以怡顔	뜰의 나무를 바라보며 미소 짓노라.
倚南窓以寄傲	남쪽 창에 기대어 멋대로 있노라니
審容膝之易安	작디작은 방이지만 편하기 더 없다.
園日涉以成趣	정원은 매일 거닐어도 풍치가 있고
門雖設而常關	문은 나 있으나 늘 닫아 두고 있어라.
策扶老以流憩	지팡이 짚고 가다가는 쉬기도 하고
時矯首而遐觀	때로는 머리 들어서 멀리 바라본다.
雲無心以出岫	구름은 무심이 골짝을 돌아 나오고
鳥倦飛而知還	날다 지친 저 새 돌아올 줄을 아는구나.
景翳翳以將入	해는 장차 넘어가려 하는데
撫孤松而盤桓	홀로 선 소나무 어루만지며 서성이네.
歸去來兮	돌아왔도다!
請息交以絶遊	사귐도 어울려 놀음도 이젠 그치리.
世與我而相違	세상과 나는 서로 어긋나기만 하니
復駕言兮焉求	다시 수레에 올라서 무엇을 구하리. ❷

❶ 반악(潘岳), 「한거부(閑居賦)」, 『문선(文選)』 16권.
❷ 도연명(陶淵明), 「귀거래사(歸去來辭)」, 『도연명집(陶淵明集)』 5권.

사대부는 집권제도의 압력 아래에서 상대적 독립이 천지에서 자신의 인격완선이 실현되고 인격이상이 대대로 이어지는 보증이 필요하였다. 고전원림의 이러한 기본 작용이 위진남북 시기에 확립된 이후, 당송·원 명·청 시대를 거치면서 시

제2장 사대부인격완선에 대한 중국고전원림의 작용

종일관 중국봉건사회형태와 사대부계층이 장기적으로 발전함에 따라, 관직에서 뜻을 이루지 못한 소순흠(蘇舜欽)⁴⁾과 같은 경우는, 창랑정의 산수경치를 묘사한 뒤에 자기가 이 원림에 마음을 의탁한 이유를 다음과 같이 말했다.

…… 내가 때로 작은 배를 저으며 복건을 쓰고 가서 도착하면, 홀연히 돌아갈 것을 잊었다. 오르락내리락 큰 소리로 노래 부르며, 걸터앉아서 하늘을 우러러보며 휘파람을 불고, 시골 노인 오지 않아도 물고기·새와 함께 즐겼다. 몸이 이미 알맞으니, 정신이 번잡하지 않다. 보고 듣는 것이 사특함이 없으니, 도가 밝도다. 지난날 영욕의 자리에 겨를이 없었음을 돌이켜 생각하고, 이득과 해가 서로 맞지 않음을 날마다 헤아려 본다. 여기의 참다운 운치를 멀리한다면, 또한 비루하지 아니하겠는가! …… 오직 벼슬길에 빠진 사람은 지극히 심하여, 옛날의 현철한 군자도 한번 도를 잃으면 죽음에 이른 자가 많았으니, 이는 스스로를 이기는 도를 알지 못했기 때문이다. 내가 이미 벼슬을 그만두고 이러한 경지를 얻어서, 가득하고 넓음을 편안히 여겨 만물과 더불어 다툼이 없도다. 이로 인하여 내외 득실의 근원을 다시 깨달을 수 있게 되어, 왕성하게 얻음이 있으니 만고에 즐겁지만, 오히려 그 눈여겨 본 것을 잊을 수 없으니, 쓰임이 이러한 이유로 빼어난 것이다.❶

❶ 「창랑정기(滄浪亭記)」,『소순흠집(蘇舜欽集)』13권, "…… 予時榜小舟, 幅巾以往, 至則灑然忘其歸, 箕而浩歌, 踞而仰嘯, 野老不至, 魚鳥共樂. 形骸既適, 則神不煩, 觀聽無邪, 則道以明. 返思向之汩汩榮辱之場, 日與錙銖利害相磨戛, 隔此真趣, 不亦鄙哉! …… 惟仕宦溺人爲至深, 古之才哲君子, 有一失而至於死者多矣, 是未知所以自勝之道. 予既廢而種斯境, 安於沖曠, 不與眾驅, 因之復能乎内外失得之原, 沃然有得, 笑傲萬古. 尚未能忘其所寓目, 用是以爲勝焉."

졸정원(拙政園)

망사원(網師園)

창랑정(滄浪亭)

앞면의 졸정원·망사원·창랑정의 이름에서 알 수 있듯이 역대의 유사한 사례와 기록으로 인하여 모두가 잘 알고 있는 것이다.5) 고전원림의 이러한 사회기능 또한 가장 쉽게 이해할 수 있기 때문에 다시 서술하지 않겠다.

사대부들은 자신을 심산유곡에 맡겨서 '작은 이익과 해가 서로를 부딪친다.'는 영욕의 마당에서 벗어나서 자신의 인격이상을 실현시키고자 했으며, 관직에 나가거나 은거하는 것이 똑 같다는 것을 날로 통달하여, 원림의 작용이 광범위해지고 효과적으로 발휘되었다. 그러나 이러한 것은 비교적 표면적인 문제였으며, 원림이 사대부 인격완선에 깊은 영향을 끼친 것은, 그들의 우주와 인성에 대한 이해가 심층적인 측면에서 표현된 것이다.

위의 1장에서 제시한 사대부인격의 내용은, 공자의 인학에서 비롯하여 통일집권제도에서 필요로 하는 형태로 발전하였다. 그 사이에 반드시 통과해야 하는 관건이 한 걸음 진보하여, 사대부의 사회와 도덕적 책임이 전국시대 이후에 거듭 새롭게 건립된 '천인지제' 우주관과 인성이론이 함께 융화하여 일체를 이루었다.

이런 정황은 고전원림이 사대부인격완선에 깊은 영향을 결정하고, 아울러 존재하지 않는 사대부의 독립적인 인격을 공급하여, 세속 밖에서 자신이 있을 곳을 찾아냈다. 이러한 두 가지 점을 분명하게 발견하였다.

앞에서 인용한 도연명·소순흠 같은 사람들이 얘기한 '본성이 본래 산을 좋아한다.'는 말과 '물고기나 산새와 함께 즐긴다.'는 말은 깊은 뜻이 함축되어 있다고 할 수 있다. 아래에서 인성과 우주관에서부터 사대부인격에 대한 고전원림의 의의까지 차례대로 살펴보겠다. 송명이학 이전에도 이 두 가지가 헤어지거나 포기하지 않았다는 것을 주의해야 할 것이다.

유가와 도가는 모두 인성의 충만함을 인격완선의 기초로 생각하여 천지와 하나가 되는 것이 사대부인격의 가장 높은 표현이며 필연적인 귀착점이 되었다. 이 때문에 고전원림이 사대부문화에서 사대부가 인격을 완선하는데까지 영향을 끼쳤는지 아닌지는 이러한 과정에서 결정되었다. 사인원림이 동한 말년에 시작되었고, 이러한 결정을 한 작용은 매우 적극적이었다는 것을 알 수 있다.

중장통⁶⁾은 원림경관과 원림생활을 구체적으로 묘사하였다.

통달한 자 몇 사람과, 도를 논하고 책을 강하여, 천지를 부앙하고, 고금의 인물들을 모아놓고 평가하며, 남풍의 고상한 곡조를 타고, 청상의 묘한 곡을 펼친다. 그리하여 한 세상 위에서 소요하고, 천지간을 하찮게 보아, 당시의 책임을 받지 않고, 성명의 기한을 길이 보존한다. 이와 같다면 소한을 능가하여, 우주의 밖에 초탈할 수 있으리라.❶

> ❶ 『후한서(後漢書)·중장통전(仲長統傳)』, "與達者數子, 論道講書, 俯仰二儀, 錯綜人物. 彈南風之雅操, 發清商之妙曲. 逍遙一世之上, 睥睨天地之間. 不受當時之責, 永保性命之期. 如是, 則可以凌霄漢, 出宇宙之外矣."

위진남북 시기 원림의 번영은 은일문화와 황권의 관계에서 상호조정하면서 원림예술과 우주관 등이 발전하였고, 또 결과적으로 사대부는 인성의 인식과 실천에서도 발전하였다.

예를 들면, 혜강嵇康은 새나 사슴의 속박 받지 않는 성품을 자신과 비유하여, "비록 금 재갈로 장식하고, 좋은 안주로 반찬을 삼아도 더욱 긴 숲을 생각하고 뜻은 무성한 풀에 있다."⁷⁾고 하였다. 그는 원림 산수를 동경하는 것과 벼슬길을 혐오하는 것도 마음대로 하는 것에 대하여 스스로 만족한다는 것을 완전히 표현한 것이다.

산과 호수에 노닐며 물고기와 새를 바라보면서 마음으로 매우 즐거워하였다. 한 번 관리가 되어 이러한 일을 곧 그만두니, 어찌 그 즐거운 것을 버려두고 두려운 것을 따르겠는가! 사람이 서로 아는 것이 그 천성을

아는 것을 귀하게 여기니, 때문에 그러한 것을 건널 수 있다.······."❶

❶ 「산거원에게 절교하는 편지를 보내다[與山巨源絶交書]」, 『문선(文選)』 43권, "游山澤, 觀魚鳥, 心甚樂之. 一行作吏, 此事便廢, 安能舍其所樂, 而從其所懼哉! 夫人之相知, 貴識其天性, 因而濟之······."

혜강의 입장에서 본다면, 산과 호수와 물고기와 새의 중요한 의의는 사대부의 '천성'을 잘 기르는데 있었다. 역대 사인들은 모두 이러한 각도에서 사대부 인격완선이 원림의 작용에 대하여 찬양하였는데, 예를 들면 다음과 같다.

閑居三十載	한가롭게 3십년을 살아오니
遂與塵事冥	드디어 세속의 일과 멀어졌네.
詩書敦宿好	시서(詩書)는 예전의 좋아함 돈독해지고
林園無世情	숲속의 정원이라 속된 정이 없구려.
······	······
養真衡茅下	초가집 아래서 참됨을 기르나니
庶以善自名	자신의 이름을 잘 지켜나가기를 바라네.❶

澗委水屢迷	굽이굽이 계곡물은 자주 자취 감추는데
林回巖逾密	숲 돌아 바위들이 더 빽빽하구나.
眷西謂初月	서쪽을 돌아보고 초저녁달을 이야기하다
顧東疑落日	동쪽 되돌아보고 지는 해인가 의심한다.
踐夕奄昏曙	저녁까지 길을 가니 흐린 새벽인 듯하고
蔽翳皆周悉	덮이고 가린 곳 두루 다 구경하네.
蠱上貴不事	고괘 상구엔 왕과 제후 섬기지 않고
履二美貞吉	이괘 구이엔 유인의 정길을 찬미하였다.
幽人常坦步	은거해 사는 사람 발걸음 탄탄하고 탄탄하니
高尚邈難匹	그 고상함 짝하기 힘들도다.

頤阿竟何端	산중이라 인기척이 없으리니
寂寂寄抱一	고요히 포일의 경지에 도달하겠구나.
恬如既已交	무념과 지혜가 이미 서로 섞였으니
繕性自此出	덕의 조화 절로 여기서 시작되리라.❷

중군이 항관이 되어서, 소주를 여행할 때에, 일찍이 창랑의 정자에 올라서 사방의 경치를 둘러보고, 개연히 관직을 버리고 따르고 싶은 뜻이 있었다. 내가 처음에는 그 말을 믿지 못했다. 중군이 드디어 성안의 경치 좋은 곳을 두루 방문하고, 또 인가의 남쪽의 동산에 이르게 되었다. 전대에 가진 것으로 써서 밤낮으로 스스로 경영하여, 그 사이에 집을 짓고, 맹자의 '호연지기를 기른다.'에서 취하여 이름을 지었다.❸

❶ 도연명(陶淵明), 「신축년 7월…(辛丑歲七月…)」, 『도연명집(陶淵明集)』3권.
❷ 도연명(陶淵明), 「신축세칠월…(辛丑歲七月…)」, 『도연명집(陶淵明集)』3권.
❸ 소순흠(蘇舜欽), 「호연당기(浩然堂記)」, 『소순흠집(蘇舜欽集)』2권, "曾君將之杭官, 旅於蘇, 嘗登於滄浪之亭, 覽景四顧, 慨然有棄緋冕相從之意, 予始未以其言爲信也. 君逐周訪城中物景之嘉者, 又得閭南之囿焉, 罄, 囊中所有, 日夜自營輯, 築堂其間, 取孟子養浩然之氣以命名."

유사한 예는 무수히 많다. 이러한 설명은 사람들이 원림에서 '천성'을 기르고 사대부 인격완선의 충분한 자각을 실현하였다. 이에 어떠한 문제를 접촉하느냐가 관건인데, 이는 어떤 원림 속의 산수천석과 동식물과 어류와 새 등의 자연경관이 사대부인성에 직접적으로 영향을 끼쳤는가에 있다.

사대부 인격완선은 공자의 인학에서 근원하였으며, 인학의 핵심은 혈연을 연결체로 여기는 전통종법사회의 조화와 깊은 정의 인간관계를 회고하고 찬양하는 데 있다. 그러나 전통종법사회 및 새로운 봉건제도는 인간관계에서 잔혹하고 조화롭지 못한 일면이 있는데, 이는 인학에서 지양하고 비판하는 이상이다. 이 때문에 공자는 인학이든 이상인격이든 그 목적은 단지 하나로, 곧 인간관계의 조화였다.

자공이 물었다. '만약 백성들에게 널리 베풀고 많은 사람들을 구제할 수 있다면 어떻겠습니까? 인이라 해도 되겠습니까?' 공자께서 말했다. '어찌 인이라고만 하겠느냐? 틀림없이 성일 것이다. 요순도 그리하지 못해 걱정했다. 본래 인이란 내가 일어서고 싶다면 남도 일어서게 해주고, 내가 이루고 싶다면 남도 이루게 하는 것이다.' 하였다. ❶

❶ 『논어(論語)·옹야(雍也)』, "子貢曰, '如有博施於民而能濟衆, 何如? 可謂仁乎?' 子曰, '何事於仁, 必也聖乎! 堯舜其猶病諸! 夫仁者, 己欲立而立人, 己欲達而達人. 能近取譬, 可谓仁之方也已'."

'성聖'은 '인仁'에 비하여 더욱 높은 사회의 인격이상이라는 것을 알 수 있고, 두 가지의 구별에서 '인'은 신변의 유한한 화해和諧8)의 테두리 안에서 실현할 수 있는 것이며, '성'은 실현한 화해가 더욱 많은 것9)을 요구한다.

공자는 광대한 범위에서 조화의 실현을 요구하였는데, 이러한 것은 춘추이후 사상조류의 경향을 두드러지게 띄고 있다. 또한 이러한 경향을 갖추어서 그들의 학설이 전국시대 제자백가들에 의하여 방대해지고, 심화될 수 있었다.

전국시대 이후 사대부 인격이론의 발전은 인성과 방대한 우주통일의 기초 위에서 견고히 수립되었다고 하였다. 이로 인해, 공자가 조화를 추구한 것도 전국 이후의 사람들에 의하여 두 가지 방면으로 크게 추진되어, 심령 깊은 곳의 조화와 광대한 우주사이의 조화를 추구한 것이다.

예를 들면, 사맹학파는 인성의 '정미'와 '중용'을 강조하였고, 장자학파는 인성의 '조화를 이루는 수양'과 '순수하여 섞임이 없음'을 강조하였다. 그들은 모두 심령 깊은 곳의 조화를 '만물을 성장시켜 높이 세운다.'는 높은 우주의 경지에 이르게 하였으며, 이로부터 부연하여 전체우주의 조화를 얻도록 하였다는 것을 알 수가 있다.

이 이후에 심령의 조화와 사회와 우주의 조화가 하나로 융합되어 불가분의 관계가 되었다. 한나라 사람들의 말을 인용하면 '임금은 위로 덕을 조화롭게 하고, 백성은 아래로 덕을 조화롭게하며, 마음이 조화로우면 기운이 조화롭고, 기운이 조화롭고 형체가 조화로우며, 형체가 조화로우면 소리가 조화롭고, 소리가 조화로우면 온 세상이 조화롭게 응한다.'고 하였다.

따라서, 우주의 조화에 이르지 못하면 사대부 심령의 조화와 그 인성의 충만함이 없다는 것을 알 수 있으며, 인격의 완선을 이루지 못하고, 조화로운 사회관계의 존재이유를 찾을 수 없게 된다.

중국고전원림 예술경계의 전부를 포함하여 우주사이의 보이는 모든 것을 표현하였다고 앞 1편에서 소개하였다. 지극히 정미한 조화관계와 운율은 원림예술과 같아서 우주 일체의 조화관계의 표현을 목적으로 한 사대부예술이 사대부 인성에 직접적으로 영향을 끼쳤으며, 사대부 인격완선의 기둥이 된 것은 우연한 것이 아니었다.

조화로운 우주경관이 사대부인성·인격에 미친 영향에 대하여, 역대로 원림을 조성하는 것과 원림을 감상하는 것에서 자세하게 말했다. 예를 들면, 왕희지가 『난정집서』에서 말한 것처럼 '높은 산과 빼어난 고개'와 '울창한 숲과 긴 대나무'와 '맑게 흐르는 물과 물결치는 여울'과 '맑은 하늘과 맑은 공기와 은혜로운 바람이 화창함' 속에서 우주의 무궁함을 깨닫게 하였고, '사람들과 함께하며, 한 세상을 살아가는 것'이 잠깐이라는 것은, 말뜻은 슬픈 느낌을 띠는 것 같지만, 깊은 뜻은 오히려 사대부 생명과 인격가치를 보배처럼 여기는데 있다.

동진 이후에 원림예술은 사대부 심성을 수양하여 인격완선의 기초가 되었다는 것을 분명히 인식하였다. 이로 인하여 은일과 원림이 단순히 세상을 피하여 몸을 온전하게 하는 장소가 될 수 없었고, 더욱 많은 사대부가 '천인지제'를 가장 이상적이며 조화로운 승경으로 인식하였다. 예를 들면, 동진의 명사인 대규가 「한유찬」에서 다음과 같이 말했다.

옛날에 신이 천상에 있을 때에, 천리를 보충하여 망망한 바다를 나는 새도 알아서, 새장이나 울타리를 사용하지 아니하여도 그 기름에 복종하였다. 하찮은 재목櫟散의 바탕도 도끼를 사용하지 않고도 사용할 수 있었다. 그러므로 넓은 한수에 나무를 심을 수 있었고, 강호에 깃들 수 있었으며, 큰 계책으로 짐을 싣고 깊은 정취로 덮을 수가 있었다. 저 순박한 마음과 정일하는 성품으로 모두 산택에 나아가 한가롭고 여유로움을 즐길 수가 있었다. …… 누대를 숭상하는 데에 이르러 크게 화평함을 보존하여 그 천진함을 다하도록 하였다. 또 바위고개가 높으면 구름의 기운이 적고, 숲이 깊으면 소슬한 소리가 맑으니, …… 그러나 산림의 손님과 같은 경우는 다만 사람의 근심을 만나지 않을 뿐만 아니라, 다투는 문을 피할 수 있고, 진실로 덮어서 화평하게 하기 때문에 기심을 씻어내어 선량함을 포용하여 기르고 편안하게 즐기는 것이다. 하물며 사물도 자적할 수 있는데 한가하게 유람하는 자들은 어찌 와서 즐기며 기다리지 못하는가? 이 때문에 물이 흐르는 선선한 그늘에서 금서를 옆에 두고 누워 쉬면서 소나무 대나무에 마음을 의탁하여 물고기도 보고 새도 보는 즐거움을 취하면 담박함을 바라는 것이 여기에서 다할 것이다."❶

❶ 『전상고삼대진한삼국육조문(全上古三代秦漢三國六朝文)·전진문(全晉文)』137권, 대규(戴逵), 「한유찬(閑游贊)」, "昔神在上, 輔其天理, 知溟海之禽, 不以籠樊服其養, 櫟散之質, 不以斧斤致用. 故能樹之於廣漢, 栖之於江湖, 載之以大猷, 覆之以玄風. 使夫淳朴之心, 靜一之性, 咸得就山澤, 樂閑曠. …… 逮於臺尙, 莫不有以保其太和, 肆其天眞者也. 且夫岩嶺高則雲霞之氣鮮, 林藪深則蕭瑟之音清, 其可以藻玄瑩素, 疵其皓然者, 舍是焉? …… 然如山林之客, 非徒逃人患避爭門, 諒所以翼順資和, 滌除機心, 容養淳淑, 而自適者爾. 況物莫不以適為得, 以足為至, 彼閑遊者, 奚往而不適, 奚待而不足? 故蔭映岩流之際, 偃息琴書之側, 寄心松竹, 取樂魚鳥, 則淡泊之愿於是畢矣."

이러한 조화로운 '천인지제'의 우주와 완비된 사대부 문화체계에서, 사대부의 심성이 고요하며 조화롭고 승화된 경지에 도달할 수 있다는 것이 아닌가? 언제 어디서나 자신이 독립인격으로 우주의의를 체득할 수 있다는 것이 아닌가? 자신의 심성과 전체우주와 전통문화의 천기가 한곳에 모인 것을 최대한 체득할 수 있다는 것이 아닌가?

상술한 관계는 사대부들이 원림과 도의정치가 밀접하여 나눌 수 없는 것을 기이하게 생각하지 않았다는 것이 분명하다. 예를 들면, 당나라 사람들이 '아름다운 화초들'과 '산수에서 새 물고기가 즐기는' 원림경관을 보고 이러한 도리를 발견한 것이다.

고을에 놀기 위한 정자가 있었는데, 어떤 이가 정사를 그르친다고 생각하였지만, 이는 그렇지 않다. 기가 흥분하면 생각이 어지럽고, 보는 것이 막히면 기억이 막히게 된다. 군자가 반드시 휴식하는 것이 있어야 고명함을 갖추어 뜻이 편안하고 평이하게 할 수 있으니, 항상 여유가 있는 연후에야 이치가 통달되고 일이 이루어진다.❶

우레와 천둥과 바람과 비는 끓어오르는 양이 쌓인 것이고, 강과 바다와 시냇물과 골짜기는 새어나온 음이 응축된 것이며, 누관과 대사는 사람의 막힌 것을 풀어주는 것이다. 하늘의 기가 성하면 해와 달이 밝지 아니하고, 땅의 기가 차가워지면 만물이 자라지 못하며, 사람의 기가 막히면 모든 정신이 신령하게 되지 못한다.❷

---

❶ 유종원(柳宗元), 「영릉삼정기(零陵三亭記)」, 『유종원집(柳宗元集)』27권, "邑之有觀遊, 或者以爲非政, 是大不然. 夫氣憤則慮亂, 視壅則誌滯. 君子必有遊息之物, 高明之具, 使之情寧平夷, 恒若有餘, 然後理達而事成."
❷ 부재(符載), 「종릉동호정기(鍾陵東湖亭記)」, 『전당문(全唐文)』689권, "雷霆風雨, 蕩陽之積也, 河海川谷, 泄陰之凝也, 樓觀臺榭, 宣人之滯也. 天氣郁則兩曜不明, 地氣寒則萬物不生, 人氣壅則百神不靈."

나중에 송나라 사람 장뢰張耒10)는 원림심미의 사회적 가치를 논평하여 "옛날의 군자는 다른 사람들 꾸짖음에 공이 있으면, 반드시 그로 하여금 그 직책을 즐기도록 하고, 그 거처함을 편안하게 하여서 유유자적하며 즐기는 것이 곧 나의 일인데, 어찌 그러한 것을 기뻐만 하겠는가!"11)하였다.

  논리적이고 정치적으로 '이치가 통달하면 일이 이루어진다.'는 것과 '공이 있다.'는 것은 사대부 인격완선의 주된 조건이다. 이러한 인격완선도 원림심미를 통해서 '번잡한 기운'과 '막힌 기운'과 '막힌 생각'을 없애고 마음이 '유유자적하며 즐기는' 경지에 도달하게 한 후에 비로소 실현될 수 있었다. 송나라 사람 증공의 말에서도 원림의 이러한 작용에 대하여 명확하게 설명하였다.

사람의 덕이 신명한 것은 천지와 함께 그 변화를 함께하니 어찌 멀리 하겠는가? 마음에서 자라게 할 뿐이다. 저 천하의 앎을 다하여 천하의 이치를 다하면, '성'이 나에게 있는 것을 다 할 수 있고, '명'이 나에게 있는 것을 편안히 할 수 있으니, 만물이 외부로부터 이르는 것이 어찌 나에게 누가 되겠는가? …… 그 마음을 비우는 것은 정미함을 다하여 입신하는 방법이요, 그 마음을 재계하기를 중용으로부터 하는 것은 '용'을 다 할 수 있는 방법이다. 그렇다면 군자가 그 몸을 수양하여 그 국가와 천하를 다스리려고 하는 것을 알 수 있을 것이다. 지금 매군께서 이 정자를 지으며 감히 유람하며 보는 아름다움을 말하지 않는 것은, 모두 근본을 미루어 다스리려는 뜻이 있는 까닭이니, 장차 이에 마음을 맑게 하면, 가진 것이 또한 그 중요함을 알았다고 말할 수 있으리라. ❶

❶ 「청심정기(淸心亭記)」, 『증공집(曾鞏集)』18권, "夫人之所以神明其德, 與天地同其變化者, 夫豈遠哉? 生於心而已矣. 若夫極天下之知, 以窮天下之理, 於夫性之在我者, 能盡之, 命之在彼者, 能安之, 則萬物之自外至者, 安能累我哉? …… 虛其心者, 極乎精微, 所以入神也. 齋其心者, 由乎中庸, 所以致用也. 然則君子之欲修其身, 治其國家天下者, 可知矣. 今梅君之爲是亭, 曰不敢以爲遊觀之美, 蓋所以推本爲治之意, 而將淸心於此, 其所存者, 亦可謂能知其要矣."

증공曾鞏이 원림심미를 통하여 사대부의 '덕을 신명하게 하고, 천지와 더불어 변화를 함께 하였다.'는 것과 '마음을 비우는 것은 정미함을 지극히 하였다.'는 것을 실현했다는 것이다. 한편으로 전국시대 제자백가의 인격이론 구조를 벗어나지 못하였고 또 한편으로는 인격관·우주관·원림심미의 삼위일체를 전대에 비하여 더욱 자각한 것이다.

명대 사람들 안목에는 사대부인격이 원림 의의에 대하여 "사물의 이치를 보고 자신의 지기를 씻어 크게 쌓아서 베풀어 사용하면, 누가 원림에 거처하는 것을 일삼지 않겠는가?"12)라고 여겼다. 청대 황가원림에서 우주의 조화·종법사회의 조화가 인성의 조화 사이에서 통일된 것은 예전과 같다. 예를 들면 원명원圓明園의 '자벽산방紫碧山房'과 장춘원長春園의 '담회당澹懷堂' 같은 데는 모두 '즐거움이 인화에 있다[樂在人和]'라는 제액이 있고, 뒤편 주련에서 다음과 같은 말이 있다.

정사를 펼침에는 백성의 마음을 사랑하고, 좋아하고 미워함은 사람마다 각자 다르다[箕風畢雨]❶. 맑게 생각하고 사물을 살피니, 오묘함은 지혜로운 물과 어진 산을 참고하라.❷

---

❶ 기풍필우(箕風畢雨): 풍우(風雨)를 이르는 것으로, 기성(箕星)은 바람이고, 필성(畢星)은 비이다. 백성이 좋아하고 미워함이 사람에 따라 다름을 비유하는 말이다.
❷ 『일하구문고(日下舊聞考)』81·83권, "如圓明園·長春園澹懷堂等處皆有'樂在人和'的題額, 後者之楹聯更曰: '敷政協民心, 好憎箕風畢雨; 澄懷觀物, 妙參智水仁山.'"

어째서 고전원림이 사대부 심성을 '덮어주고 화평하게 하는[翼順資和]'는 공이 있다고 말했는지? 이러한 공보다 사대부가 혐의를 피하여 해로움을 멀리하는 것을 훨씬 중요하게 여겼다는 것을 쉽게 이해할 수 있다. 따라서 진대 이후에 몇몇 선비들이 '마음껏 구원에 뜻을 둔다[肆志丘園]'고 한 것은 진한 이전에 고행했던 승려들의 은일방법과 엄격한 구별이 있다. 예를 들면, 백거이는 일찍이 그의 원림생활을 다음과 같이 묘사하였다.

원명원의 일부경관

장춘원의 일부경관

천도를 즐기는 것을 이미 주로 하였으니, 우러러 산을 보고 굽어 샘물 소리를 들으며 곁으로 대나무와 구름과 도를 살펴보며, 아침부터 저녁까지 무엇을 보아야 할지 겨를이 없었다. 갑자기 사물에 끌리면 기운이 따르고, 밖으로 알맞고 안으로도 조화로워 하루를 자면 고요함을 취득하고 이틀을 자면 마음이 흡족하며 삼일을 잔 다음에 힘없이 멍하게 되었는데 그렇게 되는 지도 모르게 저절로 그렇게 되었다.❶

> ❶ 「초당기(草堂記)」『백거이집(白居易集)』43권, "樂天旣來爲主, 仰觀山, 俯聽泉, 旁睨竹樹雲石, 自辰及酉, 應接不暇. 俄而物誘氣隨, 外適內和. 一宿體寧, 再宿心恬, 三宿後頹然, 嗒然, 不知其然而然."

　　백거이는 원림에서 속세에 없는 무한히 넓고 비할 수 없이 조화로운 우주관계를 체득하였다. 출처와 사은을 논할 것 없이 사대부인격을 가장 필요한 지주라고 말하였다. 벼슬하는 사람의 요구는 심미에서 심령을 고요하게 변화시켜서 인성을 회복하는 것이다.
　　구양수의 「초여름에 유씨의 죽림에서 조촐하게 마시다」를 예로 들겠다.

제2장 사대부인격완선에 대한 중국고전원림의 작용

```
……
依依帶幽澗       휘늘어져 그윽한 계곡 펼쳐지고
隱隱見孤岫       은은하게 외로운 봉우리 보이네.
林藹繞堪眠       숲의 향초는 늘어져 잠들만하고
野汲冷可漱       물이 차니 양치질 할 만하구나.
鳴琴瀉山風       새소리 산바람에 들려오고
高籟發仙奏       고상한 뇌 소리 신선의 연주일세.
……
怡然忘簪組       기쁘게 벼슬길 잊으려 함에
釋若出羈廄       자유롭기 굴레 벗은 망아지라.
矧予懷一丘       하물며 한 언덕을 좋아하나
未得解黃綬       아직 수령의 인끈 벗지 못하였네.
……❶
```

❶『구양수전집(歐陽修全集)·거사외집(居士外集)』4권,「초여름에 유씨의 죽림에서 조촐하게 마시다(初夏劉氏竹林小飮)」.

또 하남 주부 장응지張應之가 지은 소원기小園記를 예로 들겠다.

관청의 동쪽에 길손들이 쉬는 곳이 있으니 혹자는 '재'라고 하고, 한가롭게 거처하며 평상의 마음으로 생각을 기르니 마치 이곳에서 재계하는 것과 같다고 하였다. …… 세상에 좋은 의원은 반드시 금석과 온갖 초목을 길러서 그 병을 치료하니 모름지기 눈 깜짝 할 사이에 병이 낫는다. 응당 가서 홀로 이 재에 거처하며 생각을 기르고 또 성인의 도로 그 마음을 화평하게 하여 그 질병을 잊으니 참으로 옛날의 선을 즐기는 것이 아닌가? 옆에 작은 연못이 있고 대나무가 주위에 둘러 있어서, 응당 가서 때때로 객들과 그 사이에 앉아 음주하고 담소하면, 종일 권태롭지 않다.❶

❶ 「동재기(東齋記)」, 『구양수전집(歐陽修全集)·거사외집(居士外集)』 13권, "官署之東, 有客以燕休, 或曰齋, 謂夫閑居平心以養思慮, 若於此而齋戒也. …… 夫世之善醫者, 必多畜金石百草之物以毒其疾, 須其瞑眩而後瘳. 應之獨能安居是齋以養思慮, 又以聖人之道和平其心而忘厥疾, 眞古之樂善者歟, 傍有小池, 竹樹環之, 應之時時引客坐其間, 飮酒言笑, 終日不倦."

벼슬길에 뜻을 잃은 사람이 원림에 있을 때만 자기 이상의 조화로운 우주경계를 체득할 수가 있었다. 유장경13)이 원림을 읊은 것을 예로 들겠다.

世事終成夢	세상일 결국 일장춘몽인데
生涯欲半過	생애는 반이나 지나가려 하네.
白雲心已矣	백운의 마음 이미 다했는데
滄海意如何	창해의 뜻은 어떠한가?
藜杖全吾道	명아주 지팡이는 나의 길을 온전히 하고
榴花養太和	석류꽃은 태화의 기운을 길러주네.❶

❶ 「강준과 함께 쇠락하여 몇 칸만 남은 동재에 쓰다同姜浚題裴式微餘幹東齋」, 『전당시(全唐詩)』149권.

또 황보염14)은 다음과 같이 말하였다.

世事徒亂紛	세상일 다만 어지러울 뿐이나
吾心方浩蕩	나의 마음은 오롯이 호탕하다.

| 唯將山與水 | 오직 산과 물 함께하면 |
| 處處諧眞賞 | 곳마다 조화롭고 참되구나.❶ |

❶「고운 객사에 쓰다[題高雲客舍]」, 『전당시(全唐詩)』250권.

　맹호연이 사대부가 '고요한 것'에 대한 심경의 오묘함은 모두가 갈망하는 것이라고 보았기 때문에, 원림의 작용을 품평하여, "유가와 도가는 다르지만 구름과 숲의 조화로움은 같다."15)고 하였으니, 이는 원림과 사은士隱 화복이 더욱 깊은 관계가 되었음을 논한 것이 분명하다.
　원림예술과 사대부 문화예술의 기타 부분에서 사대부가 중국봉건사회 형태에서 늘 마주하는 거대한 모순을 해결할 수 있게 하였다. 한편으로 사대부계층은 반드시 세속에서 출중한 가운데서 자신의 독립인격을 유지하였고 다른 한 편으로는 자신과 원림의 충분한 조화 속에서 존재의의를 갖추어야, 사대부 계층 자신의 이상을 유지하고 실현할 수 있었다.
　그러나 원림예술과 사대부문화예술체계가 성숙된 이후에 사대부계층이 현실사회와 조화를 모색하여도, 자신의 독립인격을 상실하지 않고, '오도吾道'·'태화太和'의 자양을 상실하지 않을 수 있었다. 바꿔 말하면 독립인격에 대한 추구 때문에 '뗏목을 타고 바다'로 떠나더라도 전반적인 현실사회와의 조화를 상실하지 않는다는 것이다.
　중국고대미학 중에 잘 알고 있는 현상으로 위진 이후 역대로 무수한 사대부원림·시문·회화 등의 예술창작은 소나무·대나무·매화·연꽃·국화·산수·괴석 등을 자기 인격의 상징으로 여겼으며, 이러한 자연사물의 품성들과 자신이 공감하였다. 원림으로 예를 들겠다.

穿籬繞舍碧逶迤	빙 두른 푸른 울타리 뚫고 구불구불 길이 있는
十畝閑居半是池	열이랑 집에 한가히 거처함에 반은 연못이라.
食飽窓間新睡後	배불리 먹고 창가에서 낮잠을 즐긴 후
脚輕林下獨行時	가벼운 걸음으로 숲 아래로 내려가네.
水能性淡爲吾友	물은 성품이 담담하여 나의 벗이 되고
竹解心虛即我師	대는 마음 비웠으니 나의 스승이로다.
何必悠悠人世上	하필 유유한 인생 위에
勞心費目覓親知	마음 쓰고 눈을 써서 친구를 찾을쏘냐?❶
晚節先生道轉孤	늦은 나이에 선생의 도 더욱 외로워
歲寒惟有竹相娛	날 차가워져 오직 대나무와 서로 즐기네.❷

莫笑蓬門雀可羅	쑥 대문에 새그물 비웃지 말게
老農正要養天和	늙은 농부 하늘의 조화 길러야 하니
穿林裊裊孫登嘯	숲 오르며 손등❸의 휘파람 간드러지게 불고
叩角嗚嗚甯戚歌	소뿔 두드리며 영척의 노래❹를 부르네.
……	……
床頭更聽糟床注	평상 머리에서 술 거르는 소리를 들음에
造物私吾亦已多	조물주가 나를 생각함이 이미 많구나.❺

❶ 백거이(白居易), 「못 가 대나무 아래에서 짓대池上竹下作」, 『백거이집(白居易集)』23권. 유사한 글이 고전 원림 속 곳곳에서 보인다. 예를 들면, 자금성(紫禁城) 건용화원(乾隆花園)의 고화헌(古華軒) 영연(楹聯)에 "청풍명월이 무진장이고, 오랜 호두나무와 측백나무가 좋은 짝이네[明月清風無盡藏, 長楸古柏是佳朋]."라는 것이 있고, 소주(蘇州) 사자림(獅子林) 입설당(立雪堂) 영연(楹聯)에도 "푸른 소나무와 대나무가 참으로 아름다운 객이고, 명월청풍이 오랜 친구이구내蒼松翠竹眞佳客, 明月清風是故人]."라는 것이 있다.
❷ 소식(蘇軾), 「문여가 양천 원지 30수에 답하대和文與可洋川園池三十首」 중 5 「죽오(竹塢)」, 『소식시집(蘇軾詩集)』14권.
❸ 손등(孫登; 209년~241년): 중국 삼국시대 오(吳)나라의 첫 번째 황태자이다. 초대 황제인 태조(太祖) 대황제(大皇帝) 손권(孫權)의 장남으로 자는 자고(子高)며 시호는 선태자(宣太子)이다.
❹ 영척반우(甯戚飯牛): 영척이 노래하며 소에게 꼴을 먹인 고사. 제나라 환공 때의 대부 영척이 발탁되기 전에는 병든 몸으로 소에게 꼴을 먹이던 시골 농부의 신세였다. 어느 날 당시의 관중이 민가를 돌아볼 때, 영척이 소의 뿔을 두드리며 노래 부르는 것을 듣게 되었다. 관중이 그를 불러 대화를 나누어 보고 기뻐하며, 제 환공에게 천거하여 대부로 기용되었다.
❺ 육유(陸游), 「봉문(蓬門)」, 『육유집(陸游集)·검남시고(劍南詩稿)』27권.

제2장 사대부인격완선에 대한 중국고전원림의 작용

현실정치를 막론하고 정치는 대부분 엄중함에 좌절하게 되고, 집권제도를 막론하고 제도의 압박은 거대함에 직면하게 된다. 그러나 사대부인성이 영원히 원림에서 만족할 수 있었던 것은 그들의 마음속 깊은 곳의 조화와 우주의 전반적인 조화가 이 둘 사이에서 조화하여 완전무결한 아름다움을 이루어, 모든 사회형태에서 필수적으로 사대부인격과 사회이상의 기초가 되었고, 결국 이 때문에 완선이 연속될 수 있었다.

사대부인성을 승화시키는 것은 원림심미와 상부상조하는 것으로, 사대부인격과 심성이 원림경계를 심화시켰다. 제3편에서 중국고전원림 최고의 예술경계는 영원한 우주운율을 표현하고 그 조화를 체득하는 것이며, 조화된 영원한 우주운율은 격물과 심미감수가 호응하는 기초 위에 건립되었고, 사대부계층의 심성인 생명의 가치에 더욱 깊이 뿌리내렸다는 것을 볼 수 있다.

따라서 사대부들이 원림경관을 감상하는 것은 원림과 자기인격의 영원함과 완선이 융화된 일체를 즐겁게 감상하는 것이다. 이러한 융합도 원림예술경계가 무궁한 우주와 심령이 깊이 모여서 빈틈없어야 진정으로 실현될 수 있었다. 그 예는 다음과 같다.

遠公愛康樂	원공❶은 안락함을 좋아하여
爲我開禪關	나를 위해 선관을 열었네.
蕭然松石下	해맑게 송석 아래 거처하니
何異淸涼山	청량한 산과 무엇이 다르랴?
花將色不染	꽃은 빛에 물들이지 않고
水與心俱閑	물은 마음과 함께 한가롭네.
一坐度小劫	앉아서 소겁❷을 헤아리며
觀空天地間	천지 사이의 공을 바라본다.❸
……	……
北涉玄灞	북으로 현파를 건너니

清月映郭	맑은 달이 성곽에 어리었네.
夜登華子岡	밤에 화자의 언덕을 오르니
輞水淪漣與月上下	망천의 물결 달빛에 물결지네.
寒山遠火	차가운 산에 먼 불빛 보이다
明滅林外	숲 사이로 보였다 사라졌다하는구나.
……	……
當待春中	마땅히 봄을 기다리면
草木蔓發	초목이 만발하리라.
春山可望	봄 산은 볼만하니
輕鰷出水	피라미는 뛰어오르고
白鷗矯翼	갈매기는 날개를 펼치며
露濕青皐	이슬 젖은 푸른 언덕 펼쳐져
麥隴朝雊	보리 언덕은 아침에 장끼가 우니
斯之不遠.	이러한 풍경이 멀지 않으리라.
儻能從我遊乎	혹 나를 따라 놀 수 있는가?
非子天機清妙者	그대는 천기의 맑고 오묘한 것이 아니라면
豈能以此不急之務相邀	어찌 이처럼 급하지 않은 용무로 서로 맞이할까마는
然是中有深趣矣	그러나 이 속에 깊은 정취가 있으리라.❹

❶ 원공(遠公): 진(晉)나라 고승 혜원(慧遠). 여산(廬山)의 동림사(東林寺)에 거주하여 세인들이 원공(遠公)이라 일컬었다.
❷ 소겁(小劫): 이 세계가 한 차례 성(成), 주(住), 괴(壞), 공(空)의 단계를 거치는 것을 보통 일대겁(一大劫)이라고 하는데, 『구사론(具舍論)』에 "인간의 수명이 10세에서 시작하여 1백년마다 1세씩 늘어나 8만 4천 세가 되는 것을 1증(增)이라 하고, 이런 식으로 8만 4천세에서 10세로 감소하는 것을 1감(減)이라 하는데, 1증 1감이 1소겁(小劫)이요, 20소겁이 1중겁(中劫)이며 4중겁이 1대겁(大劫)이다." 하였다.
❸ 이백(李白), 「평사 벼슬을 하는 조카와…[同族侄評事…]」중1, 『이태백전집(李太白全集)』, 20권.
❹ 왕유(王維), 「산중에서 수재 배적과 쓰다[山中與裴秀才迪書]」, 『왕우승집전주(王右丞集箋注)』 18권.

오랜 시간 속에서 우주의 산천에서부터 원림의 조그만 바위와 한그루 나무에 이르기까지, 모두가 사대부 품성과 융화하는 동시에 미학과 인격가치를 구비하였다.

剪綃零落點蘇乾	비단 자르듯 시들더니 점차 소생하여
向背稀稠畫亦難	향배가 조밀하여 그리기 또한 어렵네.
日薄縱甘春至晚	해질녘 늦은 봄 정경 다 즐기고
霜深應怯夜來寒	서리 깊어지면 밤 추위 걱정하리라.
澄鮮只共鄰僧惜	해맑은 정경 스님만 함께 함이 애석해고
冷落猶嫌俗客看	쇠잔한 모습 속객이 볼까 싫어하네.❶
……	……
靑山偃蹇如高人	청산에 오만이 지냄은 은둔하는 사람 같아
常時不肯入官府	항상 관직에 나아감 달가워하지 않네.
高人自與山有素	은둔하는 사람은 항상 산과 함께 하니
不待招邀滿庭戶	부르지 않아도 마당에 늘 가득하네.❷
……	……
一水西來	한 물은 서쪽에서 흘러오는 곳에
千丈晴虹	천 길의 청홍교가 있고
十里翠屛	십 리에 푸른 병풍이 펼쳐져 있네.
喜草堂經歲	초당에서 세월 보냄을 좋아하여
重來杜老	두보처럼 다시 오니
斜川好景	빗겨 흐르는 내의 아름다운 경치는
不負淵明	도연명을 외면하지 않는구나.
老鶴高飛	늙은 학은 높이 날다
一枝投宿	한 가지에 앉아 졸다가
長笑蝸牛戴屋行	집을 이고 가는 달팽이를 비웃는구나.
平章了	평장❸을 마침에
待十分佳處	매우 아름다운 곳을 기다려
著個茅亭	풀로 엮은 정자에서 지었네.
青山意氣崢嶸	청산의 의기는 가파르고 험하니
似爲我歸來嫵媚生	내 돌아옴을 위해 아름다운 것이 생긴 듯하네.
解頻敎花鳥	마음 편해져 꽃과 새로 하여금
前歌後舞	앞에서 노래하고 뒤에서 춤추게 하여
更催雲水	다시 구름과 물에 살기를 재촉한 속에
暮送朝迎	저녁을 보내고 다시 아침을 맞네.❹

❶ 임포(林逋), 「산원의 소매[山園小梅]」, 『임화정시집(林和靖詩集)』 2권.
❷ 소식(蘇軾), 「월주 장중사 수락당[越州張中舍壽樂堂]」, 『소식시집(蘇軾詩集)』 7권.
❸ 평장(平章): 사물을 공평하게 평가함. 또는 그 평가한 글을 말함.

❹ 신변질(辛弁疾),「심원춘(沁園春)·다시 기사에 이르러 땅을 골라서 건축하다(再到期思卜築)」,『가헌장단구(稼軒長短句)』2권.

여기에서 중국고전원림의 중요한 하나의 현상을 설명할 수 있다. 원림이 얼마나 깊고 고요한지 평온한지를 논할 것 없이 세상과 떨어져 있으나, 원림을 감상하는 사람은 그 속에서 때와 곳에 따라 자기와 만물이 융합됨을 느낄 수 있을 뿐만 아니라 원림에서 조화롭고 향기로운 인정의 의미를 언제어디서나 느낄 수 있다는 것이다.

獨坐幽篁里	홀로 그윽한 대숲에 앉아
彈琴复長嘯	거문고를 타며 다시 길게 휘파람을 부네.
深林人不知	숲이 깊어 사람들 알지 못하나
明月來相照	밝은 달은 와서 서로를 비추네.❶
落日松風起	해지고 솔바람 불어
還家草露晞	돌아오는 길 풀끝에 이슬 말랐네.
雲光侵履迹	구름 그늘은 발자국에 고이고
山翠拂人衣	푸른 산 빛은 옷자락을 날리네.❷

❶ 왕유(王維),「죽리관(竹里館)」,『왕우승집(王右丞集)』13권.
❷ 배적(裵迪),「화자강(華子岡)」,『왕우승집(王右丞集)』13권에 보인다.

이같이 원림을 노래한 명구가 오랜 세월동안 많은 사람들의 마음을 흔들었다. 바로 이것들이 사대부인성을 구체화 한 것으로, 실제 매우 조화롭고 완미한 것이다. 바꿔 말하면 이것도 원림경치를 표현한 것인데, 실제 인간감정을 친절하고 풍부하게 했다는 의미이다.

중국사대부인격의 완선은 중국고대사회형태의 기본특징에서 근원하였으나 예술영역에서 원림에만 체현된 것은 아니다. 이편의 서두에서 제시한 많은 예술은 모두 사대부인격을 품평하는 중에서 '품品'의 개념을 끌어들여서 각자의 가치척도로 삼은 자체는 사대부인격과 고전원림의 관계를 설명한 것이지만, 전체 사대부 문화예술체계 중에서 조성된 부분이다. 이와 유사한 관계는 기타 예술영역에도 똑같이 있는 것들이다. 유협劉勰이 문화창조에서 사대부인격완선의 의의를 강조한 말을 예로 들겠다.

바탕을 다져서 내면성을 가득 채우고, 문장의 재능을 발휘해서 외면을 충실히 하지 않으면 안 되는데, 나무에 비유하면 녹나무의 재질과 회나무의 장대한 줄기로 키워야 한다. 글을 지음은 반드시 군국에 참여하는 데 있고 중책을 맡음은 반드시 국가의 동량이 되는 데 있다. 궁핍할 때는 홀로 문학을 잘하여 문장을 후세에 전하고, 관리로 현달하면 시세를 타고 공적을 이어야 한다. 이와 같은 문인이라야, 『상서·재재』에서 말한 이상적인 인재❶에 해당된다.❷

---

❶ 재재지사(梓材之士): 재재(梓材)는 가래나무로 만든 인쇄(印刷) 판목재(梓)인데, 상서(尙書)의 편명(篇名)이다. 상서에서 이른 이상적인 인재를 이른다.
❷ 『문심조룡(文心雕龍)·정기(程器)』, "蓄素以弸中, 散采以彪外, 楩楠其質, 豫章其干; 攡文必在緯軍國, 負重必在任棟梁, 窮則獨善以垂文, 達則奉時以騁績, 若此文人, 應梓材之士矣."

청나라 반덕여潘德與16)는 시를 논하여 다음과 같이 말했다.

선대에 속세와 인연을 끊은 특별한 지조가 있었으며, 후대에는 자연의 참다운 경지가 있었네.❶

> ❶ 반덕여(潘德輿), "先有絶俗之特操, 後乃有天然之眞境"

송나라 곽약허(郭若虛17))는 그림을 논하여 다음과 같이 말했다.

인품이 높으면, 기운은 높아 지지 않을 수가 없으며, 기운이 이미 높으면, 생동에 이르지 않을 수 없다. 이것은 『장자·천지』에서 '신성하고 또 신묘하게 정기를 장악할 수 있다.'❶라고 하는 것이다.❷

> ❶ 『장자(莊子)·천지(天地)』에 있는 "그러므로 그 눈과 귀의 작용을 깊고 또 깊게 하여 사물의 숨겨진 본성을 파악할 수 있고, 신묘하고 또 신묘하게 근원적인 정기를 장악할 수 있다. [故深之又深而能物焉, 神之又神而能精焉]."는 문장을 곽약허가 인용한 것이다.
> ❷ 곽약허(郭若虛), "人品旣已高矣, 氣韻不得不高, 氣韻旣已高矣, 生動不能不至, 所謂'神之又神而能精焉'."

이와 같은 말들은 문학사나 예술사연구자들이 누차 말했지만, 사대부인격과 중국고대사회형태 기본특징의 관계를 보지 않고, 사대부예술이 얼마나 인격완선의 기초가 되었는지를 설명한다면, 본질을 잃어버릴 것이다.

　다음 1장에서는 송명이학의 인격이상이 원림예술에 끼친 영향을 논할 것이다. 제5편 4장과 제7편에서 전반적인 사대부예술이 문화계층 면에서 응집되어 완정한 체계를 이루었는지 볼 것이다. 이러한 문제와 상술한 내용을 총체적으로 본다면, 사대부인격과 원림예술의 관계를 깊이 인식할 수 있을 것이다.

▽ 공자상(孔子像)

01 『논어(論語)·이인(里仁)』. "士志於道".

02 영(令): 천자가 증감을 명한 것 가운데 율에 없는 것을 영이라 한다.

03 『한서(漢書)·두주전(杜周傳)』. "前王所是著爲律, 所主所是疏爲令."

04 소순흠(蘇舜欽; 1008~1048): 북송 면주(綿州) 염천(鹽泉) 사람. 자는 자미(子美)고, 호는 창랑옹(滄浪翁)이다. 소순원(蘇舜元)의 동생이다. 인종(仁宗) 경우(景祐) 원년(1034) 진사에 합격했다. 젊어서부터 큰 뜻을 품어 천성(天聖) 중에 학자들이 글을 쓰면서 대우(對偶)에 얽매이는 병폐를 보였는데, 홀로 목수(穆修)와 함께 고문시가(古文詩歌)를 즐겨 지으면서 당시 호걸들과 많이 교유했다. 처음에 음보로 관직에 올라 대리평사(大理評事)로 옮겼다. 경력(慶曆) 4년(1044) 범중엄(范仲淹)의 천거로 집현교리(集賢校理)로 있으면서 진주원(進奏院)을 감독했다.

05 세상에 남아있는 '졸정원(拙政園)'·'망사원(網師園)'·'창랑정(滄浪亭)' 등의 이름에서 이러한 것을 알 수 있다.

06 중장통(仲長統; 180~220): 후한 산양(山陽) 고평(高平) 사람. 자는 공리(公理)다. 어려서 학문을 좋아하여 여러 서적들을 두루 탐독했고 문사(文辭)에도 뛰어났다. 20여 살 때 청주(靑州), 서주(徐州), 병주(幷州), 익주(翼州) 등 여러 지방을 여행했다. 뜻이 크고 기개가 있어 직언(直言)을 서슴지 않으면서도 자신의 절개를 자랑하지 않아 당시의 사람들이 광생(狂生)이라 불렀다. 여러 곳에서 그를 군현(郡縣)에 임용하고자 했지만 매번 병을 핑계대고 나가지 않았다.

07 혜강(嵇康), "修飾以金鑣, 饗以嘉文, 逾思長林而志在丰草也."

08 유한한 화해(和諧): 가까이에서 취하는 것을 비유하는 것이다.

09 실현한 화해가 더욱 많은 것: 백성들에게 널리 베푸는 것을 이른다.

10 장뢰(張耒; 1054~1114): 송나라의 시인으로, 자는 문잠(文潛), 호는 가산(柯山)이다.

11 장뢰(張耒), 「쌍괴당기(雙槐堂記)」, 『가산집(柯山集)』 42권, "古之君子其將責人有功也, 必使之樂其職, 安其居, 以其優游喜樂之心而就吾事, 夫豈徒苟悅之哉!"

12 장내(張鼐), 「이하원에 거처에 쓴 서문[題爾遐園居序]」, 『만명20가소품(晩明二十家小品)』 p.173, "觀事理, 滌志氣, 以大其蓄而施之於用, 誰謂園居非事業耶?"

13 유장경(劉長卿; 725추정~789(791)): 당나라 하간(河間) 사람. 자는 문방(文房)인데, 안휘성 선성(宣城) 사람이라는 설도 있다. 젊었을 때 낙양(洛陽) 남쪽의 숭양(嵩陽)에 살면서 청경우독(晴耕雨讀, 날이 개면 밭을 갈고, 비가 오면 책을 읽음)하는 생활을 했다. 현종(玄宗) 개원(開元) 21년(733) 진사(進士)가 되었다. 숙종(肅宗) 지덕(至德) 연간에 감찰어사(監察御史)를 지냈고, 나중에 장주현위(長洲縣尉)가 되었는데, 어떤 일로 투옥된 뒤 남파위(南巴尉)로 폄적(貶謫)되었다.

14 황보염(皇甫冉; 715~768): 당나라 안정(安定) 사람. 나중에 윤주(潤州) 단양(丹陽, 지금의 浙江省 舟陽縣)으로 옮겨가 살았다. 자는 무정(茂政)이다. 동생 황보증(皇甫曾)과 함께 재명(才名)이 있었는데, 당시 사람들이 장재(張載), 장협(張協)과 비교했다. 저서에 시집 3권이 있는데, 『전당시(全唐詩)』에 2권으로 실려 있다.

15 「종남산 취미사 공상인 방에 쓰다[題終南翠微寺空上人房]」, 『전당시(全唐詩)』 159권, "儒·道雖異門, 雲林頗同調".

16 반덕여(潘德與; 1785~1839): 청나라 강소(江蘇) 산양(山陽) 사람. 이름을 덕여(德輿)라고도 쓰며, 자는 언보(彦輔) 또는 사농(四農)이다. 도광(道光) 8년(1828) 거인(擧人)이 되었다. 시문(詩文)이 정교하고 심오해 가경(嘉慶), 도광 연간에 거벽으로 인정받았다. 정호(程顥)와 정이(程頤)가 사람의 본성을 천지지성(天地之性)과 기질지성(氣質之性)으로 나눈 것을 구체화하여, 천지지성은 천리(天理)가 사람에게 체현(體現)된 것이고 기질지성은 인욕(人慾)이 대표한다고 했다. 또한 왕수인(王守仁)의 양지설(良知說)을 비판했다. 저서에 『유자변(劉子辨)』이 있는데, 이는 명나라 말기 유종주(劉宗周)의 학설이 왕수인의 양지설에서 나온 것이라고 비판한 책이다. 그 밖의 저서에 『춘추강령(春秋綱領)』과 『상례정속(喪禮正俗)』, 『사서의시첩(四書義試帖)』, 『양일재차기(養一齋箚記)』, 『양일재집(養一齋集)』 등이 있다.

17 곽약허(郭若虛; 11세기 후반 경 활동): 북송(北宋) 때 『도화견문지(圖畫見聞誌)』의 작자이다.

제 3 장

송명이학의 중대한 의의 중 둘째인 인격관·우주관·원림심미 삼위일체의 고도 강화

◁ 소주의 '낙포(樂圃)'

중국사대부인격과 중국고전원림의 관계를 서술한 후에 송명이학이 원림과 연계된 의의를 논하려는 것은 무엇 때문인가? 아래에 원림을 읊은 작품 중에서 아마 그 분위기를 보여줄 것이다. 아래는 중당 때 백거이의「추재」이다.

晨起秋齋冷	새벽 기운에 추재는 서늘한데
蕭條稱病容	쓸쓸히 칭병하고 있는 모습이라.
清風兩窗竹	맑은 바람 양 창에는 대나무 우거지고
白露一庭松	이슬 서린 저원엔 한 구루 소나무
阮籍謀身拙	완적은 옹졸함 도모하였고
嵇康向事慵	혜강은 일마다 게을렀네.
生涯別有處	생애에 별천지가 있으니
浩氣在心胸	호연한 기운 심중에 있구나.❶

❶『백거이집(白居易集)』25권,「추재(秋齋)」.

다음은 북송 때 매요신의『소주의 조염 우부의 '호연당'에서』이다.

姑蘇臺上麋鹿嗥	고소대❶ 주위엔 사슴이 울고
夫差城中樓觀高	부차성❷ 안의 누대풍경 고상하기도 하다.
荒榛盡已付明月	초목은 이미 황폐하여 명월에 부치니
萬古憤怒空秋濤	만고의 회한은 가을을 공허하게 하네.
吳亡越霸能几日	오나라 망하고 월나라 패자 됨은 그 얼마인가?
後世擾擾猶鴻毛	후세에 떠들어도 오히려 기러기 털과 같구나.
孟軻善養浩然氣	맹자는 호연지기를 잘 길러
充塞天地無飢嗷	천지에 가득 채워 굶주림이 없었나니
慕而爲堂亦有意	사모하여 사당 지은 것도 뜻이 있으니

제3장 송명이학의 중대한 의의 중 둘째인 인격관·우주관·원림심미 삼위일체의 고도 강화

不學屈子成離騷　　굴원을 배우지 않아도 「이소」를 이루리라.❸

❶ 고소대(姑蘇臺): 오왕(吳王) 부차(夫差)가 월나라를 격파하고 얻은 미인 서시(西施)를 위하여 쌓은 돈대를 말한다.
❷ 부차성(夫差城): 춘추시기(春秋時期)에, 오왕 부차(吳王夫差)가 지은 성.
❸ 『매요신집편년교주(梅堯臣集編年校注)』25권, 「소주의 조염 우부의 '호연당'에서[蘇州曹琰虞部浩然堂]」.

　시의 글자와 행간에 스며든 쇠락한 몇몇 광경의 하나는 자신의 운명을 슬퍼하는 것이고, 다른 하나는 예부터 지금까지 슬퍼하고 애석하게 여긴 것이다. 이 모두를 보면, 그들은 전인에 비하여 원림의 '호중천지'와 은일문화 속에 훨씬 깊이 빠져들었다. 이러한 것은 앞에서 이미 소개했지만, 지금 이와 상반되는 것 같은 상황을 볼 수가 있다. 사대부들은 이상인격을 추구하는데 우주에 더욱 집착하여, 자각해야 한다는 의식을 갖고 있었다.
　이 때문에 각자의 원림에서 약속하지도 않았는데 모두가 호연지기를 길러야 한다고 강조했다. 백거이와 매요신 등은 이학의 계보에서 계속 윗자리를 차지할 자격은 없었지만, 그들은 원림에서 전통문화가 날로 쇠퇴해가는 상황에서 어떻게 해야 사대부인격이 강화되는가하는 문제를 제시하였으나, 도리어 그 후 천 년 동안 많은 이학의 대가와 수많은 사대부들로 하여금 온갖 궁리와 노력을 다하게 하였다. 이들은 3편 3장의 결론을 생각하게 하였다.
　이학은 모두 이학가들 개인적인 창조가 아니며, 한 때의 일이나 심지어 한 조정 한 대의 '사건성 위기'를 임시변통하는 것과 부합하는 것도 아니다. 이는 중국 고대사회가 장기간 발전한 필연적인 결과이며, 사회체제가 날로 더해지는 '체계 위기'를 막아내기 위하였으나 심각한 반응이 생겼다.
　이학도 봉건사회 후기의 모든 사대부계층의 인격과 원림예술을 대하지 않을 수 없었으며, 전통문화체계 속에서 어떤 한 부분을 이루는 데까지도 큰 영향을 미쳤다. 이학의 최종이상이 전통문화 생명의 활력이 날로 쇠퇴해지는 상황 아래에서 고도의 조화가 완전하고 내재된 생기가 충만한 통일된 우주체계를 거듭 새롭게 세우는 것이라고 이미 제시하였다.

이학의 외재적 의의를 말한다면, '인학仁學'의 외재적 의의는 반드시 그 내재적 의의[사대부인격의 구축]에 의지하는 것과 똑 같아야 한다. 이학의 외재적 의의도 반드시 자신의 내재적 의의로써 사대부인격의 고도한 강화에 의지해야 비로소 실현될 수 있다.

이리하여, 제3편 제3장에서 다른 결론을 생각하게 된다. 한편으로는 이학의 목적·명제·사유구조 등등 일체의 기본요소는 모두 중국고대사회형태와 고대철학체계의 필연적인 발전을 통하여 규정된 것이며, 받아들여서 융화된 원래의 문화성과를 제외하면, 그들은 어떤 새로운 요소를 자신의 것으로 만드는 방법을 찾지 못한다. 다른 한편으로는 이학이 중국고대사회 후기문화 중에 가장 '위대'한 시도를 처음으로 한 것이다. 쇠퇴해가는 사회체계를 근본적인 면에서 한곳에 응집하였고, 그 속에서 조금의 활력이라도 추출해내서 하나의 체계를 모으거나 방출해서 놀라운 역량을 발휘하여 치명적 위기를 방어하게 하였다. 이 장에서 상술한 결론이 진일보했다는 것을 인정할 것이다.

제1절 공안낙처孔顔樂處 — 이학理學의 인격이상과 그것이 생겨난 역사적 필연성

이학의 인격이상이 중국고대사회 후기고전원림에 끼친 영향은 분명하여 쉽게 보인다. 예를 들면 주돈이周敦頤가 여산에 거처를 정하여 염계濂溪[1]가에 원림과 집을 짓고, 「애련설」을 지었다. 그 품격과 원림은 한 결 같이 역대의 사인들로부터 존경을 받았다.

황정견이 "용릉의 주무숙周茂叔의 인격은 매우 높아서 마음이 맑고 소박하여, 마치 비가 그치고 날이 갠 후의 공기가 맑고 달이 밝은 모습과 같다. 독서를 좋아하고, 자연에 고상한 뜻을 두었다."[2]고 하였다.

명나라 이개선은 원림 속에 누각을 짓고서 "누각의 가에 있는 못의 연꽃은 사랑할만하니, 이름을 정하여 혼자 스스로 염계주자 뒤에 붙였다."[3]고 하였다.

다만 이는 이학 인격이상이 결국 고전원림에 구체적으로 어떠한 영향을 끼쳤는가를 이해해야 하는데, 몇 마디 말로 명확히 설명하기가 어렵다. 이 때문에 먼저 이학의 인격이론을 분명히 인식해야만 한다.

이학의 대가들은 '공안낙처'[4]를 사용하여 이상인격을 개괄한 것은 필자가 보기에, '공안낙처'와 '이일분수理一分殊'[5]와 '활발발지活潑潑地'[6]가 솥발처럼 서로 의지하는 것이 이학의 삼대기본명제 중의 하나이다.

'공안낙처'는 이학체계에서 시종일관 모두 중요한 지위를 점유하여, 주돈이周敦頤로부터 대대로 의발衣鉢[7]로 전하여 중단되지 않았다. 이정二程[8]은 이미 아래와 같은 말을 반복하였다.

옛날에 주무숙에게 공부 할 때에 항상 안자와 공자가 즐거워 한 곳을 찾도록 하였으니, 무엇을 즐거워 한 것인가?"❶와 "옛날에 내가 주자에게 주역을 공부 할 때, 나로 하여금 공자와 안자가 즐거워 한 곳을 찾도록

하였으니, 요긴하도다. 이 말이여! 너희들도 그런 뜻을 가져라!❷

❶ 『이정집(二程集)・하남정씨유서(河南程氏遺書)』2권상, "昔受學於周茂叔, 每令尋顔子・仲尼樂處, 所樂何事."
❷ 『이정집(二程集)・하남정씨수언(河南程氏粹言)』2권, "昔吾受『易』於周子, 使吾求仲尼・顔子所樂, 要哉此言! 二三子志之!"

명대 이학의 대표인물 중에 한 사람인 진헌장陳獻章9)까지도 여전히 다음과 같이 말했다.

주돈이와 정호・정이는 대현이었다. 주고받은 뜻은 '공안낙처를 찾아서 즐거워한 것은 무엇인가?'였다. 이때에 제자는 묻지 않았고 스승도 말하지 않았다. 그들은 거리상으로 공자와 안자로부터 천 여 년이 떨어진 시대였고, 지금은 주자와 정자로부터 몇 백 년이 떨어졌으니, 아, 과연 누구를 쫓아 구해야 하는가! 공자가 물 마시고 팔을 굽혀 베게삼았고 안자가 소쿠리 밥과 표주박의 물로 누추한 거리에서 지내며 그 즐거움을 바꾸지 않았으니, 장차 팔을 굽혀 베게 삼은 것과 물 마시는 것을 구해야 하는가? 아니면 팔을 굽혀 베게삼고 누추한 거리에서 지내는 것은 하지 않으며 그 즐거움만 취해야 하는가? 그대도 신중히 구해야 할 것이다!❶

❶ 『이정집(二程集)・하남정씨문집(河南程氏文集)』2권상, "周子・程子, 大賢也, 其授受之旨, 曰, "尋仲尼・顔子樂處, 所樂何事." 當是時也, 弟子不問, 師亦不言. 其去仲尼・顔子之世千幾百年, 今去周子, 程子又幾百年, 嗚呼, 果孰從而求之! 仲尼飮水曲肱・顔子簞瓢陋巷不改其樂, 將求之曲肱飮水耶? 抑無事乎曲肱陋巷而有其樂耶? 吾子其亦愼求之!"

조금 뒤의 왕양명王陽明10)같은 사람들은 '공안낙처'의 진정한 이치가 어디 있는지 열정적으로 토론하였다.11) 이후에 이학체계에서 정주程朱12)와 서로 표리 관계인 장구성張九成13)·장식張栻14)·진덕수眞德秀15) 등을 막론하고, 정주와 같거나 다른 점이 있는 섭적·진량·육구연 같은 이들도 '공안낙처'의 이상인격을 구축한 점은 완전히 일치한다는 것을 알 수 있다. 따라서 '공안낙처'에 내함 된 것은 도대체 무엇인가? 무엇 때문에 이학체계에서 이렇게 중요한가? 하고 질문하지 않을 수 없다. 이학가들은 아래 공자의 말에서 '공안낙처'를 이해하고 상세하게 설명하였다.

공자가 '거친 밥을 먹고 물을 마시고, 팔을 굽혀 베게삼아 자더라도, 즐거움은 그 가운데에 있고, 의롭지 못하게 부귀富貴해지는 것은, 나에게 있어서는 하늘의 뜬 구름과 같다'.고 하였다.❶

공자가 '어질도다. 안회여! 한 소쿠리의 밥과 한 표주박의 물로 누추한 거리에서 지내니, 남들은 그 근심을 감당하지 못하는데 그 즐거움을 바꾸지 않으니, 어질도다. 안회여! 라고 하였다.❷

❶ 『논어(論語)·술이(述而)』, "子曰, '飯疏食飮水, 曲肱而枕之, 樂亦在其中矣, 不義而富且貴, 於我如浮雲'."
❷ 『논어(論語)·옹야(雍也)』, "子曰, '賢哉, 回也! 一簞食, 一瓢飮, 在陋巷, 人不堪其憂, 回也不改其樂。賢哉, 回也'."

앞의 두 장에서 이미 제시한 것은, 전통사회형태가 사대부에게 책임을 부여하기를 요망하여서, 어느 때나 어떤 조건에서도 자신의 인격이상에 대한 추구를 상실하지 않았다는 것이다. 보다 이른 시기에 공자의 학설에서 이러한 원칙은 이미 완전하게 확립되어 있었다. 위의 두 단락에서 공자가 이에 대하여 구체적으로 설명했다는 것을 쉽게 알 수 있다. 이와 유사한 말을 공자가 많이 했는데, 예를 들겠다.

선비가 도에 뜻을 두고, 거친 옷과 음식을 부끄러워한다면, 그런 사람과는 큰일을 논할 수 없다.❶

군자는 도를 도모하고 먹을 것을 도모하지 않는다. 밭을 갊에 굶주림이 그 가운데에 있고, 학문을 함에 봉록이 그 가운데 있는 것이니, 군자는 도를 걱정하고 가난을 걱정하지 않는다.❷

> ❶ 『논어(論語)·이인(里仁)』, "士志於道, 而恥惡衣惡食者, 未足與議也."
> ❷ 『논어(論語)·위령공(衛靈公)』, "君子謀道不謀食. 耕也, 餒在其中矣, 學也, 祿在其中矣. 君子憂道不憂貧."

　곤란해도 결코 괴로운 일이 아니라는 것을 강조 하면서, 이와 상반되게 '즐거움이 또한 그 속에 있다.'고 한 것과 '안회는 그 즐거움을 고치지 않는다.'고 한 것은 다른 점이 있다. 사대부계층의 사회형태 속에 있는 지위와 책임 때문에, '안빈낙도'는 본래 이상인격의 기본요소였다. 송명이학 이전의 역대 사인들은 보편적으로 이러한 이론을 설명하고 몸소 실천하였다. 아래에서 몇 가지 예를 들겠다.

원헌❶은 보잘 것 없는 집에 거처하는 것을 병으로 여기지 않았고, 훌륭한 수레를 타는 자공을 책망하여 "도를 배우고서도 행할 수 없는 사람을 병들었다고 한다."❷하였다.

정현❸은 『논어·학이』편의 '빈이낙도'를 주석하여 "즐거움은 도에 뜻을 두는 것을 말하는 것이니, 가난을 근심하지 않는다."❹고 하였다.

응소❺는 『풍속통의』속에 「궁통」1권을 저술하여, "표창은 예로부터 '군자는 곤란을 당하여도 근심하지 않으니, 수고롭고 욕된 것은 구차하지 아니하고, 천도를 즐기고 천명을 아는 것은 원망과 허물이 없다'."❻고 하였다.

---

❶ 원헌(原憲; BC515~미상): 중국철학자, 춘추 시대 말기 노(魯)나라 사람. 이름은 원사(原思)고, 자는 자사(子思)다. 그는 올바른 길이 아닌 일을 하는 것을 부끄럽게 여길 줄 아는 인물이었던 듯하다.
❷ 『사기(史記)·중니제자열전(仲尼弟子列傳)』, "學道而不能行者謂之病."
❸ 정현(鄭玄; 127~200): 후한 말기 북해(北海) 고밀(高密) 사람. 경학(經學)의 대성자다. 자는 강성(康成)이다. 많은 경전을 주석하여 사람들이 그 주석을 '정전(鄭箋)'이라 한다.
❹ 정현(鄭玄), "釋『論語·學而』中'貧而樂道'曰: '樂謂志於道, 不以貧爲憂也.'"
❺ 응소(應劭; ?~?): 진한대 정치인, 후한 여남(汝南) 남돈(南頓) 하남성 항성(項城) 사람. 자는 중원(仲援) 또는 중원(仲瑗), 중원(仲璦)이다. 영제(靈帝) 때 효렴(孝廉)으로 천거되어 영릉령(營陵令)과 태산태수(泰山太守) 등을 지냈다.
❻ 응소(應劭), 『풍속통의(風俗通義)·궁통서(窮通序)』, "旌揚古來'君子厄窮而不悶, 勞辱而不苟, 樂天知命, 無怨尤焉.'"

『세설신어』속에 「덕행」1권을 저술한 것도 유사한 목적으로 두보의 「초가지붕이 가을바람에 파괴되어 부르는 노래[茅屋爲秋風所破歌]」에까지 이르렀다. 그러나 이학이 이전처럼 오래되고 광범위한 인격완선 과정은 시종일관 '공안낙처'가 철학의 명제를 이룬 적이 없으며, 사대부는 안회에 대한 효법도 시종일관 '가난한 것을 근심으로 여기지 않는다[不以貧爲憂].'고 하였으니, 이러한 개인의 생활 실천에서 완성된 것은 우주관에서 완성된 것이 아니다.

전국 시대로부터 사대부인격은 '천인지제' 우주관과 한 곳으로 연계되었지만, 송명이학 이전에는 우주관과의 연계가 모든 사대부 인격실천에 구체적으로 침투하지 못했는데, 그 원인은 매우 간단하다. 전통문화체계는 우주관과 인격관과 심미관을 막론하고 그 근본은 이처럼 세심한 관계까지 유지할 필요가 없었기 때문이지만, 중당 이후의 상황은 도리어 달라졌다.

사대부인격 완선의 상반된 현상과 그 경로도 완전히 같아서, 중당 이후 사대부인격의 위기는 세 방면으로부터 나타났는데, 이는 곧 전통 인성의 몰락과, 사대부 자신이 사회에 대한 책임을 포기한 것과, 인성과 우주관의 연관관계가 흔들리기 시작한 것이다.

첫 번째 문제점은, 중당에서 양송에 이르기까지 당쟁이 빈번하였고, 사대부 간의 알력이 전례 없이 잔혹해졌는데, 이러한 것은 한유韓愈의 「원성原性」과 이고李翱의 「복성서復性書」에서 명확하게 볼 수 있는 현상이다.

두 번째 문제점은, 그 전형적인 예가 이미 소개한 중당에서 양송까지 사인들은 은일문화가 '호중천지'에 빠지는 것보다 더 나은 것이 없다고 여겼다.[16] 이를 세 번째 문제점과 비교하면, 위기가 더욱 심각하고, 새로운 시대특징을 더욱 갖추었다.

제3편 제3장 제1절에서 중당 이후 사대부들이 전통적인 '천인지제' 우주체계에 대하여 의문을 품기 시작한 예를 이미 거론했다. 지금 사대부인격이상에 대하여 의심하게 된 영향을 다시 보면, 이러한 위기 속에서도 백거이가 가장 먼저 전형적인 것을 표현해냈다는 것은 주의할 가치가 있다.

不動者厚地	움직이지 않는 것은 두터운 땅이요
不息者高天	쉬지 않는 것은 높은 하늘이며
無窮者日月	무궁한 것은 일월이요
長在者山川	영원한 것은 산천이다.
松柏與龜鶴	송백과 더불어 구학이
其壽皆千年	그 수명이 모두 천 년이라.
嗟嗟群物中	아! 그 많은 물건 가운데
而人獨不然	사람만이 홀로 그렇지 않구나.
早出向朝市	아침에 조정과 저잣거리로 나서고
暮已歸下泉	저녁이면 저승으로 돌아온다네.
形質及壽命	형체와 목숨은

제3장 송명이학의 중대한 의의 중 둘째인 인격관·우주관·원림심미 삼위일체의 고도 강화 77

危脆若浮煙　　위태롭고 약한 것이 마치 뜬 안개 같구나.
堯舜與周孔　　요·순과 주공·공자는
古來稱聖賢　　예로부터 성현이라 불렀지만.
借問今何在　　묻노니, 지금은 어디에 있는가?
一去亦不還　　한 번 가면 역시 돌아오지 못하는구나!❶

　　　　　　　　　　❶「도연명 시체를 본받은 16수[效陶潛體詩十六首]」
　　　　　　　　　　　중 1수, 『백거이집(白居易集)』5권.

　우주의 무궁함과 조화로움이 사대부생명과 인격 의의에 거대한 자양분을 부여하였지만, 지금은 서로 상반되어서 사대부들의 생명과 인격가치가 깃털처럼 가벼워진 것이 부각된다. 이 때문에 아래의 경관에서 백거이가 이런 뜻을 "날개를 펴고 푸른 하늘을 어루만지다[擧翅摩蒼穹]"고 하였고, 아래와 같이 썼다.

丘墟郭門外　　성곽 문 밖의 옛 무덤 터
寒食誰家哭　　한식날 누구 집에서 곡을 하는가?
風吹曠野紙錢飛　　빈들에 바람 불어 종이 돈 날리고
古墓累累春草綠　　옛 무덤엔 겹겹이 봄풀이 푸르구나.
棠梨花映白楊樹　　팥배나무 꽃은 흰 버들과 어울려
盡是死生離別處　　모두 생과 사의 이별 장소이구나.
冥寞重泉哭不聞　　어둡고 적막한 저승엔 곡해도 듣지 못하리니
蕭蕭暮雨人歸去　　쓸쓸히 저녁 비에 사람들 돌아가네.❶

　　　　　　　　　　❶「한식야망음(寒食野望吟)」, 『백거이집(白居易集)』
　　　　　　　　　　　12권.

이러한 배경 아래에서, 예로부터 지금까지 천지사방 사이에 진정한 가치가 있다고 할 수 있다. 백거이의 「거리낌없이 말하다」의 몇 수를 보겠다.

朝眞暮僞何人辨	아침엔 참되고 저녁엔 거짓됨을 누가 분별하여
古往今來底事無	예부터 지금까지 이러한 일은 없다고 하겠는가?
但愛臧生能詐聖	다만 장무중을 거짓 성인이라 함을 좋아하니❶
可知寧子解佯愚	그대가 거짓 어리석음을 풀었는지 어찌 알랴?
……	
……	
周公恐懼流言日	주공이 유언을 두려워하던 날과❷
王莽謙恭下士時	왕망이 아래 선비들에게 공손히 하던 때❸
向使當初身便死	지난날 당초에 바로 죽였더라면
一生眞僞復誰知	한 평생 참과 거짓을 누가 알았으랴?
……	
北邙未省留閑地	북망은 빈 땅을 살피지 않았고❹
東海何曾有定波	동해는 어찌 일찍이 정해진 파도 있으랴?
莫笑賤貧誇富貴	빈천함을 비웃지 말고 부귀함을 자랑하지 말라
共成枯骨兩如何	모두 백골이 될 것이니 모두 어쩌란 말인가!
……	
生去死來都是幻	삶과 죽음이 모두가 환상이니
幻人哀樂系何情	환상속 사람의 애락은 어디에 달려 있나?❺

❶ 『춘추좌전(春秋左傳)·양공이십이년(襄公二十二年)』에, "22년 봄에, 장무중(臧武仲)이 진나라로 가는 도중에 비가 내려 어숙(御叔)의 집을 지나게 되었다. 어숙은 그 식읍에 있으면서 술을 마시려고 하다가 말하기를 '성인을 어디에다 쓴단 말인가! 나는 술을 마시려고 하는데, 그 사람은 빗속에 길을 가니 어찌 성인이라 할 수 있겠는가?'라고 하였다. 목숙(穆叔)이 듣고 말하기를 '사신도 되지 못하는 주제에 사신을 모독하였으니 나라를 좀먹는 자이다.'라고 하고 그 세금을 두 배로 하였다二十二年春, 臧武仲如晉, 雨, 過御叔, 御叔在其邑, 將飮酒, 曰, 焉用聖人! 我將飮酒, 而以雨行, 何以聖爲？ 穆叔聞之曰, 不可使也, 而傲使人, 國之蠹也, 令倍其賦."는 기록이 있다. 진(晉)나라 두예(杜預)의 주(注)에, "무중은 사리를 잘 분별하여 당시 사람들이 성인이라고 하였다武仲多知, 時人謂之聖."는 기록이 보인다.

❷ 주(周)나라 성왕(成王)이 유언(流言)을 듣고 주공(周公)을 의심하여 내쫓은 뒤에, 천둥과 큰바람이 불고 비가 와서 나무를 뽑고 벼를 쓰러뜨렸다.

제3장 송명이학의 중대한 의의 중 둘째인 인격관·우주관·원림심미 삼위일체의 고도 강화

❸ 왕망(王莽)이 초야에 있을 적에는 겸손하고 공순한 체하고, 선비를 대하면 자기 몸을 낮추는 체하였다.
❹ 『예기(禮記)·단궁편(檀弓篇)』에 제(齊)나라 성자고(成子高)가 죽을 무렵에 농사하지 못할 땅에다 장사하도록 부탁하였다는 기록이 있다. [成子高寢疾 …… 我死, 則擇不食之地, 而葬我焉].
❺ 「거리낌 없이 말하다 5수[放言五首]」, 『백거이집(白居易集)』 15권.

이런 상황에서는 사대부 인격가치도 당연히 예외일 수 없었다. 그의 「영회」를 보겠다.

自從委順任浮沉	본래 순리대로 세상흐름에 따르니
漸覺年多功用深	깨닫는 해가 많아져 공용이 깊어진다.
面上減除憂喜色	얼굴에는 기쁨이나 슬픔의 기색도 지워졌고
胸中消盡是非心	가슴속에는 시비를 따지는 마음 사라졌네.
妻兒不問唯耽酒	처자도 모르는 체 오직 술만 탐하고
冠蓋皆慵只抱琴	벼슬도 귀찮아 거문고만 타노라.
長笑靈均不知命	영원히 우습구나! 굴원은 천명도 모르고
江蘺叢畔苦悲吟	물가 천궁 풀 두둑에서 슬프게 읊던 일.❶

❶ 「영회(詠懷)」, 『백거이집(白居易集)』 16권.

중국봉건사회가 일찍이 자신의 생명력을 조절하여 위진 남북조 때 큰 위기를 겪었다고 한다면, 새로운 위기가 닥치면 지난 위기보다 몇 백배나 엄중하여, 사회 생명력도 옛날보다 못했을 터인데 어떻게 다시 곤경을 빠져 나올 수가 있었겠는가?

백거이를 예로 들면, 전인들이 제공한 수단은 그가 모두 시험하였다. 그는 혜강

·완적·도잠·사영운 등을 본받아17) 원림과 은일에 빠지게 되었다. 그는 복잡한 정치 모순 속에서 힘을 다하여 임기응변으로 대처하였고, 명철하게 몸을 보전하였으며18), 노장과 선학에 잠심하여 해탈을 구하였다. 그러나 이 모든 사건을 구제할 수는 없었으며, 그의 마음 속 고통은 지면이 한정되어서 모두 인용할 수 없을 정도로 많다. 백거이는 "도를 근심하고 가난을 근심하지 않는다."는 옛 교훈과 "안연은 그 즐거움을 고치지 않는다."는 모범을 잊지 않고 다음과 같이 말하였다.

原生衣百結	원헌은 백 조각으로 기운 옷을 입고
顔子食一簞	안연은 한 그릇의 거친 밥을 먹었지만
歡然樂其志	기쁘게 그 뜻을 즐기며
有以忘饑寒	주리고 추운 것을 잊었다.
今我何人哉	지금 나는 어떤 사람인가?
德不及先賢	덕은 선현에 미치지 못하지만
衣食幸相屬	입고 먹는 것이 요행히 끊이지 않으니
胡爲不自安	어찌 스스로 편안치 않을까?
況茲淸渭曲	하물며 변방에도 싸움 일지 않아서
居處安且閑	지내기 편안하고 한가롭기까지 하네.
楡柳百餘樹	버드나무 백여 그루 옮겨 심었고
茅茨十數間	띠로 지붕 이은 집 열 칸 남짓 하네.
……	……
卽此自可樂	곧 이것을 즐길 만하니
庶幾顔與原	자못 안연·헌원과 비슷하리라!❶

❶ 「도연명 체를 본받은 16수[效陶潛體詩十六首]」중 9수, 『백거이집(白居易集)』 5권.

그러나 이러한 것도 겉으로 보이는 것만 고치고 근본적인 문제는 해결하지 않는 것에 불과하였고, 백거이는 아래 한 수의 시에서 말하였다.

煙雲隔玄圃	구름도 현포❶를 멀리하고
風波限瀛洲	풍파도 영주❷에 미치지 않으니
我豈不欲往	내가 어찌 가고 싶지 않으랴만
大海路阻修	큰 바다로 가는 길은 험하고 멀구나.
神仙但聞說	신선을 단지 듣고 말하지만
靈藥不可求	영약은 구할 수 없네.
長生無得者	오래 삶을 얻지 못하는 사람들
舉世如蜉蝣	온 세상에 하루살이와 같도다.
逝者不重回	간 사람은 다시 돌아오지 못하는데
存者難久留	살아 있는 사람도 오래 머물기 어렵네.
踟躕未死間	아직 죽지 않은 사이를 머뭇거리며
何苦懷百憂	어찌 온갖 근심에 고뇌하겠는가?
……	
今朝不盡醉	오늘 아침 다 취하지 못하니
知有明朝不	내일 아침에는 그렇지 않을지?
不見郭門外	성곽 문밖에는 보지 않아도
累累墳與丘	첩첩히 무덤과 언덕이로다.
……❸	

❶ 현포(玄圃): 곤륜산(崑崙山) 정상에 있다는 신선이 사는 곳으로, 다섯 금대(金臺)와 열두 옥루(玉樓)가 있다고 한다.
❷ 영주(瀛州): 동해 가운데 있는 신선이 산다는 삼신산(三神山)의 하나.
❸ 「도연명 체를 본받은 16수(效陶潛體詩十六首)」중11수, 『백거이집(白居易集)』5권.

여기에서 사회제도가 체제위기를 극복하기에 절박하여 사대부인격과 '도를 근심하는' 마음을 요구하는 것인가? 더욱 엄중한 것은 공자가 재난을 만나고 안자가 곤궁한 것은, 단지 사대부인격을 회복할 수 없을 뿐만 아니라, 도리어 옛날에는 가장 현실적이고 효과적이었지만, 최후에는 하나의 도가 가려서 막힐 때에 사대부가 전통이상인격의 촉진제를 철저하게 버렸다는 것을 알 수 있다.

世路重祿位	세상살이 녹봉이 중요하나
栖栖者孔宣	깃들고 깃드는 것은 공자의 베풂이네.
人情愛年壽	사람들은 나이 듦을 좋아하나
夭死者顔淵	요절한 사람은 안연이네.
二人如何人	두 사람은 어떤 사람인가?
不奈命與天	명과 천도 어찌하지 못하였다네.
我今信多幸	내 지금 믿으며 다행으로 여기나
撫己愧前賢	생각함이 전현에 부끄럽구나.
……	
早年以身代	일찍이 몸으로 직접
直赴逍遙篇	곧바로 소요편을 읽었네.
近歲將心地	요즘의 마음은
回向南宗禪	다시 남종선으로 향하네.❶

……	
孔窮緣底事	공자의 곤궁함은 무슨 연유에서 인가?
顔夭有何辜	안연의 요절은 무슨 허물 때문인가?
龍智猶經醢	큰 지혜도 오히려 보잘 것 없어지고
龜靈未免刳	오래 삶도 자랑할 것 없구나!
窮通應已定	궁통은 이미 정해져 있으나
聖哲不能逾	성철도 되기 어렵도다.
況我身謀拙	하물며 내가 옹졸함 도모함은
逢他厄運拘	저 액운에 붙잡혀 있네.
……	
壯志因愁減	큰 뜻은 근심에 적어지고
衰容與病俱	쇠한 용모는 병과 함께 오네.
相逢應不識	서로 만나도 응당 모를 것이니
滿頷白髭須	턱 가득 흰 수염이로다!❷

❶ 「표직에게 드림[贈杓直]」, 『백거이집(白居易集)』 6권.
❷ 「동남으로 가면서 지은 일백운…[東南行一百韻…]」, 『백거이집(白居易集)』 16권.

백거이는 이러한 비교를 통해서 다음과 같은 결론까지 도출할 수 있었다.

안회는 어떤 사람인가? 한 소쿠리의 밥으로 자족하며 고기와 진한 술을 입에 대지 않았고, 나이 30이 되지 못했다. 장창❶은 어떤 사람인가? 널리 좋아함에 겨를이 없었는가? 첩이 뒷방에 가득 했고 마침내 100여 세를 살았다. 장창이 무슨 덕이 있었는가? 안회가 요절한 것은 무슨 허물이 있으며, 누가 성체를 갖추었다고 하는가? 표주박처럼 몸을 살찌우는 것만 못하구나!❷

---

❶ 장창(張蒼; ?~BC152): 전한 초기 하남(河南) 양무(陽武) 사람. 진(秦)나라 때 어사(御史)를 지냈다. 유방(劉邦)의 거사에 참가하여 한나라가 들어서자 상산수(常山守)가 되었다. 율력(律曆)에 정통했고, 도서(圖書)를 잘 알아 일찍이 음율역법(音律曆法)을 개정했다. 시호는 문(文)이다. 저서에 『장창(張蒼)』16편이 있었는데, 지금은 없어졌다. 일찍이 죄를 져 사형을 받게 되어 옷을 벗겼는데, 살결이 더할 나위 없이 희었다. 이것을 본 황제가 기이하게 여겨 살려주었다고 한다.
❷ 「노소경에게 붙임[寄盧少卿]」, 『백거이집(白居易集)』 29권, "顔回何爲者? 簞瓢才自給, 肥醲不到口, 年不登三十. 張蒼何爲者? 染愛浩無際? 妾滕塡后房, 竟壽百餘歲. 蒼壽有何德? 回夭有何辜, 誰謂具聖體? 不如肥瓠軀!"

사대부전통이상인격의 이처럼 깊은 동요가 당시 모든 사대부계층에서 광범위하게 표현되었다. 한유 같은 사람을 비유하면, 본래 "성스러운 조정을 이루고 잘못된 일을 제거하고자하여, 쇠퇴하는 것을 긍정하였지만 남은 해를 애석하게 여겼다[欲爲聖朝除弊事, 肯將衰朽惜殘年]."는 충정은 후세에도 변함없이 칭송되었다. 그러나 이러한 것으로 그의 마음속 처량함을 가릴 수 없다.

昔顏氏之庶幾兮	예날 안자의 가까움이여!
在隱約而平寬	간략하고 뜻이 깊고 너그러웠으니
固哲人之細事兮	진실로 철인이 세세한 일이여!
夫子乃嗟嘆其賢	공자가 그 어짊을 찬탄하였네.
惡飮食乎陋巷兮	누추한 거리에서 나쁜 밥 드심이여!
亦足以頤神而保年	정신을 보양하여 해를 보전할 수 있었으나
有至聖而爲之依歸兮	지성이 있어 그렇게 함이여!
又何不自得於艱難	또 어찌 어려움을 자득하지 못하겠는가?
曰余昏昏其無類兮	나는 어두워 그런 부류가 아니라 함이여!
望夫人其已遠	그 사람을 바라봄에 이미 멀리 가셨으니
行舟楫而不識四方兮	배를 타고 사방을 가도 알지 못함이여!
涉大水之漫漫	큰 강의 넘실대는 물결을 건너네.
勤祖先之所貽兮	삼가 조상이 주심이여!
勉汲汲於前修之言	선조의 수신의 말에 급급해 할 뿐이로다.
雖擧足以蹈道兮	발을 들어 도道를 밟음이여!
哀與我者爲誰	나를 애처롭게 여기는 이 누구인가?
衆皆舍而己用兮	뭇사람들이 나를 버림이여!
忽自惑其是非	홀연히 그 시비에 의혹되네.
下土茫茫其廣大兮	아래 선비의 아득한 그 광대함이여!
余壹不知其可懷	나는 하나라도 그 사랑할 만함을 모르겠네.
就水草以休息兮	자연에 나아가 휴식함이여!
恒未安而旣危	항상 편치 못하고 위태로우며
久拳拳其何故兮	오래도록 전전긍긍함은 무슨 까닭인가?
亦天命之本宜	또한 천명天命의 마땅함이로다.

······❶

❶ 「자신을 가엾게 여기다閔己賦」,
『한창려문집교주(韓昌黎文集校注)』 1권.

안회를 옛날 사대부인격 이상의 화신으로 여기는 태도는 매우 막연하다. 사대부계층은 중국 전통사회 형태특징을 규정하는 지위 때문에, 자기 자신을 상실하면서까지 인격이상을 추구하는 것에 대하여 인정하지 않았다. 그러니 세상이 얼마나 희망이 없는지, 자신이 얼마나 불행한지를 논하지 않았다. 한유 경우도 요지를 말하여 "오래도록 간절함은 무슨 까닭인가, 또한 천명이 본래 마땅하다[久拳拳其何故兮, 亦天命之本宜]."고 하였다.

유종원도 상세하게 요결하여 "나의 생애가 험하고 곤궁함이여, 어지러이 뜻을 잃고 근심을 만나네[吾生之險厄兮, 紛喪志以逢尤]."라고 한 다음에, "앎을 선으로 옮겨도 고치는 것이 그릇됨이여, 또 무엇을 두려워하는가, 요즘의 사람들이여[知徒善而革非兮, 又何懼乎今之人]"[19]라고 하였다.

유우석은 누추한 집에서 생각하고 생각하며 잊지 못하고 "오직 나의 덕의 향기로다[惟吾德馨]"[20]하였다. 그러나 중당 이후의 사인들이 말한 '천명天命'의 근거는 또 그곳에서 무엇을 찾을 것인가? 이덕유는 조주潮州로 좌천되어 좌절 속에 있으면서 운명을 예측하지 못함과 명수[21]를 만나기 어렵다고 탄식하였다.

천명이 올 때에 도둑이 명기를 가지고 있는 것을, 화복이 마음에서 나오고 영고성쇠는 입에서 나오니, 호탕하게 편안히 여기며 의연히 웃으면서, 일찍이 참새가 무성한 숲에서 놀면서 그 뒤에 포수가 있는 것을 알지 못한다고 한다. …… 어찌 화와 근심은 옮길 수 있는 것을 귀신이 비밀스러움을 말하지 않아 미리 듣지 못하게 하겠는가?❶

---

❶ 「논명수(論冥數)」, 『구당서(舊唐書)·이덕유전(李德裕傳)』, "命偶時來, 盜有名器者, 謂禍福出於胸懷, 榮枯生於口吻, 沛然而安, 溢然而笑, 曾不知黃雀游於茂樹, 而挾彈者在其後也. …… 豈禍患不可移者, 神道所秘, 莫得預聞."

이렇게 오래도록 '천명'의 근거를 찾으려했으나 찾지 못한 것은 자기의 모든 것을 '명수'로 돌릴 수만 있다면, '모두 도를 실천한다.'는 것과 '오직 나의 덕의 향기롭다.'고 한 것이 사대부인격에 무슨 의의가 있는가? 이러한 곤경 가운데서 중당 사대부가 인격과 신앙을 신속하게 추구한 것도 필연적인 것이었다.

한유의 「불골표」❶에서 매우 격앙하여, 생사화복도 마음을 동요시킬 수 없었고, 조양❷으로 간 것과, 창해의 예측할 수 없음과, 더운 바람의 혼란함에 미쳐서는 본래의 호용의 기가 사라져 없어졌다. 그는 감사의 표문에는 성덕을 지나치다고 말하여, 어려움을 당하여 처량한 상황이 되었다. 불법에는 또한 뜻을 두지 아니하였다.❸

❶ 불골표(佛骨表): 중국 당대(唐代) 원화(元和)14년(819) 정월(正月)에 형부시랑(刑部侍郎) 한유(韓愈; 768~824)가 지어 당 헌종에게 올린 표이다. 불골(佛骨)란 불교의 시조인 석가모니의 유골을 가리킨다. 표(表)는 문체명(文體名)이다. 고대 신하가 황제에게 상소를 올리는 글의 일종으로 어떤 일에 대한 감사함을 서술할 때 주로 쓰인다. 당나라 때 장안성 서북쪽에 위치한 풍상현에 법문사라는 절에 호국사탑이 있었는데, 그곳에는 부처님의 유골이 묻혀있었다. 불교를 숭상하는 헌종이 두영기를 보내 부처님의 유골과 절의 승려들을 궁중으로 모셔와 궁중에서 사흘 동안 공양을 한후 모든 절로 하여금 받들어 모시게 하니 왕족과 선비는 물론 일반백성들 모두 다투어 시주를 하여 백성들 중 폐업과 파산에 이르는 자가 생기니, 이에 한유가 숭불(崇佛) 반대 글을 당 헌종에게 올리게 되었다. 「佛骨表」는 당시 한유가 당 헌종에게 올린 글의 제목이다. 그 결과 대노한 당 현종이 그를 조주자사로 강등시켜 쫓아버렸다.
❷ 조양(潮陽): 당나라 한유(韓愈)가 불골표(佛骨表)를 올리고 나서 귀양을 간 조주(潮州)를 가리킨다.
❸ 유문표(兪文豹), 『취검록전편(吹劍錄全篇)·취검록(吹劍錄)』, "韓文公「佛骨表」慷慨激烈, 不以死生禍福動其心, 及潮陽之行, 漲海冥濛, 炎風掺擾, 向來豪勇之氣, 銷鑠殆盡. 其謝表中夸述聖德, 披訴艱辛, 眞有悽慘可憐之狀. 至於佛法, 亦復屑意."

이 때문에, 송나라 사람의 안중에는 이런 표를 올린 한유는 본래 '도에 관하여 듣거나 문장을 서술[聞道著書].'할 자격이 없었다고 생각하였다.22) 불교의 모순을 지적한 태도를 제외하고, 한유의 묵자도 모순된다고 여긴 점이 중당 사대부인격과 신앙의 위기에 반영되었다고 여겼기 때문에, 송나라 사람의 지탄을 받았다.23)

결론적으로, 중당 사대부 인격이론의 가치는 중국전통사회를 직시하는 데에 있었다. 이는 전례 없이 사대부인격이 앞으로의 운명을 결정하는 의의가 있다는 의식을 자각하였다. 이러한 의식은 사대부계층에 대한 존재와 책임에 대하여, '큰 기운은 마음속에 있다.'하였고, '오직 호연지기를 길러야 한다.'24)고 말하는 데에 이르렀다.

이는 과거 어느 때보다 더욱 중요성이 있으며, 동시에 엄격하고도 거대한 위기를 남김없이 드러냈다. 곧 근본적으로 유지할 방법이 없는 사회체제를 운영하는 데에 모든 수단에 의거하여 사대부인격을 다시 구축하였다. 송명이학의 발생은 한유 등의 중당 사인으로 거슬러 올라간다면, 그들이 상술한 위기는 '도통道統'이라는 개념보다 더욱 깊은 의의가 있다.

이학의 탄생 이전에 백거이·한유 등이 직면한 위기는 시종일관 해결되지 않았다. 북송 사인들이 사대부인격을 중건하려는 초조함은 중당에 비하여 더욱 심했다. 예를 들면 다음과 같은 것들이다.

매요신이 "맹자는 호연지기를 잘 길러서 천지 사이에 가득하여 굶주린다는 소리가 없었다."❶고한 시기를 전후하여, 등주로 좌천된 범중엄이 생각한 것은 "먼저 천하가 근심하는 것을 근심하고, 나중에 천하가 즐거워하는 것을 즐거워한다."❷고 하였다.

석개는 「책신」과 「책소찬」❸등의 글에서 사대부인격의 몰락을 상심하고 증오하였다. 증공은 인성의 수양을 통하여 "나의 마음을 기르기를 충실 되게 한다."❹는 것에 힘을 다했다. 아울러 구양수가 역경 속에서 "도덕을 가지고 있으면 공자와 안자에게 부끄럼이 없다."❺는 말을 칭찬하였다.

❶ 매요신(梅堯臣), "孟軻善養浩然氣, 充塞天地無飢嗷"
❷ 범중엄(范仲淹), "先天下之憂而憂, 後天下之樂而樂."
❸ 석개(石介)의 「책신(責臣)」과 「책소찬(責素餐)」은 『조래선생문집(徂徠先生文集)』8권에 보인다.
❹ 증공(曾鞏), "養吾心以忠".
❺ 「저주9영9수에 답하다(奉和滁州九詠九首」 중2, 『증공집(曾鞏集)』2권, "所要挾道德, 不愧丘與回."

    구양수는 자신이 모든 기회를 이용하여 당나라와 오대 이후에 지켜지지 않는 해를 조절하게 되었다. 고난 속에서도 두드러진 충신과 의사의 예는 제3편 제3장 제1절에서 이미 제시한 것이다.
    중당 이후 사대부를 보면, 공자와 안자의 인격신앙에 대하여 동요하였고, 구양수는 공자와 안자의 인격의의와 영원한 사회가치를 더욱 긴밀하게 한 곳에 연계시키려하였으며, 아울러 이것으로 그들 개인운명의 불행을 없애려고 하였다.

顔回飮瓢水	안회가 표주박의 물을 마시고
陋巷臥曲肱	누추한 거리에 누워 팔을 베고 누웠고
盜跖饜人肝	도척❶은 사람의 마음에 물려서
九州恣橫行	구주에서 방자 하였네.
回仁而短命	안회는 어질었으나 단명하였고
跖壽死免兵	도척은 장수하고 죽어서도 병화를 면했네.
愚夫仰天呼	어리석은 사람 하늘을 우러러 부르니
禍福豈足憑	화복은 어디에 기대야 하는가?
跖身一腐鼠	도척의 육신은 한 마리 쥐이니
死朽化無形	죽어 썩어서 없어지겠지만
萬世尙遭戮	만세에 죽임을 당함에
笔誅甚刀刑	붓으로 죽임이 칼보다 심하리.
思其生所得	살아서 얻은 것을 생각함에
豺犬飽臭腥	승냥이와 개가 배불리 먹으리라.
顔子聖人徒	안자는 성인의 무리이니

제3장 송명이학의 중대한 의의 중 둘째인 인격관·우주관·원림심미 삼위일체의 고도 강화

生知自誠明	살아서 스스로 성을 밝히셨네.
惟其生之樂	오직 그 생의 즐거움은
豈減跖所榮	어찌 도척의 영화로움만 못하겠는가!
死也至今在	죽어서 지금도 이름이 남아 있으니
光輝如日星	찬란한 빛이 일월과 같구나.
譬如埋金玉	비유하자면 묻힌 금옥과 같으니
不耗精與英	정묘하고 빛남은 줄지 않으리라.
生死得失間	생사와 득실 사이에서
較量誰重輕	비교하면 누가 무겁고 가벼운가?
善惡理如此	선악을 다스림이 이 같으니
毋尤天不平	다시는 하늘을 불평하지 말라.❷

❶ 도척(盜跖): 중국 춘추시대에 있었다고 하는 전설적인 도적. 『장자·추수』에는 도척이라는 한 항목이 있는데 도척과 공자의 대화를 꾸며댄 내용이다.
❷ 「안척(顔跖)」, 『구양수전집(歐陽修全集)·거사집(居士集)』1권.

그들은 사람들에게 권하여 안자 일생의 곤궁함을 감동하거나 한탄 할 필요 없다고 하였고, 보통 사람들이 그러한 천명의 어그러짐을 모방할 필요 없다고 하였다. 세상 사람들이 안자의 즐거움을 도척의 영화로움보다도 더 중시하여 천리의 존재를 증명하기를 희망하고, 도척이 지옥에 떨어지는 것을 애석하게 여기지 않았다.

구양수의 원망이 그토록 간절하고 절박 했다는 것을 누구나 알 수 있지만, 깊이 들어가면, 구양수 이론의 진부함과 무력함이 바로 나타난 것이다. 그는 안회의 '삶의 즐거움'에 대하여, 한마디로는 명확하지 않지만, 되풀이 반복한 것은 자신을 희생한 후에야 온 세상의 영욕이 사람들에게 통괄된다고, 그들을 위로하며 "천하가 평등하지 않음을 근심하지 말라."고 권하였으나, 이러한 것은 석가의 해탈에 지나지 않는다.[25]

이상인격을 거듭 세운 노력은 입각한 근본을 찾을 수 없기 때문에, 당시의 사대부들이 아무 때나 냉대한 것은 당연하였다. 예를 들면 소식은 일찍이 안회에

대하여 실제로 희롱한 적이 있었다.[26]

　유사한 정황은 북송의 정치가이자 사상가인 왕안석에서도 볼 수 있다. 왕안석이 사대부인격을 중건한 노력은 구양수에 비하여 더욱 깊었으니, 그가 저술한「성정性情」·「원성原性」·「성설性說」·「양묵楊墨」·「양맹揚孟」[27] 등 많은 문장들을 예로 들 수 있다. 인성·인정의 선악의 같은 점과 다른 점, 맹자·전국제자들이 한유의 인성이론에까지 연결되는 이익과 폐해의 득실을 반복해서 토론했으며, 중당 사인들에 비하여 더욱 효과적으로 보완하고 완선한 사대부인격의 기초를 다지고자 하였다.

　완안석이 지은「명해命解」·「추명대推命對」·「대난對難」[28] 등은 사대부가 종종 곤란을 당하는 '천하다고 도를 떠나지 않는다[不以賤而離道]'는 것과 '화와 복은 군자가 밖에 둔다[禍與福, 君子置諸外]'는 운명관을 견지하여 이성의 근거를 찾고자 하였다. 그가 지은「부자는 요순보다 어질다」·「예악론」·「대인론」[29] 등은 공자와 안자의 인격은 무한한 가치를 지녔다는 것을 거듭 설명한 것이다.

　왕안석의 이처럼 노력하여 사회체제에서 사대부인격을 재건해야 한다는 절박한 필요성을 재차 강렬하게 표현한 것이다. 그러나 그는 여전히 백거이·한유 이래의 많은 사람들과 똑같이, 임무를 완성할 어떤 새로운 수단을 찾지 못하고, 오히려 이미 효과를 잃은, 동쪽에서 빌려서 서쪽을 가리는 몇몇 무기만 가려낼 수 있었기 때문에, 그 곤경함도 전인들처럼 피할 수 없었다.

　예를 들면 왕안석의 모든 인격이론의 근본목적은 사대부계층이 "반드시 인에 거하고 반드시 의를 행한다."[30]는 과정을 통해야 어지러운 때 세상을 구제할 수 있다는 것이다. 그가 분명히 본 것은, 모든 사대부계층의 인격완선을 이루지 못하여 전통사회의 쇠퇴가 눈앞에 있다고 여겨서 다음과 같이 말했다.

아, 예악의 뜻이 전하지 않음이 오래 되었도다! 천하의 양생과 성품을 닦는 것을 말하는 사람들은 불가와 노자의 귀의할 뿐이다. 천하의 사람들로 하여금 예악에 나아가게 하여서 풍속을 순하게 하는 것을 일삼아 그

국가를 다스리고자 하였다. 이는 양나라와 진나라의 군주가 패망한 화근이다.❶

❶ 왕안석(王安石), 「예악론(禮樂論)」『왕문공문집(王文公文集)』29권, "嗚呼, 禮樂之意不傳久矣! 天下之言養生修性者, 歸於于浮屠・老子而已. 浮屠・老子之說行, 而天下爲禮樂者, 獨以順流俗而已. 夫使天下之人驅禮樂之文以順流俗爲事, 欲成治其國家者, 此梁・晉之君所以取敗之禍也."

그러나 그는 전반적인 사인계층의 인격을 재건하는 구체적인 경로가 어디라고 말하지 않고, 이상인격과 당시 세속에 유행하는 커다란 모순만 볼 수 있었다.

세상이 소중하게 여기는 것을 성인은 가볍게 여기며, 세상이 즐겁게 여기는 것을 성인은 슬프게 여긴다. …… 안자가 배운 것은 세상 사람들이 배운 것이 아니다. 성내는 것을 다른 사람에게 옮기지 아니하고 자기에게서 구하는 것이고, 두 번 잘못을 저지르지 않는 것은 선하지 못한 단서를 보고서 그치는 것이다. 세인이 물러난다고 하는 것을 안자는 나아간다고 하고, 사람들이 이익으로 여기는 것을 안자는 손해되는 것이라고 한다. …… 이러한 까닭으로 군자의 학문은, …… 천지도 크지 않고, 인물도 많지 않고, 귀신도 숨을 수 없고, 제자의 부류에도 의혹되지 않는다. 이러한 까닭에 하늘이 지극히 높으니, 일월성신과 음양의 기는 바로 잡아 계산할 수 있다. 이에 별자리의 수와 천지의 법과 인물의 됨됨이는 모두 앞 세상의 정성을 다한 성인이 세운 것이다. 후세의 사람들이 그 법을 지킬 뿐 어찌 그 시작을 알겠는가?❶

❶ 「예악론(禮樂論)」『왕문공문집(王文公文集)』29권, "世之所重, 聖人所輕; 世之所樂, 聖人所悲. …… 夫顔子所學者, 非世人之所學. 不遷怒者, 求諸己; 不貳過者, 見不善之端而止之也. 世人所謂退, 顔子所謂進; 人之所謂益, 顔子之所謂損也. …… 是故君子之學, …… 天地不足大, 人物不足多, 鬼神不足爲隱, 諸子之支離不足惑也. 是故天至高也, 日月星辰陰陽之氣可端策而數也. 是故星曆之數・天地之法・人物之所, 皆前世致精好學聖人者之所建也, 後世之人守其成法, 而安能知其始焉?"

한편으로는, 전체 사대부계층이 공자와 안자의 인격으로 귀속해야 한다는 요망을 절박하여 기다리지 못했고, 다른 한편으로는 도리어 공자와 안자의 인격에 근거하는 '세상 사람들이 배울 수 있는 것이 아니다[非世人之所學]'는 것을 숭상하지 않을 수 없다는 것이다.

한편으로, 공자와 안자 인격의 지대지성함은 천지·일월·성신·음양과 같이 높다는 것이고, 또 한편으로는 여전히 안회의 덕성만 귀결시킬 수 있어서 안회는 '노함을 옮기기 않는다[不遷怒]'하고, '두 번 실수하지 않는다[不貳過]'고 하였다.

왕안석은 진퇴양난을, 공자와 안자의 인격가치와 전통사대부 인격이론의 위기에 비유하였다. 이런 점이 반영되어 중당 사인들이 더욱 깊이 동요한 것이 분명하다. 이론의 위기는 현실 위기의 축소판에 불과하여, 전통인격이상이 송대 사대부들 마음에서 사라진 것을 중당과 비교한다면, 몇 배나 심각할 것이다.

제2편 제2장 제6절에서 송대 사대부 대표인물들이 공명 때문에 부질없이 세상에서 다투는 예를 이미 거론하였다. 또 7편 제2장과 제8편 제1·2·3장에서는 그들이 놀랍도록 의기소침했던 것을 볼 수 있고, 송나라 사람들이 가장 많이 가지고 있었던 포부가 조금도 예외 없이 병들어 나태하게 지내는 것을 이상적인 경지로 여겼음을 볼 수 있고, 그들은 어떤 달팽이·거북·자 벌레 등 하찮은 미물들을 자신들의 인격이상으로 삼았음을 알 수 있다.

구양수가 공자와 안자의 인격을 중건하는데 전력을 다 했지만, 자기 일생의 경륜을 평가할 때에 다음과 같이 말했다.

젊었을 때에는 오히려 하는 것이 없더니, 지금은 이미 늙고 병들었다. 이는 끝내 주인의 은혜를 등진 것이니, 단지 오래 동안 지주의 돈을 쓰며 창고의 쥐가 되었다.❶

제3장 송명이학의 중대한 의의 중 둘째인 인격관·우주관·원림심미 삼위일체의 고도 강화 93

❶ 구양수(歐陽修), 『귀전록(歸田錄)·자서(自序)』. "方其壯也, 猶無所爲, 今旣老且病矣, 是終負主人之恩, 而徒久費大農之錢, 爲太倉之鼠也."

왕안석의 사회·정치·사인 인격이상은 실현되지 않았을 뿐만 아니라, 반대로 아첨하는 무리와 부합하여 팔려 다니는 운명이 되었으니, 그의 정적들마저도 한탄함을 그치지 않았다.31)

결론적으로 중당이후 사대부 인격위기는 이때부터 중국봉건사회가 날로 쇠퇴해지기 시작한 것과 밀접한 관계가 있다. 인격위기의 출현과 정도 및 방향은 모든 사회체계의 위기에서 결정된다. 이와 반대로 전례 없는 체제위기에 대항하기 위하여 사대부인격은 필수적으로 유래 없는 강화를 실현하였다. 이러한 거대한 모순 앞에 옛날의 이론들과 방법들은 모두 나약하게 변하였다.

2백여 년 동안 고통을 겪으면서 초조하게 기다리며, 지혜로운 사대부들은 적극적으로나 소극적으로 생명과 신앙을 대신하는 가치까지도 탐구했으며, 사회체제는 결국 새로운 강력한 수단으로 이학의 인격관 인 '공안낙처'를 내놓았다. 새로운 인격관은 후기 중국전통문화의 생사존망과 관련되었기 때문에, 새로운 인격관이 송명이학의 가장 기본적인 명제 중 하나가 되었다. 따라서 송대 이후 전통원림을 포함하여 전통문화 전반에 거대하고 깊은 영향을 끼쳤다.

왕안석상(王安石像)

구양수상(歐陽修像)

제2절 이학 중건과 이상인격의 강화 방법

공자와 안회를 추앙하는 것은 사대부계층이 어떠한 조건에서도 이상인격을 추구하기 위한 것이었다. 이러한 추구는 중국 봉건사회체제를 위해 반드시 필요한 것이었으며 특히 중당 이후는 더욱 이와 같았다.

그러나 공자와 안회의 인격은 가장 진부한 우상에 지나지 않아서 중당 이후의 체계위기 속에서 그들의 인격은 지난날의 광채를 완전히 잃어 버렸기 때문에, 금불상을 다시 빚고자 그렇게 많은 사람들이 시도하였지만 아무런 도움이 되지 않았다.

도대체 어떻게 해야 이학을 다시 회생시킬 수 있는가?

이학방법이 고전원림과 필연적인 관계는 어떤 것인가?

이학의 '공안낙처'에 대하여 이전과 당시 사람들이 다르게 이해한 점을 본다면, 이런 문제는 쉽게 답할 수 있다.

주희가 『논어집주』3권에서 공자가 '어질도다! 안회여!' 라고 한 단락을 해석했을 때, 정이의 "단표누항[32]은 즐거운 것이라고 할 수 없으며, 대체로 스스로 그 즐거움을 가질 뿐이다. 그 글자는 새겨볼 만하며, 깊은 뜻을 지니고 있다."는 말을 먼저 인용한 뒤에 "정자의 말은 활을 당기기만 하고 쏘지 않은 것으로, 배우고자 하는 사람은 깊이 생각해서 스스로 얻어야 한다. 지금도 함부로 해서는 안 되는 말이다."[33]고 하였다.

『사서집주』는 주희가 평생 동안 심혈을 기울여서 편찬한 저작이다. 그가 신중하게 말한 뜻이 이와 같으니, 이학의 체계 에서 '공안낙처'라는 명제가 구체적으로 가지고 있는 깊은 뜻을 충분히 알 수 있다.

정자와 주희는 모두 '공안낙처'에 대해 일찍이 상세하게 설명했지만, 최후까지도 어떠한 언어로도 그 중요한 핵심에 도달하기는 어렵다고 여겼다. 이 명제를 '배우는 자가 깊이 사색하여 스스로 터득'해야 하는 것은 어째서인가? 정자와 주희가 '공안낙처'에 대한 설명을 먼저 보자.

제3장 송명이학의 중대한 의의 중 둘째인 인격관·우주관·원림심미 삼위일체의 고도 강화

    정자와 주희는 천 백 년 동안 내려온 공자와 안회의 인격에 대한 해석을 크게 타파하며, 그들이 흠모한 공자와 안회의 즐거움은 근본적으로 안빈낙도하고, 스스로 단표누항을 달갑게 여기는 단계적인 문제가 아니라고 반복해서 강조했다.
    정호와 정이가 "안회의 단표누항은 그 즐거움이 바뀌지 않는다면 단표누항이 어찌 즐겁기만 하겠는가? 아마도 다른 즐거움이 있어서 그것을 이길 뿐이다."³⁴⁾라고 하고 "안회는 즐거운 것이 단표누항이 아니면 그 마음을 거듭 빈궁하게 하지 못하여서 즐거운 것으로 바꾼 것이다."³⁵⁾고 하였다. 주희는 더욱 단호하게 잘라서 말했다.

숙기가 '안자가 즐거워 한 곳은 천도를 알고 천명을 알았던 것이 아니라 가난한 것 때문에 마음이 얽매인 것은 아닌가?'하고 질문하였다. 대답하기를, '천도를 즐기는 것이나 천명을 아는 것과는 상관이 없다. 이 네 글자는 위에 드러나 있지 않다.'고 하였다. '이 네 글자를 더하면, 또 이러한 즐거움이 무너지게 된다. 안자의 가슴 속에는 스스로 즐거운 곳이 있으니, 비록 가난한 속에 있더라도 그 마음을 얽매이게 할 수는 없다. 그 가난한 것 때문에 즐거워하지 않는 것은 아니다.'고 하였다.❶

'즐거움이 또한 그 가운데 있다.'고 하였으니, 이 즐거움 가난하고 부유한 것과는 상관없고 즐거운 곳은 따로있다.❷

❶ 『주자어류(朱子語類)』31권, 叔器問, '顏子樂處, 莫是樂天知命, 而不以貧窶累其心否?' 曰; '也不干那樂天知命事, 這四字也拈不上.' '加此四字又壞了這樂, 顏子胸中自有樂地, 雖在貧窶之中而不以累其心. 不是將那不以貧窶累其心底做樂'.
❷ 『주자어류(朱子語類)』34권, '樂亦在其中', 此樂與貧富自不相干, 是別有樂處.

    이학가들은 '빈천한 것도 바꿀 수 없다'는 것만 이상으로 여기면, 사대부인격은

결코 다시 세울 수 없다는 점을 분명하게 본 것이다. 이에 그들은 공자와 안회의 즐거움이 '천도를 즐기거나 천명을 아는 일'도 아니고 '가난한 것은 그 마음을 지치게 하지 않는 것[貧窶不累其心]'이 아니라고 여겼다. 이것은 개인운명에 대처하는 태도 자체이며 '별도의 즐거움이 있다[別有樂處]'는 것이다. 분명한 것은 이 '별유낙처'가 구체적으로 내포한 내용이 바로 이학 인격관의 핵심이다. 정호와 정이의 이에 대한 해석을 보자.

배우는 사람은 먼저 인을 알아야 한다. 인이라는 것은 완전히 사물과 한 몸이다. 의·예·지·신이 모두 인이다. 이 이치를 알게 된다면, 성과 경으로 인을 보존할 뿐이다. 방해하거나 단속하지 않으며, 궁색하게 하지 말아야한다. …… 맹자가 말하기를, '만물의 이치가 모두 나에게 있으니, 몸을 돌이켜 살핀다면 큰 즐거움을 이룰 것이다.'고 하였다.❶

'크면서도 변화한다는 것'은 오직 이와 자기가 하나가 되는 것이다. 아직 변화하지 못한 자는 사람이 자를 잡고 물건을 재는 것과 같지만, 만약 변화에 이르게 되면 곧 자신이 자가 되고 자는 자신이 된다. 안자가 바로 여기에서, 만약 변화한다면 비로소 공자가 되는 것이다.❷

❶ 『이정집(二程集)·하남정씨문집(河南程氏文集)』2권상, "學者順先識仁. 仁者, 渾然與物同體, 義·禮·智·信皆仁也. 識得此理, 以誠敬存之而已, 不須防檢, 不須窮索. …… 孟子曰, 萬物皆備於我, 須反身而誠, 乃爲大樂."
❷ 『이정집(二程集)·하남정씨문집(河南程氏文集)』15권, "'大而化之' 只是謂理與已一. 其未化者, 如人操尺度量物, 用之尚不免有差, 若至於化者, 則已便是尺度, 尺度便是己. 顔子正在此, 若化則便是仲尼也."

원래 '완전히 사물과 한 몸이 된다.'는 것은 제3편 제3장에서 서술하였듯이 '천인지제' 우주체계의 고도한 완선은 인격의 완선도 실현할 수 있어서, '대락大樂'이라고 부를 수 있다는 것이다. 그리고 공자와 안회의 인격에 대한 의의도 그들이 이러한 '이와 자기가 하나가 된다理與己一'는 대락의 경계를 실현한 것이었다. 상술한 사상을 주희까지 연장해서 보면 매우 분명해진다.

묻겠습니다. '안자의 즐거움은 단지 천지 사이의 지극히 부유하고 귀한 속에서의 이치로, 즐거움이 사라져도 구할 수 있는가?"하였다. 대답하기를, '아니다. 이 이하는 쉽게 알 수 없다. 모름지기 모든 이치를 궁구하여야 한다'고 하였다. 그 후에 "정자가 '장차 몸을 만물 속에다 둔다는 예를 보면, 모든 것이 명쾌해진다!'고 하였으니, 이것이 곧 안자가 즐거워 한 곳이다. 이러한 이치는 천지의 속에 있으니, 모름지기 진정으로 끝까지 이르면 지극히 섬세하기도 하고 지극히 모든 것을 갖추기도 하여, 충분히 투철하게 하면 다하지 못함이 없을 것이다. 곧 만물과 하나 됨에 막힘이 없고, 가슴속이 태연하게 될 것이니, 어찌 즐겁지 않겠는가!
사욕을 이미 버려 천리가 행하여지면 행동하고 말하는 일상생활 속에 천리가 아닌 것이 없게 되니, 마음속에 확연히 어찌 즐겁지 않겠는가! 이것은 가난한 것과 더불어 서로 방해가 되지 않는다. 때문에 이것으로 그 즐거움을 해칠 수 없는 것이다.❶

❶ 『주자어류(朱子語類)』31권, "問, '顔子之樂, 只是天地間至富至貴底道理, 樂去求之否?' 曰, '非也. 此以下未可便知, 須是窮究萬理要極徹.' 已而曰: '程子謂, 將這身來放在萬物中一例看, 大小大快活! 此便是顔子樂處. 這道理在天地間, 須是眞窮到底, 至纖至悉, 十分透徹, 無有不盡, 則於萬物爲一, 無所窒碍, 胸中泰然, 豈有不樂!"
"私欲旣去, 天理流行, 動靜語默日用之間無非天理, 胷中廓然, 豈不可樂! 此與貧窶自不相干, 故不以此而害其樂."

여기에서는 이학에서 '공안낙처'의 명제는 우주본체론으로, 이상인격을 세우는 면에서 구체적으로 운용된다는 것을 알 수 있으며, '공안낙처'와 중당 이후 수많은 사상가들이 공자와 안회의 인격을 중요하게 구별하여 추앙한 것은 다음과 같은 것에 있다.

이학은 고도의 완선한 우주이론이 기초가 되어서 공자와 안회의 인격을 우주본체론과 완전히 하나가 되는 경계로 상승시켰다. 그리고 이학 이외의 사상가 중에 혹자는 다급한 상황을 풀기위해 단지 그 의의를 사회윤리 범위에서 엄격하게 제한하였다. 혹자는 공자와 안회의 인격을 우주론에서 근거한 점을 찾기 위해 어렴풋이 희망하였을 것이다. 그러나 전국·진한 이후의 우주관은 비교적 완벽한 이론이 없어서 이러한 소망을 실현할 방법이 없었다.

'공안낙처'는 사대부인격이론을 고도로 완선하고 강화한 것으로, 이것은 중당 이후 전통문화발전의 객관적인 필요 때문이었고, 게다가 모든 인학체계가 장기적으로 발전한 필연적 결과 때문이기도 하다. 이것은 선진시기 이후 사대부 인격 이론 전체가 발전하여 '합쳐진 명제[合題]'이다.

'공안낙처'의 형성과정에서 이학이 어떻게 중국고대 사상을 흡수하고 융합하였으며 사대부인격의 임무를 강화하여 중건하고 완성했는지를 다시 한 번 분명하게 볼 수 있었다.

이 편 제1장에서 제시하였듯이 일찍이 전국시대 제자백가들의 인격이상의 공통된 경향은 곧 인성과 우주의 통일이었으며, 이후에도 대대로 계속되었다. 이것은 '공안낙처'가 전통적 인격이론의 기본구조를 타파했을 뿐만 아니라, 이와 반대로 그 연원 관계를 명확하게 바꾼 것이다. 그러나 이학 이전의 인격이론은 이미 '공안낙처' 속에 모든 요소를 갖추었더라도, 조합해서 완전하고 엄밀한 인격이상으로 완성할 수는 없었다.

전국·진한 이후 중국 봉건사회형태에서 필요한 사대부계층의 인격은 세 가지 요소를 반드시 갖추어야 했다. 종법관계에 부합하는 인성과, 인성을 충분히 승화시킬 수 있는 우주관, 그리고 대 통일제도의 수요에 만족시킬 수 있는 책임감이다. 사실 이 세 가지 요소도 바로 통일집권 종법제도와 동시에 생겨난 것이다. 그러나 이 세 가지는 상당히 오랜 시간 동안 함께한 것은 아니었다. 그 원인으로는 두 가지가 있다.
   (1) 각기 완선한 세 가지가 상대방의 깊은 단계의 범위까지는 스며들지 못했기 때문에, 높은 수준으로 유기적으로 결합할 수 없었다.
   (2) 중당 이전의 사회체제는 이 세 가지가 기본적으로 통일하기를 을 요구한 동시에, 언제나 제각기 제한된 자유를 보존하는 것을 허락하였다.

그 원인 중의 하나를 예로 증명하면, 맹자가 '호연지기'를 매우 크고 튼튼하게 해서, 천지사이에 가득하다는 것과, 그 성을 다하면 천명을 안다고 한 것이나, 또 사람은 모두 요순 처럼 될 수 있다고 말한 것이다. 그러나 사대부의 인격과 우주본체가 통일하는 내부의 원인은 무엇이며, '마음'과 '하늘'이 구체적으로 어떻게 통과해서 보편적으로 한 곳으로 연계되는지, 세상 사람들과 요순의 인성이 서로 통하는 기초는 무엇인지 등등의 문제는 상세하게 말하지 않았다.

또 순자는 사대부 심성과 우주본체가 통일할 것을 강조하여 "군자의 대심은 곧 천리를 따르는 것으로 도이다"[36]고 말한 것이다. 이것은 사대부 인격이 사회에 드날리는 의의가 즉시 효과적으로 나타났다. 그러나 후대 사람의 눈에는 이러한 말도 군자의 마음과 천·도는 본래 상관없고, 중매쟁이가 대신해 주어야 비로소 혼인을 하는 것 같은 친밀한 관계가 이루어지고, 그렇게 해도 나중에 무슨 변고를 겪지 않는다는 것을 보장하기는 어려운 것과 같다고 분명히 해석하였다.

전국·진한 시대의 인학체계에서 우주본체와 사회규범 사이의 이러한 견강부회하는 현상은 매우 보편적이었다.[37] 이는 인격이론 요소사이의 관계가 긴밀하지 않다는 것을 증명할 뿐만 아니라 또 일차적으로 동중서가 '천인지제'에 대해서 서술한 것이 보잘것없어도, 강렬한 신학神學목적론의 색채도 갖추었는데, 그 원인의 상당부분은 그가 배척한 전국시대 백가의 학문으로 나가서 구해야 한다고 말했다. 그 원인을 『장자·천하』에서 증명하겠다.

옛 사람들은 본성을 갖추고 있었으니! 신명에 배합하고 천지에 순응하며, 만물을 기르고 천하를 화평하게 하여 혜택이 백성에게 미치며, 근본에 밝아 법도를 정해서 세상을 다스렸다. 이에 도가 사면팔방으로 통하여 대소와 정조의 차이가 없이 도와 함께 운행되어 없는 곳이 없다.❶

> ❶ 『장자(莊子)·천하(天下)』, "古之人其備乎! 配神明, 醇天地, 育萬物, 和天下, 澤及百姓, 明於本數, 係於末度, 六通四辟, 小大精粗, 其運無乎不在."

이것은 당연히 인격이상·사회이상·우주이상이 합하여 하나가 되는 것이다. 불행한 것은 다음과 같은 현상이다.

천하가 크게 어지러워져서 현인과 성인의 도가 분명하지 않아서 도덕이 하나가 되지 않으니, 천하가 한 부분을 보고 많이 얻으려고 하며 이것으로 스스로 옳다고 하였다. …… 슬프도다! 백가들이 자신의 견해를 가지고 나아가기만 하고 근본으로 돌아오지 않으니 반드시 도에 합해지지 않을 것이다!❶

> ❶ 『장자(莊子)·천하(天下)』, "天下大亂, 賢聖不明, 道德不一. 天下多得一察焉以自好. ……悲夫! 百家往而 不反, 必不合矣!"

전국 이후 제자백가들은 각기 다른 각도에서 '천인지제'의 대통일의 토대를 세

왔는데, 직접 또는 간접적인 목적은 하나지만, 서로 같아지기가 어려웠다. 예를 들면, 장자와 그 이후의 현학과 불학이 인격·인성과 우주본체 관계에 대하여 유학보다 깊이 탐색하였다. 그러나 사대부 인격을 '내성외왕'(內聖外王38)의 통일로 말한다면, 결국 그들은 공자 학문보다 뒤떨어진다. 따라서 『장자·천하』에서 일찍이 묵자의 도덕관을 비평하였다.

홀로 이것을 맡을 수 있다고 해도 천하를 어찌할 것인가? 천하를 떠난다면 그것은 왕의 도가 되기에는 거리가 먼 것이다.❶

❶ 『장자(莊子)·천하(天下)』, "雖獨能任, 奈天下何! 離於天下, 其去王也遠矣!"

사실 이 말을 가지고 장자와 선을 비평할 수도 있다. 또 예를 들면, 완적도 이상인격은 우주와 완전히 하나로 합해지는 것이라고 하였다.

"대인은 이에 더불어 조화하여 같은 몸이 되어 천지가 함께 생겨나 세상에 떠다니며 소요하니 도와 더불어 모두 이루어진다."❶고 하였다. 이러한 인격의 사회의의는 '군자의 예법'을 반대하는 것에 있어서 그의 귀착점도 '세상을 초월하여 무리와 관계를 끊고, 풍속을 버리고 홀로 나간다.'는 것과 '다른 사람은 장차 죽고 나만 홀로 산다.'❷

❶ 완적(阮籍),『완적집(阮籍集)』상권.「대인선생전(大人先生傳)」, "夫大人者, 乃與造化同體, 天地並生, 逍遙浮世, 與道俱成"
❷ 「대인선생전(大人先生傳)」,『완적집(阮籍集)』상권. "超世而絶群", "遺俗而獨往", "人且皆死我獨生."

유학자는 이상인격을 우주의 높은 단계로 상승시키는 것을 마음에 새기고 '법도를 찾은 몸은 천지로 마음을 삼는 것'이라고 말하지만 결국 그것을 '정을 버리고 도로 돌아가며, 공에 합하고 사를 가리는' 현세원칙의 뒤에 두었다.39)

결론적으로 이학 이전 제가들의 인격이론은 제각기 장단점이 있었기 때문에, 인격 3요소의 상호융합이 어떤 가와 언제 가까웠고 언제 멀었던 것을 논할 필요 없다. 과거의 인격이론이 이처럼 완선하지 않았던 전통문화구조가 이학에게 유일한 힘을 발휘할 수 있는 여지를 남겨 주었다. 이학이 우주본체를 강화하여 3요소의 융합을 총괄하는 것 외에는 이상인격의 중건을 실현할 어떤 방법도 없다는 것을 규정하였다.

이학 인격관이 발전한 필연적인 방향은 먼저 장재의 철학에서 분명하게 표현하였다. 이학 인격론에서 장재의 영향은 '공안낙처'라는 명제를 제시한 주돈이보다 크기 때문이다. 그 원인도 사대부인격 중 전통적 3요소의 고도한 융합과 강화가 장재의 손에서 완성되었기 때문이다.『송사·장재전』에서 그에 대하여 다음과 같이 말했다.

병을 핑계 삼아 물러나 남산 아래에 은거하여, 종일 방안에 단정히 앉아있네. …… 도에 뜻을 두고 깊이 생각에 잠기어, 잠시도 쉬지 않았지만, 또 잠시도 잊을 수가 없었다. 해진 옷을 입고 나물밥을 먹으며 여러 생도와 함께 강학하였는데, 예를 아는 것과 성품을 이루는 것 및 변화와 기질의 도에 대하여 이야기했고, 배움이 반드시 성인과 같아진 이후에 그만 두었다. 사람은 알 수 있으나 하늘은 알 수 없다고 여겨서 현인이 되기를 구하였으나 성인이 되기를 구하지 않았으니, 이는 진한 이래 학자의 큰 폐단이다.❶

❶ 『송사(宋史)·장재전(張載傳)』, "移疾屏居南山下, 終日危坐一室, …… 其志道精思, 未始須臾息, 亦未嘗須臾忘也. 敝衣蔬食, 與諸生講學, 每告以'知禮成性'· 變化氣質之道, 學必如聖人而後已. 以爲知人而不知天, 求爲賢人而不求'爲聖人, 此秦·漢以來學者大蔽也."

이 단락은 장재의 인격이론과 실천을 핵심만 소개한 글이다. 장재가 검소하고 소박하게 생활하면서 '지례성성知禮成性'·'지천知天'·'위성인爲聖人'의 고도한 통일을 추구하였다. 이것은 전통적인 '안빈낙도'와 구양수·왕안석 등이 공자와 안회의 인격을 해석한 것과는 선명한 대비를 이룬다. 그리고 장재는 이학 인격관을 대치하여 이미 '크게 포괄[大蔽]'하여 분명하게 나타낸 것은 진한 이후 인격관까지도 자각하게 하였다.

그의 「서명」에서도 이학 인격관의 신성한 지위가 바로 이 세 가지가 고도하게 통일하는 기초 위에서 세워졌다고 하였다.

하늘을 아버지라 하고, 땅을 어머니라 부른다. 나는 여기 미미한 존재로서 그 가운데 뒤섞여 만물 속에 존재한다. 그러므로 천지에 가득한 기운이 내 몸을 이루었고, 천지를 주재하는 이치가 나의 본성을 이루었다. 이에 백성들은 나의 동포요, 만물들은 나의 나와 함께 걷는 동반자인 것이다. 위대한 임금님은 내 부모님의 장자요, 그 대신들은 장자의 가신들이다. …… 천지의 조화를 알면 그 사업을 펴나갈 수 있고, 신을 궁구하면 하늘의 뜻을 잘 계승할 수 있다. 집안에서도 부끄럽지 않아야 욕됨이 없고, 마음을 보존하고 본성을 길러 게으름이 없어야 한다. …… 부귀와 은택은 나의 삶을 풍후하게 해주는 것이요, 빈천과 근심은 그대를 옥처럼 갈고 연마하여 성숙시키려는 것이다. 살아서는 천지를 순종하여 섬길 것이요, 죽을 때는 나 편안하게 돌아가리라.❶

> ❶ 장재(張載), 『서명(西銘)』, "乾稱父, 坤稱母, 予玆藐焉, 乃混然中處. 故天地之塞, 吾其体, 天地之師, 吾其性. 民吾同胞, 物吾與也. 大君者, 吾父母宗子, 其大臣者, 宗子之家相也. …… 知化則善述其事, 窮神則善繼其志. 不愧屋漏爲無忝, 存心養性爲匪懈. …… 富貴福澤, 將厚吾之生也, 貧賤憂戚, 庸玉女於成也. 存, 吾順事, 沒, 吾寧也."

앞에서 서술했듯이 전국 이후 전통인격이론의 모든 것은, 숨은 듯이 나타난 듯이 연계된 요소이다. 예를 들면, 인성과 종법제도의 통일·인성과 우주의 통일·개인운명과 사회이익·천하의 통일 등등에 이르기까지, 마치 해와 달을 들어 올리듯이 분명하게 하였고, 동시에 그들도 이미 완전히 융합하여 일체가 되었다. 장재는 일찍이 이러한 통일의 의의를 반복해서 말한 적이 있다. 『정몽·건칭편』의 말을 예로 들겠다.

진실한 마음에 이르는 것은 천성이고, 사람이 진실한 마음에 이를 수 있으면 성을 다하여 신에 그칠 수 있고 쉬지 않고 명을 행하면 화하는 것을 알 수 있다.❶

> ❶ 장재(張載), 『정몽(正蒙)·건칭편(乾稱篇)』, "至誠, 天性也, 不息, 天命也. 人能至誠, 則性盡而神可窮矣. 不息, 則命行而化可知矣."

『정몽·성명편』에서도 말했다.

하늘과 사람은 쓰임이 다르다. 부족하면 말로 진실함을 다하고 천과 사람은 아는 것이 다르다. 부족하면 다하는 것으로 밝게 한다. 이른바 진실함과 밝음이라는 것은 성과 천도가 작고 크다는 구별이 보이지 않는 것이다.❶

> ❶ 장재(張載), 『정몽(正蒙)·성명편(誠明篇)』, "天人異用, 天人異用, 不足以言誠; 天人異知, 不足以盡明. 所謂誠明者, 性與天道, 不見乎小大之別也."

    장재의 이론에는 인성·사대부의 인격·사대부의 사회적 책임·우주의 운용 등등이 동일한 것에 지나지 않으며, 이 모든 기초는 오직 하나이다. 즉 고도로 강화된 '천인지제' 우주체계이다. 인성은 '천성'과 우주가 통일할 때만 그 의의가 존재할 수 있으며, 인격 의의는 '성과 천도는 작고 크다는 구별이 보이지 않는[性與天道不見乎小大之別]' 천명을 실현하기위하여 스스로 쉬지 않고 노력하는 것이다.

    철학가치의 척도를 사회가치의 척도로 바꾼다면, 스스로 쉬지 않는 가치추구와 자아완선도 '성인이 되기를 바란다[求爲聖人]'는 것이다. 따라서 장구성이 "내가 『서명』의 큰 뜻을 살펴보니 사람을 형체에 붙여서 이르는 것으로, 나와 천지의 자식은 알지 못하고 아래로는 동식물과 같이 생겨나고 위로는 성현과 같이 숨을 쉰다."40)고 한 것이다.

    장재 이전에 공자와 안회의 인격에 대해서 나날이 의심이 깊어진 한유나 백거이 등은 여전히 하나의 우상이라고 한 구양수나 왕안석 등을 힘껏 옹호하였는데, 그들의 시각은 모두 같았다. 사대부의 운명은 그들 개인의 눈앞이나 길고 먼 득실을 비교하여 출발점으로 삼았다.

    그러나 장재가 보기에는 이러한 출발점 자체는 존재할 수 없는 것이라고 여겼다. 왜냐하면 이는 영원하고 무한한 '천인지제'에 완전히 용해되었기 때문이다. 개인의 운명은 모든 '천인지제' 체제의 운명 속에서만 의의가 있다고 말할 수 있다. 후자가 영원하고 조화로운 이상이라면, 사대부인격의 유일한 가치를 위하여 스스로 쉬지 않고 노력하는 것이다.

이렇게 해야 사대부인격이 '성인이 된다.'는 것을 충분히 실현할 수 있을 뿐만 아니라, 동시에 자아를 이러한 조화와 영원한 경계 속에 철저하게 녹이는 것이다. 이외에도 사대부 개인은 근본적으로 행복과 불행을 말할 수 없는 것이었다. 따라서 '존재한다는 것은 내가 일을 따르는 것이며 사라진다는 것은 내가 편안해지는 것이다.'고 정이와 주희가 『서명』에서 이학의 기초 명제를 '이일분수'라고 확대한 것이다.

이에 대해서는 제3편 제3장 제2절에서 이미 소개하였다. 바로 모든 이학우주관이 있어서 기초가 되었기 때문에, 이학의 '공안낙처'라는 인격관이 비로소 탄생된 것이며, 또한 전통사대부인격의 심각한 위기를 잠시 억제하는 능력을 갖게 되었다.

이학 진영에서 장재가 대표인 관학關學[41]과 다른 유파가 결코 모순이 없었던 것은 아니다. 예를 들면 정이는 장재를 "고심하며 애쓰는 모습이 있고 관대하고 온화한 기색이 없다."[42]고 비평하였고, 이어서 후대 주희는 『이락연원록伊洛淵源錄』에서 여전히 관학은 낙학洛學[43]에 의지한 것이라고 하였다.[44] 그러나 이정에서 시작한 이학의 모든 유파가 모두 『서명』을 숭배 한 원인은 바로 『서명』이 결점에 초점을 맞추어 문제를 차례대로 해결하는 이론이기 때문이다. 그것은 위기에 처한 전통문화체제를 효과적으로 제어를 할 수 있는지 그 여부에 매우 중요한 의의가 있는 것이다.

이정과 주희가 비교적 멀리 있는 전통인격이론을 더욱 높은 차원에서 자세히 설명하여 '공안낙처'라고 명제할 수 있었던 것도, 바로 그들이 장재의 사유방식을 계승했기 때문이다. 이학은 일단 개인운명과 인격의 의의를 완선하여 '천인지제' 체제에 철저히 융합하였고, 또한 중당 이후 전통 이상인격의 위기를 억제할 방법을 찾기 위하여, 이정은 이러한 위기에 초점을 맞추어 많은 말들을 간단하고 솔직하게 말했다.

사마천이 '하늘이 선인과 함께 한다면, 백이는 선인인가 아닌가?'하였으니, 이 말은 사의로 천도를 헤아려보고자 함이다. 반드시 말하기를, '안자는 어찌 요절을 하였으며, 도척은 어찌 장수를 하였는가?'라고 할 것이니, 한 사람을 가리켜 비교한다면, 천도를 알지 못할 것이다.❶

안자가 단명한 것은 한 사람으로 말한 것이니, 그 불행을 말한 것은 그럴 수 있다. 큰 관점에서 보면, 천지 사이에 손익·진퇴가 없다. 한 집안의 일로 비유하면, 다섯 아들이 있는데, 세 아들은 부하고 귀하며 두 아들은 가난하고 천하여, 두 아들로 말하기에는 부족하고 부모와 일가 전체로 이야기하기에는 남음이 있다. …… 공자와 안자로 이야기 하면, 한 사람으로 이야기하면 부족하고, 요·순·우·탕·문·무·주공의 여러 성인들로 이야기하면 천지 사이에 꽉 차고도 남는다.❷

❶ 『이정집(二程集)·하남정씨문집(河南程氏文集)』2권, "史遷曰, 天與善人, 伯夷善人非耶? 此以私意度天道也. 必曰, 顔何爲而夭, 跖何爲而壽? 指一人而較之, 非知天者也."

❷ 『이정집(二程集)·하남정씨문집(河南程氏文集)』11권, "顔子短命之類, 以一人言之, 謂之不幸可也, 以大目觀之, 天地之間無損益·無進退, 譬如一家之事, 有子五人焉, 三人富且貴, 而二人貧且賤, 以二人言之則不足, 以父母一家言之則有餘矣. …… 以孔·顔言之, 於一人有所不足, 以堯·舜·禹·湯·文·武·周公群聖人言之, 則天地之間亦富有餘也."

장재와 이정의 방법은 이후 모든 이학가들 인격이론에서 유일하게 효과가 있었다. 그리고 이학이 중국 전통문화발전 후기에 깊은 의의가 있었다 할 수 있는데, 그 이유는 해결하려고 했던 것들은 당시 모든 사대부계층이 반드시 만나야하는 것이 문제였기 때문이다.

또 중대한 난제를 해결할 힘이 없어서 이학과 대립하는 사람들조차도 예외일 수 없어서, 홀로 이소二蘇[45]를 배우는 것이 바로 그러한 전형적인 예라고 할 수 있다. 이소는 일찍이 이상인격을 이용하여 자신의 불행한 운명의 그림자를 없애고 보완하려고 수없이 시도하였다. 예를 들면 다음과 같다.

我是玉堂仙	나는 옥당의 신선으로
謫來海南村	바다 남쪽 마을에 귀양 왔노라.
多生宿業盡	태어남이 많아 전생의 업보도 다했으니
一氣中夜存	한 기운을 한밤에도 보존하네.❶
胸中有佳處	가슴 속에 아름다운 곳이 있으니
海瘴不能腓	해장46)도 병들게 할 수 없네.❷

❶ 「입사(入寺)」, 『소식시집(蘇軾詩集)』41권.
❷ 「도연명의 왕무군 장군의 좌석에서 객을 보내며 에 답하다[和陶王撫軍座送客]」『소식시집(蘇軾詩集)』42권.

이들도 공자와 안회처럼 전통인격에 대한 우상 및 영원한 인격가치를 어찌할 수 없어서 홀로 자신의 수양에만 힘을 다하였다.

옛날에 군자가 세상에 쓰이지 못하면 반드시 사물에 의탁하여 스스로를 위안하였으니, 완적은 술로 하였고 혜강은 거문고로 하였다. 완적에게 술이 없고 혜강에게 거문고가 없었다면, 그들은 초목을 먹고 사슴과 짝하여도 편안하지 못할 수 있었을 것이다. 유독 안자는 물을 마시고 콩잎을 먹으며 누추한 거리에서 지내며 외물에 의탁하지 않고 그 즐거움을 고치지 않았으니, 공자가 그 미칠 수 없음을 찬탄한 것이다. 지금 황정견은 눈으로는 미색을 구하지 아니하고, 입으로는 맛난 것을 구하지 아니하니, 그 속에 남들보다 뛰어난 점이 많은 것이다.❶

❶ 「황정견에 답하는 글[答黃庭堅書]」, 『난성집(欒城集)』22권. "蓋古之君子不用於世, 必寄於物以自遣, 阮籍以酒, 嵇康以琴. 阮無酒, 嵇無琴, 則其食草木而友麋鹿, 有不安者矣. 獨顔氏子飮水啜菽, 居於陋巷, 無假於外, 而不改其樂, 此孔子所以嘆其不可及也. 今魯直目不求色, 口不求味, 此其中所有過人遠矣."

제3장 송명이학의 중대한 의의 중 둘째인 인격관·우주관·원림심미 삼위일체의 고도 강화   109

이소는 봉건시대의 문화가 점차 쇠락하는 추세를 보고 전통적 이상인격을 지키고자 '마음속에 아름다운 곳이 있다胸中有佳處.'는 것에 의지하여 '밖에서 빌릴 수 없다無假於外.'는 것만 할 수 있었다. 이것은 이학과 완전히 일치하는 것이다.

이러한 마음속의 아름다운 곳은 도대체 어디에서 근거한 것인지? 소씨 형제도 말하지 않았지만, 이것은 그의 인격관이 결국 쇠퇴하는 당나라의 격식을 벗어나지 못하는 결과로 돌아가게 되었다.

我生天地間	천지 사이의 나의 생애는,
一蟻寄大磨	거대한 맷돌에 달라붙은 한 마리 개미.
區區欲右行	억지로 오른쪽으로 가려 해도,
不捄風輪左	구하지 않아도 왼쪽으로 도네.
雖云走仁義	인의의 길 걸으려니, 춥고 배고픔 면치 못하네.
……	
未免違寒餓	춥고 배고픔 면치 못하네.
饑貧相乘除	춥고 배고픔이 상쇄하니,
未見可弔賀	슬픔과 기쁨 알지 못하네.
澹然無憂樂	담담히 근심과 기쁨 잊었기에,
苦語不成些	괴로움이라 할 수도 없네.❶

❶ 「임고정으로 거처를 옮기다遷居臨皐亭」, 『소식시집(蘇軾詩集)』20권. "我生天地間, 一蟻寄大磨. 區區欲右行, 不捄風輪左. 雖云走仁義, 未免違寒餓. …… 饑貧相乘除, 未見可弔賀. 澹然無憂樂, 苦語不成些."

어려운 가운데 소식 등은 사대부사상을 전에 없이 광활하게 표현하였다. 따라서 그는 비로소 '담담하면 근심과 즐거움이 없다澹然無憂樂'고 하였으며, 다음과 같은 시도 널리 전하여 암송되었다.

寂寂東坡一病翁	적막한 동파에 병든 한 늙은이
白鬚蕭散滿霜風	쓸쓸히 흰 수염 소산히 서릿바람에 날리네.
小兒誤喜朱顔在	어린아이는 붉은 내 얼굴보고 기뻐하건만
一笑邪知是酒紅	웃음 지며 술에 취해 붉은 것을 어찌 알리!❶

❶ 「종필삼수(縱筆三首)」중 1 수, 『소식시집(蘇軾詩集)』42권.

아래 황정견의 쇠잔한 시구도 송나라 사람들은 '송나라 시절의 경구(宋朝警句)'[47] 라고 불렀다.

桃李春風一杯酒	복숭아 배꽃 핀 봄바람에 한잔 술
江湖夜雨十年燈	강호에 내리는 밤비에 십년의 등불이라.

여기에서 분명하게 알 수 있는 것은 이러한 것들이 그들을 진실로 '담담하면 근심과 즐거움이 없다(澹然無憂樂)'는 경지에 이르게 할 수 없었고, 이와는 반대로 이러한 것들은 평범한 사람들이 전통우주질서에 대한 의문에 더욱 깊게 빠져들게 할 수 있었다. 이런 예는 제3편 제3장 제1절에서 이미 언급하였다.

이학을 제외하고 어떠한 방법도 체제위기를 효과적으로 억제하며 발전시킬 수 없다면, 모든 이학과 대립되는 이론은 '천인지제'의 대 통일을 무너뜨릴 수 없으며, 언젠가는 사회체제를 제약하기 위하여 결국 이학을 향하여 가까이 다가설 것이다.

예를 들면, 소철은 그가 추앙한 '안회의 즐거움[顏氏之樂]'은 "이를 따라 이것으로 도를 구한다. …… 조용히 스스로 얻으니 천지가 크다는 것과 생사가 변하게 되는 것을 알지 못한다."48)는 것이라고 하였다. 이것은 이학 인격론의 깊은 정도에는 도달하지 못해도 나아가는 방향에서는 '완전히 사물과 한 몸이 됨[渾然與物同體]'다는 말과 완전히 일치하는 것이다.

또 예를 들면, 원림에서 살던 소식과 정호는 '안회의 즐거움'에 대하여 탐구한 것이 여러 차례 통하였는데, 소식의 「안락정시」와 정호의 「안락정명」을 비교해 보자.

……

我無天游	세속에 찌든 나는 초연하지를 못하여서
六鑿交鬪	여섯 가지 감정이 서로 다투어.
鶩而不返	달려가서 제자리로 돌아오지 않았는데
跬步商愛	주왕과 반걸음 밖에 떨어지지 않았네.
偉哉先師	위대하게도 옛날 스승께서는
安此微陋	이 하찮고 누추한 곳을 편안히 여기셨네.
孟賁股慄	맹분이 그를 보면 다리가 후들거리고
虎豹却走	호랑이와 표범도 달아났을 터이니.
眇然其身	그분 몸은 작고 작았거늘
中亦何有	그 안에 무엇이 있었던 것일 까요?
我求至樂	지극히 즐거웠던 때를 찾아보니
千載無偶	천년토록 그분의 짝이 없어서
執瓢從之	바가지를 들고 따라 가자니
忽焉在後	어느 틈에 갑자기 내 뒤에 계시네요. ❶

……

淸泉澤物	맑은 샘은 사물을 윤택하게 하고
佳木成陰	아름다운 나무는 그늘을 이루니
載基載落	기초를 닦고 낙성하여
亭曰顔樂	정자를 안락이라 하였네.
昔人有心	옛사람 마음 둠을
予忖予度	내가 헤아리고 살펴보네.
千載之上	천년의 역사 위에
顔爲孔學	안자는 공자의 학문을 하였구나.
百世之下	백대의 아래에
顔居孔作	안자가 공자의 집에 거처한다면
盛德彌光	성한 덕이 더욱 빛나
風流日長	풍류 즐김에 날도 길구나.
道之無疆	도는 끝이 없음은
古今所常	예나 지금이나 같구려.❷

❶ 소식(蘇軾), 「안락정시(顔樂亭詩)」, 『소직시집(蘇軾詩集)』15권.
❷ 정호(程顥), 「안락정명(顔樂亭銘)」, 『이정집(二程集)·하남정씨유서(河南程氏遺書)』2권.

    소식은 정호와 똑같이 '안회의 즐거움'을 사대부의 인격이상으로 오랫동안 받들었다. 이것은 단지 표면적 문제이며 진정한 핵심은 전통문화가 나날이 쇠퇴하여 무너져가는 상황에 처한 자들이, 소식의 이상을 실현하고, 또 사회체제가 매우 필요로 하는 '작디작은 그 몸(渺然其身)'도 '맹분의 다리를 후들거리게 하고, 호랑이와 표범도 달아나게[孟賁股栗, 虎豹却走.]'하는 사대부인격을 바란다면, 이학에서 요망하는 '모든 사람은 한 동포이며, 모든 사물은 더불어 살아갈 동료이다[同胞物與]'는 것과 '천리가 유행하여, …… 마음이 확 트인다[天理流行, …… 胸中廓然]'는 것을 제외하고, 설마 다른 것을 선택하겠다고 하겠는가?

제3절 공안낙처孔顔樂處와 송대 이후의 원림미학

중당 이후에는 이학이든 고전원림이든 기본적인 목적과 전반적인 발전추세는 오직 하나라고 수차 말했다. 어떻게 해야 점점 좁아지고 폐쇄적인 경계에서 고도의 완정된 충만한 생기를 가진 '천인지제'의 우주체계를 세우냐는 것이다.

이학은 '공안낙처'의 이상인격이 송 이후 원림미학에 깊은 영향을 미친 것과 마찬가지로 이런 기본목적 위에서 건립되었다는 것을 아래에서 알 수 있다. 정호는 누각에 올라간 느낌을 다음과 같이 말했다.

寥寥天氣已高秋	고요한 하늘 기운은 이미 드높은 가을인데
更倚凌虛百尺樓	다시 높이 솟은 백 척의 누대에 의지하네.
世上利名群蟻蠓	세상의 이익과 명성은 하루살이 같았고
古來興廢幾浮漚	예로부터 흥망은 얼마나 물거품 같았던가?
退居陋巷顔回樂	물러나 누항에서 안회의 즐거움을 누리니
不見長安李白愁	장안에서 이백의 근심은 알지도 못하네.
兩事到頭須有得	두 가지 일에 마침내 깨달음이 있으면
我心處處自優游	내 마음 곳곳이 저절로 유유자적하리라. ❶

❶ 『이정집(二程集)·하남정씨문집(河南程氏文集)』3권.

이학가는 자연과 원림경관에서 '천리유행天理流行'이 어디에나 존재한다는 것을 체득하였다. 이는 제3편 제3장 제3절에서 설명했던 내용이다. 지금 다시 보아도 바로 '내 마음 곳곳이 저절로 유유자적'한 가운데 혼연히 사물과 일체했기 때문에, 비로소 '이백의 근심[李白愁]'을 씻어내고 '안회의 즐거움[顔回樂]'을 얻은 것이다.

'공안낙처'가 시종일관 철학과 논리학의 이상인 동시에 구체적인 생활방식과 심미방식의 이상이었다는 것을 알 수 있다. 사람들도 자신의 생활환경 중의 모든 부분에서 조화와 영구적인 우주의 운율을 발견하고, 자신과 융화되어 일체가 되어야만 '공안낙처'가 실현될 수 있다. 바꿔 말하면, 생활 중에서 자신의 인격이상이 충분히 실현 되어야, 언제 어디서나 "몸과 마음이 일체하여, 천리에서 여유롭게 함영49)한다."50)는 것이고, 이학은 '천인지제'의 우주체제 임무가 완선해야 비로소 완성된다는 셈이다.

이학 인격관과 우주관이 이런 제약 아래에서 동일하게 결정하여, 고전원림예술에 늘 존재하는 인격·우주·심미의 삼위일체가 필연적으로 날로 강화되는 추세였다. 바꿔 말하면, 사대부인격·최대한으로 완선한 '천인지제' 우주체계와 가장 깊이 파악한 고전원림의 예술경계를 모두 발전시켰다. 이 세 가지가 송대 이후 원림미학에서 갈수록 혼연일치되어갔다.

이학가들이 좋아하는 원림경계와 그 우주이론이 서로 불가분의 관계임을 이미 열거했다. 아래에서 그들과 '공안낙처'의 관계를 다시 볼 수 있는데, 이 방면에서 소옹이 낙양 원림에 거처하며 느낀 감정은 전형적이라고 칭송할만하다.

心安身自安	마음 편하면 몸도 절로 편안해지고
身安室自寬	몸이 편하면 거처도 절로 넉넉해지네.
心與身俱安	마음과 몸이 모두 편안하니
何事能相間	무슨 일로 서로 상관하며
誰謂一身小	누가 일신이 작다고 하는가?
其安若泰山	편안하기가 태산과 같구나.
誰謂一室小	누가 일실이 작다고 하는가?
寬如天地間	넉넉하기 천지와 같구나. ❶
有屋數間	몇 칸의 집이 있고

有田數畝	몇 이랑의 밭이 있으니
用盆爲池	동이를 써서 연못으로 삼고
以甕爲牖	깨진 독으로 창을 삼네.
牆高於肩	담의 높이는 어깨쯤 오고
室大於斗	방은 크기가 말 쯤 된다네.
......	
氣吐胸中	가슴속에서 기를 토하니
充塞宇宙	우주에 가득하구나. ❷

❶ 「심안음(心安吟)」, 『이천육양집(伊川陸壤集)』11권.
❷ 소옹(邵雍), 「옹유음(甕牖吟)」, 『이천육양집(伊川陸壤集)』14권.

이는 이상인격을 드러내고 원림경계를 묘사하는 데에도 우주천지를 마음껏 품고 있다는 것이다. 소옹의 관점은 모두 같은 것이며, 그 공통의 관건은 바로 '하늘과 사람의 거리가 조금도 떨어지지 않았다[天人相去不毫芒]'는 것이다.

여기에서 깨달은 바는 즉, 원림 속의 조그만 연못은 강해보다도 클 수 있고, 작은 몸은 태산보다 무거울 수 있다는 것이다. 가난한 집에서 살지만 기는 우주에 가득할 수 있으니, 이것이 바로 '공안낙처'의 전반적인 경계이다.

정호가 "물러나 누추한 거리에서 안회의 즐거움을 편안히 여기고, 장안 이백의 근심을 알지 못하네."51)라고 한 것은 특히 전형적인 것으로, 이학이상인 천리에서 함영하고 태연자약한 정신면모와 생활정서를 묘사한 것은, 구양수 등에 이르기까지 중당 사람들이 종일 걱정하며 애태우는 것과는 구별된다.

이학이 전례 없던 자각은 사람들의 심미 기쁨 중에 인격을 세우고 우주에 대한 파악을 요구하였으며, 이러한 마음가짐의 사대부인격을 갖추어야, 비로소 근본적인 면에서 '천인지제'체계가 생명력을 거듭 얻을 수 있게 한다는 것이다. 따라서 주돈이에서 비롯하여 거의 모든 이학가가 '낙처'에 집착하고 추구한 것을 알 수 있다. 남송의 이학가 겸 문예가인 나대경의 한 단락은 매우 개괄적으로 말한 것이다.

우리들이 도를 배움에, 모름지기 한 결 같이 하여 마음이 쾌활하게 해야 한다. 옛말에, '근심하지 말고 성내지 말라. 즐거우면 생기가 있으니 즐거움이 이보다 큰 것이 없다.'고 하였다. 공자는 팔을 베고 누우며 물 마시는 즐거움이 있었고, 안자는 누추한 거리에서 한 소쿠리의 밥과 한 표주박의 물을 마시면서도 즐거움이 있었으며, 증점은 기수에서 목욕하고 시를 읊조리며 돌아오는 즐거움이 있었으며, 증삼은 신발이 구멍 나고 팔꿈치가 드러나게 가난하였으나, 노래는 금석과 같이 굳건하였으며, 주염계와 정호·정이는 연을 사랑하고 초목을 살피며 음풍농월하고 꽃을 보고 버들을 따르는 즐거움이 있었다. 도를 배워 즐거움에 이르면, 참으로 얻은 것이 있는 것이다. 대체로 세상의 모든 성색의 기호는 씻은 다음에 깨끗하여지며, 모든 영욕의 득실은 이치를 간파하여야 한다. 그런 다음 쾌활한 뜻이 바야흐로 여기에서 생겨나게 된다. 혹자가 말하기를, '군자는 종신토록 근심하는 것이 있다.'고 하며, '천하를 근심한다.'고 하였다. 또 말하기를, '나의 근심을 알 수 없다.'고 하고 또 '천하가 근심할 것을 먼저 근심한다.'고 하니, 이 뜻은 또 무엇인가? 답하기를, '성현의 우락 두 글자는 함께 행하여도 어그러지지 않는다.'고 하였다. 그러므로 위학산❶의 시에, '모름지기 누추한 거리의 근심 속의 즐거움을 알아야 하며, 또 경신❷의 즐거움 속에 근심을 알아야 하네.'라고 하였다. 시인 중에 식견 있는 사람으로 도연명·두보와 같은 사람도 모두 근심과 즐거움이 있었다. 예컨대, '동쪽 울타리에서 국화를 따다'와 '잔을 들어 달빛에 권하다'는 즐거움이지만 '평소의 땅인 것이 강이 되었네.'는 근심이 담겨 있다. '봄바람에 산보를 한다.'와 '술에 취한 전원의 농부'는 즐거움이지만 '나라의 어려움을 예견하고 눈썹을 찌푸리다'❸는 근심 담겨 있는 것이다. 오직 현명한 사람이 된 이후에 진실로 근심할 수 있고, 오직 현명한 사람이 된 이후에 진실로 즐거워할 수 있으니, 즐거움은 근심 때문에 폐해서는 아니 되며 근심도 즐거움 때문에 잊어서는 아니 된다.❹

❶ 위학산(魏鶴山): 송 나라 위요옹(魏了翁)의 호.
❷ 경신(耕莘): 벼슬을 하지 않고 포의의 신분으로 전원에 은거하여 농사짓는 것을 말한다. 『맹자(孟子)·만장상(萬章上)』에, "이윤은 유신의 들판에서 밭 갈면서도 요순의 도를 즐겼다[伊尹耕於有莘之野 而樂堯舜之道焉]"라고 한 데서 온 말이다.
❸ 송(宋)의 소옹(邵雍)이 낙양(洛陽)의 천진교(天津橋) 위에서 두견의 소리를 듣고 미리 천하

제3장 송명이학의 중대한 의의 중 둘째인 인격관·우주관·원림심미 삼위일체의 고도 강화

❹ (天下)가 크게 어지러워질 것을 알았다. 『소씨문견록(邵氏聞見前錄)』19권.

『학림옥로(鶴林玉露)』2권, 병편(丙編) 「우락(憂樂)」, "吾輩學道, 須是打疊敎心下快活, 古日無悶, 曰不慍, 曰樂則生矣, 曰樂莫大焉. 夫子有曲肱飮水之樂, 顔子有陋巷簞瓢之樂, 曾點有浴沂詠歸之樂, 曾參有履穿肘見·歌若金石之樂. 周程有愛蓮觀岬·弄月吟風·望花隨柳之樂. 學道而至於樂, 方是眞有所得. 大概於世間一切聲色嗜好洗得淨, 一切榮辱得喪看得破, 然後快活意思方自此生. 或曰, 君子有終身之憂, 又曰, 憂以天下, 又曰, 莫知我憂, 又曰, 先天下之憂而憂. 此義又是如何? 曰, 聖賢憂樂二字, 倂行不悖. 故魏鶴山詩云, 須知陋巷憂中樂, 又識耕莘樂處憂. 古之詩人有識見者, 如陶彭澤·杜少陵, 亦皆有憂樂. 如採菊東籬, 揮杯勸影, 樂矣, 而有平陸成江之憂, 步屧春風, 泥飮田父, 樂矣, 而有眉攢萬國之憂. 蓋惟賢者而後有眞憂, 亦惟賢者而後有眞樂, 樂不以憂而廢, 憂亦不以樂而忘."

원림심미의 중건과 강화와 사대부인격의 고도한 통일은 이학가가 보기에 얼마나 중요했던가! 특별히 주의해야할 가치는 나대경이 위에서 '공안낙처'와 증점이 '기수에서 목욕하고 읊조리며 돌아오는 즐거움'의 관점을 함께 논한 것이다. 제3편에 '증점의 기상'[52]은 이학우주관과 심미관에서 중요한 지위에 있다는 것을 이미 소개했다. 지금 진일보했음을 알 수 있듯이, '공안낙처'의 기초가 '천리의 유행'과 '혼연히 사물과 동체가 된다.'는 것이 기정사실이라면, '증점의 즐거움'이 상부상조하는 것도 필연적인 것이다.

안자의 즐거움은 또한 증점의 즐거움과 같다. …… 증점의 즐거움은 얕고 가까워서 쉽게 볼 수 있으나, 안자의 즐거움은 깊고 은미하여 알기가 어렵다. 증점은 단지 아는 것이 이와 같지만, 안자는 공부가 깊은 곳에 도달하였다. 근원으로부터 보아야 비로소 알 수 있다.❶

---

❶ 『주자어류(朱子語類)』31권, "顔子之樂, 亦如曾點之樂. …… 點之樂, 淺近而易見; 顔子之樂, 深微而難知. 點只是見得如此, 顔子是工夫到那里了. 從本原上看, 方得."

날씨와 경치가 좋은 날에는 '포부가 유연해짐[胸次悠然]'과 '초연하여 매이지 아니함[從容灑落]'도 중요하지만, 최후의 목적은 결코 이런 것뿐만이 아니고, 이러한 심미를 거쳐 이상인격을 완성하는 '공안낙처'의 구축이라는 것을 알 수 있다. 이학을 재차 설명하면, 상술한 인식은 봉건사회 후기에 가지고 있는 보편적인 의의이다.

진량陳亮53)이나 섭적葉適54)이 이상인격·원림심미·우주관에 대하여 인식한 것을 살펴볼 필요가 있다. 많은 철학사 저서 중에서 진량과 섭적은 절동사공파浙東事功派55)의 대표가 되어, '유물주의'의 영수로서 정자·주자와 대립적인 입장에 있었지만, 사실 어떤 문제의 인식에서는 진량과 섭적이 같고, 어떠한 문제에서는 주희와 상충하는 사상가라고 하더라도, 그들 마음속의 인격이상은 '공안낙처' 위에서만 건립될 수 있었다.

이 때문에 진량은 장재와 정이의 인격이론은 '해와 달과 같이 밝다[昭如日月]'고 형용하였다. 이는 자신이 그에게 최상의 예를 표시한 것이다.56) 그리고 그들의 생활과 심미 중에 세워진 인격의 구체적인 방법은 정이·주희와 함께하지 않을 수 없었다. 진량이 주희에게 보낸 편지에서 자신의 작은 원림풍경을 이렇게 묘사한 것이 있다.

…… 앞으로 10보 나가면 백옥 세 칸을 마주하니, 이름을 '포슬재'라고 하였다. 이어서 가을 향기의 해당화를 인접하여 있고, 대나무가 주변을 두르고 있으며, 매화가 섞여 있다. 앞으로는 회나무 두 구루와 잣나무 두 구루가 심어져 있으며, 작은 연못이 옆에 있다. 이 속에서 참으로 늙어갈 만하다.❶

> ❶ 「또 을사년 봄에 시 한 수를 쓰다[又乙巳春書之一]」, 『진량집(陳亮集)』 20권, "…… 前行十步, 對柏玉三間, 名曰, '抱膝', 接以秋香海棠, 圍以竹, 雜以梅, 前植兩檜兩柏, 而臨一小池, 是中真可老矣."

이어서 그는 또 주희에게 청하였는데, 다음과 같이 말했다.

제3장 송명이학의 중대한 의의 중 둘째인 인격관·우주관·원림심미 삼위일체의 고도 강화

시 두 수를 읊었는데, 하나는 화평하고, 나머지 하나는 슬픔을 노래하여 복받친 가락이었다. 이 집에 앉으면 시가로 자적하게 하니, 또한 항상 마주하는 것 같다.❶

❶ 「또 을사년 봄에 시 한 수를 쓰다又乙巳春書之一」, 『진량집(陳亮集)』 20권, "作兩吟, 其一爲和平之音, 其一爲悲歌慷慨之音. 使坐此屋而歌而自適, 亦如常對晤也."

진량 자신은 한편으로 이 작은 원림에 대해 참으로 잘 안다고 생각하였고, 다른 한편으로는 또 '비가로 슬픔에 복받친 가락(悲歌慷慨之音)'을 결코 잊지 못한다 하였다. 이러한 큰 모순이 사대부계층의 특성이 되어 중당 이후 역사의 추세에서 뿌리 내린 것은 절대 우연히 나타난 것이 아니다. 섭적이 원림을 읊은 시는 다음과 같다.

培風鵬未高	배풍❶의 붕새 아직 높이 날지 않았고
弱水海不納	약수❷는 바다가 받아들이지 않았네.
匹夫負獨志	필부가 홀로 뜻을 지고
經史考離合	경사에서 이합을 살핌에
手振二千年	손이 어긋남이 이천년이나 되었으니
柔條起衰颯	부드러운 줄기가 쇠한 곳에서 나왔구려.
念烈倘天回	정열을 생각함에 천운 돌아와
意大須事匝	뜻이 크니 일도 많았네.
偶然不施用	우연히 쓰이지 않음에
甘盡齋中榻	좋은 일 다 가고 집 안에 있네.
寧爲楚人弓	초나라 사람 활❸이니 편안히 여기고
亡矢任挽踏	잃어버린 화살도 맡기고 가리라.

莫作隋侯珠　　수나라 후의 구슬을 만들지 말고
强射隆埃塯　　강한 활로 먼지를 털어 내리라.❹

> ❶ 배풍(培風): 배풍(培風)은 붕조(鵬鳥)를 가리킨다. 『장자(莊子)·소요유(逍遙遊)』에, "培風背負靑天" 하는 붕새를 보고 참새 떼들이 비웃으면서 "우리가 힘껏 날아도 유와 방 나무에 부딪히기 일쑤인데[槍楡枋] 어떻게 구만 리를 난단 말인가."라고 했다는 이야기가 실려 있다.
> ❷ 약수(弱水): 신선이 살았다는, 중국 서부의 전설적인 강. 길이가 삼천 리나 되며, 부력이 매우 약하여 기러기의 털도 가라앉는다고 한다.
> ❸ 초인궁(楚人弓): 옛날에 초나라 왕이 활을 잃어버리자 좌우 신하들이 그것을 찾으려고 하였는데, 초나라 왕이 말하기를, "내가 잃어버린 것을 다른 초나라 사람이 얻을 것이니 찾을 필요가 없다." 하였다. 『공자가어(孔子家語)』
> ❹ 「진동보의 포슬재에서 두 수를 쓰다陳同甫抱膝齋二首」, 『섭적집(葉適集)·수심문집(水心文集)』6권.

　섭적은 진량陳亮에게 일시적인 곤궁으로 자신의 큰 뜻을 없애지 말라고 권유하여, 곧 원림의 집에 있을 때라도 여전히 '정렬[念烈]'과 '큰 뜻[意지]'을 떨어뜨리지 말아야 한다고 했다. 유사한 말로 사대부 인격이론에서 자주 보이는 것인데, 기초가 튼튼한 것은 기이하지 않으며, 문제는 이러한 인격이상이 어떻게 실현하는지 이며, 그것에 대해 섭적은 이백진李伯珍을 위하여 쓴 원기園記에서 다음과 같이 말하였다.

옛날에 안자가 즐거움을 즐기고 근심을 잊었으나, 몸은 허물과 같았고 집은 마른 나무에 의지한 것 같아서, 인욕의 근심을 다한 듯하였다. 때문에 공자가 미칠 수 없다고 여기고 그를 어질게 여겼다. 증석과 같은 사람은 세 사람과 달라서 즐거움을 이름 하여 말할 수 있으며, 덕을 아는 사람은 힘쓰면 이를 수 있다. …… 몸이 드러나고 감추어지는 것은 사용되느냐 마느냐에 달려 있을 뿐이다. 순임금과 문왕 때의 은사도 끝내 잘 등용되지 못하고 이름이 남겨지지 못하였다. 공자는 일찍이 한 번 노나라에 등용되고, 세상을 떠돌며 곤란을 당하다가 늙음에 이르렀다. …… 증점은 향리에 감복하여 지내며 쓰이지 않음을 스스로 편안히 여긴 것이 또한 어찌 세상을 잊은 것이겠는가? 기수에서 목욕하고 무우에서 바람 쐼은 근자에 도를 말하는 큰 단서이다. …… 지금 공이 시종으로 오래 있으며 노력함이 사방에 미쳤기에, 물러나 휴식하면 부러울 것이 없으며, 증점의 즐거움으로 자락할 수 있을 것이다. 손수 한 줌의 나무를 심어, 하늘 높이 자랄 때를 기다리고, 연못의 작은 물결도 큰 강에 있는 듯 여기며, 풀뿌리나 나뭇가지도 자라고 쇠하는 모습을 살피며, 바람·구름·비·이슬이 날로 새로워 무궁하게 한다. 서산의 벼랑에 이르면 남쪽 포구의 바닷가에 배와 수레가 왕래하고 새와 물고기가 날고 헤엄침을 보게 될 것이다. 각기 그 얻어야 할 바를 얻지 못함이 없어서, 또 증점의 즐거움이 사물과 같음을 즐기노라. 그렇다면 성명과 도덕은 공이 돌아가 묵을 곳이 아닌가! 더불어 이목을 즐겁게 하면 심의를 상쾌하게 함이 멀어질 것이다. 비록 그렇지만 오히려 사물을 기다리는 것이 증점의 즐거움이며, 사물을 기다리지 않는 것이 안자의 즐거움이다.❶

---

❶ 「풍우당기(風雩堂記)」,『섭적집(葉適集)·수심문집(水心文集)』10권, "昔顔氏樂其樂而忘其憂, 身如附蛻, 家如據槁, 人欲之累盡矣, 故孔子以爲不可及而賢之. 若夫曾晳異於三子, 則其樂可以名言, 而知德者可勉而至也. …… 身之現晦, 用舍而已, 以舜, 文王之急士, 終不能畢用而無遺, 孔子嘗一用於魯, 流离困危, 遂至終老. …… (曾)点之甘服閭里而自安於不用, 亦豈忘世也歟! 浴沂舞雩, 近時語道之大端也. …… 今公久於侍從, 勞於方岳, 退而休之, 無所夏美, 而能以点之樂者自樂也. 手植拱把, 以俟干霄, 沼沚微瀾, 如在江漢, 草根本末, 察悴之態, 而風雲雨露之敎日新而無窮. 至於西山之崖, 南浦之濱, 舟東去來, 禽魚翔泳. 無不各得其得, 而又能以点之樂同乎物而樂也. 然則性命道德, 將爲公歸宿之地乎! 與娛耳目, 快心意者運矣. 雖然, 犹待於物, 点之樂也, 無待於物, 顔氏之樂也."

섭적葉適 생각에는 사대부가 자신의 원림에서 '사물과 함께 즐긴다[同乎物而樂]'는 것은 결코 단순히 개인적으로 누리기 위함이 아니라, 바로 '이목을 즐겁게 하고, 심의를 상쾌하게 한다[娛耳目, 快心意]'는 것이다. 이는 만물이 '각기 그 얻어야 할 바를 얻지 못함이 없다[無不各得其得]'는 것으로부터 우주의 '날로 새롭고 끝이 없다[日新而無窮]'는 것까지 체득하기를 요망한 것으로, 이것이 증점의 즐거움이다.

생명 도덕으로 돌아갈 수 없다면, 이 즐거움은 여전히 최고 경지는 아닐 것이다. 왜냐하면 그것은 결국 외물에 의존해야만 실현되기 때문이다. 일체 심미활동을 모두 구현하면서 우주의 '도'인 사대부의 생명 도덕을 넘어 완성할 때, '안연의 즐거움'이 비로소 실현되고, 심미의 최종목적 역시 완성될 것이다. 섭적의 다른 한편의 원기園記중의 이야기는 다음과 같다.

무궁함에서 이목의 원함을 따름은 사람의 보통마음이다. 힘이 부족한 곳에 이르러 보면 느끼지 않음이 없을 것이다. …… 오직 안자는 스스로 천지만물의 도를 갖추고 있음을 알아서, 누추한 거리에서 물을 마시며 몸을 맡기듯이 하였다.❶

> ❶ 「심씨 훤죽당의 기문(沈氏萱竹堂記)」, 『섭적집(葉適集)·수심문집(水心文集)』9권, "夫隨耳目之愿於無窮, 人之常爾, 至游觀之力不足則無不憾也. …… 惟顔子自備天地萬物之道, 其陋巷飮水, 如寄泊焉."

    우주관·심미관·인격관이 응집되어 치밀하게 일체가 되고 시류에 따르지 않는 이상인격은 이러한 일체에 내포되어야 수집된다. 섭적은 자기 원림심미관과 인격이상에 대한 서술이 주희 체계처럼 뚜렷하고 정연함에는 미치지 못하지만, 완전히 정이와 주희학설에 근거한 것을 쉽게 알 수 있다.

    중당 이후 전통 '천인지제' 체계 속의 조화는 '낙처'와 함께 날로 첨예한 모순과 전면적 위기로 인해 대체되고, 협소한 천지에서 자신의 이상인격과 이상적인 우주질서를 보존하기 위하여 이런 추세는 이미 사대부들에게 점점 원림과 은거문화에 빠져들게 하였고 이런 노력이 효과가 있기를 매우 희망하였다. 그들은 원림예술에 심혈을 기울였을 뿐 아니라, 언제라도 '낙일樂逸'을 잊지 않고 말했다. 심지어 백거이는 '낙천'이라 자호하고 다음과 같이 말했다.

제3장 송명이학의 중대한 의의 중 둘째인 인격관·우주관·원림심미 삼위일체의 고도 강화

......
不如家池上   집 연못가만 못하니
樂逸無憂患   은일을 즐겨 근심이 없구나.
有食適吾口   음식은 입에 알맞고
有酒酡吾顔   술은 얼굴을 붉게 하네.❶
......
號作樂天應不錯   호는 '낙천'이라 하니 응당 틀리지 말고
憂愁時少樂時多   근심할 때 적고 즐거울 때 많다는 뜻이라.❷

❶「한가로이 정원의 연못을 쓰다[閑題家池]」,『백거이집(白居易集)』36권.
❷「소년이 물어서[少年問]」,『백거이집(白居易集)』32권.

이학이 생기기 이전에는 원림이든, 전면적으로 발전한 사대부문화예술체계이든, 시종일관 마음 깊이 안락을 얻을 수 없었던 것이 보편적이었다.

한유는 슬픔이 많았으니, 시 3백 60수 가운데에, 곡하여 우는 것이 30수이다. 백거이는 즐거움이 많아서, 시 2천 800수 가운데에, 술 마시는 것이 900수이다.❶

❶ 방작(方勺),『격양집(擊壤集)』17권, "韓退之多悲, 詩三百六十, 言哭泣者三十首. 白樂天多樂, 詩二千八百, 言飮酒者九百首."

백락천의 '낙'은 술이 취해야 얻을 수 있었다. 자신은 마음속에 그 당시 사람보다 더 깊은 애절함이 있다고 설명하였다. 사대부들의 정신세계가 이러한 짙은 그

림자에 가려있어서, 체계가 억제하는 위기로 인하여 이상인격전통을 재건하는 것은 꿈이라고 할 수 있다.

그러나 이학이 발생함에 따라, 사대부는 자기 마음에서 이 그림자를 제거할 수 있는 방법을 결국 찾아냈다. 즉 '공안낙처'이다. 이로써, 사대부원림은 결국 다시 조화된 '낙처'를 이루었다. 소옹이 말한 것을 예로 들겠다.

樂天爲事業　　하늘을 즐기는 것은 일을 섬기는 것이요
養志是生涯　　뜻을 기르는 것은 생애이다. ❶

更小亭欄花自好　작은 정자난간의 꽃은 절로 아름답고
儘荒臺榭景纔眞　다 황폐해진 누대는 경치가 겨우 참되네. ❷

❶ 「이천격양음(伊川擊壤吟)」, 『격양집(擊壤集)』17권.
❷ 「낙하원지(洛下園池)」, 『이천격양집(伊川擊壤集)』7권.

남송 이학의 대가인 장식은 심지어 '낙재樂齋'를 호로 삼았으며, 그들이 원림과 재齋에 대하여 장식의 '낙'에 대한 함의나 의의에 대한 이해는 백거이와 크게 달랐다. 이런 변화는 당연히 이학에서는 제한하지 않았다. 북송 주장문의 「낙포기」를 읽어보면, 그가 묘사한 원림 가운데 산수·건축·꽃·나무 등 경관의 모습에서부터 그 당시 원림예술의 정교하고 우아함이 또한 느껴진다. 그러나 사람들로 하여금 더욱 흥취를 느끼게 하는 것은 다음의 대화이다.

대장부가 세상에 쓰이면, 요임금 같은 우리 임금을 만들고, 순임금의 백성 같은 우리 백성을 만들 것이다.

그 은택이 천하에 흐르고 후손에 미치게 하며, 직과·설❶이 그 이름을 함께하고, 주와·소❷가 그 공을 짝하리라. 진실로 세상에 쓰이지 못하면, 혹 낚시하고, 혹 집을 짓고, 혹 농사를 짓고, 혹 밭을 갈 것이다. 힘을 쓰는 것은 몸이나 편안한 것은 마음일 것이니, 장저·걸닉❸과 벗하고, 기리계와 어깨를 나란히 하며, 엄정공을 쫓으며, 도주공·백규❹에 이르리라. 궁함과 통함이 비록 다르나, 그 즐거움은 하나이다. 그러므로 높은 벼슬로 그 욕심을 방자하게 하지 않으며, 산림 때문에 절개를 잃지도 않으리라. 공자가 말씀하시기를 '천도를 즐기며 천명을 깨달았으므로 금심하지 않는다.'하시고, 또, '안자는 누추한 거리에 있었으나, 그 즐거움을 고치지 않으니, 지극한 덕이라 이를 만하다.'고 하셨다. 내가 일찍이 '낙'자로 포를 이름 한 것은 이러한 뜻을 말하는 것이로다!❺

❶ 직설(稷契): 순(舜) 임금의 신하인 직(稷)과 설(契)을 가리킨다.
❷ 주·소(周召): 주공(周公)과 소공(召公). 모두 주 문왕(周文王)의 아들로 성왕(成王)을 도와 훌륭한 정치를 구현한 자들이다.
❸ 장저와 걸닉은 공자와 동 시대의 은자(隱者)들이다.
❹ 도백은 도주공(陶朱公)과 백규(白圭)의 병칭인데, 이 두 사람은 춘추전국시대의 부상(富商)이다.
❺ 『낙포여고(樂圃余稿)』6권, "大丈夫用於世, 則堯吾君, 舜吾民, 其膏澤流乎天下, 及乎後裔, 與稷契並其名, 與周召偶其功, 苟不用於世, 則或漁·或築·或農·或圃. 勞乃形, 逸乃心, 友沮溺, 肩綺季, 追嚴鄭, 躡陶白, 窮通雖殊, 其樂一也. 故不以軒冕肆其欲, 不以山林喪其節. 孔子曰, 樂天知命故不憂, 又稱, 顏子在陋巷, 不改其樂, 可謂至德也已. 予嘗以樂名圃, 其謂是乎!" 주장문(朱長文)의 '낙포(樂圃)'는 소주(蘇州)의 유명한 원림 가운데 하나이다.

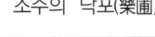
소주의 '낙포(樂圃)'

사대부는 자기 생활환경의 예술에 대해서 시종일관 그 이상인격을 형성하는 영혼으로 여긴 것에서 중국 봉건사회 후기에 사람들이 주관적인 면에서 자각했는지를 막론하고 이상인격의 형성은 이학의 '공안낙처'에 의지해야 완성될 수 있었음을 알 수 있다.

그러나 송대 이후 원림에서 '공안낙처'의 작용은 사대부가 자기 원림의 집에서 조화와 안락함을 새롭게 느끼는 것을 제한했을 뿐만 아니라, 더 큰 의의는 다음과 같은 것이다.

백거이 같은 중당 사대부가 힘써 추구한 것과, 자신의 이상인격과 이상우주와의 관계를 축소시켜 '호천壺天'안에 보존하려는 추세가 상반된다. 그래서 '공안낙처'는 사대부에게 이상인격과 이상우주의 관계를 '호중壺中'에 가득채운 새로운 '천인지제' 우주체계를 찾아내게 하는 것이 절실하였는데, 이것도 유일하게 가능한 것이다.

중국사대부인격의 외재적 의의는, 무한히 넓고 완정한 '천인지제' 체계와 통일된 집권제도에서 사대부가 사회역사 책임을 실현하는 것이 중국봉건사회 형태의 특징이라고 규정하였다. '함께 제도[兼濟]'하는 것을 벗어나면 최종목적이 '독선獨善'이기 때문에 모든 사대부계층에서 의의가 없다고 말한다. 또한 사회체제에서 이런 것을 요구하지 않아야 발전할 수 있다는 것이다.

이것은 '호중壺中'에 물러나거나 들어가는 것은 사대부 이상 인격과 이상 우주 사이에서 위기를 극복할 조건을 반드시 찾아내야, 자신이 우주가치와 사회의의를 거듭 새롭게 실현할 경로를 결정하는 것이다. 그렇지 않으면, '호중천지'의 조화는 보전될 수 없고, 모든 사회체계의 균형이 깨지는 것은 피할 수는 없을 것이다.

이학이 발행하기 이전에는 상술한 길을 찾아 낼 수 없었기 때문에, '호중壺中'으로 들어가는 추세를 효과적으로 막을 수가 없었고, 사대부인격의 내재의의와 외재의의 사이의 모순이 갈수록 첨예하게 변했다. 예를 들면, 소순흠은 「수은당기」에서 한 사인이 원림의 재齋를 힘들게 지켜야하는 운명을 탄식하며 다음과 같이 말했다.

함께 왕래하며 서로 알고 말하는 사람은, 불과 두 세 사람뿐이다. 그 의론을 보고 그 재주를 다 쓰게 하여 장차 세상을 보필하도록 하였다. 이제 물러나 은거함은, 그 몸을 마치는 것이다. 아! 경계로 삼을 만함이여! 내가 조물주의 뜻을 말하려 하나, 이치를 다 통달할 수 없어서 이것으로 말하노라.❶

❶ 「수은당기(粹隱堂記)」, 『소순흠집(蘇舜欽集)』13권, "所與往來相知言笑者, 不過三二人, 觀其議論, 使盡用其才. 故將有補於世. 今乃退縮沒沒, 以訖其身, 嗚呼! 其可飭也! 余謂造物之意, 不可理通者, 以此道之也."

그가 여기서 이야기한 것은 '조물주'에 대한 울분이었다. 이런 예는 이미 여러 차례 거론하였다. 그리고 이학의 발생은 이런 위기의 국면을 크게 바꾸어서, '공안낙처'의 함의가 이전의 안빈낙도가 아니었고 자기 자신의 수양[獨善]에만 힘쓰는 것이었다. 그 자체는 '호중'으로 물러나는 현실과 사대부계층이 거듭 새롭게 사회·역사·우주이상의 통일을 실현하였다. 이는 사대부인격의 내재의의가 외재의의와 통일한 것이고, 사대부 내심의 조화와 '호중' 생활환경의 조화는 모든 우주까지 조화시킨 통일이다. 그러니 다음과 같은 것을 찾아야 한다.

혼연히 사물과 일치함[渾然與物同體]

이일분수理一分殊

어진 사람은 천지 만물로 일체를 이루니, 자기 아닌 것이 없다. 자기가 된 것을 알면, 이르지 못할 것이 무엇이겠는가?❶

하늘의 이치가 유행하여, 닿는 곳이 모두 옳다. 더위가 가면 추위가 오고, 물은 흐르고 산은 솟아있다. 부자는 친함이 있고, 군신은 의로움이 있는 것도 이러한 이치가 아닌 것이 없다.❷

❶ 『이정집(二程集)·하남정씨문집(河南程氏文集)』2권상, "仁者, 以天地萬物爲一體, 莫非己也. 認得爲己, 何所不至."
❷ 『주자어류(朱子語類)』40권, "天理流行, 觸處皆是. 暑往寒來, 川流山峙, 父子有親, 君臣有義之類, 無非此理."

이러한 기초가 상술한 통일이라는 것은 알 수 있었기 때문에, 한편으로 송대 이학가와 그 이후의 사대부는 '호중'으로 날로 점점 빠져들었고, 다른 한편으로는 자기 인격을 실현하는 사회와 우주가치를 전례 없이 강렬하게 원하여 자각하였다.

소옹은 한편으로 '안락와'에서, "호리병 속의 세월은 길기도 길어, 화려한 풍광 이십 년 세월이었네"57)하였고, 또 한편으로 "흉중의 기를 토하여, 우주에 가득하네."58)라고 하였다. 사마광은 한편으로 자신의 '독락원'에서 말하기를 "스스로 즐기기에도 부족하니, 어찌 사람들에게 이르겠는가?"라 하였고, 한편으로는 항상 "인의의 근원을 엿보고, 예악의 실마리를 탐구한다."는 것을 포기하지 않았다. 따라서 "반드시 이 즐거움을 긍정하여 함께할 사람이 있을 것이다."59)라는 것을 굳게 믿었다.

송명이학은 사대부에게 자신의 심중과 개인생활의 '호중'을 이상적인 우주관계로 새롭게 다시 수립하였다. 또한 중국 봉건사회의 특징은 사대부가 필연적으로 자각하고 전력으로 모든 '천인지제' 체계를 가득 채우기를 시도한 것이 더 큰 의의라고 규정하였다.

원림에서 구체적으로 유의해야할 것은 '대심大心'을 우주 널리에 가득하게 채우는 것이 다. 중당 이후 고전원림예술과 전통이상인격이 이중의 모순에 부딪쳤다. 나날이 협소해지는 원림의 '호중천지'에서 무한한 우주체제를 파악하여 완정하게 재현하는 것과 그 요구가 모순된다. 이상인격이 나날이 '호중'으로 숨어들어가는 것을 피할 수 없는데, 그 사회와 우주를 반드시 유지해야 하는 책임은 모순이 된다는 것이다.

이러한 모순을 만난 때부터 사대부들은 전력을 다해 극복을 시도했고, 자신이 우주와 사회가치를 거듭 새롭게 실현하였다. 예를 들면, 생활이 곤궁하여 낙심한 두보가 자신의 작은 원림에서 다음과 같이 말했다.

| 身世雙蓬鬢 | 신세는 두 줄기 쑥대 같은 귀밑머리요 |
| 乾坤一草亭 | 세상에 한 포기 풀 같은 정자로다.❶ |

❶ 「늦봄에 양서에 새로 초가집을 빌려 5수를 쓰다[暮春題瀼西新賃草屋五首]」, 『두시상주(杜詩詳註)』18권.

송나라 사람들이 이를 경앙해서 "시 속에 '건곤'의 글자를 쓴 것이 가장 많고 오묘한 것은 오직 두보이다[詩中用'乾坤'字最多且工唯杜甫]."라고 하였다. 그들은 또 이와 같지 않은 적이 있었는가? 따라서 당시의 많은 사대부가 호연지기를 기르는 생활목적이 자기 원림에 거처하는 것이었음을 알 수 있다. 이편 서두에서 말했던 조염曹琰의 '호연당浩然堂'과, 황정견黃庭堅의 '양호당養浩堂'(60)·선자원鮮自源의 '광심재廣心齋'(61) 등등에 이르기까지가 모두 이러한 예이다.

'양호재'는 무엇인가? 장성 유자가 평소에 거처하는 집이다. 어찌 '호연'에서 이름을 취하였는가? 호연은 사람들이 천지로부터 받은 기이다. 그것으로 하여금 항상 호연하게 하는 것이 학문이다. 기는 조그만 곳에 있

지만 천지 사이를 가득 채움에도 이르니, 성대하다고 할 수 있다.❶

❶ 왕조(汪藻), 「장흥유림종 '양호재'기(長興儒林宗養浩齋記)」, 『부계집(浮溪集)』19권, "'養浩齋'者何? 長城劉子燕居之室也. 奚取乎浩然爾? 夫浩然者, 人所受於天地之氣也. 所以使之常浩然者, 學問也. 夫氣存乎方寸之地而至乎充塞天地之間, 可謂盛矣."

　이러한 점을 힘써 추구한 직접적인 결과가 이학의 발생이다. 또 이러한 추구로 하여금 역사상 유래 없이 이성화를 고도로 상승시키게 자각하였다. 맹자가 제시한 '나는 나의 호연지기를 잘 기른다[我善養吾浩然之氣].'는 것은 전통 이상인격의 기본이 이미 포함되어 있지만, 이학이 발생되기 이전에는 사대부의 기가 반드시 천지의 사이에 가득 차야 하는가의 문제는 시종일관 명석하게 설명하지 못하였다.

　이 때문에 기가 사대부 모든 생활내용을 개괄할 수 없었고, 원림에 거처하는 생활환경을 포괄하는데 그쳤다. 이학이 생긴 이후의 정황을 양만리의「호재기」에서 읽어 보자.

　아무개와 친한 안복의 유언여가 서신을 가지고 와서 말하기를, "선군께서 이락❶의 학문을 문정 호안국 선생에게 전수 받았으니, '호'자로 재명을 삼은 것입니다. 벼슬길로 남북을 다니면서 평생 청빈하였고, 끝내 호재에 들어가 보지 못하였습니다."라고 하였다. …… 혹자가 말하기를, "선생의 '호'자는 대개 천지를 가득 채운다는 뜻인데, 지금 호재의 방은 너무 좁지 않은가?"라고 하였다. 아무개가 말하기를, "이것은 이미 넓다. 옛날에 선생이 재의 이름만 짓고 집을 짓지 못하였는데, 어떤 이가 묻기를 재는 어디에 있느냐고 하였다. 선생이 대답하기를, '나의 재는 천지 사이에 없는 곳이 없다.'고 하며, 글 상자를 가리키며 말하기를, '저것이 나의 재이다. 이것은 이미 넓구나.'라고 하였다."❷

❶ 이락(伊洛): 정호(程顥)와 정이(程頤). 송(宋)나라 때 성리학자였던 정호(程顥)는 낙양(洛陽)에 살았고, 정이(程頤)는 이천백(伊川伯)에 봉해졌다. 곧 이정(二程)의 학맥.

❷ 양만리(楊萬里), 「호재기(浩齋記)」, 『성재집(誠齋集)』74권, "某所親, 安福劉彦與, 以書來曰, "先君子得伊洛之學於文定胡先生, 以'浩'名齋. 宦游北南, 清貧沒齒, 竟未克就齋房之一椽." …… 或曰, "先生之浩, 蓋將天地之塞, 今齋房乃爾隘耶?" 某曰, "此已廣矣. 昔者先生名齋而未屋也, 有問之以齋焉在者, 先生曰, '吾齋天地間無所不在.' 因指其書篋曰, '卽吾齋也, 此已廣矣.'"

이 기는 당시 사림에서 유명한 것으로, 주필대周必大⁽⁶²⁾가 양만리를 칭찬하여 "참으로 호연지기라 말 할만하구나. 지극히 크고도 강하여 곧게 기르면 해가 없어서 천지 사이에 가득 차게 된다."라고 하였다. 누추한 집안에 거처하는 유우석과 양만리 등은 이러한 이상인격의 근원은 곧 이정 이래 이학의 '사우연원師友淵源'⁽⁶³⁾에 있다고 여겼다. 유사한 예는 많으나, 이학 대가 자신의 말도 더욱 전형적인 것이라 할 수 있다. 장식의 「확재기」를 예로 들겠다.

…… 여기[재에 몸을 의탁하고 '궁리' 한 것을 가리킴]에 종사하여 공부를 그치지 아니하니, 곧 가슴 속은 더욱 열리어 넉넉하고 화락하여 날마다 새로울 수 있었다. …… 의에 이르러서도 다 쓸 수가 없었다. 인의를 다 쓸 수 없었으니 어찌 바깥으로부터 온 것이랴? 넓혀서 천지의 변화와 초목의 무성함에 이르면, 또한 나의 마음과 몸의 본연이다.❶

❶ 「확재기(擴齋記)」, 『남헌문집(南軒文集)』11권, "…… 從事於斯(指居身齋中而'窮理'), 涵泳不舍, 則其胸中將益開裕和樂而所得日新矣. …… 而至於義不可勝用. 仁義之不可勝用, 豈自外來乎! 擴而至於如天地變化草木蕃, 亦吾心體之本然也."

원림 속 재에 둔 몸과 마음은 어떻게 해야, 기를 천지에 가득하게 하는가의 원인을 명확하게 설명한 것이다. 상술한 이학가의 인식은 봉건사회 후기에 발전한 객관적인 수요에 근원한 때문이며, 날이 갈수록 사람들에게 보편화되어 자각적으로 받아 들여져서, 필연적으로 송대 이후 원림미학의 가장 중요한 내용이 되었다. 장효상張孝祥64)의 「진계릉차헌명」과 「오춘경고원헌명」을 읽어보자.

진자가 이웃의 수죽을 빌려다가 그 집의 이름을 지으려고 하였다. 장자가 말하기를, "만물이 모두 나에게 갖추어져 있는데, 어찌 빌려서 하려 하는가?"하였다. 비록 그렇지만 진자는 뜻은 헌명을 짓는 데에 있었다. 명에 이르기를, 나로부터 사물을 보면 하나라도 가능하지가 않다. 몸을 돌려 정성으로 나를 갖추어야 한다. 혼연히 한 집을 이루고 그 울타리를 돌보아야 한다. ······❶

우물 안에 개구리는 종일 모래 위를 기지만, 하늘을 뒤덮은 대붕은 여섯 달을 날고 한 번 쉰다. 개구리는 벽 위에 구멍으로 하늘을 보니 보이는 것이 한 자도 안 되지만, 내가 태산의 꼭대기에 오르면 팔극을 바라볼 수 있다. 지금 오춘경은 덕을 바라보니 천 길보다도 빛나고, 땀이 구해의 밖으로 흥건함을 기약하니, 높고도 멀도다. 이것이 내가 그 집의 이름을 지은 이유로다!❷

❶ 「진계릉이 헌명을 빌리다陳季陵借軒銘」, 『우호거사문집(於湖居士文集)』15권, "陳子, 借隣居之水竹, 以名其軒, 張子曰, '萬物皆備於我矣, 奚以借爲?' 雖然, 陳子之意, 則有在也, 作軒銘, 銘曰, 自我觀物, 有一不可. 反身而誠, 至於備我. 混爲一家, 扶其藩籬. ······"
❷ 「오춘경이 고원헌이라 이름짓다吳春卿高遠軒銘」, 『우호거사문집(於湖居士文集)』15권, "坎井一蛙, 爬沙終日, 大鵬垂天, 六月一息. 穴壁而闚, 見不盈尺, 我登泰巔, 洞視八極. 今春卿覽德輝於千仞之表, 期汗漫於九垓之外, 高矣遠矣. 此余之所以名其室者歟!"

여기에서 장효상은 진씨陳氏가 이웃의 정원경관을 빌려서 자기 집 정원을 조성

제3장 송명이학의 중대한 의의 중 둘째인 인격관·우주관·원림심미 삼위일체의 고도 강화

하는 기법을 이미 적합하지 않은 것으로 여겼고, 오씨吳氏가 집 경관 수평의 고하가 적합하지 않은 것으로 여겼으며, 원림 속에 몸을 둔 사대부가 어떻게 '몸을 돌려 정성으로 나를 갖추는데 이르러[反身而誠至於備我]'서 '천 길의 표상에서 덕의 밝음을 본다[覽德輝於千仞之表]'는 과정을 통하여 자신이 인격의 사회가치와 우주가치를 거듭 새롭게 실현하는 근본적인 문제를 눈여겨 보았다. 그러한 몇몇 예를 들겠다.

북송의 왕조王藻는 「주언약의 '호재'에 쓰다」에서 "예로부터 뜻이 있는 선비가 집안을 지키는 것은 집이 더욱 만 리의 건곤을 갖추는 것이다."❶라 하였다.

남송의 홍괄은 원림을 읊어 "땅은 두 오랑캐와 싸워서 잠식하고 기는 구운몽을 살핀다. 어떻게 수미산을 들여와 이곳에 빈 골짜기를 깊게 할까?"❷라고 하였다.

원대의 유인영은 작은 연못을 "흐리다고 구운몽이 아니라고 하지 말라, 모두 동파를 나타내는데 해가되지 않는다. 중재함이 손에 달려있어 하늘을 따라 바뀌니, 허전하기가 마음과 같아 경치가 저절로 지나간다. 누가 조그만 배를 희롱하여 오나라와 월나라를 놀라게 하며, 우리 노인이 겁주어 파란을 일으킨다 말할 것인가?"❸라고 읊었다.

❶ 왕조, 「주언약의 '호재'에 쓰다[題周彦若壺齋]」, 『부계집(浮溪集)』30권. "古來志士守環堵, 宅彌萬里乾坤俱."
❷ 홍괄(洪适), 「개납료(芥納寮)」, 『반주집(盤洲集)』6권, "地戰兩蠻觸, 氣呑九雲夢. 何以納須彌, 是中甚空洞."
❸ 유인영(劉因咏), 「분지(盆池)」, 『정수집(靜修集)』4권, "莫道渾非九雲夢, 不妨能著百東坡. 斡旋在手天隨轉, 虛靜如心景自過. 誰弄扁舟詫吳越, 爲言吾老怯風波."

사대부의 주관은 이학에 복응하기를 바라지 않았다는 것을 논할 것 없이 작은 배로 오·월나라를 놀라게 하는 것을 두려워 했다면 '환도環堵'·'호재壺齋'·'분지盆池'·'와각蝸角'·'개자芥子' 가운데 '건곤을 갖춘다乾坤具'는 것과, '기가 구운몽을 삼킨다氣吞九雲夢'는 것을 어쩔 수 없이 실현한 것이다.

이러한 목적을 달성하려면, 이학의 '공안낙처'를 벗어난 사회체제에서는 어떤 특별한 방법을 제공할 수 없었다. 이에 송대 이후 사대부들은 이학의 교의를 원림심미의 주지로 삼은 것이 분명하다. 그런 예는 여러 곳에 있다. 남송 말기 임경희林景熙65)의 「각암기」를 보겠다.

각암의 주인이 문을 닫아 자취를 감추고, 잡생각을 제거하여 도덕의 마을로 돌아와 성명의 밭에서 쉬게 된 것이, 어언 78년이다. 암자를 영단이라 하니, 산은 첩첩히 가려 있고 물은 굽이굽이 흐르고 있다. 이에 이 언덕을 즐겨서 이에 옛 사람이 미리 무덤을 만드는 것을 본받았다. 좋은 날을 만나면 지팡이에 의지하여 손님을 이끌고 그 사이에서 술을 마시고 시를 읊었다. 내가 이르기를 "아! 각암은 참으로 깨달은 사람이로다! 사람의 조그만 마음에는 모든 이가 담겨 있어서 만사에 응하는데, 이것을 각이라 한다. …… 왕복하는 이치를 깨달으니 출처가 하나요, 부침의 이치를 깨달으니 궁통이 하나이며, 주야와 시종의 이치를 깨달으니 생사가 하나로다. 세상이 오래되어 상전벽해가 되었는데, 우뚝이 한 어른이 있는데, 혈기는 쇠하였으나 본심을 보면 깨달음이 생겨나네. …… 장차 천지의 만물로 감추려 함에 무엇을 감추지 않으며 무엇을 감추겠는가? 성품은 경계가 없고 마음은 끝이 없으니 상하 사방이 모두 우리 각암이로다."하였다. 주인이 듣고 기뻐하며 말하기를, "운이 좋도다! 그대가 나의 경계를 넓혔구나."하였다.❶

❶ 임경희(林景熙), 「각암기(覺菴記)」, 『제산집(霽山集)』4권, "覺菴主人, 閉關掃軌, 刊落浮念, 返道德之鄕, 息性命之圃, 於是年七十有八矣. 庵之所曰靈壇, 有山重掩, 有水縈紆, 爰樂斯丘, 乃效古人豫爲壽藏. 遇勝日, 扶杖引客, 觴咏其間. 予曰, 噫嘻, 覺菴其眞覺者歟! 夫人方寸虛靈, 具衆理而應萬事, 是謂之覺. ……覺往復之理, 出處一, 覺榮悴之理, 窮通一, 覺晝夜始終之理, 生死一. 世故桑海, 巋然一翁, 血氣衰, 本心見, 而覺生焉. …… 方將以天地萬物爲藏, 具何所不藏, 何所藏? 性無疆界, 心無畛域, 上下四方, 皆吾覺菴. 主人聞而喜曰, 幸哉, 子之拓吾境也."

제3장 송명이학의 중대한 의의 중 둘째인 인격관·우주관·원림심미 삼위일체의 고도 강화   135

금대金代의 유기(劉祁)⁶⁶⁾는 원경 및 원림에 거처하는 뜻을 다음과 같이 자술하였다.

거처하는 곳이 고택의 터로 사방에서 모두 산을 바라볼 수 있다. 저 남산과 서암은 우리 조상이 옛날 노닐던 곳이다. 동쪽으로 백산이요, 북쪽으로는 명찰이 있다. 서쪽으로 옥천과 용산이 있어, 산서의 아름다운 곳으로 아침 아지랑이와 저녁노을은 천태만상으로 아름답다. 구름과 안개가 토해내는 것이 창과 문 사이에서 변화한다. 문 밖에 흐르는 몇 줄기 물은 항상 고요하고 밤에는 미풍이 불어, 소리가 옥 소리처럼 낭랑하니 사람의 정신을 맑게 하여 잠들지 못하게 한다. 유씨 아들이 항상 그 가운데에 살며, 등불 하나를 밝히고 붓·벼루·종이·종이·먹을 책상 위에 올려 두고, 책 몇 권을 보다가 누워 쉬면서 휘파람을 분다. 일어나 산 빛을 바라보고 깊이 도의 맛을 음미하며 종일 즐거움으로 삼으니, 비록 해진 옷에 하찮은 밥으로도 아랑곳 하지 않는다.❶

❶ 「귀잠당기(歸潛堂記)」, 『귀잠지(歸潛志)』14권, "所居盖其故宅之址, 四面皆見山. 若南山西巖, 吾祖舊遊. 東爲柏山, 代北名刹. 西則玉泉, 龍山, 山西勝處. 故朝嵐夕霓, 千態萬狀. 其雲煙呑吐, 變化窓戶間. 門外流水數支, 每靜夜微風, 有聲琅琅, 使人神淸不寐. 劉子每居室中, 焚香一炷, 置筆硯楮墨几上, 書數卷, 偃息嘯歌. 起望山光, 尋味道腴, 爲終日樂, 雖弊衣惡食不知也."

같은 시대에 장위는 「유기에게 주다」에서 다음과 같이 말하였다.

結廬高隱謝塵埃　　오두막집 짓고 고상히 은거하여 속세를 사양하니
浩氣元從道學來　　호연한 기운은 원래 도학에서 왔도다.
北闕雲煙無夢到　　북쪽 궁궐의 구름은 꿈에도 없고

南山草木覺春回	남산의 초목은 봄을 깨닫게 하네.
四時風月供吟筆	사시의 풍월과 함께 읊고 쓰며
萬古乾坤入酒杯	만고에 건곤은 수잔 잔에 들었구나.
却恐漢庭須羽翼	문득 조정에서 벼슬 시킬까 두려우니
鶴書未許老岩隈	조서는 허락 않고 바위에서 늙으리라.❶

❶ 장위(張緯), 「유기에게 주다[贈劉祁]」, 『귀잠지(歸潛志)』14권 부록.

그러나 더욱 오랜 동안 이학이 제시한 영원한 우주이상과 인격이상은 구체적으로 원림심미 속에 이미 완전히 융합되었다. 예를 들면, 아래 소주의 호구와 검지의 풍경은 장식의 인격관과 우주관과 함께 융합된 것이다.

湛乎淵亭	연못에 머물러 즐기니
其靜養也	그 고요함을 기를 만하다.
卓乎壁立	절벽의 우뚝함이여
其自守也	그 스스로를 지키는 구나.
歷四時而無圻	사계절을 거치며 이지러짐이 없음이여!
其有常也	그 항상 함이 있도다.
上汲而不窮	위로 물을 퍼내도 다함이 없으니
其用不膠也	그 쓰임이 다하지 않는구나.
其有似於君子之德乎	그것은 군자의 덕과 유사하지 않은가?
吾是而徘徊不能去也	내 이에 배외하며 떠나지 못하는 것이다.❶

❶ 「호구 검지를 보고 느낌이 있어[觀虎丘劍池有感]」, 『남헌문집(南軒文集)』36권.

또 명대 이동양(李東陽)67)은 「동산초당부」에서 이러한 원림의 경관을 묘사하였다.

동산거사는 서울에서 왔는데, 장차 동쪽 원림으로 돌아간다 하네. 끝없는 물을 건너고 높은 산을 넘어, 자갈밭을 지나 풀을 베면서 가리라. 초당의 옛집에 지붕을 엮고, 허술한 대문을 열어 둔다. 때로 동정호에 파도가 없으면, 만 리가 한 결 같이 푸르다네. 나는 기러기 그림자 어리어, 천척을 비추는 구나. 긴 숲에 낙엽지면, 소리가 골짜기에 울려 퍼지리라. 높은 산 깊은 골짜기는, 사방을 둘러보아도 쓸쓸하기만 하네.❶

> ❶ 이동양(李東陽), 「동산초당부(東山草堂賦)」, "東山居士行自京師, 一將歸於東園. 涉泱泱, 經巘屼, 掃瓦礫, 芟蕭萱, 葺草堂之舊構, 啓衡門之幽關. 於時洞庭無波, 萬里一碧. 飛鴻倒影, 下映千尺. 長林落木, 响應川谷. 高山大壑, 俯仰寥廓"

「후동산초당부」의 후미에서 그가 이와 같은 문답을 한 것은 원림의 의의를 승화한 것이었다.

객이 탄식하며 머뭇거리다가 말하기를, "우리들 소인은 아침밥과 저녁밥을 먹으며, 산을 보더라도 그 꼭대기를 다하지 아니하고, 바다를 보더라도 그 근원을 다하지 아니한다. 밝은 것을 능력으로 여기고 작은 것을 어려운 것으로 여긴다. 차라리 홀로 고깃국이 조미료를 넣지 않음을 알고, 큰 옥은 다듬지 않음을 알뿐, 초대하여도 가지 않고, 흐트러지게 하여도 그 탁함을 볼지 않다. 이것은 현자가 헤아릴 수 없는 것이니, 이 말을 믿으면 그렇게 된다."라고 하였다. …… 거사가 빙그레 웃으며 말하기를, "오늘이 무슨 날인가? 옛날의 내가 지금의 나인가? 세상으로 나아간 것이 나인가 은둔한 것이 나인가? 하늘인가 사람인가? …… 홀로 이 당이 산에 있어 끝내 그 처음을 고치지 않으니, 세상과 더불어 추이를 함께 하지 않고 시대를 따라 명예를 훼손하지도 않는다. 이 사물의 푯말이 아니었다면, 내가 어찌 믿고서 돌아왔겠는가? 이에 술을 손님에게 청하고 객 또한 크게 웃는다. 산의 구름이 점점 열리고, 강의 달이 지려한다. 형상 바깥에 노닐어 보는 것이 넉넉하다. 거사는 달관하고 고요히 생각하니, 모두 나중 세상의 즐거움이라.❶

❶ 두 부는 모두 『이동양집(李東陽集)』제3책과 『문후고(文後稿)』1권에 보인다. 「후동산초당부(後東山草堂賦)」, "客撫然久之曰, '吾儕細人, 朝饔夕飧, 觀山而不窮其巔, 望海而不極其源. 以皦皦爲能, 以孑孑爲難. 寧獨知大羹不調, 大玉不琢, 招之而莫致其來, 撓之而不見其濁. 此賢者之不可測也, 信斯言之則然.' …… 居士莞爾而笑曰, '今日何日? 故吾今吾? 出我處我? 天乎人乎? …… 獨斯堂之在山, 終不改於厥初. 不與世而推遷, 不隨時而毁譽. 匪是物之有桓, 吾何恃而歸歟?' 於是擧酒屬客, 客亦大噱. 岳雲漸開, 江月將落. 逍遙象外, 俯仰磅礡. 居士達觀靜思, 蓋將後天下而樂也."

　　이동양은 손님의 말에 의탁하여 이러한 어려운 문제를 제시하였는데, 사람들이 어떻게 원림을 가꾸는가는 논하지 않고, 설령 만 리에 푸르른 동정호수라도 경치로 빌려왔으며, 그러한 숲과 호수에 뜻을 기탁한 것이나, 혹은 산과 강을 바라보더라도 한 개인이 얼마나 보잘 것 없는가는 논하지 않았다.
　　그들의 심미로 파악한 영원함은 무궁한 우주의 비늘 조각 하나에 불과했으며, 우주 속의 가치에서 사대부 이상인격을 실현하는 것은 영원히 불가능하였다. 주인이 회답은 이렇다. '고왕금래古往今來'·'천제인간天際人間'·'사은출처仕隱出處'·'고오금오古吾今吾' 등등은 그들이 본체를 말하기 어려운데 어떻게 구별 할 수 있는가?
　　이러한 것을 깨닫지 못하고 어찌 산원에 하나의 초당이나, 그 사이에 몸을 의탁한 사람들이 영원하고 무한한 우주가치를 가질 수 있는가? 이동양은 별도로 한 편의 원기에서, 한 곳의 천석의 미경을 묘사한 결론과 또 이러한 논리에 다음과 같이 주석하였다.

'다만 사물을 관찰하여[觀物] 마음을 편안하게 하려는 것[適懷]이 아니라, 또한 몸이 비덕68)해지는 것을 막는 것이네. …… 아, 인생의 끝이 있음이여! 도를 체현함이 쉼 없다는 것을 보네. 무엇이 태극이냐가 중요한 게 아니라! 돌에서 물소리가 나는 건지, 물소리가 돌 때문에 나는 건지 알지 못하네.❶

❶ 「석종부(石淙賦)」, 『이동양집(李東陽集)』제3책 『문후고(文后稿)』 1권, "匪徒觀物以適懷, 抑亦將身而比德, …… 嗟人生之有涯, 見體道之無息. 彼群分而類聚, 何物非兮太極! 殆不知石之爲淙, 淙之爲石也."

    결론적으로, 이학이 송나라 이후 고전원림에 근본적인 영향을 끼쳤고, 또한 이학이 가장 집중적으로 반영된 것은 중국고대사회 후기문화발전의 전반적인 추세와 사회체제의 총체적인 요구에 따른 것이다. 그것은 하나의 구체적인 문화예술들이 변천하는 자취를 엄격하게 제한하였는데, 원림예술과 원림문화 또한 예외가 아니었다. 때문에 그것은 어떠한 이탈도 없이 사회문화 체계에서 독립적으로 발전 할 수 있었다.

    이후에 알 수 있듯이, 원림 속 하나의 가구나 하나의 분경과 같은 작은 사물이라도, 구체적인 공예기법은 변화하는 과정과 방향 등등이 있었으며, 또한 송명이학이 전통문화 발전의 요구와 부합하지 않는 경우가 없었다.

    중국고전원림예술과 원림문화는 사람들 눈과 마음을 즐겁게 하는 완물 대상이 아니며, 전체 중국전통문화와 그 발전과정에서 형상과 예술의 축소판縮影으로, 사람들이 인식하고 파악하는 '천인' 체계의 수단이었다. 송명이학의 초점을 이러한 점에서 점점 더 분명하게 알 수 있다.

01 염계(濂溪): 호남성(湖南省) 도현(道縣)에 있는 시내.

02 황정견(黃庭堅), 「염계시(濂溪詩)」, 『예장황선생문집(豫章黃先生文集)』1권, "春陵周茂叔人品甚高, 胸中灑落, 如與風霽月. 好讀書, 雅意林壑."

03 「애련루기(愛蓮樓記)」, 『이개선집(李開先集)·한거집(閑居集)』11권, "樓邊有池蓮可愛, 取以名之, 竊自附於濂溪周子後."

04 공안낙처(孔顔樂處): 공자(孔子)와 안연(顔淵)의 즐거운 곳으로, 대개 성인이 도달한 인생경계를 지칭하는 말이다.

05 '이일분수(理一分殊)'는 수준 높은 통일과 완정한 '천인지제(天人之際)'의 우주체계를 거듭 세우고 강화하는 것이다.

06 '활발발지(活潑潑地)'는 '천인지제' 체제가 거듭 내재한 생기를 얻게 하는 것이다.

07 의발(衣鉢): 스승이 제자에게 전수하는 가사와 바리때. 전수받은 사상·학술·기능 따위를 이른다.

08 이정(二程): 중국 송(宋)나라의 두 유가(儒家). 곧 정호(程顥)와 정이(程頤)이다.

09 진헌장(陳獻章; 1428~1500): 명나라 광동(廣東) 신회(新會) 사람. 자는 공보(公甫)고, 호는 백사선생(白沙先生) 또는 석재(石齋)며, 만호는 석옹(石翁)이다. 육상산(陸象山)의 학풍을 계승했으며, 정좌(靜坐)에 의해 마음을 깨끗이 하고, 천리(天理)를 체인(體認)할 것을 주장했다. 천리(天理)와 일체(一體)의 심경(心境)을 그의 많은 시작(詩作)에서 음미(吟味)할 수 있는, 문인적인 유학자로 높이 평가된다. 난계(蘭溪)의 강린(姜麟)이 '살아 있는 맹자(孟子)'라며 칭송했다. 서화에도 뛰어났는데, 산속에 살아 붓이 부족하자 띠를 엮어 대신했다. 이로써 일가를 이루어 당시 모필자(茅筆字)로 불렸다. 그림은 묵매(墨梅)를 많이 그렸다. 저서에 『백사시교해(白沙詩敎解)』와 『백사집(白沙集)』이 있다.

10 왕양명(王陽明; 1472~1528): 명나라 중기의 대표적 철학자, 정치가, 주관적 관념론자. 이름은 수인(守仁). 명 초기에는 주자학이 지배적이었는데, 이에 대해 그는 독자적인 유학 사상을 내세우고 특히 육상산(陸象山)의 사상을 계승하였다. 그의 사상은 '지행합일(知行合一)', '정좌법(靜坐法)', '치량지(致良知)' 등을 원리로 하는데, 이것들은 또한 그의 사상 발전의 단계를 가리키기도 한다. 그의 사상을 통해 일관하고 있는 것은 '물(物)의 이(理)', 바로 우리의 마음이며 우리의 마음 이외의 곳에서는 그것을 찾을 수 없다'고 하는 말에서 보이는 것처럼, '심즉리(心卽理)'라는 주관적 관념론의 입장이다.

11 「육원정에 주는 글[與陸元靜書]」 중3, 『양명선생집요(陽明先生集要)·이학론(理學篇)』3권에 보인다.

12 정주(程朱): 중국 송(宋)나라의 유학자 정호(程顥), 정이(程頤), 주희(朱熹)를 아울러 이르는 말.

13 장구성(張九成; 1092~1159): 송원대 정치인, 남송 항주(杭州) 전당(錢塘) 사람. 자는 자소(子韶)고, 호는 횡포거사(橫浦居士) 또는 무구거사(無垢居士)며, 시호는 문충(文忠)이다. 젊었을 때 경사(京師)에 와서 정자(程子)의 제자 양시(楊時)에게 배웠다.

14 장식(張栻; 1133~1180): 중국 송나라 때의 철학자. 호오봉(胡五峯)의 학문을 이어받아 성리학에 관한 지식이 깊었다. 경(敬)문제에 관해서는 주자와 자주 논쟁을 벌여 그 학문에 영향을 많이 주었다.

제3장 송명이학의 중대한 의의 중 둘째인 인격관·우주관·원림심미 삼위일체의 고도 강화

15 진덕수(眞德秀; 1178~1235): 송나라의 학자. 호는 서산(西山), 시호는 문충(文忠), 포성(浦城) 사람으로 경원(慶元) 때에 진사(進士)로서 벼슬로 참지정사(參知政事)에 이르렀는데 강직하기로 유명하였음.

16 이 책 제7편 제2장을 참고하기 바란다.

17 『백거이집(白居易集)』8권, 「즉시 짓다[馬上作]」, "혜강과 완적 같은 이들만을 사모함[但慕嵇阮徒]". 7권 「사운영시(謝運靈詩)」, "통하면 조정에 왔고 궁하면 강호로 갔다[通乃朝廷來, 窮卽江湖去]", 라고 하였다. 유사한 예를 모두 거론할 수 없을 정도로 많다.

18 소철(蘇轍), 『난성집(欒城集)』21권, 「서백낙천집후2수(書白樂天集後二首)」중1수·진계유(陳繼儒), 『미공선생만향당소품(眉公先生晩香堂小品)』24권「백낙천선외원·배지간(白樂天善外元·裴之間)」에서 이를 매우 칭송하였다.

19 「민생부(閔生賦)」, 『유종원집(柳宗元集)』2권, "知徒善而革非兮, 又何懼乎今之人".

20 「누실명(陋室銘)」, 『전당문(全唐文)』608권, "惟吾德馨".

21 명수(冥數): 하늘이 정해준 운명이나 운수를 이른다.

22 원흥종(員興宗), 「발원공아집도(跋袁公雅集圖)」, 『구화집(九華集)』20권에 보인다.

23 장호(張淏), 『운곡잡기(雲谷雜記)』2권, "퇴지평공묵(退之評孔墨)"조에 보인다.

24 백거이(白居易), 「달리2수(達理二首)」중2, 『백거이집(白居易集)』7권, "浩氣在心胸", "唯當養浩然"

25 구양수는 불가와 노자를 배척하는데 힘을 다했다.

26 『동파지림(東坡志林)』4권, "안회의 일에 기쁘게 쓰다[戱書顔回事]"조에 "안회는 단사표음(簞食瓢飮)했으니, 조물주가 별로 공을 들이지 않고 그를 만들었구나 싶다. 그러니 요절(夭折)을 면치 못했겠지, 만약 안회가 단사라도 한 공기 더 먹고, 물 반 모금만 먹고 지낼 수 있었다면 19년은 더 살 수 있지 않았을까? 그나저나 조물주가 도척에게 준 이틀 치 녹미라면 충분히 안회가 70년 동안 먹을 수 있는 식량일 것이다. 하지만 안회가 싫다고 하겠지?"하였다.

27 왕안석(王安石)의 「성정(性情)」·「원성(原性)」·「성설(性說)」·「양묵(楊墨)」·「양맹(揚孟)」 등은 『왕문공문집(王文公文集)』26·27권에 보인다.

28 왕안석(王安石)의 「명해(命解)」·「추명대(推命對)」·「대난(對難)」 등은 『왕문공문집(王文公文集)』 27권에 보인다.

29 왕안석(王安石)의 「부자는 요순보다 어질다[夫子賢於堯舜]」·「예악론(禮樂論)」·「대인론(大人論)」 등은 『왕문공문집(王文公文集)』 28·29권에 보인다.

30 왕안석(王安石), 「추명대(推命對)」『왕문공문집(王文公文集)』29권, "居必仁, 行必義".

31 『소씨문견록(邵氏聞見錄)』11권, "왕형공천자효우(王荊公天資孝友)"조에 자세하게 보인다.

32 단표누항(簞瓢陋巷): 좁고 지저분한 거리에서 먹는 도시락의 밥과 표주박의 물이라는 뜻으로, 소박한 시

골 살림 또는 청빈한 선비의 살림을 비유적으로 이르는 말이다.

33 주희(朱熹), 『논어집주(論語集注)』3권, 解釋孔子 "賢哉, 回也"一段話時先引了程頤 "簞瓢陋巷非可樂, 蓋自有其樂爾. 其字當玩味, 自有深意"等語, 然後說: "程子之言, 引而不發, 蓋欲學者深思而自得之. 今亦不敢妄爲之說."

34 『이정집(二程集)·하남정씨문집(河南程氏文集)』8권, "顏子簞瓢陋巷不改其樂, 簞瓢陋巷何足樂? 蓋別有所樂以勝之耳."

35 『이정집(二程集)·하남정씨문집(河南程氏文集)』2권, "顏子非樂簞瓢陋巷也, 不以貧累其心, 而改其所樂也."

36 『순자(荀子)·불구(不苟)』, "君子大心則敬天而道."

37 『예기(禮記)·악기(樂記)』·『한서(漢書)·율력지(律歷志)』·『한서(漢書)·예악지(禮樂志)』등에 보인다.

38 내성외왕(內聖外王): 안으로는 성인이며, 밖으로는 임금의 덕을 함께 갖춘 사람이라는 뜻으로, 학식과 덕행을 모두 지닌 사람을 이르는 말이다.

39 안연지(顏延之), 「정고(庭誥)」『전상고삼대진한삼국육조문(全上古三代秦漢三國六朝文)·전송문(全宋文)』36권. "尋尺之身而以天地爲心", "捐情反道, 合公屛私"

40 장구성(張九成), 「서명해(書銘解)·통론(統論)」, 『횡포문집(橫浦文集)』15권. "余觀『西銘大意, 以謂人梏於形體而不知我乃天地之子, 下與動植同生, 上與聖賢同氣."

41 관학(關學): 장재(張載)의 학파를 이른다. 왕안석과 뜻이 맞지 않아 고향에 돌아와 강학에 힘썼다. 섬서(陝西), 즉 관중(關中)에서 강학을 했기 때문에 이 학파를 관학(關學)이라고 했다.

42 「장횡거 선생에 답하는 글[答橫渠先生書]」, 『이정집(二程集)·하남정씨문집(河南程氏文集)』9권. "有苦心極力之象, 而無寬裕溫和之氣"

43 낙학(洛學): 송대의 정호·정이의 학설을 이른다.

44 『이락연원록(伊洛淵源錄)』6권, 「횡거선생(橫渠先生)」, "횡거의 학문은 실로 스스로 일가를 이루었는데, 다만 그 연원은 이정(二程) 두 선생으로부터 나왔다."

45 이소(二蘇): 소식(蘇軾)과 소철(蘇轍)을 이른다.

46 해장(海瘴): 바다의 습기와 열기로 생기는 독한 기운.

47 위경지(魏慶之)의 『시인옥설(詩人玉屑)』3권에 보인다.

48 「동헌기(東軒記)」, 『난성집(欒城集)』24권, "循理以求道, ……從容自得, 不知夫天地之爲大與死生之爲變."

49 함영(涵泳): 익숙히 읽고 깊이 생각함을 이른다.

50 진덕수(眞德秀), 「문안락(問顏樂)」, 『서산선생진문충공문집(西山先生眞文忠公文集)』31권. "此身此心皆與理爲一, 從容涵泳於天理之中."

51 정호(程顥), "退安陋巷顔回樂, 不見長安李白愁"

52 증점(曾點)의 기상(氣象)은 늦은 봄의 아름다운 경치에서 '천리유행(天理流行)'을 체득한 것을 말한다.

53 진량(陳亮; 1143~1194): 중국철학자 남송 무주(婺州) 영강(永康) 사람. 자는 동보(同甫)고, 학자들은 용천선생(龍川先生)이라 불렀다.

54 섭적(葉適; 1150~1223): 중국 남송(南宋)의 학자. 자는 정칙(正則). 호는 수심(水心).

55 절동사공파(浙東事功派): 강서(江西) 지방에서 주자(朱子)와 가장 대치되는 학설을 주장했던 학자들로, 대표자들은 진부량(陳傅良), 엽적(葉適)·진용천(陳龍泉)·섭수심(葉水心) 등이다.

56 「서명설(西銘說)」『진량집(陳亮集)』14권에 보인다.

57 소옹(邵雍), 「소포봉춘(小圃逢春)」, 『이천격양집(伊川擊壤集)』4권, "安樂窩"中說 "壺中歲月長多少, 爛占風光二十年."

58 소옹(邵雍), 「소포봉춘(小圃逢春)」, 『이천격양집(伊川擊壤集)』4권, "安樂窩" "氣吐胸中, 充塞宇宙."

59 「독락원기(獨樂園記)」, 『온국문정사마공문집(溫國文正司馬公文集)』66권, "독락원(獨樂園)", "自樂恐不足, 安能及人?", "窺仁義之原, 探禮樂之緒.", "必也有人肯同此樂."

60 양호당(養浩堂): 「양호당명(養浩堂銘)」, 『예장황선생문집(豫章黃先生文集)』13권.

61 선자원(鮮自源), '광심재(廣心齋)': 『소식문집(蘇軾文集)』29권, 「광심재명(廣心齋銘)」.

62 주필대(周必大; 1126~1206): 송원대 정치인 남송 길주(吉州) 여릉(廬陵) 사람. 자는 자충(子充) 또는 홍도(弘道)고, 호는 성재거사(省齋居士)며, 자칭 평원노수(平園老叟)라 불렀다.

63 「양정수 호재기에 쓰다[題楊廷秀浩齋記]」, 『주익국문충공집(周益國文忠公集)·성재문고(省齋文稿)』19권.

64 장효상(張孝祥; 1132~1170): 송원대 정치인 남송 화주(和州) 오강(烏江) 사람. 자는 안국(安國)이고, 호는 우호거사(于湖居士)다. 장기(張祁)의 아들이다.

65 임경희(林景熙; 1242~1310): 남송 온주(溫州) 평양(平陽) 사람. 자는 덕양(德暘)이고, 호는 제산(霽山)이다.

66 유기(劉祁; 1203~1250): 금말원초(金末元初) 때 혼원(渾源) 사람. 자는 경숙(京叔)이고, 호는 신천둔사(神川遯士)다. 금나라 때 어사(御史)를 지낸 유종익(劉從益)의 아들로, 가학을 전수받았다. 태학생(太學生)으로 문명(文名)을 떨쳤다.

67 이동양(李東陽; 1447~1516): 명청대 정치인 명나라 호광(湖廣) 다릉(茶陵) 사람. 자는 빈지(賓之)이고, 호는 서애(西涯)다.

68 비덕(比德): 사리사욕(私利私慾)으로 기울어지는 악덕(惡德)을 말한 것으로, 『서경(書經)·홍범(洪範)』에서 온 말.

05 중국사대부의 사유방식과 중국고전원림의 사의寫意기법

중국고전원림❶은 보통 '사의원림'❷으로 일컬어 진다. 그것은 서양원림의 독특한 미학이나 예술과는 표명하는 면이 다르다. 이 때문에 '사의' 기법이 중국원림에서 중요한 지위를 차지했다는 것을 알 수 있다. '사의'는 중국 고대예술에서의 의의가 원림에만 그치지는 것이 아니다. 따라서 근본적으로 중국고전 문학·회화·서법·음악 내지 차를 마시고 술을 마시는 등 많은 문화예술영역에서 방법과 취지가 두루 통용된다.

❶ 고전원림: 맨 먼저 사인원림을 말하고, 그 다음 위진 특히 송원 이후 사인원림의 영향을 깊이 받은 황가원림과 사원원림을 포함한 것이다.
❷ 사의원림(寫意園林): 중국 고전원림에서 문인들은 "사의산수파(寫意山水派)"를 원림에 적용하는 것이 점차 형성되어갔다. 그 후, 각 조 대 문인들은 잇달아 사가원림의 계획영조(計劃營造)에 참여하였는데, 당시 이를 "문인원림(文人園林)"이라고도 하였다.

'사의'는 오늘날 많은 연구자의 흥미를 불러일으키는데 다양한 각도로 중국고대예술에서 많은 '사의'기법과 기교를 구체적으로 묘사하고 있다. '사의'기법을 품평하고 감상해보면 특유한 예술정취를 창조해내는데, 현학과 선종의 '언의지변(言意之辯)'이나 '돈오(頓悟)' 등의 이론과 '사의'에서 예술사유의 특징 등을 탐구할 것이다. 그러나 상술한 많은 문제에 비하여 깊은 차원은 오히려 매우 적게 언급되었다.

예술에서 '사의'이든, 철학에서 '득어망전'❸·'물아양망(物我兩忘)'·'활참돈오(活參頓悟)'❹ 등 이든, 이는 모두 기능상 구체적인 기법이고, 심리활동에서도 사유방식이라기 보다는 오히려 철학이나 예술표현과 사유가 달성해야하는 목적 그 자체라고 할 수 있다. 중국 사대부예술이 보편적으로 '사의'기법을 운용하는 까닭은 중국고대철학에서 장자(莊子)나 선(禪)의 사유방식을 문화체계에서 고도로 발전시켜야 하기 때문이다.

보편적으로 높은 수준으로 발전하는 것은 기타 예술기법과 사유방식을 운용하는 것이 아니고, 일체의 방법과 수단을 취사선택하는 것이 옳은지 아닌지는 더욱 깊은 요소이다. 때문에, 중국고대예술과 철학의 근본목적을 결정하는 것은 모든 구체적인 방법상에서 근본목적을 능가한다. 또 사의가 어째서 사유방식과 예술기법에 거대한 영향을 끼쳤는가 하는 것들은 이편에서 설명해야할 중요한 문제이다.

❸ 득어망전(得魚忘筌): 물고기를 잡고 나면 통발을 잊어버린다는 뜻으로, 목적을 달성하고 나면 그것을 위해 사용되었던 수단에는 집착하지 말아야 한다.

❹ 활참돈오(活參頓悟): 살아 움직이는 마음의 참여활동(參與活動)으로 어느 순간 갑자기 깨닫는다는 뜻이다.

제1장

중국고전원림에서 사의의 운용

◁ 취죽분경(翠竹盆景)

중국고대예술에서 '사의'[1]라는 단어의 함의는 두 가지의 다른 면이 있다. 하나는 회화예술이 붓으로 운용된다는 구체적인 기교이다. 중국고대회화는 일찍부터 구륵진채법[2]을 오랫동안 사용하였는데, 즉 먼저 붓을 사용하여 먹 선으로 물체의 윤곽을 그린 뒤에 다시 그 안에 색을 칠하는 것인데, 이러한 기법을 '공필'[3]이라고 한다. 공필은 물체의 윤곽선을 그린 후에 다시 색을 채우는 과정을 거치지만, '사의'는 '공필'과 반대로, "선을 생략하고 직접 일필로 '묘사하여' 물상의 면모를 그려낸다."[4]는 용필법이다.

이러한 전통적인 공필법과 다른 화법이 북송 때부터 흥기했는데, 당시 이 방법을 운용한 화가는 중인仲仁·문동文同·소식蘇軾 등이 있었다. 송나라 사람 화진華鎭[5]이 중인을 찬하여 "세인은 색으로 매화를 그렸는데, 산승(중인)은 모두 수묵으로 매화를 그렸다."[6]고 하였다.

원대 하문언夏文彥[7]이 중인은 "흐린 먹으로 매화를 그리면 꽃 그림자 같아서 특별한 일가를 이루었는데, 소위 '사의'라고 하는 것이다."하였다.

소식(蘇軾) 〈고목괴석도(枯木怪石圖)〉

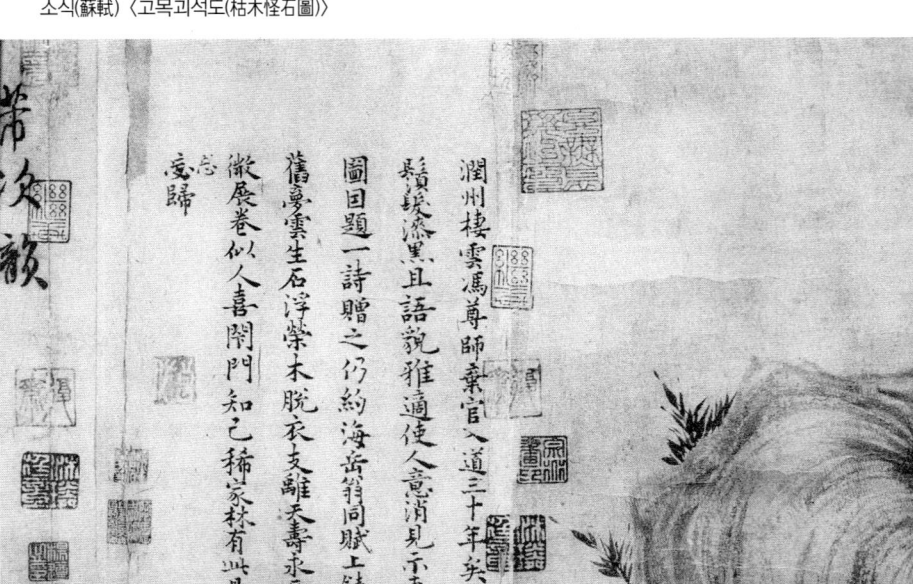

제1장 중국고전원림에서 사의의 운용   149

또 문동은 "묵죽을 잘 그리는 것으로 당시에 알려졌는데, 더러는 오랜 나무나 늙은 그루터기를 장난삼아 담묵으로 일필휘지하면, 비록 붓으로 종이에 묘하게 그리는 자가 형용하더라도 미칠 수 없다."8)고 하였다. 이것은 모두 옛 방법과 새로운 용필법의 차이를 말한 것이다.

명청 시대까지도 사의에 담긴 뜻이 매우 분명했다. 방훈方薰이 "세간에서 소과와 화초를 손가는 대로 점족9)하여 그리는 것을 '사의'라 하며, 세필로 선을 긋고 선염하는 것을 '사생寫生'이라 한다."하였고, "사생은 변화하는 묘함이 없이 하나같이 윤곽선을 그려서 색을 메운다."고 하였다.10)

그러나 주의할 만한 가치는 '사의'가 발명된 날로부터 결코 단순한 회화기법을 가리키는 것만이 아니라, 더욱 오랜 세월 동안 사의가 가리키는 일종은 회화에서 형상묘사를 지나치게 추구하거나 얽매이는 것이 아니고, 제한된 형상에 깊고 넓은 뜻을 표현하는 예술취지를 추구하여 부여하는 것으로 곧, '사의'의 두 번째로 내포된 뜻이다. 예를 들면 다음과 같은 것이다.

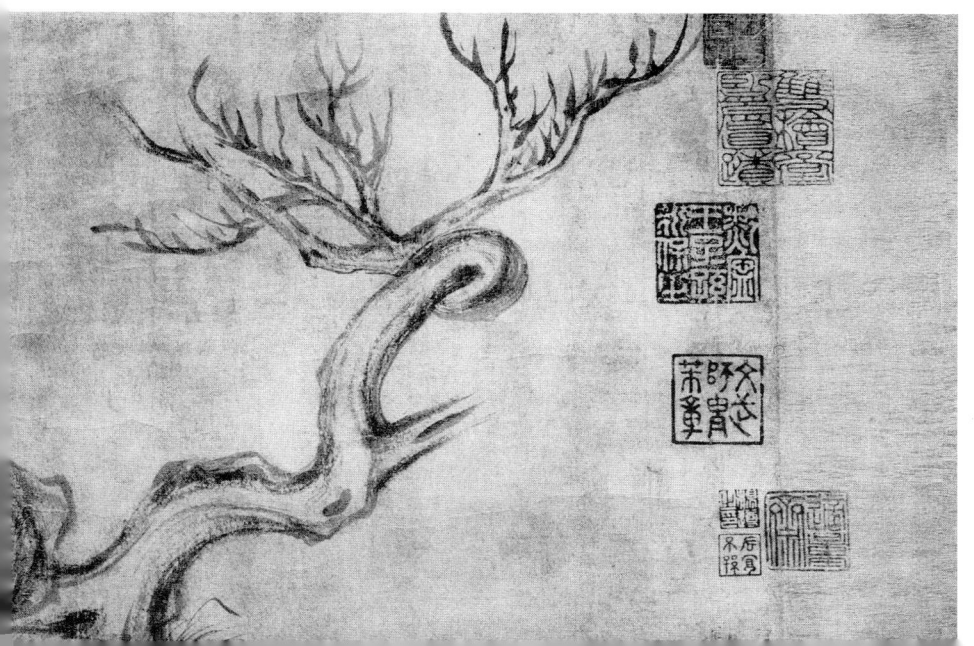

소식은 먹을 유희함에 뜻을 두어 묵죽을 그리는데 문동을 스승으로 삼아 마른 나무와 기이한 돌을 때때로 새로운 뜻으로 그리니, 나뭇가지가 휘어져 끝이 없고, 돌의 준이 노련하고 강하였다. 대부분 사의로 그려 형사를 구하지 않았다.❶

노가❷는 대나무의 참모습을 그려낼 수 있었고 소파❸는 지금 대나무의 정신을 전했다."❹

❶ 하문언(夏文彦), 『도회보감((圖繪寶鑑)』, "蘇軾, 留心墨戱, 作墨竹師文與可, 枯木奇石, 時出新意, 木枝干蚪屈無端, 石皴老硬, 大抵寫意, 不求形似."
❷ 노가(老可): 노련한 문여가로, 문동(文同)을 이른다.
❸ 소파(小坡): 소식(蘇軾) 자신을 가리킨다.
❹ 소식(蘇軾), 「고목 죽석 그림에 제한 3수[題過所畵枯木竹石三首]」중1수, 『소식시집』43권, "老可能爲竹寫眞, 小坡今與竹傳神"

이런 말은 모두 사의의 취지를 상세하게 진술한 것이다. 이후 유사한 의견을 곳곳에서 볼 수 있는데, 말은 다르지만 취지는 시종일관 같다. 송나라 비곤이 말한 것을 예로 들겠다.

글씨와 그림은 모두 하나의 기예일 뿐이니, 선배는 대개 잘 할 수 있어서, 특히 유희하는 사이에 …… 글씨는 기개를 논해야 하고, 그림을 고상하고 아름다운 멋을 논해야 한다. …… 문장을 배운 여가에 소리 없는 시를 써서 감상하였으니, 그 여유로운 필묵 사이에서 그 사람을 생각해 볼 수 있으니, 이를 보물에 비할만하다.❶

❶ 비곤(費袞), 『양계만지(梁溪漫志)』, "書與畵皆一技耳, 前輩多能之, 特游戱其間 ……夫論書當論氣節, 論畵當論風味, ……至於學問文章之餘, 寫出無聲之詩玩, 其蕭然筆墨間, 足以想見其人, 此乃可實."

또한 오해는 「유감승이 소장한 〈해악암도〉의 제」에서 다음과 같이 말하였다.

전대 산수는 양미[미불과 미우인]에 이르러서 화법이 크게 변하여 대개 뜻이 형보다 뛰어난데, 소자첨[소식]은 이런 이치를 터득한 자라고 할 수 있다.❶

❶ 오해(吳海), 「유감승이 소장한 〈해악암도〉에 제하다[題劉監丞所藏〈海嶽庵圖〉]」, 『문과재집(聞過齋集)』 7권, "前代山水, 至兩米而其法大變, 蓋意過於形, 蘇子瞻所謂得其理者."

이들이 말한 '묵희에 뜻을 두었다[留心墨戱]'거나 '뜻이 형보다 뛰어나다[意過於形]'는 것들도 모두 필묵기법을 말한 것이 아니고 회화예술을 가리키는 것으로, 결코 단순하게 사물의 모습을 형상하는 것이 아니다. 더 중요한 목적은 사인의 '기개[氣節]'와 '고상하고 아름다운 멋[風味]'을 표현해내는 데에 있다.

이 때문에 '사의'에 포함된 두 가지 내용은, 형상을 닮게 하는 데 얽매이지 않는 것과 사대부 흉중의 기개나 멋을 충분히 표현할 것을 추구해야 한다는 것이다.

중국고전원림의 예술방법과 취지를 '사의'라고 부르는 것은 지금 사람들이 고대회화이론에서 차용한 의견으로 그 착안점은 당연히 원림과 회화에 있는 '사의'가 이런 면에서 서로 통하는 것이다. 중국사대부가 위진 시기에 문화예술을 자각하기 시작했는데, 원림에서 스스로 느껴서 '사의' 방법을 운용한 것도 이때에 비롯되었다.

위진 이후 신속하게 발전한 사인원림은 그 취지나 풍격 면에서 모두 전통적인 궁정예술과 다른 점이 있었는데, 사인원림에서 끝없이 거대한 자연경관의 재현을 간단하게 추구했다고 할 수 없을 뿐만 아니라 만족시킬 수도 없었다. 왜냐하면 위진 이후 사람들이 더욱 더 자각하여 전면적으로 깊이 '천인지제' 우주체계를 파악한 것은, 진한 시대의 철학과 심미모식으로 완성할 수 있었던 것이 아니었기 때문이다.

  구체적으로 말하면, 고전원림에서 사인원림이 출현하기 시작하여 예술경계를 추구하는 것도 단순히 끝없는 광대함을 건립하는 것과 만물의 우주양식을 포함시키는 것에서 점점 진보하여 고전원림의 '사중경계'를 전면적으로 파악하게 되었다. 이와 동시에 사대부가 자아의식을 자각하여 사대부 문화예술체계가 발전함에 따라 원림은 새로운 우주이상과 인격이상을 더욱 부여받게 되었다. 이 때문에 어떻게 해야 제한된 경관요소를 통해서 이상적 심미요구를 충분히 표현할 수 있는지가 자연스럽게 생겨서, 전통적인 예술기법과 달랐다. 그런 예들은 다음과 같다.

사안❶은 입조 후, 그가 일찍이 회계동산에서 고와❷하고자 했던 것을 모방하여 원림을 세웠다.❸
사령운❹은 그의 장원 주위의 여러 산을 일러 '해 중에 삼산이 흐른다[海中三山之流]'하였다.
유면❺이 집에 원림을 세웠는데 "돌을 모으고 물을 저장하니, 마치 언덕에 있는 것 같았다[聚石蓄水, 彷佛丘中]."하였다.
소엽❻은 그 뒤 산의 집을 '수양首陽'으로 이름 지었다.

---

❶ 사안(謝安; 320~385): 동진(東晉)의 문인, 저명한 정치가, 자는 안석(安石). 명문가에서 태어난 데다가 인격이 고매하고 기품이 청아하며 담대한 기질이 있어서 당시에 매우 높게 평가되었던 사람이다.
❷ 고와(高臥): 베개를 높이 하고 자다. 은거하다. 은거 생활을 하다.
❸ 『경정건강지(景定建康志)』 17권, "동산(東山)"조에 보인다.
❹ 사령운(謝靈運; 385~433): 중국 남북조시대(南北朝時代)의 산수시인(山水詩人). 당시 제대로 문학적 표현의 대상이 되지 못했던 산수자연의 아름다움을 시의 주제로 했다는 점에서 상당한 문학사적 의의를 갖는다.
❺ 유면(劉勔): 유송(劉宋)의 권신(權臣)이다.
❻ 소엽(蕭曄): 남조 제(南朝齊) 남난릉(南蘭陵) 사람. 자는 선조(宣祖), 소자(小字)는 삼매(三昧), 봉호는 무릉왕(武陵王). 시와 문장, 전서에 능하고 바둑을 잘 두었다.

두보초당

　이처럼 원림창작에서 자연경관에 대한 모방은 없어서는 안 되는 예술수단이었으나, 이런 것과 진한 궁원에서 추구한 산과 바다 등의 자연경관과는 형상에서 차이가 있다. 이때의 사인원림은 모방을 통하여 '뜻을 보여주는 것[示意]'을 더욱 중요시하였다.
　자연경관을 보여주는 효과만 달성 할 수 있으면, 이러한 모방이 몇몇 편액의 글씨처럼 상징만 하여, 모습은 대상을 모방한 것과는 다르더라도, 이는 여전히 심미요구를 만족시켰다고 할 수 있다. 원림예술의 '사의'방법이 이때에 이미 갖추어졌다는 것을 쉽게 알 수 있다.
　위진남북조 이후 원림예술에 '사의'방법이 운용된 예는 자주 볼 수 있는데, 이전에 언급했듯이, 두보가 집 아래에 흙을 쌓아 산을 만들었는데, 높이가 겨우 한 자 남짓한데도 마치 속세를 벗어난 운치가 있는 것 같다고 한 것이다.
　그러나 대량의 문헌에서 분명하게 볼 수 있듯이, 원림에서 '사의'방식이 중당 이후에 고도로 발전하였는데, 양송 명청을 거치면서 사의방식이 원림예술에서

취죽분경(翠竹盆景)

지위가 날로 중요하게 변하여, 원림창작의 운영에서도 보편적이고 풍부해져서, 최후에는 완전히 이수理水·첩산疊山·건축·제액題額·실내장식·분경에서부터 심지어 원림의 구조 일체 등 원림예술의 모든 부분에까지 스며들었다.

   이러한 모든 구체적인 방법의 관건은 모두 중당 이후 '호중천지'[11])에서 원림의 기본공간원칙이 확립되었다는 것이다. 앞에서 '사의'창작의 실례를 많이 들었다. 한걸음 나아가 이러한 방법의 중당 이후 원림예술 의의를 설명하기 위해서 다른 각도의 예를 보는 것도 좋을 것이다.

   산과 바위의 사의에 대해서 말하겠다.

   산림이 우거진 분위기의 산체로 원림을 구축하려면, 기본내용도 은거하려는 뜻을 갖추는 것이 중요한 방법이다.

백거이의 마당의 산은 종남산을 상징하였다.
이덕유❶는 그의 별장인 평천장平泉莊에 못을 파고 돌을 놓고 무협巫峽을 상징하였다.
남송 궁정 중 하나인 봉석峰石은 비래봉飛來峰을 모방하였다.

❶ 이덕유(李德裕; 787~850): 당나라 조군(趙郡) 사람. 자는 문요(文饒)다. 이서균(李栖筠)의 손자고, 헌종(憲宗) 때의 재상 이길보(李吉甫)의 아들이다. 어릴 때부터 큰 뜻을 품어 열심히 공부했지만 과거 시험은 좋아하지 않았다.

백거이 초당

이런 사례들은 대개 두 가지로 나눌 수도 있다.

첫 번째로는, 가능한 한 최대로 자연환경·산체조형, 토석 재질·식물이 살아가는 면모 등을 원산[12]에 자연산의 특징을 갖추게 하는 것이 기본적인 것으로, 중국고전원림 중에 많은 대형의 가산[13] 및 반가산[14] 등이 이런 종류에 속한다. 이런 것들의 '사의' 효과는 완정하게 자리 잡은 원림에 야외 경치의 모습과 정취를 창조하여 표현하는 것이 중요하다. 자신도 모르는 사이에 심미자의 정감을 끌어들여, 원림과 우주가 조화된 경계에 있다는 것을 느끼게 하는 것이다.

이질[15]이 송 휘종의 간악艮岳을 말하여, "천 가지 형태와 만 가지 모양이 모두 갖추어 질 수는 없으니, ……모든 사물의 이치는 자연스러운데, 어떻게 인력으로 할 수 있겠는가?"[16]하였다.

두 번째로 원산 규모는 위의 첫 번째 유형에 비해서 규모가 작다. 그러나 '사의'의 특징이 더욱 두드러지는데, 중소 사인원림 및 황가원림의 허다한 경구[17]와 정

경화도(瓊華島) 연운진태(煙雲盡態)

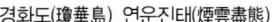

원에는 거의 원산을 채용하여 조성하였다. 이를 세우는 것은 융통성이 풍부하여 흙이나 돌로 할 수 있고, 또는 흙과 돌을 절반씩 할 수 있다. 크기를 막론하고 힘 닿는데로 봉우리를 쌓아 계곡을 만들 수 있었고, 제한된 천지에도 산체가 자연스러운 모습을 어느 정도 갖추었다. 예를 들면 소주 우원의 황석 가산이다.

더욱 많은 시기에 호수에 몇 개의 돌로 봉우리를 만들고 한 자 남짓한 흙 언덕으로 원림의 목적에 이를 수 있었다. 이러한 원산의 예술효과는 그 모습이 진짜 같은지 아닌지에서 결정되는 것이 아니고, 심미자가 지향하는 정감과 의취를 얼마나 표현해냈는지에 달려있다. 남송의 심덕과 전겸익이 원림을 기록한 것으로 예로 들겠다.

소주(蘇州) 우원(耦園)의 황석(黃石) 가산(假山)

큰 못을 몇 십 이랑 파고, 가운데 작은 산을 두어 '봉래'라고 한다.❶

'우경당' 동남쪽 빈 터에 기와를 쌓아 올렸는데 차이가 있어서, 대를 만들었더니 두터운 언덕 같은 모양이었다. 반 칸의 집을 먼저 만들어서 비바람을 막았다. 낭떠러지에 물을 떨어트려서 돌 세 덩어리로 봉우리에 석문과 석성을 만들어 한 길의 공간 안에 모았다. 관목 떨기를 모으니 산꼭대기가 올려 보였다. 울긋불긋 어지럽게 기울어진 곳을 감추어 변환하였다.❷

❶ 심덕(沈德), "鑿大池幾十畝, 中有小山, 謂之蓬萊"
❷ 전겸익(錢謙益), 「조양사기(朝陽榭記)」, 『목재초학집(牧齋初學集)』, "(耦耕堂)東南之弇地, 瓦礫叢積, 登之有異焉, 因而為台, 狀如敦丘. 起屋半間, 以障風雨. 於是匡之為拂水, 石之為三查, 峰之為石門·石城, 合沓攢簇於尋丈之內, 灌木簇叢, 仰承厓厲, 紛紅駭綠, 蔽虧變換."

 연못 가운데 작은 산을 봉래로 삼고 한 길의 공간에 돌을 쌓아 석문과 석성石城18)을 만들었다. 실제로 자연경관을 재현한다는 면에서 말하면, 이런 모방은 그야말로 어린애 장난에 가깝다. 그러나 심미정감과 취지를 표현하는 면으로 본다면, 이들은 모두 진정한 예술창작이다. 이와 유사한 작품이 명청 시대 원림에서도 도처에 보인다.

 소주의 망사원에 황석❶을 쌓고 '운강雲岡'이라 이름 지었고, 유원의 못에는 작은 섬을 만들고 이름을 '소봉래小蓬萊'라 하였으며 양주 개원에는 호석❷·황석·선석❸을 분별하여 쌓아 사계절이 다른 풍격을 띤 가산을 만들었다.

❶ 황석(黃石): 누런 빛깔의 방해석(方解石)이다.
❷ 호석(湖石): 태호석(太湖石)이라고도 한다. 석회암이 담수호에 침적되어 장기간에 걸쳐 호숫물에 씻기고 용식 되어서 형성된 수석이다. 일반적으로 검은 색이며 호수의 바닥이나 호숫가에서 채취한다.
❸ 선석(宣石): '선성백석(宣城白石)' 또는 선성석(宣城石)이라고도 한다. 처음 출토 때 표면은 철수색(鐵銹色;철이 녹슨색)을 띠고 시간이 지나면 백색으로 변한다. 석질이 견고하며 물을 흡수하지 못한다. 모서리가 뚜렷하고 무늬는 섬세하며 변화가 풍부하다. 선성백석은 산수분경, 청공(清供)으로 사용되며, 설경을 표현하는 이상적인 재료이다. 중국의 전통적인 감상석의 일종으로서 고대에는 무더기로 쌓아 가산(假山)을 만들어 겨울의 풍경을 표현하였다. 산지는 안휘성의 선성(宣城) 일대이다.

이것은 모두 선명한 '사의'성을 띠고 있다.
『원야』에서 "혹 좋은 나무가 있으면 점점 석괴를 영롱하게 한다. 담장 가운데 푸른 바위를 끼워 넣거나 꼭대기에 나무를 심고 풀을 드리워 마치 깊은 경치 안에 있는 것처럼 한다."19)하였다.

소주 망사원(網師園)

소주 유원(留園)   양주(楊洲) 개원(个園) 입구

몇 개의 산석이나 몇 가지의 등나무 등걸을 이용하여 산림의 '깊은 경관'을 표현해내는 것은 더욱 전형적인 '사의' 방법이다.

물[水]의 사의를 말하면 다음과 같다.

'호중천지' 안의 매우 제한된 면적의 물을 가지고 어떻게 해야 자연수체의 풍부한 경관효과와 사대부의 강과 호수의 뜻을 충분히 표현할 수 있는가 하는 것이다. 물을 이용한 사의가 중당 이후 원림에서 더욱 중요하게 나타난다. 이당시 원림에는 깊고 넓은 물이 당연히 있어야 한다는 것이다. 이격비의 「낙양명원기」를 예로 들겠다.

문로공의 동원은 본래 약포로 땅이 척박한 동성에 물을 깊고 넓게 채워서 배를 타고 노는 자가 마치 강호의 사이에 있는 것 같았다.❶

---

❶ 이격비(李格非), 「낙양명원기(洛陽名園記)」는 『소씨문견후록(邵氏聞見後錄)』25권에 보인다. "文潞公東園, 本藥圃, 地薄東城, 水渺彌甚廣, 泛舟游者如在江湖間也."

이와 같더라도, 원림의 물은 사람들이 왕래하는 강호와는 아무래도 하늘과 땅의 차별이 있다. 원림의 모방능력은 한계가 있기 때문에, 강해의 심미정감은 '사

'의' 방식을 통해야만 표현할 수 있었다. 기표가의 말을 예로 들겠다.

'만옥산방' 가운데를 일컬어 '와룡의 샘이 모여 작은 못에 고여서 비록 한 자만한 봉우리와 한 마디만한 산이지만, 산의 아득한 형세가 있는 것 같다.'고 하였고, 또 '헌화각'을 일컬어, '석벽과 높은 봉우리가 밑으로 모여서 작은 못이 되고, 잔교와 곡교가 있는데 …… 금곡도 지금은 이것보다 훌륭하지 않을 것이라고 생각한다.'❶

❶ 기표가(祁彪佳), 「월중원정기 중2[越中園亭記之二]」, 『기표가집(祁彪佳集)』 8권, "稱 '萬玉山房'之中: 滙臥龍之泉, 渟泓小沼, 雖尺岫寸巒, 居然有江山遙邈之勢.' 又稱 '獻花閣': 石壁棱峙, 下滙爲小池, 飛棧曲橋. …… 想金谷當年不過爾爾."

이화원(頤和園)의 해취원(諧趣園) '운금협(韻琴峽)'

이와 같은 원림 수경水景의 예술효과는 매우 제한된 범위에서 조원자와 심미자의 '사의'나 상상에 의지하여 실현하는 것이다. 지금도 이화원이나 해취원[20]에서 '운금협韻琴峽'과 같은 종류를 볼 수 있는 것도 모두 수경 사의의 전형적인 예이다.

이러한 작품은 규모면에서는 자연산수와 거리가 멀지만, 조원자가 주위 환경의 합리적 배치나 제액을 통해 경관에 대한 취지를 개괄하여 보여주는 다양한 기법은, 심미자로 하여금 그들이 표현하고자 하는 정감에 집중할 수 있게 하는 것이지, 산과 물을 모방한 것이 진짜와 똑 같은지 중요한 것이 아니다.

많은 세월 동안 '사의' 기법은 형적까지도 생략할 수 있고 심지어 하나의 분경이나 어항 하나의 배치를 통해서도 완전히 원림의 취지를 표현해 낼 수 있다고 하였다. 중당·만당 사대부로부터 송대 매요신梅堯臣[21]·장효상張孝祥[22] 같은 사람까지도, 분경을 통해서 강과 바다의 뜻을 체득한 예를 거론하였다. 중당 이후에 날로 보편화된 심미취미와 원림 '사의' 방법이 있는데 증공이 분지를 노래한 것을 예로 들겠다.

푸른 벽이 교묘함을 간직하여 하늘 그림자가 들어오고, 푸른 상자에 이끼 흔적 희미하게 띠었구나. 돌과 물이 가을 흥취를 돋우니, 강호의 만 리 같은 마음을 저버리지 않는구나!❶

❶ 증공(曾鞏), 「분지(盆池)」, 『증공집(曾鞏集)』6권, "蒼壁巧藏天影入, 翠奩微帶蘚痕侵. 能供水石三秋興, 不負江湖萬里心"

또 예를 들면 소식이 "나는 중산 뒤 채소밭에서 흰 무늬가 있는 검은 돌을 얻어, …… 큰 동이에 그것을 담고 그 위에 물을 흐르게 하여, 그 실명을 설랑재라고 불렀다."23)하였고, 그는 또 「설랑석」이라는 시에서 이 분경을 읊은 것이 있다.

太行西來萬馬屯	태항산 서쪽 만 리의 마둔산은
勢與岱嶽爭雄尊	형세가 웅장하고 장엄하여 대악❶과 서로 다툰다.
飛狐上黨天下脊	비호❷가 집에 오르니 하늘 아래가 등마루이고
半掩落日先黃昏	지는 해가 반쯤 가리니 먼저 황혼이 지네.
削成山東二百郡	산동 이백 군을 깎아서 이루고
氣壓代北三家村	기압이 북쪽 삼가촌❸을 대신하네.
千峰右卷矗牙帳	우거진 장막을 많은 봉우리가 말았고
崩崖鑿斷開土門	벼랑을 무너뜨려 뚫고 깎으니 토문이 열리네.
揭來城下作飛石	씩씩하게 와서 성 아래에 징검다리를 만들고
一炮驚落天驕魂	한 번 놀라니 타고난 교만함이 떨어지네.
承平百年烽燧冷	태평세월 백년이니 봉화불이 식었고
此物僵臥枯榆根	이 물건 늙은 느릅나무 뿌리에 누워있구나.
畫師爭摹雪浪勢	화가가 다투어 설랑재 분석의 형세를 모사하니
天工不見雷斧痕	자연의 공교함은 도끼 흔적이 보이지 않구나.
離堆四面繞江水	언덕을 나누니 강물이 사면으로 감싸 흐르네
坐無蜀土誰與論	촉 땅에 앉아보지 않고 누가 함께 논하랴.
老翁兒戲作飛雨	노옹이 아이 장난처럼 비를 날리고
把酒坐看珠跳盆	술잔 잡고 앉아 구슬 같은 화분을 보네.
此身自幻孰非夢	이 몸 스스로 변하니 어찌 꿈이 아니고
故國山水聊心存	고국의 산천이 그나마 마음에 남아 있구려.❹

❶ 대악(岱嶽): 중국 산동성 태산을 이른다.
❷ 비호(飛狐): 전설상 날아다닌다는 여우
❸ 삼가촌(三家村): 인구가 적고 궁벽한 마을
❹ 「설랑석(雪浪石)」『소식문집(蘇軾文集)』 37권.

이렇게 화분 하나 돌 하나를 빌어 소식은 의외로 이처럼 크고 넓은 산수경치를 체득하였고 의외로 고향 강산의 그리움까지도 표현한 사실에서, '사의'의 의의가

고전원림에서 평범하지 않다는 것을 알 수 있다. 명청 때까지 '사의'를 통해서 유람하는 자가 무한한 자연 경관을 상상할 수 있게 하는 것이 원림심미의 기본방법이었다.

문징명文徵明24)이 그의 작은 원림을 읊은 것에서 "동이를 묻어 작은 못을 만들고, 곧 강호를 맞이하였다."25)고 하였다. 청대 왕터王攄26)는 금어항金魚缸27)에서 호수濠水28)의 의취를 체득하였다.

……
樽罍珍重出魚缸　　보배 같은 술통이 어항으로 거듭나니
傾以酴醿如琥珀　　술을 기울이니 호박 같구나.
四尾魚從缸面浮　　사미어가 어항 수면에 뜨니
生來鱗鬣丹砂色　　비늘과 지느러미에 붉은 색이 생기네.
……
所怪缸盛涓瀝微　　괴이한 항아리에 시냇물을 담은 것은
相忘遂若江湖適　　서로 잊고 강호 같은 정취를 만나려 함이네.
倘許它時化北溟　　혹시나 어느 때 북해로 변하여
圖南會展轉風翼　　남쪽으로 돌아다니며 날개에 바람을 일으키려나.
……
從今不複歎無魚　　지금부터 고기 없다고 탄식하는 것이 아니고
將欲因之悟魚躍　　고기 뛰어오르는 도리를 알려고 함이네.
仿佛身在濠梁遊　　자신이 호수위의 다리에 노는 것 같아도
非魚寧不知魚樂　　고기가 아닌데 고기의 즐거움을 어찌 알겠나!❶

❶ 왕터(王攄), 「어항가(魚缸歌)」, 『노중집(蘆中集)』9권.

건축의 사의는 다음과 같다.

건축은 중국고전원림에서 가장 중요한 경관의 하나로 활용되기 때문에, 원림

을 조성하는 자와 원림을 감상하는 자의 우주이상이나 인격이상을 표현하는 데는 '사의' 방법은 조금도 빠져서는 안 될 부분이다. 이것도 원림에 건축경관을 세우는 것 외에도 중요한 작용을 한다. 사마광이 그의 조원에 마음 쓴 것을 예로 들겠다.

―― 당 북쪽에 소를 만들고 중앙에 못을 만들고 가운데 있는 섬 위에 대나무를 심고, 옥결처럼 둥글게 주위 삼장을 둘러 수초를 심었다. 마치 어부의 갈대 길 같아서 '조어암'이라 부르게 하였다.❶

> ❶ 「동락원기(獨樂園記)」, 『온국문정사마공문집(溫國文正司馬公文集)』 66권, "……堂北爲沼, 中央有島, 島上植竹, 園若玉玦, 圍三丈, 攬結其妙, 如漁人之蘆, 命之曰釣魚庵"

이것은 '조어암釣魚庵'의 의의가 완전히 그 원림 주인의 인격이상에 있는 것이고 건축자체에 있지 않음을 표현한 것이다. 유사한 예가 많다.

원명원, 이화원 가운데 모두 농가를 모방하여 세운 '과농헌課農軒', '악농헌樂農軒'이 있었고, 『홍루몽紅樓夢』에서 대관원大觀園을 묘사한 부분에도 '도향촌稻香村'이라는 지명이 있었다. 많은 황가원림과 사인원림에 모두 '호복간[29]'을 설치하여, 장자가 호수 다리에서 고기 관찰하는 것을 표현하였고, 복수에서 낚시하는 것을 경모하였다.

북경 자금성에 '삼우헌'이 있고 헌 앞에 소나무, 대나무, 매화나무를 심어 안에 처마장식 및 제액의 서화들도 모두 이것을 제재로 하여 주인의 심경을 표현하였다.30) 역대 사인원림 중에 이러한 건축 및 장식방법이 매우 많다. 이어李漁의 『한정우기』4권 「거실부」31)에도 산수화 창, 매화 창 등의 양식이 기록되었는데 거주자로 하여금 집에서 떠나지 않아도, 자신이 낭떠러지의 푸른 산이나, 무성한 수죽 사이에 있는 것처럼 느끼게 하였다.

제액의 사의는 다음과 같다.

제액은 원림경관을 아름답게 묘사하여 글을 꾸미고, 색을 칠하여 승화시키는 것 외에 주요한 것은, 정이나 뜻을 사물에 기탁하여 뜻을 말한 것이다. 제액은 원림예술의 모든 요소에서 '사의'성이 가장 두드러지는데, 한 두 마디 간단한 말이나 일련의 대구로 인하여, 사람들이 원림미학에서부터 인생과 우주까지 이해하여, 주위의 원림경관과 하나로 융화할 수 있다.

예를 들면, 소순흠蘇舜欽이 자신의 원림을 '창랑정滄浪亭'이라고 이름 지은 것은, "창랑의 물이 맑으면, 내 갓끈을 씻을 것이다."32)는 뜻을 취한 것이다. 또 홍괄洪适이 반주원盤洲園의 기록에서 "남쪽 시내를 건너는 다리가 있어 '호상'이라고 표시하였고, 수많은 물고기가 헤엄치는데 사람이 와도 놀라지 않고 단봉短蓬33)에서 살기에 '야항'이라고 불렀다."34)고 하였다. 제액도 사람들의 예술상상을 동원하는 예술경계의 유효수단으로 심화되었다.

졸정원의 '대상정' 및 물가의 대나

졸정원(拙政園)의 '대상정(待霜亭)'

무 떨기, 곧은 나무를 통해서 '동정에 서리가 숲에 가득 차기를 기다려야 한다[洞庭須待滿林霜].'라는 명구를 연상할 수 있다.35) 자신이 정자에 있어도 동정호 물가에 있다는 느낌이 드는 것이다.

　북해 '화방재' 동측의 '고가정'은 비록 둘레가 좁고, 구불구불한 길[曲抑]이 깊지만, 마당 사이의 고목과 이름을 보면 도연명의 『귀거래사』에서 "술병과 술잔 끌어당겨 자작하면서, 뜰 앞 나뭇가지 바라보며 지그시 미소 짓는다. 남쪽 창에 기대어 거리낌 없이 있노라니, 좁지만 편하기 그지없다."36)고 한 고상함을 생각할 수 있다. 원림 거주자의 감정과 뜻은 지척의 당내에 얽매이지 않았다고 할 수 있다.

　이렇듯 제액은 심미자의 예술상상을 동원하는데 이용되었는데, 원림의 심미가 원림환경을 크게 돌파하여 시간과 공간에 제한되지 않았던 예가 도처에서 보인다.

북해(北海) '화방재(畵舫齋)' 동측의 '고가정(古柯庭)'

168

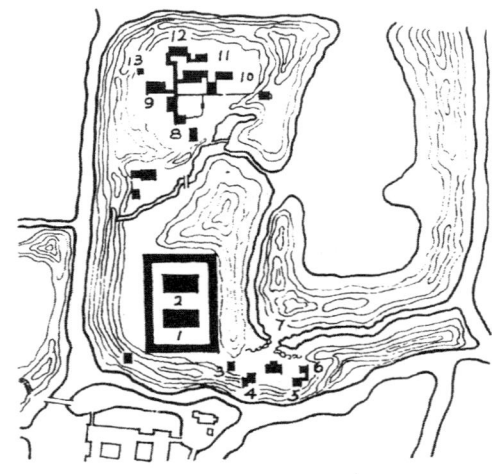

1. 전벽당
2. 천군태연전
3. 소은서지
4. 자하상
5. 동천일월다가경
6. 천연가묘
7. 도원동
8. 청수정
9. 도원심처
10. 품시당
11. 관춘헌
12. 청수탁영
13. 청회정

원명원(圓明園) 가운데 "무릉춘색(武陵春色)" 경구

제1장 중국고전원림에서 사의의 운용 **169**

구양수는 그 원림의 집을 '화방재畵舫齋'라고 이름 하였는데, 자신이 산석이 높고, 아름다운 꽃나무 사이에 거처하지만 내를 건너 험난함을 구제하는 것을 감히 잊지 않겠다는 뜻이다.37)

원명원 가운데 '무릉춘색'이라는 경구를 설치하였는데, 그 사이 집에도 '소은서지小隱棲遲', '도원심처桃源深處' 등으로 이름 붙였다. 집이 있는 산 사이를 '방舫'이라 이름하고 거처하는 집의 금원禁苑을 '은隱'이라고 불렀는데, 이것은 상리에 어긋나는 것 같지만, 바로 '사의'를 통해 예술상상을 동원하여 진실성을 실현하였다고 할 수 있다.

제액은 많은 시간 동안 원림미학에서 더욱 깊은 함의를 가지게 되었다. 예를 들면, 소주 유원留園에 있는 창헌敞軒 이름을 '문목서향헌聞木樨香軒'이라고 하였는데, 주위에 두루 물푸레나무를 심어서 실제로 가을날의 풍경이 아름다운 곳이었다. 그러나 조원에 정성들이는 마음은 여기에 그치지 않았던 것은 이 제구가 본래 고사에서 얻은 것이기 때문이다.

황정견은 오직 도에 부지런하여 …… 회당에게 가서 지름길을 가르쳐 줄 것을 청하였다. 회당이 말하기를 '다만 공자가 제자들에게 말한 것처럼 내가 숨긴다고 하는가? 나는 너에게 숨기는 것이 없다. 너무 일상적인 것을 어찌 논변하겠는가.' 황정견 공이 대답을 헤아리니, 회당이 말하기를 '옳지 않다. 옳지 않다!'하니, 공이 의심을 그칠 수 없었다. 하루는 시당산에 행차하니 때마침 바위에 있던 계수나무가 무성하게 꽃이 피었는데, 회당이 말하기를 '목서❶의 꽃향기를 맡아 보았는가?'하니 공이 말하기를 '맡았습니다.'고 하였다. 당이 말하기를 '나는 너에게 숨기는 것이 없다.'하니 공은 마음이 개운해졌다.❷

❶ 목서(木樨): 물푸레나무이다.
❷ 『오등회원(五燈會元)』17권,「태사황정견거사(太史黃庭堅居士)」, "黃庭堅惟孳孳於道, …… 往依晦堂, 乞指徑捷處. 堂曰: '只如仲尼道, 二三子以我爲隱乎? 吾無隱乎爾者. 太居常, 如何理論.' 公擬對, 堂曰: '不是, 不是!' 公迷悶不已. 一日侍堂山行次, 時巖桂盛放, 堂曰: '聞木犀華香麼?' 公曰: '聞.' 堂曰: '吾無隱乎爾.' 公釋然."

황정견은 선리禪理를 진심으로 연구하여 회당晦堂이 그에게 말하여 '선도禪道에 숨기는 것이 없다'고 하였으나 황정견은 여전이 그가 요구하는 바를 얻지 못하자, 이에 회당이 경치를 보는 틈을 타서 말한 것이다. 선도는 마치 목서木樨의 꽃향기와 같아서 볼 수는 없지만 상하 사방으로 무성하여 '숨기지 않는다.'고 하자, 황정견이 마침내 깨달았다. 목서의 향을 맡는다는 '문목서향聞木樨香'이라는 말에서 원림심미의 깊이와 우주본체를 인식하였음을 알 수 있다. 이로 인하여 남송 이학가 나대경[38]은 이 고사를 간략하게 논술한 뒤에 총괄하여 다음과 같이 말했다.

회당은 이 같은 곳에서 진실로 산뜻하여 속됨이 없게 되었다.
이것이 바로 증점의 견해❶이다.❷

❶ 증점의 견해[曾點之見解]: 공자(孔子)가 제자 네 명을 앉혀놓고 무엇을 하고 싶은지 묻자 모두가 벼슬에 대한 이야길 했다 한다. 하지만 '증점(曾點)'이라는 자는 "봄옷이 다 지어지면 관 쓴 사람 대여섯, 어린아이 예닐곱과 함께 목욕하고, 바람 쐬고, 노래 읊조리고 싶습니다."라고 답했다. 이 말에 공자는 감탄하며 "네 명 중 너와 함께 하겠다"고 했다 한다. 벼슬에 연연하지 않고 자연에 묻혀 지내겠다는 정신을 말하는 것이다.
❷ 나대경(羅大經), 『학림옥로(鶴林玉露)』3권 병편, "晦堂此等處誠實脫灑", "是曾點見解." 이 전고(典故)는 후세의 조원가(造園家)들이 항상 답습하였다. 예를 들면, 소주(蘇州)의 "어은소포(漁隱小圃)" 가운데 있는 '무은산방(無隱山房)'이 원매(袁枚)의 『수원전집(隨園全集)·소창산방문집(小倉山房文集)』13권 「어은소포기(漁隱小圃記)」에 보인다.

이로부터 제액 '사의'가 중국 고전원림경계에서 중요한 작용을 했다는 것을 알 수 있다.

결론적으로, 중국고전원림에서 '사의'의 실례는 모두 주의를 끄는데, 이것들의 구체적 표현은 천차만별이지만, 심미자의 심리활동을 불러일으키는 작용을 하였으며 예술상상을 포괄하였고, 원림환경이 시간과 공간적인 면에서 제한되는 것을 타파하였다. 따라서 원림심미는 더욱 깊고 넓은 경계를 끌어들였고, 이것에 관한 더욱 전형적인 예를 이 편 아래 1장과 제8편 제4장에서도 거론할 것이다.

그러나 중국고전원림을 조금이라도 분명하게 이해하려면 일일이 열거하여 비교해야 하는데, 이 책은 원림 '사의'의 실례만 언급했을 뿐이다. 중국고전원림에서 '사의' 기법을 운용한 것이 놀랄 정도로 보편화된 현상자체도 이미 말하였다. 이러한 현상이 이루어진 것은 예술방법을 비교하여 취사선택하는데 더욱 깊은 원인이 있었다.

아래 1장에서 여전히 볼 수 있듯이, 중국사대부문화예술의 많은 영역은 그 형식과 표현수단이 원림과 회화가 완전히 다르지만, 모두 예외 없이 '사의'를 자신들의 가장 유효한 방법으로 삼았다. 그러면 도대체 어떤 원인 때문에 이처럼 수많은 중국고전 문화예술 부분에서 모두 '사의' 방법에 도움을 청하게끔 하는가? 결국 어떤 원인 때문에 심미자가 최대한으로 심리활동과 예술상상을 통해야 문화예술의 목적을 실현할 수 있게 하는가? 이 문제가 이편에서 토론해야할 핵심이다.

01 사의(寫意): 회화(繪畫)에서, 외형보다는 내재적인 정신이나 의취(意趣)를 표현하는 것. 동양화에서 사실(寫實)을 의미하는 '형사(形似)'와 대조되는 용어이다.

02 구륵진채법(句勒眞彩法): 윤곽선을 그리고 그 안을 채색하는 것이다. 구륵은 선으로 그린 윤곽이라는 의미로, 윤곽선을 긋는다는 뜻이다.

03 공필(工筆): 표현하려는 대상물을 어느 한 구석이라도 소홀함이 없이 꼼꼼하고 정밀하게 그리는 기법. 가는 붓을 사용하여 상세하게 그리고 채색하여 화려한 인상을 준다.

04 서서성(徐書城), 「중국과 서양화법의 차이점[中西畫法異同辨)]」, 『미술사론(美術史論)』 1985년 제3기 p.85.

05 화진(華鎭): 송(宋) 회계(會稽) 사람. 자는 안인, 호는 운계거사(雲溪居士). 시문을 좋아하고, 저서로『운계거사집(雲溪居士集)』이 있다.

06 「남악의 스님 중인이 그린 묵매화[南嶽僧仲仁墨畫梅花]」, 『운계거사집(雲溪居士集)』9권, "世人畫梅賦丹粉, 山僧畫梅勻水墨"

07 하문언(夏文彦; 1296~1370): 원(元) 오흥(吳興) 사람, 자는 사량(士良), 호는 난저(蘭渚). 그림에 능함. 저서로『도회보감(圖繪寶鑑)』이 있다.

08 『도회보감(圖繪寶鑑)』3권, "文同善畫墨竹, 知名於時, 或戲作古槎老枿, 淡墨一掃, 雖丹靑極毫楮之妙者形容所不能及也."

09 점족(點簇): 윤곽을 그리지 않고 붓으로 점을 찍어 하나의 형상을 그려내는 화법이다.

10 방훈(方薰),『산정거화론(山靜居畫論)』하, "世以畫蔬果花草隨手點簇者, 謂之'寫意'; 細筆鉤染者, 謂之'寫生'"; "寫生無變化之妙, 一以粉本鉤落塡色."

11 호중천지(壺中天地): 속세와는 달리 경치나 분위기가 아주 좋은 세상을 비유적으로 이르는 말. 중국 한(漢)나라 때의 호공(壺公)이라는 사람이 항아리 안에서 살았는데, 비장방(費長房)이 그 속에 들어가 보니 옥당(玉堂)이 화려하고 술과 안주가 가득하였다는 고사에서 유래한 말이다.

12 원산(園山): 원림 가운데 있는 산을 이른다.

13 대형의 가산(假山)을 예로 들면, 북해 경화도(瓊華島) "연운진태(煙雲盡態)"일대의 호석으로 만든 가산이나 북해 정심재(靜心齋)에 있는 가산 등을 이른다.

14 반가산(半假山): 승덕(承德) 보덕사(普寧寺)의 산체(山體)를 이른다.

15 이질(李質): 송(宋) 영주(永州) 초구(楚丘) 사람. 자는 문백(文伯), 간악(艮嶽)이 완성되자, 조서를 받들어 조조(曹組)와 함께 간악백영(艮嶽百咏)을 지었다.

16 「간악부(艮岳賦)」,『휘주록(揮麈錄)』· 후록(後錄)』2권. "萬形千狀, 不可得而備擧也, ……皆物理之自然, 豈人力之所能?"

17 경구(景區): 원림을 조성한 구역으로 원림 안의 주된 구역을 이른다.

18 석성(石城)은 지금 소주(蘇州) 오현(吳縣)의 영암산(靈巖山)이다.

19 『원야(園冶)』3권, "或有嘉樹, 稍點玲瓏石塊; 不然, 墙中嵌理碧巖, 或頂植卉木垂蘿, 似有深境也."

20 해취원(諧趣園): 이화원(頤和園)에 있는 가장 유명한 정원속의 정원으로 건륭제가 무석(無錫) 기창원(寄暢園)을 본 따 만들도록 하면서 그 역사가 시작되었다.

21 매요신(梅堯臣; 1002~1060): 송대 시인. 세련되고 정밀한 구법(句法)이 특징이며, 두보(杜甫) 이후 최대의 시인이라는 상찬을 받았다.

22 장효상(張孝祥; 1132~1170): 남송의 시인. 화주(和州) 오강(烏江) 사람. 자는 안국(安國)이고, 호는 우호거사(于湖居士)이다. 서예가 훌륭하여 전서를 잘 썼다.

23 「설랑재명인(雪浪齋銘引)」, 『소식문집(蘇軾文集)』19권, "予於中山, 後圃得黑石白脉, …… 爲大盆以盛之, 激水其上, 名其室曰雪浪齋云."

24 문징명(文徵明; 1470~1559): 명나라 때의 화가, 서예가 겸 시인. 한림원시조(翰林院侍詔)를 제수 받아 『무종실록(武宗實錄)』의 편수에 임했다. 그림은 심주와 함께 남종화 중흥의 중심인물이었다.

25 문징명(文徵明), 「재 앞 소산에 잡초가 무성하게 우거진지 오래되어 집안 형 소공이 그것을 정리하여, …… 소시 10수를 짓다[齋前小山穢翳久矣, 家兄김工治之, …… 賦小詩十首]」중2수, 『문정명집(文徵明集)』1권, "埋盆作小池, 便有江湖適"

26 왕터(王攄): 청(淸) 강소(江蘇) 태창(太倉) 사람. 자는 홍우(虹友), 왕시민(王時敏)의 아들, 왕여견(王與堅) 등과 함께 누동십자(婁東十子)로 불리었다.

27 금어항(金魚缸): 어항이다.

28 호수(濠水): 현재 안휘(安徽)성 봉양(鳳陽)에 있는 강으로 장자(莊子)와 혜자(惠施)의 유명한 대화의 무대이다.

29 호복간(濠濮間)은 예를 들면, 승덕피서산장(承德避暑山莊), 북해라는 하나의 경구(景區), 소주의 유원(留園) 등에 있는 하나의 정자, 또 하나의 다리나 하나의 개울이 있는 것을 이른다.

30 『일하구문고(日下舊聞考)』17권에 보인다. "北京明淸紫禁城中有'三友軒', 軒前植松竹梅, 內檐裝修及題額書畫亦皆以此爲題材, 以表現主人之情懷."

31 청나라 희곡이론가 이어(李漁, 1611~1979)의 『한정우기(閑情偶寄)』, 「거실부(居室部)」에서 당시 주거문화의 한 단면을 볼 수 있다.

32 『맹자(孟子)』·이루상(離婁上)』에서 "滄浪之水淸兮, 可以濯吾纓"이라고 나온 말이고, 소주 망사원(網師園)에도 "탁영각(濯纓閣)"이 있다.

33 단봉(短蓬): 뜸집, 띠나 부들 따위로 간단하게 이은 집.

34 「반주기(盤洲記)」, 『盤洲集』32권, "跨南溪有橋, 表之曰'濠上', 游魚千百, 人至不驚, 短蓬居中, 曰'野航'."

35 대상정(待霜亭): '待霜'이라는 말은 당나라 시인 위응물의 "책을 읽고 나면 삼백 편의 시를 짓고 싶으나, 동정에 서리가 숲에 꽉 차기를 기다려야 하듯이[書后欲題三百顆, 洞庭須待滿林霜]"이라는 시 귀에서 왔다.

36 『도연명집(陶淵明集)』5권, "引壺觴以自酌, 眄庭柯以怡顔. 倚南窓以寄傲, 審容膝之易安."

37 『구양수(歐陽修全集)·거사집(居士集)』39권「화방재기(畵舫齋記)」에 보인다. 북해(北海)의 '화방재'는 이런 뜻을 취한 것이다.

38 나대경(羅大經; ?~?): 송원대 정치인. 남송 길주(吉州) 여릉(廬陵, 지금의 江西省 吉安市) 사람. 자는 경륜(景綸)이다.

제 2 장

중국사대부 사유방식의 특징과 그 형성 원인

◁ 북위(北魏) 왕아선도교조상비(王阿善道敎造像碑)

원림·회화 및 기타 많은 중국고전 문화예술에서 주의해야 할 첫 번째 단계가 '사의' 방법을 운용하는 갖가지 현상이라면, 이것보다 깊이 들어가야 할 것은 예술사유[1]의 특징 같은 문제이다.

예술사유가 어떻게 진행되는가? 예술사유의 결과적으로 언어·선·색채·샘·바위를 구축하는 등의 방법으로 완전하게 표현할 수 없는가? 예술사유에서 상상이 충분히 운용되었는가 하는 여부와 예술풍격이나 형식 내지 예술창작 성패와의 관계는 어떠한가? 이러한 문제는 '사의'방법과 밀접한 관계가 있다.

사실 수많은 문예학 연구자들이 '사의'에 대해서 연구 토론할 때 예술사유를 고려하였다. 근래에 이와 관련된 많은 논저들이 지적하듯이, 예술사유는 매우 복잡한 과정이고, 창조적 심미의상[2]은 언어 문자·선·색채 같은 예술표현수단에 비해 더 많은 것을 바라기 때문에, 예술작품의 형상과 내용은 종종 작가의 예술사유를 완전히 표현해 낼 수 없고, 또한 감상자의 심미의상의 요구에도 완전히 만족시킬 수 없다.

이 때문에 창작과 감상의 과정에서 모든 사상의 능동적 역량을 동원하여 실제 문자와 조형에 비하여 더 풍부하게 하고, 더 생동적인 내용을 얻을 수 있게 하는 것이 필요하다. 이에 따라서 '사의' 방법도 생겨나고, 심미상상을 동원해서 시공·언어·개념형상 등의 방면의 제한을 돌파함에 따라서 상술한 모순을 해결할 수 있었다.

'사의'가 예술에서 이처럼 중요작용을 하는 것은 기타 어떠한 요소로 대체할 방법이 없기 때문에 사의가 높은 수준으로 발전할 수 있었다. 중국고대예술 중에 있는 '정신[神思]'·'흥취[滋味]'·'말은 다함이 있되 뜻은 무궁하다.'[3]·'말 밖의 다른 뜻'[4]·'맛 밖의 운치'[5]·'운치[神韻]' 같은 미학범주와 표준은 사의로부터 생겨서 완선하게 된 것들이다.

이 과정에서 현학의 '언의지변言意之辨'[6], 선종의 '돈오頓悟'[7] 같은 학설은 모두 비논리사유[8]의 특징에 대해 비교적 깊이 인식하였고, 중국고대예술에 중대한 영향을 끼쳤다.[9] 지금까지 '사의'에 대한 것과 유관한 문예철학이론의 연구가 줄곧 이런 차원에서 집중적으로 계속되고 있다.

비논리사유는 인류의 사유 활동에 중요한 부분이 되었고, 특히 예술영역에서 개념·추리·판단 등은 논리적 사유로는 더욱 실현할 방법이 없기 때문에, 문예가가 중시하게 되었고, 이로부터 철학에 깊은 영향을 미친 비논리사유의 특징을 인식하는 것도 당연한 것이다.

그러나 토론할 제목이 어떤 특수한 문화형태에 속해있을 때에는, 인류문화의 보편적인 규율과 연관시켜야할 것은 제외하고, 반드시 이러한 특수한 문화형태에 존재하는 것이 세계의 문화형태와 공유하지 못하는 결정적인 요인을 찾아내고, 독자성을 갖추게 된 역량을 포착해야, 특수한 문화형태에서 생기는 현상의 필연적 원인을 설명할 수 있다.

중국고전원림이 발전한 동기나 원인·중국사대부의 인격이 완선하게 된 중요한 의의 등의 문제를 설명할 때 필연적인 원인을 반복적으로 강조하였다. 지금 중국고전예술 중에서 '사의' 방법과 상관있는 철학사상을 토론할 때도 이런 원인이 가장 기본적인 원칙이다.

예술사유가 매우 커다란 범위에서 비논리성은 언어문자·개념·선·색채 등등 형태가 확정적인 예술표현방법 사이에서는 모순이 있는데, 이 모순은 세계의 수많은 민족의 심미활동에서 예로부터 지금까지 모두 피할 수 없었던 것이기 때문에, 세계 미학가와 철학가가 함께 연구할 대상이 되었고, 서양인은 이러한 모순에 민감하여 보편적으로 관심을 가진 것이 중국의 선현들보다 못지않았다. 고대 그리스에서 시작된 서양미학 저작에서 다음과 같이 논술하였다.

소크라테스: 문자를 남겨서 전문지식을 남긴 사람과 이 문자를 받아들이는 것이 확실히 믿을 만하다고 스스로 여기는 사람은 모두 크게 어리석다. …… 문자로 글을 짓는데 한 가지 잘못된 점이 있는데, 파이드루스❶

는 이러한 점은 그림과 똑같다고 하였다. 그림에서 묘사된 인물이 당신 면전에 서면 똑 같이 활동하는 것이다. 그러나 사람들이 그들에게 제시한 문제를 기다리면, 그들은 존엄한 얼굴을 하고 한 마디도 하지 않는다. 글로 쓰는 문장도 이와 같다. 당신은 문자를 믿어 말에서도 똑 같이 느낄 수 있지만 당신이 그들에게 가르침을 청하려하면, 그들은 어느 구절에서 말한 것을 분명하게 한 가지로 해석하여, 이전에 있었던 것과 같이 상투적인 말로 다시 말할 수밖에 없다. 그리고 한 층, 한 편의 문장을 쓴 후에, …… 만약 그가 오해와 학대를 당하면 반드시 그 작자가 도움을 청할 것이니, 그는 자기 한 개인이지만 오히려 자기를 변호하고 자신을 보호할 능력이 없다. ……

이 외에 또 다른 일종의 문장이 있는지 없는지, 그리고 상술한 이런 문장이 형제이지만 본처 소생인가? 우리들은 그것이 어떻게 생겨난 것인지 살펴보고 그것의 본질과 효력의 두 가지 방면에서 상술한 것들과 어느 정도 비교해야 한다. …… 내가 설명한 것은 학습자의 심령에서 이해한 문장을 이와 같이 쓴 것이다.

파이드루스: 네가 말하는 철학자의 문장은 이미 생명이 있고 또한 영혼이 있다. 그러나 문자는 그의 그림자에 불과하다.❷

플라톤

❶ 파이드루스([斐德若]phaedrus; BC15~AD50): 고대 로마의 우화시인. 마케도니아 출신. 『이솝 이야기』에 바탕을 둔 많은 동물에 관한 우화를 집대성하여 후세에 남긴 공적이 크다. 특히 창의력이 있는 시인은 아니나, 그 시체(詩體)와 이야기가 모두 단순 평이하며 격조가 높고, 대단한 인기를 모아 나중에는 산문으로 번역되었다. 이솝의 그리스 원전과 그의 시까지도 잃어버린 중세에, 이 산문 번역이 전해져 우화는 명맥을 잇게 되었다.

❷ 플라톤(Platon[柏拉圖]), 『문예대화집(文藝對話集)·파이드루스[斐德若]편』, * 플라톤(Platon; BC427~348): 고대 그리스의 철학자. 아테네(Athens)에서 가장 오래된 귀족 집안에서 태어났다. 20세에 소크라테스(Socrates)의 제자로 들어가 8년간 사사하였다. Platon은 Socrates와 달리 많은 저작을 남겼다. Platon의 철학 사상의 근원은 모든 사물에는 그 사물의 실재인 이념이 존재한다고 보고 이것을 idea라고 하였다. 오직 사유하는 이성만이 다른 구성부분과 결합하는 불멸의 요소인 것이다. 인간은 불멸의 영혼이라고 보는 그의 견해는 지선의 이념과 결합됨으로써 이루어진 것이다.

여기에서 알 수 있듯이, 중국고대 미학가가 "말이란 것은 마음속의 뜻에서 비롯되니 그 뜻을 알았거든 말을 잊어라."10)고 말했는데, 이에 앞서 서양 미학가가 이러한 종류의 문제를 이미 알아차린 것이다. 만일 인식의 분명한 정도에서 비교하면 그들은 장자보다 위에 있었던 것 같다.

위의 인용문 및 『문예대화집·이안편』11)에서 시가·음악·무도·종교의 영감을 논한 의의에서 쉽게 볼 수 있듯이, 고대 그리스철학자 플라톤은 예술활동 중 비논리사유에 대한 고찰에서 이미 창작과 감상 두 가지를 서로 연관시켰지만, 방향이 다른 심미과정이었고, 게다가 언어예술과 조형예술이 여기에서 함께 모순을 만난다고 이미 명확하게 지적하였다. 이후의 서양문예이론에서 이 같은 견해를 볼 수 있다. 실러·칸트·헤겔의 예를 들겠다.

프리드리히 실러   칸트   헤겔

모든 언어를 지해력 앞에 펼쳐 놓지만, 시인은 일체를 상상력 앞으로 끌어와야 한다[이것이 곧 표현이다]. 시가 요구하는 것은 자세히 관찰하는 것이고 언어는 개념만 제공할 따름이다. …… 표현되는 대상은 반드시 표현하는 매개로부터 자유롭게 빼어나게 나타나야 한다. 언어의 모든 질곡❶을 막론하고 여전히 그 전부는 진실성·생동감·친절성이 상상력 앞에 점유하고 있다고 할 수 있다. 결론적으로 시의 표현미는 자연스러움[본성]에 있고 언어의 질곡 가운데 자유롭게 스스로 감동하는데 있다 할 수 있다.❷
상상력은 진실한 자연에서 제공된 것으로 그 소재 안에서 하나의 별도의 자연과 같은 것을 창조한다. …… 이런 상상력은 창조성이고, 또 지성을 관념[이성]의 기능으로 끌고 나갈 수 있으며, 겉으로 드러나는 사상[表象]❸이며, 크게는 이 표상에서 파악하여 명백하게 이해할 수 있다. …… 단지 상상력으로 인식하여 깨달음이란 구속 아래에서 제한되어야, 깨달음의 개념과 적합하게 된다. 다만 심미의 의도에서 상상력의 활동은 자유롭다. ……❹

예술에서 이러한 감성의 형상과 소리가 드러나는 까닭은 이들 자체나 이들이 직접 느낀 모양이나 형상을 드러내 보이기 위한 것만이 아니고, 그러한 모양을 가지고 더 높은 심령의 취지를 만족시키기 위하여 사용하는 것이다. 때문에 그들이 가지고 있는 역량이 사람의 심영 깊숙한 곳에서 반응하여 메아리를 불러 이끌어낸다. 이렇게 예술에서 감성적인 것은 심령을 거쳐 변화하고 심령적인 것도 감성을 빌려 변화하여 나타나는 것이다.❺

❶ 질곡(桎梏): 지나친 속박으로 자유를 가질 수 없는 상태를 비유하는 말이다.
❷ 프리드리히 실러(席勒),『미를 논한 글論美書簡』. *프리드리히 실러(Johann Christoph Friedrich von Schiller; 1759~1805): 독일의 극작가·시인이다. 독일 바덴뷔르템베르크의 마르바흐에서 출생하였으며, 14세 때 사관학교에 입학하여 법학을 전공하다가 의학으로 바꾸었다. 학창 시절에도 문학에 관심을 갖고 셰익스피어 등을 탐독했으며, 습작을 하기도 했다. 졸업 후에는 군의관으로 복무하였다. 학창 시절부터 썼던「군도」를 1781년 만하임 극장에서 상연하여 성공하지만, 영주의 집필 금지령을 피하여 만하임을 떠나게 되었다. 1784년에는「피에스코」와「간계와 사랑」을 상연하였다. 1787년에는 바이마르로 이주하여 헤르더, 빌란트 등과 교유하였고,「돈 카를로스」,「네덜란드 이반사」,「30년 전쟁사」등을 집필하였다. 1789년 예나로 이주하여 예나 대학교의 역사학 객원교수가 되고, 역사와 미학을 강의하였다. 칸트 철학과 미학에 대한「우미와 존엄」,「숭고에 관해서」등을 남기기도 했다. 실러는 괴테와 깊은 우정을 나누며 문학적으로도 협력하여 공동 작업을 하였다.『연간시집』에는 괴테와 공동으로「크세니온」단시를 지어 발표하였으며,「괴테-실러 왕복 서한」도 높이 평가받는다. 그 이후 극작가로서「발렌슈타인」3부작,「빌헬름 텔」등을 남기고 바이마르에서 1805년 지병으로 사망하였다. 실러는 독일의 대표적인 시인이자 극작가로 평가받는다. 2005년에는 실러 사후 200주년으로 독일이 '실러의 해'를 지정하기도 했다.
❸ 표상(表象)의 사상은 본래 대상의 개념에 속한다.
❹ 임마누엘 칸트(Immanuel Kant康德),『판단력 비판』. *임마누엘 칸트(Immanuel Kant; 1724~1804): 독일의 철학자. 근대 계몽주의를 정점에 올려놓음과 동시에 피히테, 셸링, 헤겔로 이어지는 독일 관념철학의 기초를 놓은 프로이센의 철학자이다. 칸트는 21세기의 철학까지 영향을 준 새롭고도 폭 넓은 철학적 관점을 창조했다. 그는 또한 인식론을 다룬 중요한 저서를 출간했고, 종교와 법, 역사에 관해서도 중요한 책을 썼다.
❺ 헤겔(Hegel黑格爾),『미학』제1권. *게오르크 빌헬름 프리드리히 헤겔(Georg Wilhelm Friedrich Hegel; 1770~1831): 근대 독일 최대의 철학자로 독일 관념론을 집대성 했다고도 한다. 또한 독일 관념론의 한계를 넘어서, 사회적 현실에서의 인간의 학문으로 한걸음 나아가서, 마르크스에게 큰 영향을 미쳤다.

이러한 몇몇 견해를 표명한 것은 중국고대 미학자와 똑같이 서양미학자도 심미 중에 있는 비논리사유의 중요작용에 대한 인식이 매우 깊고 풍부하였다. 그러나 주지하듯이, 고대그리스부터 19세기 후반 프랑스 인상파예술이 나오기 전까지 2천여 년의 긴 세월 동안 '모방'·'모사'·'재현'은 시종 서양예술의 기본적인 방법이었다.

그러나 서양예술체계에서는 중국고대예술의 '사의'와 비슷한 방법이나 이론이 시종 생기지 않았는데, 중국예술처럼 이런 방법과 이론을 발전시켜 풍부하고 완선하게 할 필요가 없었고, 또한 중국사대부문화처럼 이런 방법과 이론을 자신들의 모든 부분에 스며들게 할 필요가 없었다.

이런 사실을 간단하게 설명하면, 중국고대예술에서 '사의' 방법이 생겨서 발전한 근본적인 원인은, 심미활동의 중요한 의의 자체가 결코 비논리성 사유에 있지 않고, '사의' 방법도 현학·선종·심학 등 비논리적 사유가치를 강조하는 철학이론이 자신의 사유방식이 원천이 되었다는 것은 아니다. 근본적 원인은 중국고대문화 특유의 형태에 있으며, 중국고대철학 방법론보다 더욱 깊은 문화계층에 있다고 할 수 있다.

이런 범위에서 현학·선종·심학 등과 같은 예술 중의 '사의'도 다만 모종의 구체적인 방법과 수단이며, 비논리성 사유를 강조하는 전통은 중국고대문화 형태의 특유한 수요를 만족시키기 위해서 노력하는 것에 불과하다.

그러나 이것은 절대적이며 불가피한 객관적 수요를 가지고 있기 때문에 현학·선종·'사의' 등이 생겨날 수 있었다. 만약 모종의 원인 때문에 이러한 방법이 출현 할 수 없었다면, 사회제도에서도 일정한 기타 유사한 방법을 창출하여 상술한 요구를 만족시키기 위해, '사의'도 자기 사유방식의 기초를 삼을 기타 유사한 철학이론을 찾아내야 했다.

이러한 근본원인은 무엇인가? 계속해서 수차례 토론했듯이 통일된 종법집권제도 위에서 '천인지제' 체계가 건립되었고, 중국사대부 우주·인격·심미 등의 이상에서 유래하였다.

언어·논리·개념 등으로 표현하기 어려운 의상사유는 심리활동의 기본형식으로, 이것은 본래 세계의 많은 고대민족이 모두 공동으로 경험한 것이다.12) 중국의 조상들도 예외가 아니다. 천지간의 만물 만사를 효상爻象13)으로 표현하여 해석한 것이 전형적인 예이다.

왜 고대그리스철학이나 논리학이 원시사유의 영향을 벗어나서 대표적인 서양의 사유방식이 되었는지가 문제이다. 중국고대 사유체계 중에서 비록 일찍이 『묵경墨經』14)과 같이 비교적 논리적인 개념을 중시한 저작이 저술된 적은 있지만, 이후의 문화사에서 이러한 사유방식은 장족의 발전을 얻지 못하고, 중국고대의 사유도 시종일관 의상의 직관으로 자신의 기본적인 존재형식을 파악하였고, 게다가 고대문화가 장기간 발전하는 중에 끊임없이 이러한 사유방식이 강화되어, 심지어 현학・선종・심학・'사의' 같은 데에서 고도로 풍부하고 완선한 의상사유방법까지 만들어 냈다.

이런 중대한 차별이 조성된 원인은 사유방법 자체에서 유래던 것이고, 중서고대사회의 형태가 서로 달라서 생긴 인식이 목적상 분명히 달랐기 때문이다. 프랑스 예술사가 히폴리트 텐15)이 고대그리스 예술사상을 상세히 해석할 때 그 사상과 그리스인의 사회관과 우주관 특징의 필연적인 연관관계를 중시하여 다음과 같이 설명하였다.

……………………

…… 이와 같은 협소한 구역 안에서, 일체가 두뇌 안에 분명하게 비친다. 국가 관념이 우리 마음과 눈에는 추상적이고 막연한 끝없는 모습이 아니다. 그것은 감관으로 접촉할 수 있는 것으로, 지리상의 국가와 한 곳에 섞여 있는 것이다. 두 가지는 모두 윤곽이 분명하여, 국민의 머리에 각인된 것이다. …… 정치범위가 협소함은 지형과 똑같이 사람들 개인 크기에 알맞게 먼저 주면, 경계선으로 확정된 형식은 그의 모든 사상활동의 범위가 된다.

이런 관점에서 그들의 종교를 고찰해볼 수 있다. 그들은 우주의 무궁함을 인식하지 않았고, 한 세대, 한 민족, 모든 유한한 생물은 크기에 상관없이 이런 것들은, 우주에서 단지 찰나이고 작은 존재라는 것을 결코 깨닫지 못했다. 시간은 그들 앞에 억만년의 금자탑❶을 세우지 않았고, 구름 위로 높이 솟은 태산의 형상이 우리들에게 작은 생명과 비교하게 하여, 단지 하나의 개미집이고 한 줌의 모래같이 느끼게 했다. 그들은 인도 인, 이집트 인, 셈 인, 게르만 인들처럼 영원히 멈추지 않는 윤회를 생각하지 않았고, 무덤에서 조용하게 영원히 수면하는 것은, 그들의 생각에는 형상의 무저❷한 깊은 연원이 없어서, 그 중에 나타나는 생물은 온통 물기에 불과하다는 것을 생각하지 못했다. 유일한 포라만유❸의 위력은 끝이 없는 하늘이라는 것을 생각하지 못했는데 …… 그리스인의 사상은 매우 명확하여 크기를 기준으로 건립하였다. '포라만유'의 관념은 그들이 직접 느끼지 못해서 …… 그리스인들 관념의 세계는 거대하고 끝이 없는 아득한 신명❹을 용납하지 않았다.❺

히폴리트텐

❶ 금자탑(金字塔): 불멸의 업적을 이른다.
❷ '무저(無底)'는 정의(定義)하거나 논증(論證)할 수 없는 신비한, 우주가 발생하기 이전의 원시적인 상태를 이른다.
❸ 포라만유(包羅萬有): 만물을 망라하는 것이다.
❹ 신명(神明): 천지신명. 신의 총칭.
❺ 『예술철학(藝術哲學)』, PP.257~259.

앞의 많은 장절에서 중국고대철학과 예술의 관계에 대하여 상세하게 밝혔는데, 특히 어째서 반드시 포라만유包羅萬有와 영항무제永恒無際16)한 '천인지제' 체계를 자기와 우주 사이에 모든 사물이 존재하는 유일한 근거로 삼았는지를 살펴보았다.17)

히폴리스 텐이 언급한 인도·이집트 등의 민족과 비교해보면, 중국고대사상은 우주의 무궁함과 무한함을 숭배한 점은 결코 그들만 못하지 않았다. 더욱 중요한 것은 중국고대 '천인' 체계의 발전과 완선은 수천 년 동안 시종일관 계속되었고, 마음속으로 옮기지 않을 것을 맹세하였기 때문에, 포라만유·영항무제한 면에서 튼튼한 뿌리를 내려서 견고해졌고, 정미하고 광대한 범위는 세계의 기타 어떤 문화체계와 비교하기 어렵다. 이러한 토대 위에서 중국고대의 사유방식은 더욱 봉건문화 사대부계층의 사유방식을 대표하여 서양의 것과는 반드시 다른 것이다. 그러나 중국고대 예술은 서양예술에 없는 '사의' 방법을 창조하여, 긴 세월 동안 사대부생활의 모든 영역에 스며들었는데, 이는 모두 필연적인 것으로 몇 가지가 구체적으로 표현된 것에 불과하다.

결론적으로 중국과 외국을 막론하고, 예술창작은 모두 의상사유가 기초가 되었다. 그러나 서양예술의 대상은 시간과 공간적인 면에서 확실히 한계가 있다. 주체와 객체 사이의 관계상에서 나눌 수 있는 한계는 이런 점에서, 예술의 대상이 수학·논리학·역학 등의 대상과 완전히 서로 통하기 때문에, 모방설模仿說·조화설和諧說·회화와 건축의 투시 같은 가장 기본적인 예술이론과 예술방법에서, 동시에 이처럼 많은 논리적 사고 요소를 비로소 내포할 수 있었다.

중국고전예술은 특히 사대부 예술과는 달리 무한하고 영원불변한 '천인지제' 체계를 파악해야 하고, 이러한 체계에서는 예술표현의 주 객체의 경계선이 최후까지 존재하지 않는다. 따라서 서양인들은 건축을 조소나 회화 앞에 두어서 3대 조형예술 중에서 가장 선명한 대조를 이루었다.

중국고대에는 특정한 공간경계를 구획하는 목적의 건축은 예술로 간주하지 않았고, 건축사의 성명과 사적도 정확한 사실의 역사서인 「예술열전」에 넣을 수 없었다. 도서 분류학에서 『영조법식營造法式』[18]같은 건축학 저서는 '사부정서류史部政書類'[19]에 두어서 『당율소의唐律疏義』[20]나 『대청율례大淸律例』[21]와 같은 대열에 놓았다.[22]

원림이 사대부예술의 일부분으로 간주되었기 때문에, 원림과 건축공예와의 관계가 아니라, 원림과 시화 사이의 관계를 서로 비교하였기 때문에 건축의 지위는 언급할 가치가 없었다. 이러한 현상을 설명하면 다음과 같다.

'천인'의 경계는 중국사대부가 예술과 비예술을 구분하는 경계선으로 표현할 수 없을 것이다. 이러한 능력이나 목적이 갖추어지지 않았으면, 작품이 어떻지를 막론하고 직접적인 의상사유의 창작토대[예를 들어 건축]는 모두 '예술'의 반열에 들어설 자격이 없다.

중국 사대부예술이 하나의 목적 앞에서는 엄격한 논리사유가 힘을 쓰지 못할 뿐만 아니라, 묘사하여 옮기는 제한된 의상사유도 사용될 수 없었다. 그래서 중국고대예술이 비로소 '사의' 같은 고도의 능동성이 있는 의상사유 방법을 창조해냈다.

'사의'의 본질이 중국 전통문화 특유의 특징에 기원할 수밖에 없기 때문에, 인류예술사유의 일반규율에서만 본다면, 사의의 진정한 의의를 이해하는 것은 영원히 불가능할 것이다.

중국고대철학과 예술에서 원시적인 의상사유의 발전을 비교해보면, 사유방식은 여전히 전국시기에 자각하기 시작하였다. 바꾸어 말하면, 이러한 전환과 '천인지제' 체계의 자각이 동시에 발생한 것이다.

전형적인 예로는 전국시대에 출판된 『주역·계사』는 점치는 사유구조를 타파하여, 유추하는 방법의 상을 취하여 '천인지제'의 각종 현상과 연계하여 계통적으로 묘술한 것으로,[23] 음양오행의 우주형식을 확립한 것들이다.

여기에서 별도로 주의해야 할 가치가 있는 정황은, 제4편 제1장에서 밝혔듯이, 전국제자들이 보편적으로 자각하기 시작한 우주이상·사대부인격이상과 크게 심화된 인성이론이 한 곳으로 결합한 것이다.

맹자의 "마음을 다한 사람은 그 본성을 알고, 그 본성을 알면 하늘을 안다."[24]고 한 것과, 순자의 "군자의 큰마음은 경건하여 하늘의 도와 같다."[25]고한 말에서 어렵지 않게 볼 수 있듯이, 사대부 이상인격에서 3대요소가 결합하여 '천인지제' 체계가 건립되었고, 이러한 시대를 구분하는 사정도 의상사유가 전례 없이 능동성을 부여하려고 노력한 자각과 밀접하여 불가분의 관계를 이루었다.

그 원인은 매우 간단하다. 이는 바로 원시적인 혈육종법제도가 방대한 군주종법제도로 확대하면서 동시에 인학을 확대한 것이 필수적이었던 것은 전국 이후에 새로운 우주이상과 인격이상을 개조한 것이 똑같았다. 완성된 후에 한 종류로 확대해야 한다는 것도, 반드시 작용범위와 작용능력을 원시 의상사유방식으로 제한하는 동시에, 확대와 개조가 새로운 우주이상이나 인격이상과 서로 적응해

성도(成都) 백화담중학(百花潭中學) 10호묘(十號墓) 출토(出土), 전국(戰國) 감착동호(嵌錯銅壺) 꽃무니[花紋] 모본(摹本)

제2장 중국사대부 사유방식의 특징과 그 형성 원인 187

야, 전례 없이 거대한 능력과 거대한 규모의 의상사유방식이 갖추어진다. 이 때문에 중국고대 사상가들이 '진심眞心'이나 '대심大心' 등의 자각을 강조한 것은 바로 전국시대에 시작하였는데 이것은 우연하게 홀로 확립된 현상이 결코 아니다.

이러한 사유방식의 발전이 사대부심미관과 예술창작에 직접적인 영향을 끼쳤기 때문에, 당시의 예술계에서 장자나 굴원처럼, 아름다운 이상과 경계가 광활한 문학작품이 가득하게 출현한 것은 당연한 현상이다.

전국시대에 자그마한 구리항아리 위에 상·주·춘추시대의 어떠한 조형예술품에도 없었던 것이 비로소 출현하였는데, 그 제재는 풍부한 장식화와 비교할 수 없을 정도이다.

비록 「이소」나 「천문」에 있는 신화가 모두 오래 동안 전하지만, 전국시대 구리항아리 위에는 전쟁하거나, 고기잡이 사냥하거나, 뽕을 따고 베틀질하거나, 연회를 즐기는 등등의 장면마다 모두 전인이 구분하여 수백 편을 묘사했지만, 모든 이러한 내용은 하나같이 통일되고, 광대하며, 넓은 장소의 경치 안에 구성하였다.

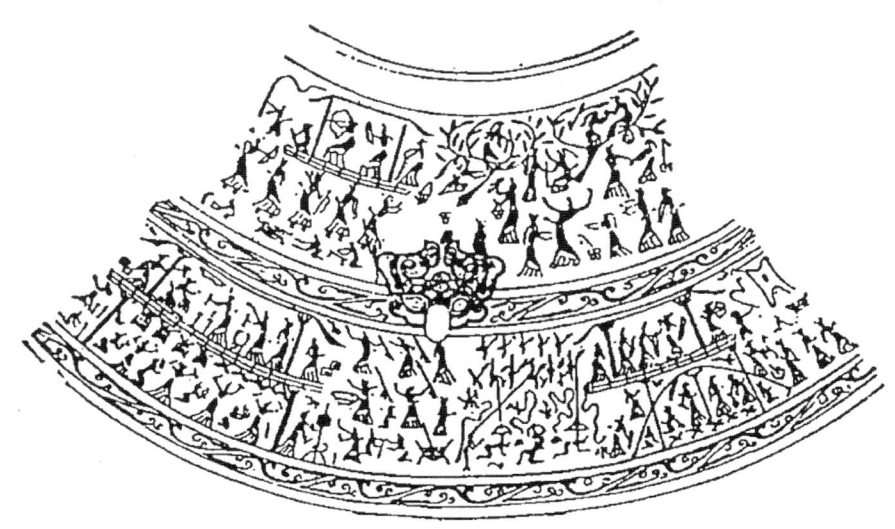

성도(成都) 백화담중학(百花潭中學) 10호묘(十號墓) 출토(出土), 전국(戰國) 감착동호(嵌錯銅壺) 꽃무니[花紋] 모본(摹本) 부분

이것은 오히려 전국 이전의 예술가들이 근본적으로 상상할 수 없었던 것이다. 중국고대 사유방식이 진한 이후에 확립되었는데, 이는 초楚문화와 중원中原문화가 힘을 합친 결과라고 해야 할 것이다.

한편으로는 모든 원시의상사유의 인식대상[26]이 같아서, '천인지제' 체계도 포라만유와 영향무제한 것으로, 이는 또한 어느 곳에나 있어서 인온[하늘과 땅의 기운]이 쉬지 않는 것이다. 따라서 고대의 과학수준으로는 여전히 당시의 어떠한 논리적 사고로 모두 파악할 방법이 없었다. 이러한 하나의 인식을 실현할 목적이면, 사람들도 원시의 의상사유 방식을 계속 사용해야만 그것을 확대할 수 있었다.

이 때문에 서한西漢의 여러 가지 철학·문학·회화·음악·칠기·놋그릇·견직물 등을 예로 들어서, 원림 같이 매우 광범위한 문화예술 영역에서 중요하게 토론하였다. 이는 분명히 모두 초나라 문화에 있는 강렬한 상고무풍上古巫風[27]의 영향을 받았다고 볼 수 있으며, 사유방식에서 감성·직관·사람과 귀신이 뒤섞임·기이하고 변화하는 생동감 등의 특징을 볼 수 있는데, 한나라 사람들이 '천인지제' 체계를 파악하는데 반드시 필요했던 것이었다.[28]

제1편에서 '한대 예술풍격의 개설'과 '초당·성당 예술풍격 및 한당 예술풍격의 차이점 개설'을 각 절에 구분해서 제시하였다. 한대 특히 서한 예술풍격의 기본특징은 종교숭배와 유사한 열정과 역량인데, 모든 예술 공간에 대한 실현을 직접 점유하였고, 이러한 풍격이 전형적으로 한인에게 반영되어 원시의상사유 방식을 계승하여 널리 발전시켰다.

다른 한편으로 주대 이후 중원문화가 형성된 것은, 현세·이성·조화를 중시하는 문화전통이 중국고대 사유방식을 확립하는데 결정적인 영향을 끼친 것과 똑같다. 상술한 전통과 서로 적응하여 신비한 기운이 가득해진 것이 아니다. 반드시 신기함에 미혹하여 분발해야 실현할 수 있는 것은 '미광형迷狂型'[29]에 의지한 사유방식이고,[30] 뚜렷한 것은 인성의 토대 위에서 세워지는 것은 '지해형知解型'[31]의 심리상태이다.

전국제자들이 인성에 대한 발굴을 거친, 이러한 특징이 날로 뚜렷하게 변화한 것은 『장자』를 예로 들 수 있다. 장자는 의상사유의 강조와 상고신화의 흥취에 대해서 사람들에게 널리 알려졌다. 하지만 그는 더욱 많은 것을 중원문화에서 영향 받았다.32) 때문에 장자의 사유방식도 명백하게 굴원의 지방과는 차이가 있었다.

예를 들면 「제물론」에서 남곽자기의 말을 빌려서 비평하여 "사람의 소리는 들었지만 땅의 소리는 듣지 못하였다."하고, "땅의 소리는 들었지만 하늘의 소리는 듣지 못하였다."33)고 하였는데, 이러한 인식대상이나 사유단계의 순서가 『천문(天問)』에서는 명백하게 보이지 않는다. 연이어 '천뢰'를 형용하는 중에 방자함과 형상을 하나로 꿰뚫어서 평범하게 비유하는데 사용하였다.

이것은 한편으로 사람에게 이렇게 거대한 감정을 느끼게 하며, 영원한 대상은 충분한 의상사유를 사용해야만 비로소 파악할 수 있다는 것이다. 다른 한편으로 이렇게 풍부한 현실의 인식대상은 모든 사람들이 가장 통상적인 생활경험에서 도움을 빌어 모두 수시로 느낄 수 있다는 것도 말한 것이다.34) 다른 하나의 예로는 『장자·인간세』에 유명한 한 단락의 말이 있다.

뜻을 한 결 같이 하고, 귀로 소리를 듣지 말고 마음으로 들어야한다. 또 마음으로 듣지 말고, 기로 들어야 한다. 귀는 소리를 들을 뿐이고 마음은 밖에서 들어오는 것에 맞추어 깨달을 뿐이지만 기운은 허해서 무엇이나 그대로 받아들인다. 진리는 오직 허함에 모이니 허함이 바로 심재이다.❶

---

❶ 『장자(莊子)·인간세(人間世)』, "一若志, 無聽之以耳而聽之以心, 無聽之以心而聽之以氣. 聽止於耳, 心至於符. 氣也者, 虛而待物者也, 唯道集虛, 虛者, 心齊也."

장자가 '귀로 소리를 듣지 말라'고 한 까닭은 우주자체를 신비한 것, 느낄 수 없는 것으로 여겼기 때문이 아니라, 그것의 무한함·영원함·정미함이 눈과 귀 심지어 마음에서도 통상적인 사유를 파악할 방법이 없기 때문에, 능동성의 의상 사유방식을 갖추어 이러한 난제를 해결할 필요가 있어서, 즉 '허함이 심재이다'고 말한 것이다.

이런 사유방식의 특징은 신기한 감응 아래에서 미처 날뛰거나 마음으로 깨닫는 것이 결코 아니고, 심성의 조화로 길러진 토대에서 획득한 사유가 우주 자체와 조화하고 융합하는 역량이다. 이로부터 '천인지제' 체계를 더욱 깊이 감지하는데, 곽상郭象도 「주」에서 "그 마음을 비우면 지극한 도가 마음에 모인다."35)고 말했다.

장자 및 그 후학은 일찍이 반복하여 그들의 이상 사유방식에서 이러한 천인관계를 다음과 같이 묘사했다.

안에 잔잔한 고요를 간직하고 겉이 출렁이지 않기 때문이다. 덕이란 사물의 조화가 잘 이루어진 상태이다. 덕이 나타나지 않으면, 만물은 떨어질 수가 없는 것이다.❶
"손발이나 몸이란 것을 잊고 귀나 눈의 작용을 물리쳐서 형체를 떠나서 지식을 버리고 저 위대한 도와 하나가 되는 것을 좌망이라 한다.❷
홀로 하늘과 땅의 정순함과 신명과 더불어 왕래하며, 만물을 내려다보는 태도를 취하지 않는다.❸

---

❶ 『장자(莊子)·덕충부(德充符)』, "內保之而外不蕩也, 德者, 成和之修也, 德不形者, 物不能離也."
❷ 『장자(莊子)·대종사(大宗師)』, "墮肢體, 黜聰明 離形去知 同於大通 此謂坐忘".
❸ 『장자(莊子)·천하(天下)』, "獨與天地精神往來, 而不敖倪於萬物".

이러한 것은 제4편 제1장에 서술한 것과 같이 전국 이후 사대부의 인성인식에

대한 심화와 자기인격에 대한 구축은 서로 통하는 것이 아닌가? 신비한 심령에 있는 원시의상사유와 매우 큰 차이가 있는 것이 아닌가?

이후의 중국철학과 예술사유방식의 영향에서만 말하면, 전국제자 중에서 가장 중요한 인물은 중원문화를 대표하는 맹자가 아니고, 초나라 문화를 대표하는 굴원도 아니며, 이 둘 사이에 있는 장자인데, 이것은 아마 우연한 원인이 아닐 것이다.

이후의 중국고대철학과 예술에서 한편으로 시종 변함없이 의상사유를 기본사유방식의 특징으로 삼았고, 시종 종교사유의 큰 상용성相容性36)과 재창조성을 유지하였다. 그러나 다른 한편으로 이러한 의상사유에서 주도적 위치를 차지하는 것은 결코 신비한 느낌이 아니라, 이성과 인정이 의미하는 분위기에서 주체와 객체 사이에서 날로 밀접하게 융합하는 것이다.

밀교 등 신비주의적인 종교유파가 중국에서 오래 가지 못했기 때문에, 선종을 대표하는 중국사대부의 불교가 종교인식세계의 신비주의 방법을 반드시 개조해야, 상술한 문화전통의 사유방식에 부합하는 것도 이러한 원인 때문이다. 소식이 동림사에 머무르면서 무정설법無情說法을 듣고 깨닫은 바를 예로 들겠다.

조각스님❶과 '무정설법'이라는 말❷을 논하고, 깨달음이 있었다. 동틀 무렵에 게송을 지어 '시냇물 소리 여래의 장광설이요, 산 빛은 어찌 청정법신 아니랴!'라고 읊으며 스님에게 바쳤다.❸
스님이 질문하였다. '무엇이 양의 경지에서 흥기하는가?' 도흠선사가 '소나무와 대나무가 갑자기 푸른 산 그림자를 실었고, 물이 흘러 원정을 뚫고 지나가네.'라고 대답하였다. 또 '무엇이 부처인가?'하고 물으니, '이 건 또 무슨 말인가!'❹

---

❶ 조각(照覺; 1025~1091): 원풍(元豊) 연간(1078~1085)에 율종(律宗)사찰 동림사(東林寺)를 선종으로 바꾸니, 천하의 선승들이 스님의 기풍을 우러러 모이게 되었는데 모두 믿고 경외하여 '육신대사(肉身大士)'라 불렀다.

❷ 무정설법(無情說法)의 화(話): 무정설법(無情說法)을 듣는다는 뜻으로, 무정설법(無情說法)이란 산이나 나무와 같은 무정물이 설법을 한다는 말이다.
❸ 『오등회원(五燈會元)』17권, "與照覺論無情話, 有省. 黎明獻偈曰: '溪聲便是廣長舌, 山色豈非淸淨身'". 소동파는 신종 원풍 7년(1084) 황제의 명을 받고 황주(黃州)를 떠나 새 임지인 여주(汝州)로 떠났다. 도중에 여산(廬山) 동림(東林) 흥룡사의 상총조각(常總照覺) 선사를 방문해 오랜 회포를 풀었다. 밤새 나눈 대화 끝에 소동파는 나름대로 깨달음을 얻은 바 있어 게송을 지어 선사에게 보냈는데, 그 시는 다음과 같다. "시냇물 소리 여래의 장광설이요[溪聲便是廣長舌], 산 빛은 어찌 청정법신 아니랴[山色豈非淸淨身]. 간밤에 다가온 무량한 이 소식[夜來八萬四千偈], 사람들에게 어떻게 보여줄 수 있을까[他日如何擧示人]." 「증동림총장로(贈東林總長老)」 앙산혜적(仰山慧寂) 선사가 "한 마디 말로 산하대지를 모두 말하였다[一言說盡山河大地]"고 한 경지를 보여주고 있다.
❹ 『오등회원(五燈會元)』8권, "僧問: '如何是興陽境?' (道欽禪)師曰: '松竹乍載山影綠, 水流穿過院庭中.' 問: '如何是佛?' 曰: '更是什麼!'"

이런 것이 사대부의 사유방식과 심미방식이 완전히 일치하는 것이 아닌가?

왕아선도교조상비(王阿善道敎造像碑)
북위(北魏)

높이 27.5Cm, 넓이 27.5Cm.
중국국가박물관장(中國國家博物館藏)

명문(名文)이 있는 도교 조각상이다. 정면에 두 명의 주존(主尊)이 머리에 모자를 쓰고 앉았다. 큰 귀는 어깨까지 늘어뜨렸고 긴 포를 입었다. 등 뒤에 선 3명의 시녀는 모두 모자를 썼으며 긴 치마를 입고 두 손은 가지런히 모아 가슴 앞에 댔다. 측면에는 역시 도 왕아선(王阿善)의 소원을 적은 명귀를 새겼다.

도교가 이처럼 중국에서 독점하고 있는 것도 이런 점을 증명하는 것과 같다. 갈홍의 『포박자·내편』에서 다음과 같이 말했다.

인식론 상에서 신선에 대하여 논리적으로 추리하고 경험한 논증들이 많은데, 이들을 사실대로 짓는 것을 번거롭지만 싫어하지 않고, 또 금단·선약·황백·행기❶ 방안에서 여러 가지 장생하는 방술에 대하여 엄격하게 과학적으로 고찰하여 진실을 인식하려고 여력을 버리지 않았다.❷

❶ 금단(金丹)·선약(仙藥)·황백(黃白)·행기(行氣)는 모두 도교에서 장생과 관계되는 약과 호흡법이다.
❷ 호부침(胡孚琛), 「도교의 특징 추의[道教特徵芻議]」『철학연구(哲學研究)』, 1987년 제10기, p.52. 갈홍(葛洪), 『포박자(抱朴子)·내편(內篇)』, "不厭其煩地從認識論上對仙人實有作了大量邏輯推理和經驗論證, 又不遺餘力地對金丹·仙藥·黃白·行氣·房中諸長生方術進行了認真嚴肅的科學考察"

이런 이성과 차안세계(此岸世界37)에서 종교를 건립해야할 근거를 자각하게 되었으니, 이는 분명히 중국전통사유방식의 특징과 직접적인 연관관계가 있다. 지금 제2편, 제3편, 제4편에서 토론한 많은 문제를 회상할 수 있다면 쉽게 알 수 있다.

중국고대문화에서 특히 대표적인 사대부문화의 사유방식을 선택하는 것은 사람이 살아가는 길·철학과 예술주제·이상인격 등을 선택할 수 있는 것처럼 중요하다. 때문에 중국고대사회형태의 특징이나 발전추세는 이런 근본적인 요소에서 결정할 수밖에 없다. 그리고 '마음의 재계[心齋]'·'문득 깨달음[頓悟]'·'마음이 곧 우주[吾心便是宇宙]'·'뜻을 나타냄[寫意]' 등과 같은 사대부의 예술·철학은 사대부인격과 우주이상에 이르기까지, 이처럼 광범위하고 정교하게 부합할 수 있기 때문이다.

이것은 단순히 한 가지 예술기법에서 서로 통하거나 본받는 것이 아니고, 기법적인 면에서 본받는 것 보다 더욱 깊고 오묘한 원인이 있다. '천인' 체계는 모든 문화내부에서 절대적인 요소이며, 생존하고 발전하는 기점이 같기 때문에, 더욱 깊이 생각하여 총괄하였다. 다음 1장에서 많은 실례를 들어 이 점을 설명하겠다.

주역괘를 조각한 바위

01 예술사유(藝術思惟): 아름다움을 표현하고 창조하는 일에 목적을 두고 작품을 제작하는 모든 인간 활동인 예술행위와 연계되는 모든 사고방식이나, 그 과정에서 산생되는 것들에 대하여 심사숙고하는 일체를 가리킨다.

02 심미의상(審美意象): 아름다움을 추구하기 위하여 식별하고 가늠하여 깊은 생각을 거쳐 만들어진 형상이나 그러한 태도, 아름다움을 상상할 수 있는 뜻이 담긴 의경(意境)·경계·경지·정취 등을 이른다.

03 말은 다함이 있으나 뜻은 다함이 없다[言有盡而意無窮]: 말은 다함이 있되 뜻은 무궁하다. 맛이 있고 뜻이 있어 여운이 깊다는 것이다.

04 언외지의(言外之意): 말에 나타난 뜻 이외에 숨어 있는 다른 뜻.

05 미외지치(味外之致): 맛 밖의 운치.

06 언의지변(言意之辨): 현학(玄學)에서 강조한 '글로는 말을 다할 수 없고 말로는 그 뜻을 다할 수 없다[書不盡言, 言不盡意]'. 즉 표현되는 언어와 표현하고자 하는 뜻의 관계에 관해 토론한 '言意之辨'의 사상을 이른다.

07 돈오(頓悟): 선종(禪宗)에서 참뜻을 문득 깨닫다. 소승에서 대승에 이르는 얕고 깊은 차례를 거치지 아니하고, 처음부터 바로 대승의 깊고 묘한 교리를 듣고 단번에 깨달음을 이른다.

08 비논리사유는 갖가지 직감·영감·비약식의 상상 등을 포함한 것들이다.

09 이에 관하여 상세하게 서술한 저작은 매우 많다. 그 중에 비교적 중요한 것은 탕용동(湯用彤)의 「위진현학(魏晉玄學)과 문학이론(文學理論)」『중국철학사연구(中國哲學史硏究)』, 1981년 제1기, 갈조광(葛兆光)의 『선종(禪宗)과 중국문화(中國文化)』 제3장 「선종(禪宗)과 중국사대부(中國士大夫)의 예술사유(藝術思惟)」 등이다.

10 『장자(莊子)·외물(外物)』, "言者所以在意, 得意忘言"

11 『문예대화집(文藝對話集)·이안편(伊安篇)』의 이안편(伊安篇)은 '고대그리스편'으로, 플라톤(Platon)의 저서를 주광잠(朱光潛)이 편집하여 번역하여, 상해문예연합출판사에서 1954년에 초판하고, 상해신문예출판사에서 1956에 재판 하였고, 인민문학출판사에서 1963년에 재판하였다. 이는 『플라톤의 미학과 문예학론저선집[柏拉圖的美學和文藝學論著選集]』이다.

12 루시앙 레비 브륄(Lvy Bruhl, Lucien[列維·布留爾]; 1857~1939)의 『원시사유(原始四維)』제10장 「원시사유(原始思維)의 기본특징」에 상세하게 나온다.

13 효상(爻象): 주역(周易)의 괘상(卦象)을 이른다.

14 묵경(墨經): 중국 묵가(墨家)학파의 저작 『묵자(墨子)』의 일부분. BC 5~4세기에 이루어졌다. 묵자의 학술성취 및 그 제자들의 논설을 기술한 것으로, 내용은 논리학·자연과학·철학·윤리학 등을 포함하고

있다. 논리학 방면에서는 개념·판단·추리 등의 문제를 탐구해서 판단은 반드시 정확한 추리방법을 따라야 함을 강조했다.

15 히폴리트 텐(Hippolyte~Adolphe Taine[丹納]; 1828~1893): 프랑스의 평론가·철학자·역사가. 콩트의 실증주의적 방법을 써서 과학적으로 문학을 연구하였다. 인종·환경·시대의 3요소를 확립하고, 1864년에 『영국문학사』4권을 썼다.

16 영항무제(永恒無際): 영원하며 끝없이 넓은 우주를 이른다.

17 일종의 외재적인 인식대상까지도 살펴보았다.

18 『영조법식(營造法式)』: 송대에 발간된 건축기법에 관한 서적이다. 36권 357편 3,555조. 북송(北宋) 희녕연간(熙寧年間; 1068~1077)에 장작감(將作監)에서 편찬하기 시작하여 1091년(元祐 6)에 완성했다. 1097년(紹聖 4)에 장작감의 소감(少監)으로 임명된 이계(李誡; ?~1110)가 책임감수를 맡아 다시 개정 편찬하여 1100년(元符 3)에 마무리되었다.

19 사부정서류(史部政書類): '사부'는 중국의 고전을 크게 경(經)·사(史)·자(子)·집(集)의 네 가지 부문으로 나눌 때 사에 속하는 부류. 주로 역사, 지리, 관직에 관한 책들이 이에 속한다. '정서'는 전문적으로 전장제도를 기록한 책이다.

20 『당율소의(唐律疏義)』: 중국에서 가장 오래된 법률서적으로 30권이다.

21 『대청율례(大清律例)』: 청대의 법률서적으로 47권이다.

22 『직재서록해제(直齋書錄解題)』7권·『사고전서총목(四庫全書總目)』82권에 보인다.

23 후대의 왕필(王弼)이 『주역약례(周易略例)·명단(明彖)』에서 "현상이야 온갖 모습으로 변하지만 종주는 있는 것이니 단이 숭상하는 바를 중요하게 여긴다[品制萬變, 宗主存焉.「彖」之所尚, 斯爲盛矣]."고하였다.

24 『맹자(孟子)·진심(盡心)』, "盡其心者, 知其性也. 知其性則知天矣."

25 『순자(荀子)·불구(不苟)』, "君子大心則敬天而道".

26 원시의상사유의 인식대상은 신비한 우주작용을 이른다.

27 상고무풍(上古巫風): 초지방에 유행한 무풍(巫風)의 영향으로, 초사중의 많은 작품의 편명과 내용은 무가(巫歌)적 분위기를 띠고 있다.

28 한 대(漢代) 문화에서 보편적으로 자각하여 초풍(楚風)을 흡수한 것은 사람들이 항상 말하는 항우(項羽)나 유방(劉邦) 같이 초나라 사람의 단순한 면뿐만 아니라, 이 책 앞에서 이미 언급한 초(楚)·한(漢) 칠기 등 조형예술의 선과 형이 서로 닮은 현상과 연계한 것이다.

29 미광형(迷狂型): 유혹에 빠져드는 유형.

30 루시앙 레비 브륄(Lvy Bruhl, Lucien[列維·布留爾]; 1857~1939)의 『원시사유(原始四維)』에서 '호삼율(互滲律; 사물 사이에 통과하여 무술 등의 형식이 건립될 수 있는 것과 연계된 신비한 속성)'이 원시사유에서 매우 중요한 작용을 갖고 있다는 점을 이미 반복하여 강조하였다. 이런 유와 원 논리적 사유는 현대인이 볼 때 불가사의한 일일 것이다. 그러나 '호삼율'의 지배를 받던 원시사유로 말할 때는 전혀 문제되지 않는다. 루시앙 레비 브륄의 '원시사유'에 관한 학설은 학계에서 널리 인정받았다. 우리는 '원시사유'가 중국 초창기 인류에게 활용되었다고 믿을 수 있다.

31 지해형(知解型): 이해하여 깨달은 유형이다.

32 『사기(史記)·노자한비자열전(老子韓非子列傳)』, "장자는 몽(蒙) 사람이다."하였는데, 몽은 송나라의 옛 지명이다. 지금의 하남(河南) 상구현(商丘縣) 동북(東北) 쪽이다.

33 『장자(莊子)·제물론(齊物論)』, 借南郭子綦之口批評 "聞人籟而, 未聞地籟", "聞地籟而未聞天籟."

34 후대의 남송 이학가 장식(張式)이 원림 경색의 물상에서 우주본체는 어느 곳에나 있다는 것을 몸소 체험하여 "초가을의 서늘한 기운은 사물마다 정신이 있으니, 조용하게 서재 창에 기대어 비 소리를 듣는다. 생각해보니 자기(子綦)는 원래 이해하지 못하여 천뢰(天籟) 매우 거친데서 생긴다고 억지로 구분하였네.[新涼物物有精神, 淨依書窓聽雨聲. 忽憶子綦元未解, 强分天籟太粗生.]"라고 말했다. 이는 분명히 장자의 이런 사유방식을 계승하여 발전시킨 것이다. 이 문제에 대하여 아래 1장에서 상세하게 토론할 것이다.

35 곽상(郭象)『注』, "虛其心 則至道集於懷也."

36 종교사유(宗敎思維)의 상용성(相容性)은 종교와 풍속 사이의 모순은 모두 정치나 경제 등의 원인에서 나오는데, 세간에서 이에 대한 해석이 다르게 나뉘어서 사유구조와 도무지 맞지 않는다. 예를 들면 지금 사람들이 매우 칭찬하는 "유물주의 무신론자"인 제와 양나라의 철학자인 범진(范縝; 450~515)은 실제로 귀신을 믿지 않은 적이 없지만, 사람이 죽어서 귀신이 된다는 것을 믿지 않았다. 전종서(錢鍾書)의 『관추편(管錐編)』제4책, p.1422에 자세하게 나온다.

37 차안세계(此岸世界): 열반인 피안에 상대되는 말로 깨닫지 못하고 고생하며 살아가는 세계를 말함.

제 3 장

송명이학*의 중대한 의의 중 셋째인 전통사유방식의 고도·강화·완선이 원림의 사의에 미친 영향

* 송명이학(宋明理學): 송·원·명 시대에 이기나 심성 등의 문제를 중심으로 다룬 철학 사조. 도학(道學)·성명학(性命學)·정주학(程朱學)이라고도 한다. 넓은 뜻으로 이학은 천도(天道)와 성명(性命)의 문제를 중심으로 삼는 철학 사조 전체를 뜻하나, 협의의 이학은 오직 이정과 주희를 대표로 하는 '이'를 최고의 철학 범주로 삼는 학설, 즉 '정주리학'을 말한다. 이들은 공통적으로 사람과 자연, 사람과 사회 및 사람과 사람 간의 관계 문제를 탐구하는 데 관심을 두었다.

◁ 소흥 동호(東湖) 풍경 원림의 경관

원시 의상사유보다 자각적이고 '천인지제' 체계의 요구에 부합하는 사유방식의 발전과 개조가 전국시대부터 시작되었다고 앞에서 지적하였다. 이러한 발전과 개조는 원림예술에 거대한 영향을 끼쳤다. 그 결과 '법천상지法天象地'[1]로서 예술을 구상하는 특징과 규모로 삼아서, 전례 없이 질서를 갖춘 진한궁원秦漢宮苑[2]이 생기게 되었다.

본질적으로 말하면, 진은 위수를 끌어들여 은하수를 본떴고, 한대 상림원上林苑[3]은 수십 제곱Km의 연못을 만들어 끝이 없는 바다를 상징하였다. 이것은 후세 원림에서 권석작수拳石勺水[4]로서 강호 산림에 기거하려는 '사의' 방법이며, 그 사이에는 특별한 구별이 없다. 따라서 진한궁원부터 소중하게 여긴 바다 가운데 삼산의 원림구조와 심미이상이 역대 원림에서 줄곧 계승된 것이다.

그러나 습관적으로 사람들은 진한원림 및 그 당시의 시문이나 회화 등을 '사의 예술'이라고 부르지 않았다. 그 원인은 매우 간단한데, 당시의 의상사유는 원시에서부터 자각할 때까지의 개조와 변환이 아직 완성되지 않아서, 동중서의 철학을 막론하고 많은 예술영역에서, 여전히 무술문화의 신비로운 색채를 띠고 있는 현상을 피할 수 없었다. 사대부들의 인성에 대한 발굴·이상인격의 구축·우주관계의 이해에 대한 것들이 주체나 객체 사이에서 조화하고 융화하는 관계가 매우 희박하였다. 그러나 '사의' 개념이 송대에 제기되어 사대부사유방식의 기본 내함이 되었다는 점을 제1장에서 이미 언급하였다.

송 이후의 사람들은 모두 '사인 심정'의 예술과 '사의'를 표현하였다. 오랜 기원을 거슬러 올라가면 '사의'의 근원은 태고시대의 원시숭배에도 있었는데, 높은 대에 신선의 산을 모방한 종류의 선민종교예술에서 뿌리를 내렸다. 형상에서는 큰 차이가 있더라도 가장 근본적인 점은, 현실을 초월한 물질역량이 기초가 된 의상사유에 의지하여 무한하고 영원한 우주를 파악하는 것으로, '사의'는 시종일관 원시사유의 구조를 타파하지 못했는데, 이것은 마치 고도로 발달한 중국봉건국가가 끝까지 씨족혈친 종법제도를 타파하지 못하는 것과 같다.

중국의 가장 완선하고 정미한 봉건문화예술은 의외로 '사의'의 범위에서 원시

문화핵심을 유지하였고, 어떤 측면에서도 이를 매우 중요하게 여길 것이다.5)

　전국 시대와 똑같이 의상사유는 한 대에 진일보한 결과이다. 한편으로는 크게 통일하는 사유방식의 전형이 되었고, '천인지제'는 '몹시 두려워 할만하다(甚可畏也)'는 면모를 갖추어 무한한 영원한 위엄을 표현해냈다. 또 한편으로는 사대부 우주이상과 인격이상으로 인하여 '천인지제'를 날로 더욱 깨달아서 결합하게 하는 기반이 되었다. 『회남자·정신훈』에서 그러한 예를 들겠다.

만약 지인 같으면 위장에 알맞게 먹고, 몸을 보호할 만큼 입고, 육신의 조건에 맞게 즐기며 인정에 맞게 실행한다. 그러나 그에 필요한 것 이외에는 제왕의 자리일지라도 탐내지 않고 만물일지라도 욕심내지 않는다. 무한히 큰 세계에서 살면서 끝없는 들녘에서 노닌다. 하늘에 올라서서, 태일❶신에 의지하여 천지를 손바닥에서 놀리듯이 여긴다.❷

---

❶　태일(太一): 천지만물의 생성 근원 또는 우주의 본체를 이르는 말
❷　『회남자(淮南子)·정신훈(精神訓)』, "若夫至人, 量腹而食, 度形而衣, 容身而遊, 適情而行. 餘天下而不貪, 委萬物而不利. 處大廓之宇, 遊無極之野, 登太皇, 馮太一, 玩天地於掌握之中."

　이것은 하나의 이상인물을 형상하고 우주를 파악하는 방법으로, 이 역시 『장자·대종사』의 '진인'에서 옮겨 온 것이 분명하다. 그러나 서한 말기 양웅에 이르러 의상사유의 신기한(靈異) 기운은 거의 사대부의 우주와 인격이상으로 대체되었다.

어떤 이가 신을 물었다. 대답하여 '마음이다.'고 하였다. 마음에 대하여 물으니, 대답해 주었다, '하늘에 잠기면 하늘이고 땅에 잠기면 땅이다. 천지는 신명하여 헤아릴 수 없는 것이다. 마음이 잠기면 오히려 그것을 헤아리고자 한다. 하물며 사람에게 있어서랴! 하물며 사륜에 있어서랴!', '감히 묻겠습니다. 마음이 성인에게 잠기면 어떻습니까?'하니 대답하였다. '옛날에 중니가 문왕에게 잠심하여 그 경지에 이르렀다. 안연도 중니에게 잠심했으나 아직 이르지 못하여 한 발자국 사이에 있을 뿐이다. 신은 잠기는데 있을 뿐이다. 천신이 하늘을 밝혀 사방을 비추어 알고 하늘의 정수함이 만물의 종류를 만들었다. 사람의 마음이 신이니 잡으면 존재하고 버리면 없어진다. 항상 잡을 수 있어서 존재하는 것은 오직 성인인가! 성인이 존재하여 신을 찾아 천하의 큰 순리를 이루어 천하의 큰 이익에 이른다. 천인지제에 화합하여, 틈을 없애는 것이다.❶

> ❶ 양웅(揚雄), 『법언(法言)·문신(問神)』, "或問神. 曰'心.' 請問之, 曰: '潛天而天, 潛地而地. 天地, 神明而不能測者也, 心之潛也, 猶將測之, 況於人乎? 況於事倫乎?' '敢問潛心於聖?' 曰: "昔乎仲尼潛心於文王矣, 達之. 顔淵亦潛心於何尼矣, 未達一間耳. 神在所潛而已矣, 天神明天, 照知四方, 天精天粹, 萬物作類. 人心其神矣乎, 操則存, 舍則亡, 能常操而存者, 其惟聖人乎! 聖人存, 神索至, 成天下之大順, 致天下之大利. 和同天人之際, 使之無問也."

이 말에서 중국사대부 사유방식의 기본원칙이 이미 확립되었음을 분명하게 알 수 있다.

첫째, 의상사유는 신명에 비해 더욱 큰 능동성이 있고, 우주 사이의 모든 사물은 그 사유에서 파악되고, 그것은 모든 물질과 시공을 제한하는 능력을 갖추었다.

둘째, 이러한 최대한의 능동성은 상제의 계시와 신비한 깨달음에서 온 것이 결코 아니고, 주로 사대부의 자기심성의 지속적인 수양으로부터 온 것으로 근본적인 우주이상과 인격이상을 부지런히 추구한데서 온 것이다.

셋째, 의상사유의 근본목적은 여전히 '하늘과 사람 사이를 화합시켜 그 틈을 없게 한다.'는 데 있다.

이후 근 2천년의 중국고대문화 발전과정에서 사대부예술과 철학에서 사유방식의 인식과 관계되는 것은 크게 발전하지는 않았지만, 그 핵심내용은 시종 양웅의 세가지 원칙보다 뛰어난 것이 없었다. 그 후 송 유학에서 양웅을 매우 높이 평가했는데, 그들도 '천인' 체계에 대한 사유방식과 사유모식을 해결하는데 특별한 의의가 있다고 보았다. 사마광의 말을 예로 들겠다.

아! 양웅은 진정한 대 유학자인가. 공자가 이미 죽었는데, 성인의 도를 아는 자는 자운[양웅]이 아니면 누구인가! 맹자와 순자도 아마 부족할 터인데, 하물며 나야 어떠하랴? 「현」에 관한 글을 보면, 사람에 대하여 분명하게 밝혔고 신에 관하여 깊이 궁구하여 크게는 우주를 포괄하고 작게는 머리카락까지 담아서 천지와 사람의 도를 하나로 합하여, 그 근본을 파헤쳐서 사람들에게 보여 주었으니, 거의 만물을 기르는 어머니를 겸하였다. 땅을 밟아도 다 밟을 수 없는 것 같고, 바다물을 퍼내도 마르지 않는 것과 같다.❶

❶ 사마광(司馬光), 「설현(說玄)」『온국문정사마공문집(溫國文正司馬公文集)』68권, "嗚呼! 揚子玄真大儒者邪, 孔子既沒, 知聖人之道者, 非子雲而誰! 孟與荀殆不足擬, 況其余乎? 觀「玄」之書, 昭則極於人, 幽則盡於神, 大則包宇宙, 小則入毛髮, 合天地人之道以爲一, 刮其根本示人所出, 胎育萬物而兼爲之母, 若地履之而不可窮也, 若海挹之不可竭也."

소옹도 "양웅이 「현」이라 한 것은 천지의 마음을 보는 것이라 할 수 있다."6)하였다. 사대부가 오랜 시간 노력하여 중국고대의상사유는 원시시대부터 자각하여 완선되었고, 세계 기타 고대민족과 서로 유사함에도 자기문화 특징이 독자성을 갖추면서 변천하였다. 이것은 중국 고대철학이나 예술에서부터 원림의 발전에 이르기까지 매우 중요한 영향을 끼쳤다.

따라서 동한 말기 중장통은 자기의 원림경치를 묘사하여 "한 세상 위에서 유유자적하며 노닐며, 천지의 사이를 곁눈질한다."하고, "구름과 은하수를 넘고, 우주 밖으로 벗어난다."하며, "육합 안에서 제멋대로 하고자 한다."[7]고 그의 이상을 말할 수 있었다.

진송晉宋 무렵 도연명도 동쪽 울타리 아래에서 "서로 생각하는 정이 만 리 밖으로 통한다."[8]하였고, "잠시 동안 우주 팔방을 돌고 온 느낌이다."[9]했으며, "쳐다보고 굽어 우주 끝까지 돌아보게 되니, 진정 즐거운 일이 아니고 또 무엇이겠는가?"[10]라고 말할 수 있었다.

그들의 형적은 전원 초막에 머물렀지만, '천인지제' 체계를 파악하여 이와 같이 편안하게 유유자적하였다. 미학 종지에서 말하면, 이것은 후세에 가장 완선하고 정미한 '사'의 원림과도 큰 구별이 없었다. 이와 동시에 철학영역에서도 이와 똑같이 사대부의상사유가 신속하게 발전한 것을 볼 수 있다.

유애가 일찍이 『노자』·『장자』를 읽고 말했다. '사람의 뜻과 어두움이 똑 같다.' …… 『의부』를 저술하고 정을 통하여 ……그 글에서 말했다. '……우주의 미세함을 돌아보니, 눈이 희미하여 마치 호걸의 칼날 반쪽 같다. 하늘의 관활한 지역을 흔드니, 깊고 조용하게 펼쳐져서 가지고 놀 수 없네. 우뚝하여 자연과 체를 함께 하니 녹은 액체가 갑자기 사방으로 흩어지누나.'하였다. ❶
체를 잃고 정신이 영활하여 극묘함을 궁리하는 자는 비록 집 안에서 고요하게 말없이 있어도, 현묘함이 사해에 드러나는 것과 같기 때문에, 양의❷를 타고 육기❸를 막고 사람들과 함께 무리지어 만물을 부린다.❹

---

❶ 『진서(晉書)·유애전(庾敳傳)』, "(庾敳)嘗讀『老』·『莊』, 曰: '正與人意暗同.' ……著『意賦』以豁情, ……其詞曰: '……顧瞻宇宙微細兮, 眇若豪鋒之半. 飄搖玄曠之域兮, 深漠暢而靡玩. 兀與自然並體兮, 融液忽而四散.'"

❷ 양의(兩儀): 음양·천지이다.
❸ 육기(六氣): 한(寒)·서(暑)·조(燥)·습(濕)·풍(風)·화(火)이다.
❹ 곽상(郭象), 『장자(莊子)·소요유주(逍遙游注)』, "失體神居靈而窮理極妙者, 雖靜默閒堂之裏, 而玄同四海之表, 故乘兩儀而禦六氣, 同人群而驅萬物."

사대부는 뜻하는 바를 통하여 자신이 우주본체와 '체가 함께'함을 실현하였고, 몸은 곤궁한데 머물러도 사해를 유유히 돌아다녔다. 이러한 철학이나 예술[원림 포함]에서 '천인' 경계의 심화에 대한 의의를 모두 알 수 있다.

위진 이후 '언의지변言意之辨'은 철학의 중요한 명제가 되었고, 당대 이후에 선종이 홍기하여 『문심조룡』에서 '신사神思'를 논하고, 종영은 『시품』에서 '자미滋味'를 말했다. 사공도가 시를 논하는 중에 드러낸 '형상 외의 형사, 경치 외의 경치[象外之象, 景外之景]' 등은 이런 기초 위에서 발전하고 이루어진 것이다.

사대부의 은일문화·원림에서의 예술경계·사대부의 인격완선 등에 대하여 이미 많은 내용을 토론했다. '사의' 방법은 비록 역사가 오래되었고, 사의가 철학과 예술영역에서 오래 전에 이미 보편적으로 받아들여져서 광범위하게 운용되었으나, 이는 중당에 이르러서 고도하게 성숙하고 강화될 수 있었고, 특히 양송 이후에 실현이 가능하였다.

중국고대사회 생명이 쇠퇴함을 막기 위해서, 전통문화체계 밖에서는 수혈할 수 없다는 전제하에서, 사회제도가 오직 이러한 체계 내부에 예부터 있던 모든 문화요소를 최대한 밝혀내는 자신의 능력을 요구한 적이 있었는데, '사의'도 예외가 아니다.

바로 이 때문에 송대 이후에 사대부 의상사유의 모든 내함과 전통문화 사이의 필연적인 연관관계도 더욱 분명하게 드러났다는 점을 각별히 주의해야 한다. 원림 '사의'의 전형적인 예로 구양수가 작은 가산 읊은 것을 먼저 예로 들겠다.

匠智無遺巧	지혜로운 장인은 기교를 남기지 않고
天形極幽探	자연형상에 깊은 탐구를 다한다.
謂我看山者	내가 보기에 산을 본 자는
爲山列前簷	산을 처마 앞에 나열하네.
頹垣不數尺	무너진 담장은 자로 재지 않고
萬嶮由心潛	수많은 험준함을 마음에 담아두어
或開如斷裂	더러는 열린 것이 잘린 것 같고
或吐似谽䫡	드러난 것은 휑한 경계 같으며
或長隨靡迆	더러는 길게 비탈길을 따르거나
或瘦露崆嵌	파리하게 산골짝을 드러낸다.
陰穴覷杳杳	바라보니 아득하기만 한데 음혈을
高屛立巉巉	높은 병풍이 높이 솟았다.
後出忽孤聳	뒤에는 갑자기 높은 봉우리가 홀로 우뚝하고
群奔遯相參	봉우리들 달리듯 뻗치다가 서로 섞이었네.
霙若氣融結	구름 낀 것이 기가 융화하여 모인 것 같고
突如鬼鐫鑱	돌출한 것은 귀신이 새긴 것 같구나.
……❶	

❶ 「서생의 가산에 화답하다[和徐生假山]」, 『구양수전집(歐陽修全集)·거사외집(居士外集)』4권.

    중당 이후에는 '호중'에 완전한 우주경계를 세우기 위해서, 원림을 만드는 집안에서 더욱 자각하여 보편화 되어, 조그만 한 물·작은 돌로 바다와 오악을 상징하는 '사의' 방법을 운용했는데, 그러한 실례를 반복하여 소개했다.
    이러한 기법은 예술목적의 요구를 만족시킬 수 있기 때문에, 실로 산을 쌓고 물을 다스리는 '호중'의 기교가 날로 풍부해지고 정미해져서 진보한 것을 볼 수 있지만, 더욱 중요한 것은 심미활동 중에 의상사유의 능동성이 고도로 발휘되었기 때문에, 심령에는 실제경물보다 훨씬 풍부한 원림경계를 창조하였다. 이는 바로 구양수가 말한 '수많은 험준함을 마음에 담아둔다[萬嶮由心潛].'는 것이다.
    그리고 그의 이러한 원림 심미방법은 앞에서 인용한 양웅의 '마음이 하늘에 잠겨서 하늘이고, 땅에 잠겨서 땅이다(心潛天而天, 潛地而地).'는 것과 같이 운용하여 발휘된 것이 분명하다. 그러면 이런 원림을 조성하거나 원림을 감상하는 면에서 '사의'의 목적은 또 무엇인가? 육유가 「연정기」에서 분명하게 대답하였다.

육유가 임시로 거처하기 위하여 두 칸의 집을 얻었다. 몹시 좁고 깊숙하여 작은 배 같았다. 이름을 '연정'이라 하였다. 나그네가 묻기를 '이상하구나! 집인데 배가 아니고, 오히려 배인데 집이 아니라고 해야 할 것 같지 않은가? 배는 실로 고명하고 안이 고와서 궁실보다 좋은 것이라 하고 드디어 그것을 집이라고 해도 되는가 아닌가?'하였다. 육유가 말했다. 그렇지 않다. 신풍은 초나라가 아니고, 호분은 중랑이 아니라는 것을 누가 모르겠는가. 뜻으로는 진실로 좋아하지만 얻을 수 없는 것이다. 대략 닮을 수 있으면, 이름을 얻을 수 있다. 이름 때문에 실제를 추구한 것은 자네의 잘 못인데, 네가 무슨 죄가 있는가! 나는 어려서 병이 많아 세상에 작게라도 등용될 것을 헤아릴 수 없어서 항상 슬퍼하며 강호에 살 생각이 있었으나. 추위에 굶주릴 처자에 얽매여 부지런히 머무르고 있으면서 흥취를 안개 물결 이는 섬의 푸르고 망망한 아지랑이 사이에 붙일 것을 하루도 잊은 적이 없었다. …… 내가 그것을 바랄 수 없음을 알고 있지만 이를 그리워하지 않을 수 없구나. 과연 구할 수 있을까? 뜻은 나의 흉중을 널찍하게 넓힐 수 있지만, 연기구름이 해와 달에 드나드는 훌륭한 장관을 넣고 우레와 천둥 비바람이 부는 기이한 변화를 잡는다. 비록 작은 집에 앉아 있어도 항상 물 흐르는 데로 따라서 자유롭게 노질하면 순식간에 천 리를 가는 것으로, 이 집이 과연 연정이 아니라는 것을 어떻게 알겠는가!❶

❶ 『육유집(陸游集)・위남문집(渭南文集)』, 陸子寓居得屋二楹, 甚隘而深, 若小舟然, 名之曰 "煙艇". 客曰: "異哉!屋之非舟, 猶舟之非屋也. 以爲似歟, 舟固有高明奧麗逾於宮室者矣, 遂謂之屋, 可不可耶?" 陸子曰: "不然, 新豐非楚也, 虎賁非中郎也, 誰則不知. 意所誠好而不得焉, 粗得其似, 則名之矣. 因名以課實, 子則過矣, 而予何罪. 予少而多病, 自計不能效尺寸之用於斯世, 蓋嘗慨然有江湖之思. 而饑寒妻子之累, 劫而留之, 則寄其趣於煙波洲島蒼茫杳靄之間, 未嘗一日忘也. …… 吾知彼之不可求, 而不能不眷眷於此也. 其果可求歟? 意者使吾胸中浩然廓然, 納煙雲日月之偉觀, 攬雷霆風雨之奇變, 雖坐容膝之室, 而常若順流放棹, 瞬息千里者, 則安知此室果非煙艇哉!"

오래 전에 소순흠(蘇舜欽)11)을 예로 들어서, 심성과 원림경계의 관계를 설명할 때 이미 "내 마음이 천지 사이에 가득한데 어찌 한 사물을 서로 잡아 묶어 두겠는가? 그러나 하나의 사물도 있으니, 드디어 이 몸이 한가함을 서로 줄 수 있다."12)고 말했지만, 어느 곳에나 있는 포부가 도대체 어떻게 원림심미에 작용하는지 구체적으로 설명한 점에서, 남송 때의 육유는 전대의 사람들보다 훌륭했다.

그는 '연정'이라는 재 이름은 마치 유방이 고향 풍현을 모방하여 장안에 신풍을 새로 만든 것과 같은 것이라고 분명히 말했다. 결국 형적상의 '대략 그 닮음을 얻는다.[粗得其似]'는 것이 아니라 심중의 '뜻이 진실로 좋아하는 바[意所誠好]'를 표현한 것이다.

충분히 자기의 심미의향을 실현했다고 할 수 있을까? 관건은 '나의 흉중을 호연하고 확연하게 한다[使吾胸中浩然廓然].'는 것에 있는데, 이러한 실현을 전제로 해야 우주천지 사이의 모든 위대한 광경과 기이한 경치가 비좁은 방안에서도 모두 갖추어진다.

이것도 그의 「남당벽에 쓰다[書南堂壁]」의 둘째 수에서 "구름 낀 산이 겹겹이 쌓여 마치 얕은 것을 꺼리는 것과 같으니 초가삼간이 이미 넓은 것을 깨달았다."13)고 말했다.

이러한 묘사는 명백히 만당 시기 방간(方干)이 「수재 소지에서」에서 서술한 "규모는 단지 방촌으로 보이지만 자네가 바다처럼 넓은 의상을 세웠음을 안다."14)는 것과 같은 말로, 원림 '사의'와 '천인지제' 체계 사이의 필연적인 관계를 더욱 분명하게 도출하였다. 남송 이후에 고도로 자각한 '사의'에 대한 원림미학의 의의를 양만리의 「산거기」에서 더욱 분명하게 볼 수 있다.

산에 산다는 것은 대제시랑 삽천 심공 빈왕이 거주하는 것이다. 빈왕은 그 산에 살지 않고 그 외곽에 사는데, 산에 산다고 하는 것은 산을 지나치게 좋아해서이다. …… 외곽에 사는데 '산에 산다.'고 부르는❶ 것은

산을 좋아하는 뜻을 '가지 않으면 산이 아니다'고 표현한 것이다. 빈왕의 포부가 소탈하여 바람 부는 난간에서 창에 비친 달을 보는 것 같고, 운치가 맑고 넓어서 설산의 얼음봉우리 같다. 자신이 금마옥당❷에 가까이 살면서 구름다리를 넘어 봄에 왕림할 뜻을 가지고 있으면서, 직분이 논사를 헌납하는 자리에 있으면서도 파교에서 시를 읊는 기색이 있었다. 집은 본래 어떤 산기슭의 도장이었으나, 대대로 오흥의 외곽에 살았으니, 그가 좋아하지 않았다. 이에 곧 그가 거처할 집 한 칸을 작게 지었는데 그 너비가 세 칸이었다. 이 집 이름을 썼는데 객이 지나가다 웃으면서 말한 자가 있었다. "……아, 심하구나! 그대가 산을 좋아하여 오히려 거기에서 살고 있는데, 어떻게 그것을 보고 곤륜이라 하겠는가? 하고 문 밖에서 물으면, 큰길의 티끌이라 했다, 어떻게 푸른 벽이 하늘을 의지했는가? 하고 그 담 동쪽에서 물으면, 길거리의 시장구역이다 하였고, 어떻게 수많은 바위가 가을 기분을 얻었는가? 하고 끝까지 보고 물으면, 황공의 노라 하였다. 어떻게 폭포의 수옥을 얻었는가? ……" 빈왕이 웃으면서 말했다. "그대는 내가 산이 없으나 산이 있다면 웃을 줄 알고, 나도 그대가 눈이 있는데 눈이 없다면 웃을 줄 모른다. 나는 일찍이 강서 행공의 헌막에서 벼슬하면서도 천태산을 지켰다. 또 일찍이 회계산을 지켰다. 푸른 물결과 옥 같은 무지개·붉은 언덕과 붉은 성·약야와 운문·수많은 바위와 골짝이 지금까지 모두 내 눈에 쌓였다. 지금 나는 이 집 앞에 괴석이 서로 겹쳐져 있고, 소나무와 대나무가 서로 섞였고, 샘이 흘러 서로 어울린다. 그 가파름이 공동산이나 천태산이 아닌가? 그 삼연함이 운문이나 우혈이 아닌가? 그 서늘함이 폭포나 겸천이 아닌가? 내가 산이 없는데 살아도, 내 눈에는 산 아닌 것이 없다. 그대의 눈에는 산이 없어도, 나는 산에서 살지 않은 적이 없다네!❸

----

❶ '名'자가 『사부총간영송본(四部叢刊影宋本)』에는 '各'자로 되었는데, 『사고전서(四庫全書)』본에 근거하여 고쳤다.
❷ 금마옥당(金馬玉堂): 한대 금마문과 옥당전의 통칭
❸ 양만리(楊萬裏), 「산거기(山居記)」, 『성재집(誠齋集)』76권, "山居者, 待制侍郎雪川沈公賓王之居也. 賓王之居不於其山, 於其郭, 而曰山居者, 癖於愛山也. …… 郭居而名(四部叢刊影宋本作'各', 據四庫全書本改)以山居, 以見愛山之意無適而非山也. 賓王胸次灑落, 如風欞月牖, 韻致清曠, 如雪山冰嶽. 身居金馬玉堂之近而有雲嶠春臨之想, 職在獻納論思之地而有灞橋吟哦之色. 家本道場何山之麓也, 而世居吳興之郭, 非其好也, 爰即其居小築一室, 其廣三楹, 署以此名. 客有過之而笑者曰: …… 嘻, 甚矣, 子之愛山也. 抑亦居則有矣, 惡睹所謂昆侖哉? 問其戶外, 則康衢之埃也, 那得青壁之倚天? 問其牆東, 則唐肆之區也, 那得千岩之秋気? 問其極目, 則黃公之壚, 那得飛泉之漱玉? …… 賓王笑曰: 子知笑吾之無山而有山, 不知吾亦笑子之目而無目也. 吾嘗仕於江西幸貢之憲幕矣, 又嘗守天台矣, 又嘗守會稽矣, 翠浪玉虹·丹丘赤城·若耶雲門·千岩萬嶽至今磊磊皆在吾目中也. 今吾此室之前, 怪石相重, 松竹相交, 泉流相暉; 其嶬然者非崆峒·天台乎? 其森然者非雲門·禹穴乎? 其泠然者非瀑布·廉泉乎? 吾居無山, 吾目未嘗無山; 子目無山, 吾居未嘗無山!"

이 단락에서 원림 '사의'의 구체적 방법·내용·예술효과 등등에 대한 묘사가 아무리 뛰어나다고 하지만, 사람들이 더욱 흥미를 갖게 하는 것은 여전히 원림 조성자의 인격을 형용한 몇 마디 말이다. '포부가 멋스러워 마치 바람 부는 난간에서 창에 비친 달을 보는 것 같다.'는 말은 황정견이 주돈이를 찬사했던 것을 모방한 것이 분명한데, 양만리는 이학의 인격이상을 원림 '사의'의 가장 기본조건으로 보았던 것이 이 문장의 관건이다.

반복해서 제시했듯이 이학이 '천인지제' 체계를 완선하고 강화시키는 유일한 방법은 전통문화에서 여전히 갖추고 있는 활력의 일체요소를 더욱 합리적이고 더욱 긴밀하게 응집시켜서 하나로 하는 것인데, 이러한 몇몇 요소가 최대한 자신의 능력을 방출할 수 있게 하였다. 이학이 전통의상사유를 발전시켰다는 점을 다시 한 차례 실증한 결론이다.

위의 1장에서 알 수 있듯이, 중국 사대부의 의상사유는 기본적으로 두 가지를 내포하고 있다. 영원하고 무한한 '천인지제' 체계를 파악 대상으로 삼았다. 사유의 고도한 능동성은 신으로부터 온 것이 아니고, 사대부 우주이상과 인격이상 위에서 '천인지제'를 감지하고 이해하여 친화하는 데서 건립되었다.

이학 이전에 이 두 방면이 합류하는 추세는 끝임 없이 나누어졌다가 다시 합하는 과정을 통하여 분리하는 중에 또 스며들어서 표현된 것이 있다. 예를 들면, 현학玄學과 선종禪宗이 모두 우주본성의 영원함과 무한함을 강조하였으나, 이것도 모두 '순循'할 수 있고 '오悟'할 수 있다고 여겼다. 그러나 현학과 선종이 의상사유를 발전시켰는데, 그 능동성을 크게 분발시켰다는 점을 중요하게 드러냈다. 이것은 원림 '사의'에서도 당연히 직접적인 영향을 끼쳤다. 백거이의 「완지수를 완상하다」를 예로 들겠다.

動者樂流水	동적인 사람은 흐르는 물을 좋아하고
靜者樂止水	정적인 사람은 흐르지 않는 물을 좋아한다.
利物不如流	사물에서 이익을 얻으려면 흐르는 것만 못하고

제3장 송명이학의 중대한 의의 중 셋째인 전통사유방식의 고도·강화·완선이 원림의 사의에 미친 영향

鑒形不如止	생김새를 비추려면 그치는 것만 못하다.
淒淸早霜降	쓸쓸하고 맑으면 아침에 서리가 내리고
浙瀝微風起	바람 소리 나니 미풍이 분다.
中面紅葉開	중간 면에는 붉은 잎이 피었고
四隅綠萍委	네 모퉁이엔 초록색 개구리밥이 떠있다.
廣狹八九丈	팔구 장의 너비의 물굽이
灣環有涯溾	도는 근처에 물을 뿌린다.
淺深三四尺	서너 척의 깊이에
洞徹無表裏	겉과 속이 훤하게 비친다.
淨分鶴翹足	깨끗하여 학 날개와 발이 구분되고
澄見魚掉尾	맑아서 물고기가 꼬리를 흔드는 것이 보인다.
迎眸洗眼塵	눈에 먼지를 씻고
隔胸蕩心津	가슴속의 진액을 씻어버린다.
定將禪不別	선을 구별할 수 없으니
明與誠相似	명과 성이 서로 비슷하다.
……	
欲識靜者心	고요한 자의 마음을 알려고 하니,
心源只如此	심원이 다만 이와 같구나.❶

❶ 『백거이집(白居易集)』 22권, 「지수를 완상하다[玩止水]」.

    이 시에서 가장 중요한 것은 이미 '너비가 팔구 장' 밖에 안 되는 작은 연못 안에 어떻게 해야 풍부한 경관과 심원한 공간을 조성할 수 있다는 원림조경의 기교 문제가 아니고, 작은 연못의 맑고 고요함이 충분히 '선(禪)'과 '성(誠)'의 요지를 어떻게 표현해냈는가 하는 것이다. 그것이 심원한 의상사유와 천인경계의 합일이다.
    바로 이러한 '합일'이 최종에는 의상사유의 능동성을 통하여 완성되었기 때문에 원림심미의 관건도 못의 크기나 깊이 같은 형적의 구별에 있지 않고, 단지 '선'과 '성'의 경계가 '심원'에서 근거를 찾아낼 수 있는가의 여부에 있다. 예를 들면 다음과 같은 것들이다.

백거이도 스스로 "나는 상산을 보지 못했지만 청천 백석은 흉중에 있다."❶고 서술하였다. 유사한 예가 많은데, 교연은 「안사군이 곽중사를 지나다가 절에는 감상할 물이 없어서 내가 그 뜻을 서술하여 받들어 답하다」에서 "서주 유가사에는 선사에 인간이 은거한다. 본성을 깨치려고 가볍게 물을 관찰하고 마음을 깃들여 산을 팔지 않는다."❷고 하였다.

또 정곡은 「인공소헌2수」중 한 수에서 "소나무 계곡의 물이 초록빛인데 나의 소나무인데 소나무 계곡에 이를 때마다 저물어 종이 울린다. 이처럼 한가하게 심원을 얻으니, 선을 묻는데 하필 쌍봉을 향하는가?❸

❶ 「답최십팔(答崔十八)」, 『백거이집(白居易集)』27권, "我有商山君未見, 淸泉白石在胸中."
❷ 교연(皎然), 「안사군이 곽중사를 지나다가 절에는 감상할 것이 없어서 내가 그 뜻을 서술하여 받들어 답하다(奉酬顔使君見過郭中寺, 寺中無水之賞, 故予述其意以答焉)」, 『전당시(全唐詩)』815권, "州西柳家寺, 禪舍隱人間. 證性輕觀水, 棲心不買山."
❸ 정곡(鄭谷), 「인공소헌이수(忍公小軒二首)」, 『전당시(全唐詩)』675권, "松溪水色綠予松, 每到松溪到暮鍾. 閑得心源只如此, 問禪何必向雙峰."

후세까지 계속하여 원림 '개자납수미'의 공간원칙과 의상사유의 관계도 여전히 선승禪僧이 가장 막힘없이 통한다고 한산寒山이 다음과 같이 말했다.

五嶽俱成粉	오악은 모두 가루로 이루어졌고,
須彌一寸山	수미산 한 마디의 산이다.
大海一滴水	큰 바다는 한 방울의 물이니,
吸入在心田	마음의 밭에 흡입한다.
生長菩提子	보리수나무가 자라서
遍蓋天中天	하늘 가운데를 온통 덮었다.❶

❶ 한산(寒山), 「시303수(詩三百三首)」, 『전당시(全唐詩)』806권.

송대의 소식에 이르기까지 원림묘사는 변함없이 늘 심중의 선경禪境을 산수실경보다 중시하였음을 아래에서도 볼 수 있다.

清虛堂裏王居士　　청허당 속의 왕거사는
閉眼觀心如止水　　눈을 감고 마음을 관조하는 것이 흐르지 않는 물 같다.
水中照見萬象空……　물에서 만상이 공허함을 비쳐본다……❶

❶ 「옥공청허당(玉鞏淸虛堂)」, 『소식시집(蘇軾詩集)』.

선법禪法의 '사의'는 날로 보편화되어, 원림 '천인지제'의 파악을 더욱 크게 실현하려고 기대하였다. 이것은 의상사유와 원림예술을 나중에 발전시킨 것도 중요한 의의가 있다. 그러나 중국 사대부 의상사유를 두 개의 기본방면에서 평가하면, 선법 '사의'는 분명히 멀리서 왔지만 전통사유방식을 고도로 완선하고 강화시키는 요구에 만족시킬 수 없었다.

왜냐하면 이처럼 경景과 선禪을 하나로 합하고, 심心과 선禪을 한 곳으로 모으는 것을 실현하여, 의지할 수밖에 없거나 '돈오'를 구할 수 없더라도, 이는 사대부계급의 가장 기본적인 최대량의 정신활동일 뿐만 아니라 이상인격을 세우는 것이다.

선학禪學의 출발점은 의상사유의 능동성을 발휘하여 '천인지제'에 대한 충분한 파악을 실현하여 최고의 경지에 이르는 것이다. 그러나 그것의 종점은 이와 같은 파악이 본성의 깨달음을 포착하기가 어려워 수시로 제한을 받게 되는데, 이것이 바로 사유방식이 서로 모순되는 것이다.

구체적으로 원림 '사의'는 선학의 영향 아래에서 개인이 심령으로 느끼는 예술 경제를 창조해 냈다고 할 수 있다. 예를 들자면 아래의 시구 같은 것이다.

過雨看松色　　비 개인 뒤 푸른 솔숲을 보며
隨山到水源　　산을 따라 수원에 이르렀다.
溪花與禪意　　물가에 핀 꽃 보고 마음 환해져,
相對亦忘言　　꽃 앞에 선 채로 말을 잊었다.❶

❶ 유장경(劉長卿), 「심남계상산도인은거(尋南溪常山道人隱居)」, 『전당시(全唐詩)』 148권.

그러나 이러한 경계도 필연적으로 사대부가 보편적으로 추구하는 목표가 되었는데, 그 자체는 이미 설명하였다. 선학은 결코 개인 심령을 깨닫는 것으로, 일종의 사대부계층이 획득할 수 있는 보편적인 예술경계를 개조하고 전환해야만, 최종에 중국문화의 특징에 부합된다.

사대부예술사유를 실현하는 두 가지 큰 기본내용을 자각하여 전면적으로 실현하는 것은, 전통문화가 오랜 기간을 거쳐서 발전한 후에 비로소 제시할 수 있는 과제이고, 이것도 '천인지제' 체계를 완선하고 강화하는데 반드시 요구되는 것이다. 그리고 이를 실현하는 수단은 마찬가지로 장기간의 변화 발전을 거쳐야만 생겨날 수 있고, 이러한 수단이 이학理學이다.

이학은 중국전통 의식형태를 모두 합친 명제이다. 그것은 사유방식의 인식에 대한 전반적인 이론체계에서 유기적인 부분의 하나이다. 이학 사유방식과 그에 따르는 우주관·인격관·심미관 등의 결합은 종전의 어떠한 철학내부에 구축된 것에 비해 모두 몇백 배 근엄하고 치밀하며, 많은 시기에 이들은 거의 완전히 혼

제3장 송명이학의 중대한 의의 중 셋째인 전통사유방식의 고도·강화·완선이 원림의 사의에 미친 영향

연일체가 되었다. 이런 하나의 현상은 반드시 주의해야 하는 것이다.

불교와 달리 이학은 의상사유의 고도한 능동성을 강조하는 것에 관하여 '천인지제'의 무한함과 영원함이 충분히 이성화된 인식의 기초 위에서 견고하게 뿌리를 내렸다. 이로 인하여 이학에서 사대부의상사유의 두 가지 큰 내함은 각자의 입장에서 둘이 하나로 합한 것이다. 장재가 '대심'을 어떻게 해석했는지 분명하게 볼 수 있다.

> 그 마음을 크게 하면 천하의 만물을 체득할 수가 있다. 천하의 만물을 체득하지 못한 것이 있으면 마음이 밖에 있다. 세상 사람들의 마음은 보고 듣는 편협함에 그친다. 성인은 성을 다하므로 보고 듣는 것에 그 마음을 질곡하지 않는다. 그 천하를 볼 때 어느 한 물건도 내가 아님이 없기 때문이다. 맹자가 일러 말하길 마음을 다하면 성을 알고, 하늘을 안다고 함이 이 같은 이유에서다. 하늘은 커서 밖이 없다. 그러므로 밖이 있는 마음은 천심에 부합하기엔 부족하다. 보고 듣고서 아는 것은 바깥 사물과 교류하여 아는 것이지 덕성으로 아는 것이 아니다. 덕성으로 아는 것은 보고 듣는데 기원을 두지 않는다. …… 사람은 귀와 눈으로 보고 듣는 것이 그 마음에 병이 되지만 그 마음을 다하려하지 않는다. 그러므로 마음을 다하려 생각하는 자는 반드시 마음이 어디에서 왔는지를 안 뒤에 가능하다.❶

❶ 『장재집(張載集)·정몽(正蒙)·대심(大心)』, 大其心則能體天下之物, 物有未體, 則心爲有外. 世人之心, 止於聞見之狹; 聖人盡性, 不以聞見梏其心, 其視天下無一物非我, 孟子謂盡心則知性知天以此. 天大無外, 故有外之心不足以合天心. 見聞之知, 乃物交而知, 非德性所知; 德性所知, 不萌於見聞. …… 人病其以耳目見聞累其心, 而不務盡其心, 故思盡其心者, 必如心所從來而後能.

한 편으로는 '대심'의 능동성을 발휘하여 일체의 '보고 듣는 지혜'를 타파하여

그로 하여금 '천하를 보면 하나의 사물에도 내가 아닌 것이 없다'는 경지에 들게 한다. 다른 한 편으로 함께 중요한 것은 '대심'이 현세에서 견실한 기초를 건립하여 '반드시 마음이 어디에서 왔는지를 알게 한다'는 것은 '덕성으로 안다'는 것으로 성性을 다하면 하늘을 알게 된다는 것이다.

장재는 의상사유를 인식하는 근거가 여전히 '우주의 근원은 하나이지만, 이것이 나누어지면 각각 다르다'는 것과 '사물과 한 몸이다'는 우주관과 인격관에 있다고 여겼다는 것을 쉽게 알 수 있다.

이에 그는 이 문장에서 또 말하였다. "나로써 사물을 보면 내가 크다. 도로써 사물이나 나를 체득하면 도가 크다. 때문에 군자의 큼는 도보다 크고, 나보다 큰 것은 광을 면할 수 없다."15)고 한데서 알 수 있듯이, 이학은 의상사유에서 가장 크게 능동성이 요구되고, 이 도道·물物·아我16)가 완전히 통일되어 안정된 경계에서 '도'의 정도가 높은데서 모든 우주를 포함하는 것이다. 신비하고 번쩍이는 날카로운 말에 있는 것이 아니고, '깨달음'을 기점으로 피안세계나 반피안세계로 향하여 한 없이 팽창하는 것이다.17) 장재가 '광을 면할 수 없을 뿐이다[不免狂而已]'고 비평한 것은 불학을 가리키는 것이고, 그의 다음의 한 단락은 더욱 일침으로 본질을 잡아낸다.

....

석가모니는 하늘의 성을 망령되게 생각하고 하늘의 작용을 포괄할 줄 모른다. 도리어 육근이 천지를 만들었다고 생각했다. 밝은 이치를 다하지 못하고 하늘과 땅 해와 달을 헛된 것으로 여기고 이것들의 작용을 자신의 작은 몸으로 가리려고 한다. 자신의 뜻을 큰 허공에 빠뜨리고 만다. 이것은 크다고 말하거나 작다고 말하는데서 은둔의 태도를 취하여 중용을 잃어버린 것이다. 큰 것에 관해서는 지나치게 육합을 먼지 쓰레기로 여기고, 작은 것에 관해서는 가리고 인간세상을 꿈같이 헛된 것으로만 여긴다. 이치를 다한다고 하겠는가? 이치를 궁진하지 못하니 어찌 본성이 극진하다고 하겠는가? 알지 못하는 것이 없다고 하겠는가? 육합을 먼지와 쓰레기 같이 여기는 것은 천지를 유한한 존재로 여기기 때문이며, 인간세상을 꿈같은 헛된 존재로 여

기는 것은 인간의 기원을 제대로 궁구하지 못했기 때문이다.❶

> ❶ 『장재집(張載集)』・정몽(正蒙)・대심(大心)』, 釋氏妄意天性而不知範圍天用, 反以六根之微因緣天地. 明不能盡, 則誣天地日月爲幻妄, 蔽其用於一身之小, 溺其志於虛空之大, 所以語大語小, 流遁失中. 其過於大也, 塵芥六合; 其蔽於小也, 夢幻人世. 謂之窮理可乎? 不知窮理而謂盡性可乎? 謂之無不知可乎? 塵芥六合, 謂天地爲有窮也; 夢幻人世, 明不能究所從也.

    석가모니는 육합을 먼지와 티끌로 보았고, 이로써 우주의 무한함이나 영원함 및 의상사유를 표현하고 그것의 능력을 파악하였다. 그러나 그것은 근본적으로 우주가 얼마나 무한하고 영원한가에 관한 문제를 해결하지 못했고, 피안세계를 더욱 충분히 파악하기 위하여 이 피안세계를 더욱 철저하게 버렸다. 그래서 결국 '자신의 작은 몸[一身之小]'도 어디에서 왔는지를 궁구하지 못했고, 사유의 능동성도 도리어 자기의 이면으로 향해 갔다.

    이학이 건립됨에 따라서 의상사유가 옛날에 발전하는 중에 이러한 모순은 도道와 심心이 동일하고, 우주본체와 현실세계가 동일함으로 인하여 단번에 제거되었다. '대심'이 전반적인 우주를 파악하는 것도 이로부터 '천리를 밝게 비추면 만물이 숨기는 바가 없다[燭天理如向明, 萬象無所隱].'는 최고의 경지에 도달하였다. 그래서 그 후에 심학心學으로 하여금 '이理'를 기초로 하여 대단히 명확한 의상사유를 밝히게 하였다.

    이런 기초를 갖춤으로써 자기와 석가의 근본을 구별할 수 있는지 아닌지를 황종희黃宗羲18)가 다음과 같이 말하였다.

어떤 이가 석가모니의 본심을 말하여 심학과 꽤 가까운데, 유가나 석가의 한계가 다만 하나의 '이'자인지 모르겠다. 석가모니는 천지만물의 이를 모두 마음 밖에 두고, 다시 반복하여 말하지 않고 이를 지켜서 분명하게 깨닫는데 그쳤다. …… 왕양명 선생이 심을 집어낸 것은 마음을 근본으로 하기 때문이고, 분명하게 깨닫는데 있는 것이 아니고 천리에 있는 것이다.❶

> ❶ 『명유학안(明儒學案)·요강학안(姚江學案)』, "或者以釋氏本心之說, 頗近心學, 不知儒·釋界限只一理字. 釋氏於天地萬物之理, 一切置之度外, 更不複講, 而止守此明覺; ……先生(王陽明)點出心之所以爲心, 不在明覺而在天理."

이학에서 '큰마음'은 '천리'와 합일하기 때문에, 일체의 시간과 공간의 조건을 제약하는 '보고 들어서 아는 것[見聞之知]'을 완전히 타파하였다. 소옹邵雍의 말을 예로 들겠다.

天聽寂無音	하늘의 소리는 적막함일 뿐인데,
蒼蒼何處尋	하늘의 색은 어디서 찾는가?
非高亦非遠	높지 않은 것과 멀지 않은 것은
都隻在人心	결국 사람의 마음에 있노라.❶

一物其來有一身	하나에서 내 몸이 나왔으니
一身還有一乾坤	내 몸은 다시 하나의 건곤일세.
能知萬物備於我	만물이 모두 내 몸에 구비되어 있으니
肯把三才別立根	어찌 천지인의 구분이 따로 있겠나?
天向一中分體用	하늘은 그 하나에서 체와 용으로 나뉘고
人於心上起經綸	인간은 그 마음에서 경륜을 일으키니
天人焉有兩般義	하늘과 사람에 어찌 두 이치가 있겠는가?
道不虛行只在人	도는 헛되이 운행하지 않고 사람마음에만 있네.❷

❶ 소옹(邵雍), 「천청음(天聽吟)」, 『이천격양집(伊川擊壤集)』12권.
❷ 소옹(邵雍), 「관역음(觀易吟)」, 『이천격양집(伊川擊壤集)』12권.

제3편 4편에서 이미 소개한 소옹邵雍이 자기 원림의 작은 집을 보고 천지처럼 넓게 여기고, 분재와 못을 보고 수향처럼 넓게 여기며 올챙이를 봐도 이무기 모습처럼 여기고, 자신이 좁은 방에 거처하며 잠시 쉬고 있는 것을 '가슴으로 호흡하니 우주에 가득하다.'하며, 작은 밭 하나를 만들고 '천하의 봄을 거두니, 내장으로 돌아간다.'는 등등의 표현을 회상할 수 있으면, 이 모든 것은 '사의' 방법을 실천한 것이다. 또한 '사의'를 크게 보면 예술표현의 구체적인 기법과 기교라는 것도 알 수 있고, 중국고대문화의 가장 근본적인 특징은 '천인지제' 체계가 발전추세가 필연적으로 연계되었음을 알 수 있다.

북송 이학가들이 활용한 원림 '사의'의 예가 매우 많다. 사마광이 「화암2수」 중 한 수와 둘째 수에서 다음과 같이 말했다.

誰謂花庵小　　누가 화암이 작다고 하는가?
才容兩三人　　두 세 사람이 들어 갈 수 있도다.

誰謂花庵陋　　누가 화암이 누추하다 하는가?
徒爲見者嗤　　보기만 한 자가 비웃는구나.
此中勝廣廈　　이 안에는 넓은 집보다 훌륭한데
人自不能知　　사람들이 스스로 알지 못하는 구나.❶

❶『온국문정사공문집(溫國文正司公文集)』20권, 「화암2수(花庵二首)」.

정호가 「왕안지에게 답하다 5수」 중 둘째 수 「야헌」에서 다음과 같이 말했다.

誰憐大第多奇景　　누가 큰집에 기이한 경치 많아 가엾게 여기나

> 自愛貧家有古風　　가난한 집의 고풍을 스스로 좋아하네.
> 會向紅塵生野思　　속세를 향하여 모이니 시골 생각이 나니
> 始知泉石在胸中　　천석이 흉중에 있다는 것을 비로소 알겠구나.❶

> ❶ 『이정집(二程集)·하남정씨문집(河南程氏文集)』3권, 정호(程顥), 「왕안지에게 답하다5수[和王安之五首]·「야헌(野軒)」」.

교연皎然19)과 백거이 시대에 '마음을 깃드니 산을 팔지 않는다[棲心不賣山]'는 것이나 '맑은 샘의 흰 돌이 흉중에 있구나[淸泉白石在胸中]' 고한 것도 선경禪境에서만 실현 가능하지만, 정호의 '샘과 바위가 흉중에 있다[泉石在胸中]'는 것에서 기초가 얼마나 견실했는지 믿을 만하다.

마음으로 하늘을 안다는 것을 일찍이 깨달았으나, 여전히 경사의 장안에 와서 살고 있다. 서문으로만 나갈 줄 알아서 곧 장안에 도착할 수 있다, 이는 마치 두 곳을 말하는 것 같다. 성실해야할 것 같아서 서울에만 있으면, 곧 장안에 도착하고, 곧 장안을 다른 방법으로 구할 수 없다. 단지 마음이 곧 하늘이고, 마음을 다하면 곧 성을 알고 성은 곧 하늘이니, 이곳에서 곧 알 수 있으니, 다시 밖에서 구할 것 없다.❶

세상 사람은 천지만물의 이치처럼 무궁함이 없으니, 도리어 일신을 모른다. …… 잘 배운 자는 자신을 여러 곳에서 취할 뿐이다. 일신으로부터 천지를 관찰한다.❷

> ❶ 『이정집(二程集)·하남정씨문집(河南程氏文集)』2권상, "嘗喩以心知天, 猶居京師往長安. 但知出西門, 便可到長安, 此猶是言作兩處. 若要誠實, 只在京師, 便是到長安, 更不可別求長安. 只心便是天, 盡之便知性, 性便是天, 當處便認取, 更不可外求."
> ❷ 『이정집(二程集)·하남정씨문집(河南程氏文集)』11권, "世人之無窮天地萬物之理, 不知反之一身. ……善學者, 取諸身而已. 自一身以觀天地."

중국전통문화에서 '천인' 관계를 핵심으로 구축하여 만물을 포함한 우주를 모방하는 형식은 사대부 인격이상을 핵심으로 하여 방대한 종법집권제도[20]를 유지하고, 의상사유에 고도한 능동성을 부여함으로써 위에서 말한 두 가지가 사유수단으로 제공되었다. 이는 사실 상 모든 것이 하나의 문제인데 다르게 표현하는 형식일 뿐이다.

세 가지 사이에서 반드시 연관관계가 있는 것은 전반적인 문화체계와 동시에 탄생한 것이다. 하지만 이학 이전에, 이러한 필연적인 연계가 비록 오랫동안 존재했지만, 높은 수준으로 강화된 적은 없었다. 비유하여 예를 들겠다.

맹자가 제시한 '만물은 모두 나의 것이다.'[21]고 한 유명한 명제는 이것이 '호연지기浩然之氣'설이나 '진심盡心'설 · '천하정어일天下定於一'설 등등의 중요한 명제와 어떻게 해야 한 덩어리로 응집시킬 수 있는지는 맹자도 분명하게 설명하기 어려울 것이다.

그러나 이학理學의 정황은 다르다. 예를 들면 주희朱熹가 해석하여 "마음을 다 하는 자는 성을 알 것이며, 성을 아는 것은 곧 하늘을 아는 것이다盡其心者, 知其性也, 知其性, 則知天矣"라고 말했다. 이 구절을 설명할 때 "마음은 사람의 신명이기 때문에 뭇 이치를 갖추고 만사에 응하는 것이다. 성性은 마음이 이理를 구비한 것이고, 하늘도 이에 따라서 나온 것이다."[22]하였고, 그가 '만물은 모두 나에게 갖추어 졌다萬物皆備於我'를 해석할 때 여전히 "이는 이의 본연을 말한 것이다. 큰 것은 군신부자이고, 작은 것은 사물의 세미함으로 하나도 성분 안에 갖추어지지 않은 것이 없다."[23]고 설명하였다.

주희가 인식론 · 우주관 · 인격관 · 윤리관 등을 고도로 통일시킨 이유는 곧 이들이 '이'에서 파생되지 않은 것이 없기 때문에 의상사유[心]의 고도한 능동성[神明]도 이의 파악에 근원할 수밖에 없었다고 분명하게 설명할 수 있었다.

제3편 제3장 제2절에서 이미 언급했듯이 주희가 『정몽正蒙 · 대심大心』의 이론을 분명하게 설명할 때 본인의 학설에서 가장 기본적인 명제인 '천리유행天理流行'을 '심리유행心理流行'으로 바꾸었으며, '심리'에 '천리'와 똑같이 우주를 포괄하는 능력

을 부여하여, '맥락이 관통하여 이르지 않는 것이 없다脈絡貫通, 無有不到'고 하였다.
　주희가 '심리'를 이토록 중요시한 것은 사대부 의상사고의 고도한 완선과, '천인' 체계에서 조성되지 않으면 안 될 부분을 강화한 것이다. 이 때문에 주희가 '심'의 능동성과 '이'의 관계를 이미 반복하여 설명하였다는 것을 아래의 글에서 알 수 있다.

심은 만물의 이치를 포함하고, 만물의 이치는 한결 같은 마음에서 갖추어진다. 마음을 얻어서 가질 수 없으면, 이치를 궁구할 수 없다 이치를 궁구할 수 없으면, 마음을 다할 수 없다.❶
나는 마음과 이를 하나로 여겼고, 저들은 마음과 이를 둘로 여겼다. ……저들은 마음이 공함으로써 이치도 없다고 보았고, 우리는 비록 공허하더라도 만물이 모두 이치를 갖추었다고 보았다.❷
천하의 만물은 하나같은 마음에서 근본 한다. 인한 사람은 마음이 있다는 것을 이른다.❸

❶　『주자어류(朱子語類)』9권, "心包萬理, 萬理具於一心. 不能存得心, 不能窮得理: 不能窮得理, 不能盡得心."
❷　「답정자상(答鄭子上)」, 『주문공문집(朱文公文集)』56권, "吾以心與理爲一, 彼以心與理爲二. ……彼見得心空而無理, 此見得心雖空而萬物咸備也"
❸　「송장중융서(送張仲隆序)」, 『주문공문집(朱文公文集)』75권, "蓋天下萬物, 本於一心; 而仁者, 此心之存之謂也."

　주희의 이런 말은 육구연陸九淵의 이론을 연상하기에 매우 용이하다.

하늘이 나에게 본성을 부여해준 까닭은, 곧 이 마음이다. 사람은 모두 마음이 있고, 마음은 모두 이를 갖추었다, 마음이 곧 이이다. …… 배움을 귀하게 여기는 것은, 이를 궁구하는데 마음을 다하려고 하기 때문이다.❶

만물이 삼연하게 마음 사이에 있고, 마음에 가득하여 분발하면, 우주에 가득하여, 이러한 아닌 것이 없다.❷

---

❶ 「여이재서(與李宰書)」, 『육구연집(陸九淵集)』11권, "天之所以與我者, 卽此心也. 人皆有是心, 心皆具是理, 心則理也. ……所貴乎學者, 爲其欲窮此理, 盡此心也."
❷ 「어록상(語錄上)」, 『육구연집(陸九淵集)』34권, "萬物森然於方寸之間, 滿心而發, 充塞宇宙, 無非此理."

주희의 이학과 육구연의 심학이 같거나 다른 점은 송명이학에 중대한 영향을 끼쳤다. 남송의 여조겸呂祖謙·섭적葉適·장절부章節夫 등으로부터 시작하여 이름을 알 수 없는 다소의 사람들이 일찍부터 두 사람의 말을 조화시키려고 시도하였다. 그러나 종종 주희와 육구연 사이에서 가장 본질적으로 서로 통하는 곳을 보지 못했다.

황종희黃宗羲에 이르러 이 단락의 문제를 총결하였는데, 여전히 두 사람은 시작은 다르나 결국은 같고 마지막은 달라도 본질은 같다고 인식하였다. 하지만 그 착안점은 오히려 주희와 육구연에게 "삼강과 오상을 근거한 것이 같고, 명교를 붙잡은 것이 같으며, 공자와 맹자를 종주로 삼은 것이 같다."24)는 정도의 비근한 수준에서 일단락되었다.

사실상 주희와 육구연이 서로 통하는 근본원인은 이학가들 모두가 '천인지제' 체계를 완선하고 강화시켜야만 하는 것이 유일한 출발점이라고 여기는 데 있다. 명대 이후에 유구연과 왕양명의 학문이 정주학을 점점 압도하는 것이 가장 필연적인 원인이 되었고, 또한 철학사 연구자들이 항상 토론하는 데에서 주자학의 말류가 어떻게 날로 강화되느냐는 것에 있지 않고, 정주程朱25)체계가 최초에 추향한 본신은 정주가 육구연과 왕양명을 논하지 않는 데에서 모두 사대부 의상사유를 완선하게 강화하는 과정을 통하여 전반적인 '천인지제' 체계를 완선하게 강화하려고 하는 운명에 놓여 있었다.

　이 때문에 사대부 의상사유의 이론을 대치하거나 보충하려고 더욱 효과적으로 분발하여 정주학설이 탄생하여 날마다 자신의 심중에서 생육하는 필연적인 결과를 가져올 수 있었다. 따라서 정주학설 가운데 상술한 것처럼 육구연과 왕양명과 서로 비슷한 사상이 많이 생길 수 있었다. 이후에 왕양명은 주희의 저작에서 글귀에서 뽑아 모아서 『주자만년정론朱子晚年定論』을 지은 것도 다만 이런 경향이 끊임없이 자각하고 강화한 것을 집중적으로 표현한 것일 뿐이다.26)

　그리고 이학理學이 완성되어 현학玄學과 선학禪學을 버린 뒤에 심학心學이 어쩔 수 없이 다시 이들과 합류하였는데, 이런 현상에서 본 것은 여전히 의상사유를 강화하는 '천인지제'의 객관적인 수요를 최대한으로 발휘하는 것이고, 전통문화체계의 거대한 모순 사이에 새로운 수단을 어떻게 제공하느냐 하는 것이다.

　따라서 남송 때 어떤 사람이 단언했다. "순봉천荀奉倩은 육적을 성인의 조박이라 하였고, 자공의 말을 근거하여 '성과 천도'를 말했다. 이는 상산이 일찍이 학자들과 '육경 몇 개를 구분하지 못하여 밑바닥을 깨닫지 못한다.'고 말하였다. '어진 이는 믿을 수 있겠는가!'라는 몇 말은 서로 비슷한데, 현언과 돈오는 근본적으로 서로 근사하다."27)하였다. 그리고 허다한 이학가들도 "종종 이단에 빠져서 자신도 알지 못한다."28)고 하였다. 이런 문제의 의의에 대하여 제8편 제4장에서 상세하게 토론하겠다.

　의상사유와 이학발전의 관계를 설명하였으므로, '심'과는 어떤 관계가 있는가를 설명할 수 있다. 남송 이학의 대가들29)은 보편적으로 '북송오자'北宋五子30)에 비하여 이론에서 더욱 두드러진 지위에 있으면서, '심心'과 '이理'의 관계도 더욱 분명하게 변화시킬 수 있었다. 이에 남송의 이학가 겸 문예가인 나대경이 다음과 같이 말했다.

'마음'의 능동성을 강조한 것은 매우 자연스러워 보이는데, 오직 이 방촌지[마음]는 사람마다 그것을 가지고 있으니, 그것을 거두어들이면 그 작은 것이 견줄 만한 게 없고, 그것을 충만케 하면 팔황을 포괄하고 만물을 구비하며, 경계의 제한도 없고, 규정된 형체도 없으니, 대단하도다! 그 땅[마음]의 신령스러움이여.❶

> ❶ 나대경(羅大經), 『학림옥로(鶴林玉露)』6권, 「방촌지(方寸地)」, "惟此方寸地, 人人有之, 斂之其細無倫, 充之包八荒, 備萬物, 無界限, 無方體. 甚矣! 其地之靈也."

결론적으로 모든 시간과 공간의 한계가 다시 존재하지 않는다. 원림의 이 같은 공간조형예술에 관하여 말하면 시공의 한도를 타파한 것은 모두 직접적이고 가장 중요한 의의가 있었다.

장효상은 비로소 그의 집 이름을 '유무궁'이라 하고 아울러 설명하여 "사람은 작지만 생각은 모든 곳에 도달할 수 있고, 한 번 숨 쉬는 순간에도 북쪽의 연에 갈 수 있고 남쪽의 월에도 갈 수 있다. 사물을 잘 유영하는 것이 마음 같지 못하겠는가?❶

> ❶ 장효상(張孝祥), 才名其齋曰 '游無窮', 並設, "人之小, 思無不至也, 一息之頃, 北可以燕, 南可以越. 夫物之善游, 莫心若也."

여기에서 송대 이후의 많은 사대부들이 '호재壺齋'나 '분지盆池'사이에서 '기운이 광대하여 팔극을 살핀다[氣吐雲夢, 洞視八極]'는 것을 비로소 볼 수 있다.

흉금이 널찍한 육유가 작은 방에서 "연기구름이 해와 달에 드나드는 훌륭한 장관을 들이고 우레와 천둥 비바람이 부는 기이한 변화를 잡는다."[31]고 한 것을 보았다. 흉금이 소탈한 심빈왕沈賓王이 자신의 성곽에서 거주하면서 '눈에는 항상 산을 본다[目未嘗無山].'는 등등의 원림 '사의'를 얻는데 성공하였다. 이와 유사한 예를 매우 많이 들 수 있다.

양만리가 「유거경 6영에 써서 주다」 중의 다섯째 수 「호천」에서 유거경劉巨卿의 원림을 일컬어 다음과 같이 말했다.

其大彌九蒼　　큰 것은 더없이 푸르고
其小貯一壺　　작은 것은 하나의 병에 쌓였네.
靜觀性中天　　고요하게 성성에서 하늘을 보는데
大小竟何如　　크고 작음이 도대체 무슨 상관인가.❶

❶ 『성재집(誠齋集)』 36권, 「유거경 6영에 써서 주다[寄題劉巨卿六咏]·호천(壺天)」.

다시 예를 들면, 섭적葉適이 「종수재 '영귀당'에 써서 주다[寄題鐘秀才'咏歸堂']」에서 말했다.

聖門歷歷宮墻深　　성문은 분명하고 궁의 담장이 깊은데
風習不知咏歸樂　　풍습은 돌아오며 읊는 즐거움을 모르네.
作堂雖窄海浪寬　　집을 지어도 좁지만 바다 물결처럼 넓으니

沂水何止八九吞	기수가 어찌 여덟아홉 번만 삼키겠는가!
當年曾點見眞趣	그 때 증점이 참된 멋❶을 보였으니
推琴難挽由求論	거문고를 밀치고 유를 말리고❷ 의론하기 어렵네.❸

❶ 증점(曾點)의 참된 멋: 언젠가 공자가 제자들에게 소원을 묻자 증점(曾點)이 이렇게 대답했다. "기수(沂水)에서 목욕을 하고 무우(舞雩)에서 바람을 쐬고 나서 노래를 부르며 돌아오고 싶습니다."한 것을 이른다.

❷ 거문고를 밀치고 유(안회)를 말리다:『논어 · 자한(子罕)』에 "공자는 금을 옆으로 밀어놓고 크게 탄식하며 말했다[孔子推琴喟然而歎曰]"라는 말이 있다.

❸ 『섭괄집(葉适集) · 수심문집(水心文集)』7권, 「종수재 '영귀당'에 써서 주다[寄題鍾秀才詠歸堂]」

상술했듯이 이학의 사고방식이 명청 시대에까지 이르러 시종 원림 '사의'의 가장 근본적인 지주가 되었다. 또 예를 들면, 홍력弘歷이 장춘원長春園에 있는 '소유천원小有天園' 십 홀의 땅 안에서 본인의 심경은 무궁한 우주와 함께 존재함을 느꼈다고 한다.

……………………………

…… 집이 십 홀 남짓한데, 창문이 거의 반을 차지한다. 창밖의 빈 터의 넓이도 십 홀이다. 장인에게 돌을 쌓아 봉우리를 만들게 했다. …… 물을 흘려보내 폭포를 만드니 맑은 소리가 들리고, 동굴에서 은거한다고 들은 것과 다름없지만, 황산의 소나무 비록 가득하지만, 구름을 능가하는 기개가 있다. …… 나는 천지 사이에 무궁한 경치가 있고 사람의 마음에도 무궁함이 있다는 것을 알았다. 경치는 다름이 있지만, 사람의 마음은 다른 것이 없다. 집을 짓고 정자를 만들고 계단을 만들고 못을 파고 숲과 샘을 만들고 벼랑과 골짝을 만드는 것은, 실로 분명히 손을 잡고 발로 올라갈 수는 없다. 눈으로 도가 존재함을 보게 하고, 마음이 원대하지 않으면, 집을 짓고 정자를 만들고 계단을 만들고 못을 파고 숲과 샘을 만들고 벼랑과 골짝을 만들어도, 역력하

게 손으로 잡고 발로 올라갈 수 있겠는가? 돌을 새로 아름답게 만들어도 닭이나 개는 그가 드나드는 문을 아는데, 사실 너무 사치스럽다. 이덕유가 평평한 샘은 파협에서 본떴고, 동정을 묘사하면, 또 힘써 가까운 것으로 먼 것을 다하여 모습을 지극히 아름답게 할 수 있으니 스승이 필요 없을 것이다. 스승은 그 뜻을 다할 수 있을 뿐이다. 하지만 내 뜻은 천리 밖의 호수 빛과 산색을 눈앞에서 보는데 있지 않고, 양절 사이에서 관리가 백성을 다스리는 데 의지하여 왕래하는 흉중에 있는 것이다. 그래서 이 기를 쓴다.❶

❶ 『일하구문고(日下舊聞考)』 83권, "…… 室則十笏, 窓乃牛之. 窓之外隙地方廣亦十笏, 命匠氏疊石成峰, ……激水作瀑, 泠泠琤琤, 不殊幽居洞之所聞, 而黃山松樹子雖盈尺, 有凌雲之慨. …… 吾於是知天地間之景無窮, 而人之心亦無窮. 境有異, 而人之心無有異. 夫此爲軒・爲亭・爲磴・爲池・爲林泉・爲崖塹, 固不可歷歷手攀而足陟之者. 使目擊道存, 會心不遠, 則此爲軒・爲亭・爲磴・爲池・爲林泉・爲崖塹, 又何不可歷歷而足陟之乎? 石新豊鷄犬各識其戶, 固己侈矣. 李德裕平泉之象巴峽, 寫洞庭, 則又務窮遠, 盡態極姸而不必師. 所可師者其意而已. 然吾之意不在千里外之湖光山色應接目前, 而在兩浙間之吏治民依來往胸中矣. 是爲記."

이처럼 수없이 자각하여 원림의 사의를 운용한 예 중에서, 고도로 발휘된 의상사유가 시간적 공간적 제약을 타파했음을 볼 수 있을 뿐만 아니라, 이학의 '성性 가운데 하늘이 있다'는 사유나 '증점曾點이 노래 부르며 돌아오며 즐거워했다'는 것과 원림을 보고 "추지秋池가 아니고 도장道場이다."32)고 한 것들은 지나치게 선화禪化되는 경향을 지양했음을 알 수 있고, 또 이학의 심미관으로 전반적인 '천인' 체계에 관한 의의를 한 차례 보았다.

건륭황제[弘曆]가 스스로 일컬어, 원림 '사의'를 통하여 "관리가 백성을 다스리는 데 왕래하는 흉중에 의지한다."고 한 것은 그가 정을 다하여 즐길 때의 가식이 결코 아니기 때문에, 이에 관하여 사대부계층에서도 말하길, 만약 언제 어디에서나 전통사유방식을 자양하고 강화한다는 말을 할 수 없다면, 그들은 '호수 빛과 산색[湖光山色]'이나 '관리가 백성을 다스리는데 의지한다[吏治民依]'는 '천인' 체계를 포괄하는 것도 원래 파악할 수 없을 것이다.

건륭황제사자상(乾隆皇帝寫字像)

    홍력弘歷이 서화원西花園을 지을 때 '토원서옥討源書屋'이라고 쓴 제기에서, 눈앞의 산수경관은 각각 그 근원을 추측하면 갖가지 일과 온갖 기예가 있으니, '근원을 얻지 않은 것이 없다[無不各得其源]'하고, 최후 귀결에서 천하의 물이나 우주만물의 근원이 함께 마음에 있다고 하면서, 다음과 같이 말했다.

요순 정치는 근원이 마음에 있고, 공자나 맹자 도덕의 근원도 마음에 있다. 창힐의 글씨❶·예의 활쏘기❷·윤편의 수레 깎는 기교❸·사광의 음률❹·편작의 의술❺·의료의 탄환 놀리기❻·혁추의 바둑❼ 등이 어느 하나 마음에 있지 않은 것이 있는가! 천하의 물은 기원이 많으나, 바다는 기원이 없다. 기원이 없고 온갖 물이 기원이다, 물의 근원도 마음에 있어서, 분명하게 비춘다!❽

---

❶ 창힐(倉頡): 태고 시대에 황제(皇帝)의 사관(史官)으로 알려진 창힐(倉頡) 이라는 신화적 인물이 문자를 만들었다고 한다.
❷ 예(羿): 요(堯) 금이 다스리던 시대에 예(羿) 라는 활 잘 쏘는 용사.
❸ 윤편(輪扁): 수레바퀴를 깎는 것을 직업으로 하는 扁이라는 사람.
❹ 사광(師曠): 진(晉)의 평공(平公재위: B.C. 558~532) 때의 악사로서 맹인이었으나 음악의 재예가 출중하여 그의 연주를 들으면 학(鶴)과 백운(白雲)도 춤을 춘다는 대단한 명인으로서 음에 대한 감각(청각)이 매우 뛰어났음.
❺ 편작(扁鵲): 춘추시대 제(齊)나라 출신으로 본래 성은 진(秦)이고 이름은 월인(越人)이다. 편작이라는 별호는 그가 명성을 얻어 중국 각지를 다니며 의술을 펼칠 때 얻은 것이다.
❻ 의료(宜僚)는 탄환을 잘 놀렸다(宜僚弄丸).
❼ 혁추(奕秋): 춘추전국 시대, 바둑으로 유명한 사람으로, 그의 바둑은 어찌나 절묘했던지 나라 안에는 그를 능가할 사람이 없었다 한다.
❽ 『일하구문고(日下舊聞考)』78권, "堯舜政治之源在心, 而孔孟道德之源亦在心. 頡之書·羿之射·輪之巧·曠之音·鵲之醫·僚之丸·秋之弈, 何一不在心哉! 且夫天下之水其源多矣, 而海則無源. 無源正衆水之源, 則水之源亦在心, 昭昭明矣!"

바로 이 때문에 이러한 원림심미나 사유방식이 '수신제가치국평천하'[33]와 같은 근원을 갖고 있다. 따라서 홍력[34]께서 「손수 지으신 토원서옥 어필시를 삼가 우러러 보며[御制討源書屋恭瞻皇朝御筆詩]」에서 비로소 다음과 같이 읊었다.

雨過葯蘭花解笑　　비 지나가니 작약과 난 꽃이 웃고
風回琴沼水添痕　　회오리바람에 거문고 소리 물소리가 흔적을 더한다.
　……
心法從來含治法　　심법은 본래 치법을 포함하나니
討源深愧未窮源　　근원을 궁구하지 못함이 몹시 부끄럽구나"❶

❶ 『일하구문고(日下舊聞考)』78권, 「상감께서 손수 지으신 토원서옥 어필시를 삼가 우러러 보며[御制討源書屋恭瞻皇朝御筆詩]」.

이미 제시한 중국고대문화의 특징을 규정함으로써, 중국고전원림에서 최고의 심미경계는 인정이 충만하다는 의미의 영구적이고 조화로운 우주의 운율을 추구하는 것이다. 이학이 원림미학에서 선학을 지양하고 원림경계를 심화시키는 것도 상술한 특징과 중국고전원림이 장기적으로 발전한 방향에 따라 결정될 수밖에 없었다.

중국고전원림과 일본고대원림의 풍격을 구별하는 것도 심미경계를 인식하는데 도움이 될 것이다. 중국고전원림은 일찍이 일본원림을 탄생시키는데 큰 영향을 끼쳤으며, 나무 하나 돌 하나를 가지고 천하의 경치를 묘사하는 '사의' 방법을 일본원림에서도 똑같이 광범위하게 운용하였으며, 선학의 추진도 같이 받아들였다. 하지만 중국고전원림과 사대부원림은 대표적으로 서로 다르다.

일본 용안사(龍安寺)의 고산수(枯山水) 정원

일본에서는 "사의 원림의 가장 순수한 형태는 '마른 산수(枯山水)'35)라 한다." 그리고 "엄격한 의미에서 '고산수'는 경도부京都府 용안사龍安寺 방장 남쪽 정원과 대선원大仙院 방장 북쪽과 동쪽의 정원이다." "용안사의 돌로 만든 정원은 동서 길이가 30미터이고, 남북의 너비가 10미터이며, 삼면은 2미터의 높이로 담장을 둘러쌓다. 원 안에는 흰 모래를 가득하게 깔았고, 15개의 돌무더기가 있는데, 5·2·3·2·3개씩 나누어서 다섯 조를 이루어서, 성글고 빽빽하게 배치하여 운치가 있으며 흰 모래 가운데 흩어 놓았다. 돌 아래에 약간의 이끼가 있는 것을 제외하고 전체 원에는 꽃이나 풀이나 나무 한 포기 없다. 가장 높은 돌덩어리는 1미터 남짓하고, 가장 낮은 것은 모래 면과 수평이 같다. …… 방장 남쪽처마 아래의 평평한 대 위에 자리를 깔고 앉으면, 해풍이 솔솔 불어오는 것 같다."36)

일본 연사원(連寺院)

　한 대 이후의 중국고전원림이 시종 바다의 삼신산을 모방하여 산수경관을 기본격식으로 삼아서 구축했지만, 이들은 여태껏 일본의 '사의' 원림처럼 만물의 분위기를 제거하고 형상을 추구한 적은 없었고, 일본 원림의 적막하게 아무 것도 없는 공간감과 쓸쓸하게 엉긴 색조는 전혀 어울리지 않는다. 연사원連寺院 원림도 조금도 예외가 아니다. "일본 사람의 선종 방간은 하나에 한 사람만 전심할 수 있는 밀실로 되었다." 이는 "일종의 심리를 추측하는 특성이 있다."37)

　이런 풍격과 심미심리는 중국건축이나 원림미학에서는 원래 보지 못한 것이다. 예를 들면, 중국 강남의 원림은 대부분 백분을 사용하여 담장을 만드는데, 이는 흰색을 운용하는 면에서 일본의 '사의'정원에 흰 모래를 고루 까는 것과 똑 같지만, 꽃이나 나무가 없는 색조와 분위기로 형성된 것은 분명하게 대비된다.

　중국원림은 백색 담장이나 원림건축 전체의 풍부한 색채38)는 서로 어울리는 가운데서 조성되고 조화되어 완정하게 세워진 색조이다. 이러한 색조는 명청 원림에서도 흰 담장 위에 각양각색의 창문을 새롭게 교묘하게 만들어내서 감상가치를 높이 끌어올렸다. 흰 담장 주위에도 반드시 공간에 꽃과 나무를 심었고, 산석을 쌓아서, 색조나 빛과 그림자 공간 범위를 논할 것 없이 예술조형 상에서 모두 풍부하고 조화된 경관효과를 표현해냈다.
송대 시인 장양신이 말한 것을 예로 들겠다.

원림의 담장 경관

誰家池館靜蕭蕭	누구 집인데 못과 관사가 고요하며 쓸쓸하고
斜倚朱門不敢敲	주문에 비스듬히 기대어 감히 두드리지 못하네.
一段好春藏不盡	아름다운 봄을 모두 갈무리하지 못하고
粉牆斜露杏花梢	흰 담장에 살구꽃 가지가 비스듬히 드러나네.❶

❶ 장양신(張良臣), 「우제(偶題)」『남송군현소집(南宋群賢小集)·설창소집(雪窓小集)』.

원림에 딸린 뜰과 소박한 멋을 살린 담장과 바닥

이것은 담장경관의 풍격을 묘사한 것만 아니라, 중국사대부가 우주와 인성을 이해한 것과 중국고전원림예술의 특징이 연계되었다는 점을 드러낸 것이다. 바로 이 때문에 이학이 원림의 사의에 대한 심화는 중국전통문화 특유의 내함 위에서 깊이 뿌리내렸다. 따라서 중국고대철학과 원림은 일찍이 어떤

상이한 요소나 경향이 존재했으나, 최종에는 오히려 합류하지 않을 수 없었다.
 이 장에서 이미 인용한 소식蘇軾이 왕공王鞏의 청허당淸虛堂을 읊은 데서 "눈을 감아 마음을 보니 흐르지 않는 물과 같구나[眼閉觀心如止水]"와 "물 가운데를 비추어 보니 만상이 비었구나[水中照見萬象空]"고 한 말과 비슷한 뜻은 소식이 원림을 노닐면서 감상할 때 수시로 언급하였다. 소식의 「조덕린의 운을 빌려 서호를 읊다」를 예로 보겠다.

太山秋毫兩無窮	태산과 추호 두 가지는 무궁하니
巨細本出相形中	크고 가는 것은 본래 모양에서 나온 것이라.
大千起滅一塵裡	대천이 나오고 없어짐 하나의 티끌에서 이루어지니
未覺杭穎誰雌雄	항주와 영주 중 수컷과 암컷이 누군지 모르겠네.❶

❶ 『소식시집(蘇軾詩集)』35권. 「조덕린의 운을 빌려 서호를 읊다[次趙德麟韻咏西湖]」.

 이것은 원림에 선경을 '사의'한 기법을 설명한 전형적인 예이다. 그러나 소식이 원림심미에서 주도적인 지위를 차지하는 것은 여전히 온화하고 향기로운 경지를 추구하는 것이기 때문에, 그가 「조덕린의 운을 다시 빌려 서호를 읊다」에서 말했다.

西湖雖小亦西子	서호가 비록 작아도 서시처럼 아름답고
縈流作態淸而丰	굽이지게 흐르니 맑고 어여쁜 모습 짓는구나.
……	

| 十年憔悴塵土窟 | 10년 동안 티끌 먼지 소굴 속에서 초췌해졌으나 |
| 清瀾一洗啼痕空 | 맑은 물결이 눈물자국 씻어냈구나.❶ |

❶ 『소식시집(蘇軾詩集)』35권. 「조덕린의 운을 다시 빌려 서호를 다시 읊다[再次韻德麟新開西湖]」.

강남의 수려하고 멋스러운 전원 풍경

소흥 동호(東湖)의 경관

심지어 자신이 거주하는 사원원림에서도 여전히 두보杜甫를 쫓아서 마음속에서 영원하고 조화된 우주운율을 몸소 맛본 느낌을 말했다.

| 水流天不盡 | 끝없이 먼 하늘로 강물은 흘러가는데 |
| 人遠思何窮 | 그대가 멀리 있으매 그리움이 끝이 없도다. |

> ……
> 荷背風飜白　　바람 불어 연꽃 흰빛이 날리고
> 蓮腮雨退紅　　연꽃 볼은 비 온 뒤에 붉어지누나.❶

❶ 『소식시집(蘇軾詩集)』7권.

　　송대 이후의 중국고전원림의 '사의' 방법과 중국사대부의 사유방식이 같아서, 날이 가면 갈수록 더욱 협소해진 '호천' 안에 더욱 더 놀랄만한 기이한 자취를 창조해냈다. 원림예술이 전반적인 중국전통문화에까지 이르러 일찍부터 성숙한 성과가 변함없이 존재해야할 가치를 갖추었고, 날로 더욱 약해진 사대부 정신세계가 시종일관 '천인지제' 체계를 파악하는 능력을 뚜렷하게 갖추어서, 반드시 '호천' 밖의 세계를 향해서도 눈빛을 던질 수 있었다.

　　이와 관련된 구체적인 문제를 제8편 제4장에서 상세하게 토론할 것이다. 이때 원림 '사의'와 이를 표현하는 사유방식을 볼 수 있을 뿐만 아니라, 전반적인 중국전통문화가 처한 운명 사이에서 필연적으로 연계된 것들이 남김없이 드러날 것이고, 송명이학이 가지고 있는 '사의'의 의의를 더욱 분명하게 볼 수 있을 것이다.

01 법천상지(法天象地): 하늘을 따르고 땅에 순응한다는 것이다.

02 진한궁원(秦漢宮苑): 진한 시기의 궁전(宮殿)에 있는 정원(庭園).

03 상림원(上林苑): 중국 장안(長安)의 서쪽에 있었던 대궐 안의 동산. 진(秦)나라 시황제(始皇帝)가 창설하고, 한(漢)나라 무제(武帝)가 중축하였다.

04 권석작수(拳石勺水): 주먹만 한 작은 돌과 국자의 물처럼 적은 양의 물을 이르며, 작은 규모의 원림에 이용된 수법의 하나이다.

05 이 책 제8편 제4장에 상세하게 보인다.

06 소옹(邵雍), 『황극경세서(皇極經世書)』8권 상, "揚雄作玄, 可謂見天地之心者也."

07 중장통(仲長統), "消搖一世之上, 睥睨天地之間", "陵霄漢, 出宇宙之外", "六合之內, 恣心所欲"

08 『도연명집(陶淵明集)』·답방참군(答龐參軍)』, "情通萬裏外"

09 『도연명집(陶淵明集)』·연우독음(連雨獨飮)』, "八表須臾還"

10 『도연명집(陶淵明集)』4권, "俯仰終宇宙, 不樂復何如"에서의 '樂'이라는 글자로 시를 지은 것은 곧 '孔顔樂處'에 근본한 것이다.

11 소순흠(蘇舜欽; 1008~1048): 중국 북송의 문인. 자는 자미(子美), 호는 창랑옹(滄浪翁). 소주에 창랑정을 짓고 독서와 시작에 빠졌다. 호주 장사에서 사망. 시는 호방해서 유명하다. 서예는 형 소순원과 함께 이름이 있고 해서, 행서, 초서 모두 묘품이라 칭찬받고 특히 초서를 잘하였다.

12 「약신서심당(若神棲心堂)」, 『소순흠전(蘇舜欽傳)』4권, "予心充塞天壤間, 豈以一物相拘關? 然於一物無不有, 遂得此身相與閑"

13 『육유집(陸游集)』·검남시고(劍南詩稿)』, 71권, "雲山萬疊猶嫌淺, 茅屋三間已覺寬."

14 방간(方干), 「어수재소지(於秀才小池)」, 『전당시(全唐詩)』651권, "才見規模識方寸, 知君立意象滄溟"

15 『장재집(張載集)』·정몽(正蒙)·대심(大心)』, "以我視物, 則我大; 以道體物·我, 則道大. 故君子之大也大於道, 大於我者容不免狂而已."

16 도(道)는 이성화의 우주본체이고, 물(物)은 만사만물이며, 아(我)는 사유하는 주체를 이른다.

17 이학(理學)이 불교를 포기하는 것은 이학 내외에서 모두 필연성을 요구하는 기초 위에서 건립되었음을 알 수 있다.

18 황종희(黃宗羲; 1610~1695): 절강성(浙江省) 여요현(餘姚縣) 황죽포(黃竹浦) 남뢰리(南雷里)에서 동림당(東林黨) 명사였던 아버지 황존소(黃尊素, 1585~1626)와 어머니 요씨(姚氏) 사이에서 5형제 중에 장남으로 태어났다. 그는 14세 때에 아버지를 따라 북경에 가서 동림당과 엄당(내각과 환관 중심의 집권파) 사이의 당쟁을 직접 보고 들음으로써 시국에 관심과 인식을 심화시켜 갔다. 그가 17세 되던 해(1626년) 그의 아버지는 삭탈관직되고 동림당 동지들과 함께 환관 위충현(魏忠賢) 일파의 탄압을 받아 옥사하였다.

19 교연(皎然; ?~?): 진나라의 유명시인 사영운(謝靈運)의 10대손인 중국 당나라 중기의 선승(禪僧) 겸 시인. 근체(近體)보다 고체시(古體詩)나 악부(樂府)에 뛰어났으며, 중후(重厚)한 형식 속에 솔직한 감회가 흐르고 있다.

20 종법집권제도(宗法集權制度)의 의의는 '수신제가치국평천하(修身齊家治國平天下)'를 이른다.

21 『맹자(孟子)·진심상(盡心上)』, "萬物皆備於我"

22 『사서장구집주(四書章句集注)·맹자집주(孟子集注)』 13권, "心者, 人之神明, 所以具衆理而應萬事者也. 性則心之所具之理, 而天又理之所從以出者也."

23 『사서장구집주(四書章句集注)·맹자집주(孟子集注)』 13권, "此言理之本然也. 大則君臣父子, 小則事物細微, 其當然之理, 無一不具於性分之內也."

24 『송원학안(宋元學案)』 58권, 「상산학안(常山學案)」, "同植綱常, 同扶名敎, 同宗孔孟"

25 정주(程朱): 정호(程顥)와 정이(程頤)·주희(朱熹)를 아울러 이르는 말이다.

26 고염무(顧炎武), 『일지록(日知錄)』 18권, "주자만년정론(朱子晚年定論)"참고.

27 주밀(周密), 『계신잡지(癸辛雜識)·후집(後集)』, "봉천상산(奉倩象山)"조, "苟奉倩以六籍爲聖人糟粕, 据子貢言'性與天道'也. 此與象山嘗與學者言'六經幾箇不分不曉底子'; 日'賢信得及否'數語相似, 玄言與頓悟本相近也."

28 주밀(周密), 『제동야어(齊東野語)』 11권, "도학(道學)"조, "往往流於異端(指禪學)而不自知."

29 남송이학의 대가: 호굉(胡宏)·장구성(張九成)·주희(朱熹)·장식(張式)·여주겸(呂祖謙)·육구연(陸九淵)·위료(魏了) 같은 이들을 이른다.

30 북송오자(北宋五子): 주돈이(周敦頤) 소옹(邵雍) 정호(程顥) 정이(程頤) 장재(張載) 등을 이른다.

31 『육유집(陸游集)·위남문집(渭南文集)』, "納煙雲日月之偉觀, 攬雷霆風雨之奇變"

32 「주지(秋池)」, 『백거이집(白居易集)』, "不是秋池是道場."

33 수신제가치국평천하(修身齊家治國平天下): 자신의 몸과 마음을 바르게 한 사람만이 가정을 다스릴 수 있

고, 가정을 다스릴 수 있는 자만이 나라를 다스릴 수 있으며, 나라를 다스릴 수 있는 자만이 천하를 평화롭게 다스릴 수 있다는 것이다.

34 홍력(弘歷): 청(淸) 건륭제(乾隆帝)

35 고산수(枯山水): 마른 산수(枯山水)라고 해서 물 대신 바위나 돌을 주로 하여 산과 물을 나타내는 정원으로, 이 모래로 물 삼아서 사래질하여 흐르는 물결처럼 표현하기도 하고, 지형을 이용하기도 하고, 바위로써 섬이나 산을 만들고 하는 것을 말한다.

36 진지화(陳志華), 『외국건축사(外國建築史)』 P. 281.

37 손진역(孫津譯), 『미술역총(美術譯叢)』, 1986년 4기, pp.58~59.

38 원림건축 전체의 풍부한 색채는 기와의 회색, 기둥이나 목재의 갈색, 문틀이나 창문 등과 가구의 목재바탕의 본래 색, 기둥의 주련이나 액자의 먹색이나 청색·짙은 녹색 등을 말한다.

제 4 장

사의가 중국사대부 문화예술에 차지하는 보편적 의의

◁ 청(淸), 매청(梅淸), 〈황산도(黃山圖)〉

앞 두 장의 논술에서 알 수 있듯이, '사의'는 일종의 예술표현기법이 결코 아니며, 이는 일반적인 예술창작에서 필요한 의상사유를 충족시키는 것도 아니다. 세계문화 중에서 특수한 형태로서, 그 가치는 중국사대부계층의 하늘과 사람의 관계인 '천인지제' 체계와 자기의 이상인격을 구축하는 가운데서만 존재할 수 있다.

그러나 이런 점을 충분히 설명하려면, 단순히 원림과 철학의 관점만으로는 부족할 것이다. 왜냐하면 '사의'가 우리가 분석한 것처럼 '천인' 체계를 파악하는 필수적인 사유방식이라면, 이는 곧 어떤 구체적인 문화영역에 존재할 뿐만 아니라, 보편적으로 사대부의 각종 문화예술 활동까지도 지배해야 하기 때문이다.

따라서 이는 일종의 보편적인 의미를 갖춘 표현기법일 뿐만 아니라, 반드시 이러한 영역에서 각자의 견지를 통하여 '천인' 체계로 향하는 교량역할을 함께 해야 한다. 중국고전원림과 시·서·화 등이 사대부예술 사이에서 서로 통하는 면을 볼 수 있는데, '시 가운데 그림이 있다.'는 것과 '그림 가운데 시가 있다.'는 말도 옛 사람이 항상 말했다.

그러나 중국고대문화의 특징을 파악해야만, 이처럼 서로 통하는 점이 주제·형식·기교·방법적인 면에서 서로 융합할 뿐만 아니라, 더욱 중요한 것은 중국문화가 더욱 진보하여 혼연일체 한다는 것을 비로소 알 수 있다. 아래에서 간략하게 문학·회화·서예·술과 차·금과 바둑 등의 다양한 영역에서 '사의'가 원림의 '사의'와 일치하는 곳을 보겠다.

문학文學

중국사대부문학은 전반적인 사대부문화와 같이, 위진 때부터 자각하기 시작하여, 이시기에 문학관념·창작방법과 사대부가 '천인' 체계에 대한 이해·파악과 사대부계층이 이상인격을 세우는데 필연적인 연계가 이미 드러나서, 서로 도와 문학창작에서 의상사유가 능동적으로 작용하였다. 서진西晉의 육기가 「문부」 정문에서 다음 같은 구절을 앞에 기록하였다.

육기상(陸機像)

佇中區以玄覽	우두커니 중구에서 오묘하게 그윽이 관찰하고
頤情志於典墳	전분❶에서 사상과 감정을 함양하네.
遵四時以嘆逝	사시의 변화를 쫓으며 가는 세월 탄식하고
瞻萬物而思紛	만물을 바라보며 온갖 생각 떠올리네."❷

❶ 전분(典墳): 오제(五帝)의 서(書)인 『오전(五典)』과 삼황(三皇)의 서인 『삼분(三墳)』을 이르던 말로 '고서(古書)'를 달리 이르는 말이다.
❷ 『육기집(陸機集)』1권, 「문부(文賦)」.

여기에서 '중구'는 마음이고, '현람'은 『노자』10장에 나오는 말이다. 이는 노자의 이론체계에서 '천인' 체계를 파악했음이 분명하다. 하상공河上公¹⁾이 『도덕경·주』에서 "마음을 씻어 청결하게 한다. 마음이 하늘의 아득한 곳에 머무르면 세상

만사를 두루 꿰뚫어 알게 된다. 그래서 현람2)이라고 주석한다."3)하였다. 뒤이어서 육기가 의상사유의 문제를 말했다.

보고 듣고서 생각하고 묻는 것이 정신이 팔극으로 달리고, 마음은 만 길이나 높은 곳에서 노니는 것이다. …… 여론의 가느다란 물줄기에 귀를 기울이면, 육예의 꽃다운 윤택이 부딪혀 흘러온다. 자연의 못에 떠서 편안하게 흐르고, 샘으로 씻어 내려서 자맥질하며 넘쳐흐른다. …… 잠깐 사이에 고금을 보고, 한 순간에 사해를 어루만진다.❶

❶ 『육기집(陸機集)』1권, "收視反聽, 耽思傍訊; 精騖八極, 心游萬仞. ……傾群言之瀝液, 漱六藝之芳潤; 浮天淵以安流, 濯下泉而潛浸. …… 觀古今於須臾, 撫四海於一瞬."

'팔극' '사해'와 '육예'와 '고금'을 모두 마음에 담을 수 있는 것은 '천인지제' 체계가 필요한 고도의 능동적인 문학창작 사유방식에서만 가능하다는 것이다. 이러한 관계를 육기가 작품 마지막 부분에서 문학 작용을 종합하며 보다 명확하게 설명하였다.

문장의 쓰임은 실로 이치에 기인하는 바가 있다. 만 리나 넓어도 제한함이 없고, 매우 긴 세월 동안 교량 역활을 하였다. 구부려서 잎을 부르고, 쳐다보고 고인을 본받는다. 추락하려고 하는 데에서 문무를 구제하고, 망하지 않는 데에서 선풍이 들린다. 멀리까지 꾸미지 않아도 그치지 않고, 이치가 전혀 없어도 묶지 않는다.

비구름에서 윤택함을 더하고, 귀신에게 변화를 본받는다. 금속 악기에 힘입어 덕이 넓어지고, 관현악기가 유행하여 날로 새로워진다.❶

❶ 『육기집(陸機集)』1권, "伊玆文之爲用, 固衆理之所因. 恢萬里而無閡, 通億載而爲津. 俯貽則於來葉, 仰觀象於古人. 濟文武於將墜, 宣風聲於不泯. 塗無遠而不彌, 理無微而弗綸. 配沾潤於雲雨, 象變化乎鬼神. 被金石而德廣, 流管弦而日新."

무한하며 영구적인 '천인지제' 체계의 토대를 떠나서는 문학이 이와 같은 천지고금의 모든 것을 포함할 재능을 발휘할 수 없었을까?『문부』이후 문학창작에서 의상사고에 관한 논술이 가장 뚜렷한 것은 유협의『문심조룡』이라는 작품이다. 이는 제1편이「원도」로 시작하는데,「원도」에서 문자의 요지를 드러내어 설명하였다.

문심조룡(文心雕龍)

문장은 덕이 되는 것은 크다. 천지와 함께 생겨난 것은 어째서인가? 검은 하늘과 누런 땅은 색이 뒤섞여 있고, 네모난 땅과 둥근 하늘은 모습이 나뉘었다. 해와 달은 구슬을 이어 놓은 듯 고운 하늘에 형상을 드리웠고, 산천은 아름다운 비단과 같이 땅의 형세를 꾸미고 있다. 이 모든 것이 도의 문이다. 위로는 토해내는 빛을 보고, 아래로는 품고 있는 무늬를 살펴서 아래위로 자리를 정하였으므로 하늘과 땅이 생긴 것이다. 오직 사람만이 그것과 함께하여 성령이 갖추어진 바를 일러 삼재4)라고 하는 것이다. 오행중의 으뜸이 되며 실로 천지의 마음이다.❶

❶ 『문심조룡(文心雕龍)·원도제1(原道第一)』, "文之爲德也大矣, 與天地幷生者何哉? 夫玄黃色雜, 方圓體分, 日月疊璧, 以垂麗天之象; 山川煥綺, 以鋪理地之形: 此蓋道之文也. 仰觀吐曜, 俯察含章, 高卑定位, 故兩儀旣生矣. 惟人參之, 性靈所鍾, 是謂三才. 爲五行之秀, 實天地之心."

사공도상(司空圖像)

유협은 문학과 예술사유는 전반적인 '천인지제'에 유기적으로 조성된 부분임을 자각하여 인식하였다. 그는 문학의 창작사유와 문학의 정교5)·심미가치·작가인격의 의의·예술풍격론 등 모든 문제를 우주본체론의 총괄 아래에 두고서, 본체를 중심으로 하는 동시에, 각자의 특성을 충분히 발휘할 수 있도록 하였다. 이런 통일자체가 바로 '천인지제' 체계가 위진 시대 이후에 점점 더 성숙해지고 자각하게 되었다는 점을 구체적으로 표현한 것 중에 하나이다.

당나라 사공도6)의 『시품』

은 중국고대문학이론에서 매우 중요한 저작이다. 단순히 원림경계에 관하여 매우 깊게 묘사했기 때문에, 큰 범위에서도 일부 원림미학저작이라 한다. 이 책에서 예술창작과 '천인지계'의 관계를 형용한 것을 곳곳에서 발견할 수 있다. '웅혼'·'경건'·'호방'·'유동' 등의 경지를 다음과 같이 상세하게 구체적으로 묘사하였다.

웅장하여 막힘이 없는 경지의 '웅혼雄渾'을 묘사한 것이다.

大用外腓	위대한 활용을 밖에다 덮어 둔다면
眞體內充	진실한 본체는 안쪽에 충만하리로다.
………	
具備萬物	만물의 이치를 갖추어 준비한다면
橫絶太空	큰 허공을 단숨에 끊어버리네.
……	

묘사력이 굳세고 힘찬 경지의 '경건勁健'을 묘사한 것이다

飮眞茹强	진리를 마시며 강함을 먹이고
蓄素守中	바탕을 쌓고 중심을 지킨다네.
喩彼行健	저 운행을 건강함에 비유하나니
是謂存雄	이것이 바로 웅장을 지닌다 할 것이로다.
天地與立	하늘과 땅과 함께 더불어 서고
神化攸同	신령의 변화와 함께하는 것이라네.
期之以實	충실함을 지키고
御之以終	마지막까지 지켜나가야 하니라.

의기가 장하여 작은 일에 거리낌 없는 경지의 '호방豪放'을 묘사한 것이다.

觀花匪禁	꽃을 구경함에 금하지 않으며
呑吐太虛	천지 허공을 삼키고 토해 내는 도다.
由道返氣	도리를 따르다가 기로 돌아가고
處得以狂	광기로서 한 자리 얻기도 한다네.
天風浪浪	하늘에 바람은 낭랑하고
海山蒼蒼	바다와 산은 푸르기만 하도다.
眞力彌滿	참된 힘이 가득차고
萬象在旁	만상이 옆에 있도다.

………

자유롭게 아무런 지장 없이 흘러 움직이는 경지인 '유동流動'을 묘사한 것이다

………

荒荒坤軸	지축은 아늑히 황막하고
悠悠天樞	천축은 아득히 멀기만 하네.
載要其端	그 단서만 찾아 두텁게 지닌다면
載同其符	그 부합됨이 같을 것이로다.
超超神明	우주를 주관하는 신령은 초연하여
返返冥無	어두운 허무의 세계로 돌아가도다.
來往千載	천 년을 두고 오고 또 가나니
是之謂乎	이를 두고 이르는 것인가?

이러한 '천인' 의식을 자각한 것은 사대부문학의 가장 깊은 층에서 모든 구체적 부분을 지배한다. 이 때문에 고전원림과 똑같이 사대부문학의 근본목적은 '천인

지제' 체계를 표현하는데 있다. 따라서 문학창작도 필연적으로 원림창작과 매우 비슷한 '사의' 방법을 채용하는 것이다. 중국고대 문학표현 방법에 중대한 영향을 끼친 이론을 아래에서 예로 들겠다.

사공도가 문학은 '운치 밖의 정취'·'맛 밖의 취지'❶가 있어야 한다고 했다.
엄우❷는 "성당 시인은 오직 흥취를 갖추어서, 영양이 뿔을 나무에 걸어 놓은 것처럼, 자취를 찾을 수 없는 것과 같다. 따라서 묘처가 투철하고 영롱하여 모을 수가 없으며, 공중의 음이나 형상의 색처럼, 물속의 달처럼, 거울 속의 형상처럼 언어는 다함이 있어도 뜻은 끝나지 않는다."❸

---

❶ 「여이생론시서(與李生論詩書)」, 『사공표성문집(司空表聖文集)』2권에, "韻外之趣", "味外之旨"라고 보인다.
❷ 엄우(嚴羽; ?~?): 송(宋)나라의 시론가(詩論家). 호 창랑(滄浪). 자 의경(儀卿). 복건성(福建省) 소무(邵武)출생. 관직에 뜻을 두지 않고 일생동안 은자로서의 지조를 고집하였다.
❸ 『창랑시화(滄浪詩話)』·시변(詩辨)」, "盛唐詩人惟在興趣, 翔羊挂角, 無迹可求. 故其妙處透徹玲瓏, 不可湊泊, 如空中之音, 相中之色, 水中之月, 鏡中之象, 言有盡而意無窮."

왕사정(王士禎)

왕사정⁷⁾은 '신운'이라는 말을 했는데, 이들의 공통적인 핵심은 모두 고도의 능동적인 의상사고를 수단으로, 시공간의 제한을 뛰어넘어 모을 수 없는 의상 가운데 더욱 뚜렷하고 효과적으로 '천인'체계의 아름다움을 표현하는 것이다. 그의 말을 보겠다.

향로봉의 동림사 동남 쪽 아래에 백낙천 초당 옛터가 있는데 봉우리가 그다지 높지 않다. 강문통이 「관군 건평왕을 따라 여산 향로봉에 오르다」는 시에서 '해가 지니 장사 물가에 그림자가 층층으로 만 리나 생긴다.' 하였는데, 장사에서 여산의 거리가 2천 여리인데 향로봉이 어떻게 보이겠는가? 맹호연의 「공석 아래에서」라는 시에 '어두우니 배를 어디에 정박 할꼬, 하니 멀리 낙성만을 가리킨다고 하였는데, 낙성은 남강부에 있고, 공과의 거리 역시 천 여리라 바람 따라 흘러가도 하루에 도착할 수 있는 거리가 아니다. 고인들의 시에서 흥취를 모으는 것이 빼어난 묘함인가? 후인들의 장구는 그렇지 않아서 거리만 기록한다.

왕우승이 '눈 속에 파초를 그렸다'고 하는데, 그 시도 그렇다. 예를 들면 '구강의 단풍나무 몇 번이나 푸르렀는지 한 조각의 양주 오호가 희구나'하였다. 아래에 이어서 난능진·부춘곽·석두성 여러 곳을 썼는데, 모두 아득히 멀어서 서로 이어지지 않는다. 대개 고인들의 시화는 흥이 따라야 정신이 이르니, 만약 각주구검❶이나 연목구어❷한다면 그 뜻을 잃을 것이다.

당나라 사람의 오언절구는 종종 선의 경지에 들어, 뜻을 얻으면 말을 잊는 묘함이 있다. 흥취는 다투는데 명성에는 말이 없는 것과 달마의 진수를 터득하는 것과 동일한 원리이다.

언덕을 오르려면 뗏목을 버리는 것이 선가에서 깨달음의 경지이다. 시인의 변화하는 경지는 시와 선이 일치하여 어떤 차별도 없애는 것이다.❸

❶ 각주구검(刻舟求劍): 칼이 강물에 빠지자 뱃전에 칼자국을 내어 표시해 두었다가 나중에 배가 움직인 것은 생각지도 않고 표시해 두었던 뱃전 부근에서 칼을 찾았다는 뜻으로, 전혀 융통성이 없음을 비유한 말이다.
❷ 연목구어(緣木求魚): 나무에 올라 물고기를 구한다는 뜻으로, 되지 않을 일을 무리하게 하려고 함을 이르는 말이다.
❸ 왕사정(王士禎), 『대경당시화(帶經堂詩話)』3권, "香爐峰在東林寺東南, 下卽白樂天草堂故址, 峰不甚高, 而江文通 「從冠軍建平王登廬山香爐峯」詩云: '日落長沙渚, 層陰萬里生.' 長沙去廬山二千餘里, 香爐何緣見之? 孟浩然 「下贛石」詩: '暝帆何處泊, 遙指落星灣.' 落星在南康府, 去贛亦千餘里, 順流承風, 卽非一日可達. 古人詩只取興會超妙, 不似後人章句, 但作記里鼓也." · "世謂王右丞畵雪中芭蕉, 其詩亦然, 如九江楓樹幾回靑, 一片揚州五湖白', 下連用蘭陵鎭·富春郭·石頭城諸地筆, 皆寥遠不相屬, 大抵古人詩畵, 只取興會神到, 若刻舟緣木求之, 失其指矣." · "唐人五言絶句, 往往入禪, 有得意妄言之妙, 與淨名黙然·達磨得髓, 同一關捩." · "舍筏登岸, 禪家以爲悟境, 詩家以爲化境, 詩·禪一致, 等無差別."

왕사정이 여기에서 제시하는 것은 사대부문화에서 시·그림·산수심미·현학[8]·선학 등의 정수는 단 하나로 '흥취가 빼어남[興會超妙]'이라는 것이다. 왕세정은 '우리가 언급할 수 있는 것은 이러한 남들이 주목하는 문화현상만 드러내 보일 수 있을 뿐이라'고 하였다. 하지만 지금 사람들도 문예방법론의 범주에서 이러한 현상을 이해하여, 이와 중국고대문화의 기본특성을 연계시킬 수 없다면, 아직 많이 부족한 것이 분명하다.

문방사보(文房四寶)

회화繪畫

'사의'는 본래 중국고대화론에서 파생된 단어이다. 또한 회화와 원림이 모두 조형예술에 속한다. 중국화도 대개 산수·정원·화목 등을 제재로 하기 때문에 회화에서도 '사의'의 가치가 똑같이 중요시된다.

중국사대부회화에서의 '사의' 경향도 위진 시기에 시작하였다. 동진의 고개지가 그림을 논하여 "형상으로 정신을 묘사한다."하고 "생각을 옮겨서 묘함을 얻는다."9)는 말을 했다. 같은 시대의 종병은 그의 회화창작과 이론에서 '사의성'이 두드러졌다.

종병이 산수를 좋아하여, 멀리 유람하기를 즐겨서, 서쪽으로는 형산과 무산에 이르고, 남쪽으로는 형악에 올라서, 결국 형산에 집을 짓고 상평❶의 뜻을 품었다. 병이 나서 강릉으로 돌아와 탄식하며 말하길, '늙음과 병이 함께 이르렀으니, 명산을 두루 유람하기가 어려울 것이다. 마음을 깨끗이 하여 자연의 도를 관찰하며, 누워서 유람하는 즐거움을 맛보리라.'하였다. 두루 여행한 곳은 모두 벽에 그려놓고, 사람들에게 말하길, 거문고를 어루만지고 다루어 곡조를 타서 모든 산이 모두 메아리치게 하려한다고 하였다.❷

---

❶ 상평(尙平): 동한(東漢) 때의 상장(尙長)을 가리키며 상장의 자가 자평(子平)이다. 상평은 자식을 출가시킨 후에는 가사를 돌보지 않았으므로, 후에 집안 일로 인하여 자신이 얽매이지 않는다는 전고로 삼았다.
❷ 『송사(宋史)·종병전(宗炳傳)』, "(炳)好山水, 愛遠游, 西陟荊·巫, 南登衡岳, 因而結宇衡山, 欲懷尙平之志. 有疾還江陵, 嘆曰: '老疾俱至, 名山恐難遍睹, 惟當澄懷觀道, 臥以游之.' 凡所游履, 皆圖之於室, 謂人曰: '撫琴動操, 欲令衆山皆响.'"

그림에 의지하면, 집 아래에 누워서도 천하의 명산을 두루 유람할 수 있다. 이

러한 고도의 능동적 의상사고는 당연히 일반적인 회화이론으로 해석할 수 없다. 이 때문에 더욱 주의해야 할 것은 위의 글에서 '마음을 깨끗이 하여 자연의 도를 관찰한다.'는 구절이다.

종병이 말하는 '도'는 우주본체이며, 현학을 통하여 명백하게 밝혀진 '도'가 전반적인 '천인지제' 체계를 통솔한다는 것은 진·송나라 사람들은 이미 알고 있는 근본법칙이다. 따라서 종병이 그림에서 '사의'를 실현한 것은 마음으로 '도'를 깨달은 것이 바탕이 되었으며, 회화는 도를 표현하는 수단이라고 종병 자신이 말한 것이다.

성인은 도를 머금고 만물을 비추고, 현자는 마음을 맑게 하여 만상을 음미한다. 산수는 형질이 있으면서 의취가 영묘하다. …… 성인은 정신으로 도를 드러내고 현인은 도를 통달하는데, 산수는 형상으로 도를 아름답게 하고 어진 사람은 이를 즐긴다.❶

---

❶ 종병(宗炳), 「화산수서(畵山水序)」, "聖人含道暎物, 賢者澄懷味像. 至於山水, 質有而趣靈. …… 夫聖人以神發道, 而賢者通, 山水以形媚道而仁者樂."

'사의' 방법은 예술에서 정신을 중시하고 형모를 가볍게 여기는 가치관이 이때에 이미 확립되었다. 사혁이 『고화품록』에서 육탐미와 장묵과 순욱의 그림을 평한 것으로 예로 들겠다.

육탐미는 사물의 이치와 특성을 다 표현하여 그림 그리는 일이 말로 전해지는 것보다 뛰어났다.❶

장묵과 순욱은 풍모와 정세가 지극히 묘하여 신묘한 경지를 깨달았으나, 영묘함만 취하고 그 골법을 빠뜨린 것이다. 사물을 묘사하는 것에만 구애되면 곧 순수함을 나타낼 수 없다. 형상의 외모만 취하면 곧 화려함에 싫증나서 미묘하다고 할 수 있다.❷

❶ 사혁(謝赫), 『고화품록(古畵品錄)』, 評陸探微畵, "窮理盡性, 事絕言象."
❷ 사혁(謝赫), 『고화품록(古畵品錄)』, 評張墨·荀勗畵, "風範氣候, 極妙參神, 但取精靈, 遺其骨法. 若拘以體物, 則未見精粹; 若取之象外, 方厭膏腴, 可謂微妙也."

여기에서 말하는 '사물의 이치와 특성을 다 표현했다'는 것이나 '지극히 묘하여 신묘한 경지를 깨달았다'는 것들의 함의는 여전히 위진 이후 사대부들의 '천인' 체계에 대한 설명에서만 실마리를 풀 수 있다.

회화에서의 '사의'와 '천인' 체계의 관계는 당나라 사람이 화론에서 끊임없이 설명하였다. 부재의 「강릉 육어사 댁의 연회에 모여 장조가 소나무와 돌을 그리는 것을 보고 쓴 서문」을 예로 들겠다.

장조의 예술을 관찰하면, 그것은 그림이 아니고 참다운 도이다. 장조가 그림 그릴 때는 기교를 버리면, 뜻이 현묘한 자연의 조화에 암암리에 합치되어 사물이 마음속에 있고 눈이나 귀에 있지 않다는 것을 이미 깨달았다. 때문에 마음먹은 대로 손쉽게 되고, 독특한 모습과 절묘한 형상이 붓을 대면 표출되어 기질이 고요하게 통하여 신과 한 무리가 되었다. 그림을 그릴 때 한도를 정하여 장단점을 헤아리고, 미나 추함을 좁은 안목으로 계산하여 화법에 구애되어, 먹을 빨며 실로 오래 망설이는 것 같은 것은 바로 그림을 그리는 데 혹과 같은 존재이다. 그런 자를 어떻게 장조와 같은 위치에 둘 수 있겠는가?❶

❶ 부재(符載), 「강릉 육어사 댁의 연회에 모여 장조가 소나무와 돌을 그리는 것을 보고 쓴 서문江陵陸侍御宅燕集觀張員外畵松石序」, 『전당문』690권, "觀夫張公之藝非畵也, 眞道也. 當其有事, 已知夫遺去機巧, 意冥玄化, 而物在靈府, 不在耳目. 故得於心, 應於手, 孤姿絶狀, 觸毫而出, 氣交沖漠, 與神爲徒. 若忖短長於隘度, 算姸蚩於陋目, 凝觚舐墨, 依違良久, 乃繪物之贅疣也, 甯置於齒牙間哉?"

회화에서 표현되어야 하는 것은 '도'를 파악한 정취나 사유[마음]이지, 이목으로 접하는 사물의 형상을 묘사하는 것이 아니다. 이래야만 '기질이 고요하게 통하여 신과 같은 무리가 된다.'는 최고 경지에 도달할 수 있다는 것이다. 여기에서 같은 시대의 백거이나 이덕유10)같은 이들의 원림 '사의'의 예를 쉽사리 생각해볼 수 있다. 이후에 장언원이 회화에서 반복해서 요구한 것은 다음과 같은 것들이다.

우주의 신비한 변화를 궁구하여 그윽하고 세밀한 도리를 헤아릴 수 있도록 하는 것이다. 이는 육적과 공효를 같이 하며, 사계절과 나란히 운행되는 것이다.❶
형사를 떠나서 그림의 본질을 구하려고 하였다. 기운을 통하여 그림의 본질을 추구할 수 있다. 만물이 반드시 다 표현되었다. 조화를 다하였다."❷
생각 밖의 현묘함을 궁구하였다. 신묘한 변화가 천기에 합치된다."❸

---

❶ 『역대명화기(歷代名畵記)・서화지원류(書畵之源流)』, "窮神變, 測幽微, 與六籍同功, 四時並運."
❷ 『역대명화기(歷代名畵記)・논화육법(論畵六法)』, "以形似之外求其畵", "以氣韻求其畵", "萬象必盡", "窮極造化"
❸ 『역대명화기(歷代名畵記)・송(宋)・왕미(王微)』, "窮玄妙於意表", "合神變乎天機"

이는 분명하게도 백거이나 이덕유와 같은 미학사상이 진일보 발전한 것이다. 장언원의 이론에서 특별히 주의해야할 가치는 사대부인격과 회화에 대한 관계를 강조한 것이다.

예로부터 그림을 잘 그리는 사람은 사대부 출신 관리나 명문 귀족의 자제, 세속의 혼탁함을 벗어난 선비, 인품이 고고하고 학식이 높은 사람이 아닌 자가 없었다. 한 때에 오묘한 재능을 떨치고 천 년 동안이나 꽃다운 명성을 전하였으니, 그림이라는 것은 범부나 비천한 자가 잘 그릴 수 있는 것이 아니다."❶

❶ 『역대명화기(歷代名畵記)·논화육법(論畵六法)』, "自古善畵者, 莫匪衣冠貴冑, 逸士高人, 振妙一時, 傳芳千祀, 非閭閻鄙賤之所能爲也."

이처럼 회화 '사의'에 대한 인식이 송대 이후에 발전한 것은 중요한 의의가 있다. 전반적인 전통문화가 보편적인 성숙에서 고도한 성숙단계로 발전하는 것과 일치하여, 회화 '사의'가 송대에 특히 눈부시게 발전하였다. 이는 향후 고대사회 후기 회화면모에 귀중한 기초가 되었다.

사회제도의 필요에 따라, 회화 '사의'의 기본문화가 내포한 뜻은 의상사유의 고도한 발휘를 통하여 '천인' 체계에 대한 실체를 파악하고, 사대부인격을 '천인' 체계에 표현하는 의의가 송나라 때 왕성하게 표현되었다. 원림 '사의'는 더 진보하여 사대부사유방식과 서로 연계하는 필연적인 요인도 과거 어느 때보다 더욱 충분하게 나타났다. 제목과 편폭의 제한 때문에 여기서는 간략하게 개괄할 수밖에 없다.

송대 회화에서 '사의'에 대하여 깊이 자각한 것들을 사대부문화의 대표 인물들이 사의를 분명하게 인식하여 가장 먼저 표현하였다. 구양수의 제화시를 예로 들겠다.

古畫畫意不畫形　옛 그림은 뜻을 그리고 형을 그리지 않았는데
梅詩詠物無隱情　매화 시는 사물을 읊었는데 숨은 정이 없구나.
忘形得意知者寡　형을 잊어야 뜻을 얻는 다는 것을 아는 이 적으니
不若見詩如見畫　시를 보는 것이 그림을 보는 것만 못하구나. ❶

❶ 「반거도(盤車圖)」, 『구양수전집(歐陽修全集)·거사집(居士集)』 6권.

구양수 자신도 '그림은 뜻을 묘사하는 것이지 형을 그리지 않는다.'는 원인을 구체적으로 설명하였다.

적막하고 담담한 정취를 그리기 어렵고, 화가가 뜻을 터득했더라도 감상하는 자가 꼭 알지는 못한다. 따라서 새나 짐승이 느리거나 빠른 것과 가깝게 느끼는 동물은 표현하기 쉬우나, 한가하고 온화하며 엄정하고 원대한 마음은 그리기가 어렵다. 그림에서 높낮이와 앞뒤의 방향과 원근이나 중복시키는 일 같은 것은 화공의 기예일 뿐이니, 정밀하게 감상할 일이 아니다. ❶

❶ 『구양수전집(歐陽修全集)・시필(試筆)・감화(鑒畵)』, "蕭條淡泊, 此難畫之意, 畫者得之, 覽者未必識也. 故飛走遲速, 意淺之物易見, 而閒和嚴靜, 趣遠之心難形. 遠近重復, 此畫工之藝耳, 非精鑒之事也."

화가나 감상자를 막론하고, 회화예술을 통하여 얻어야 하는 것은 '뜻이 얕은 사물'이 아니고 '정취가 원대한 마음'이라는 것을 여기에서 알 수 있다. 이 당시 문동・소식・미불 같은 이들은 '사의' 이론을 분명하게 설명했을 뿐만 아니라 또한 문인 '사의'화를 모두 중요하게 실천하였다. 이 때문에 이들의 미학관은 더욱 전형적인 의의가 있다. 이들은 예술 활동에서 회화 '사의'와 이상인격을 구축하고 '천인' 체계를 파악하여 일체로 융화시켰다고 할 수 있다. 『송사』와 『도회보감』의 문동에 관한 기록을 예로 들겠다.

『송사・문동전』에서 "문동은 자가 여가이고, ……학문으로 유명한 선비로 운치가 있으며 고결하다. …… 문언박이 성도 군수로 있으면서, 그에게 보낸 편지에서 문동을 말하여 '여가는 흉중에 운치가 있고 대범하여 개인 구름과 가을 달과 같아서 티끌이 이르지 못한다.'하였다.❶

『도회보감』3권에 문동그림의 특징은 '더러 늙은 가지나 그루터기를 담묵으로 장난삼아 한번 휘호하면, 아무리 채색과 종이와 붓이 묘한 것들로 형용하여도 미칠 수 없다.'하였다.❷

❶ 『송사(宋史)・문동전(文同傳)』, "文同, 字與可, …… 以學名士, 操韻高潔, …… 文彥博守聖都, 奇之, 致書同曰: '與可襟韻洒落, 如晴雲秋月, 塵埃不到.'"
❷ 『도회보감(圖繪寶鑑)』3권, "或戱作古槎老枿, 淡墨一揮, 雖丹靑極毫楮之妙者形容所不能及也."

소식이 문동 그림을 평론한 것은 세인들이 더욱 잘 알고 있다.

與可畵竹時	문동이 대나무를 그릴 때
見竹不見人	대 만 보고 사람을 보지 않는다네.
豈獨不見人	어찌 사람을 보지 않는가?
嗒然遺其身	멍하니 그 자신을 버린다오.
其身與竹化	그 자신이 대나무와 조화되어
無窮出淸新	끝없는 새로움이 나타나네.
莊周世無有	장주가 세상에 없느니
誰知此凝神	이런 정신 집중을 누가 알겠나!❶

❶ 「요보지가 소장한 문여가 대그림에 쓴 3수[書晁補之所藏與可畵竹三首]」중의 1수, 『소식시집(蘇軾詩集)』29권.

문동이 대나무 그림에서 '대나무와 자신이 하나 된' 경지에 도달한 것은 기본적으로 두 가지 요소가 있는데, 그중 하나는 문동이 '천인' 체계를 파악한 것이다.

문동이 대를 그리면 보이는 것이 좋은 대나무이다. 손님이 보고 놀라면서 말하길 '지금 하늘에서 명을 받아 땅에서 형상을 그리니, 비와 이슬에 흠뻑 젖어서, 기운이 바람에 진동하네. 봄에는 싹이 나서 여름에 껍질이 풀어지고, 가지와 잎이 흩어져서 겨울이 되었구나. …… 실로 사물을 낳는 자연인데, 누가 조화를 부릴 수 있겠는가? 지금 내가 푸른 소나무 그을음으로 만든 먹을 갈아 토끼털 붓으로 운필하여 담장에 두고 본다, …… 가만히 사물을 만드는 곳을 깊이 생각하니, 아침에 그릴 뜻이 생기니, 그대가 어찌 진실로 도를 갖춘 자인가?' 하였다.

문동이 듣고서 웃으면서 말하길 '내가 좋아하는 것은 도인데, 대나무에서 해방되는 것이다. …… 갑자기 손과 종이 앞에서 붓을 놓으니, 갑자기 흥이 일어, 수죽이 무성한데, 비록 하늘의 조화에는 조짐이 없다지만 이것과 무엇이 다른가?❶

❶ 소철(蘇轍), 「묵죽부(墨竹賦)」, 『혁성집(欒城集)』, "與可以墨爲竹, 視之良竹也. 客見而驚焉曰: '今夫受命於天, 賦形於地, 涵濡雨露, 振蕩風氣. 春而萌芽, 夏而解弛, 散柯布葉, 逮冬而遂. …… 信物生之自然, 誰造化其能使. 今予研青松之煤, 運脫兔之毫, 睥睨墻堵, …… 竊造物之潛思, 賦生意於崇朝, 子豈誠有道者耶?', "與可聽然而笑曰: '夫子之所好者, 道也, 放乎竹矣. …… 忽乎忘筆之在手與紙之在前, 勃然而興, 而修竹森然, 雖天造之無朕, 亦何以異於玆焉."

이 부는 문동이 천지기운인 인온氤氳의 도를 하나의 대나무에 어떻게 형용했는가에 대하여 기록한 것이다. 이는 이학에서 '천리가 운행하고, 조화가 생육한다天理流行, 造化發育.'는 말과 상통한다. 형용한 의론은 문장이 많아서 모두 인용할 수 없지만, 위의 시작 부분에서의 인용과 마지막 두 결구의 말에 요의가 있다는 것을 쉽게 알 수 있다. 문동이 '대나무와 자신이 하나 된' 경지에 도달한 기본적인 요소 중에 두 번째는 사대부 이상인격의 구축이다.

여가의 문장은 그 덕의 찌꺼기이고, 여가의 시는 문장의 붓끝이다. 시에서 다 나타내지 못하여 글로써 넘치고 그림으로 변화시키니 그림과 글씨가 모두 시의 나머지이다. 그의 시와 글은 좋아하는 자가 더욱 적다. 그의 덕을 좋아하는 자가 그의 그림을 좋아하는 자와 같겠는가? 슬프도다!❶

대개 여가는 묵죽을 잘 그리는데, 타고난 자질이 남달리 총명하지는 않지만 흉중에 위천의 천 이랑 밭이 있어서 기운이 십만 장부를 누르니, 어찌해야 이런 경지에 이르는가!❷

❶ 소식(蘇軾), 「[文與可畵墨竹屛風贊]」, "與可之文, 其德之糟粕, 與可之詩, 其文之毫末. 詩不能盡, 溢而爲書, 變而爲畵, 皆詩之餘. 其詩與文, 好者益寡. 有好其德如好其畵者乎? 悲夫!"
❷ 『선화화보(宣和畵譜)』20권, 「묵죽(墨竹)」, "蓋與可工於墨竹之畵, 非天資穎異而胸中有渭川千畝, 氣壓十萬丈夫, 何以至於此哉!"

소식은 문동의 '덕'을 그의 시·문·서예·회화 등 모든 예술의 영혼으로 여겼는데, 이런 사고를 소식이 문동의 작품에 제영한 것을 반복하여 볼 수 있다. 소식 자신이 그림을 그리거나 그림을 논할 때도 이런 점에 신경 쓰지 않은 적이 없었기 때문이다.

이에 황정견이 그를 일컬어 "흉중에 원래 스스로 구학이 있기에 노목을 그리면 풍상이 감돈다."11)고 하였다. 또한 그는 특별히 '도'와 통하는 사대부와 단순히 기법만 익혀서 그리는 화공 그림의 경지가 다른 점을 언급하였다.

문동의 대나무 그림

동파는 마른 가지와 오래된 나무를 그리면, 떨기 진 대의 뒷산은 잘라 버렸으니, 필력이 시원스러워 바람과 안개가 자욱하여 사람이 아무도 없는 경치인데, 이런 경지로 도가 있는 사람은 쉽고 화공은 어려운 경지이다.❶

> ❶ 「동파거사묵희부(東坡居士墨戲賦)」,『예장황선생문집(豫章黃先生文集)』1권, "作枯槎壽木, 叢篠斷山, 筆力跌宕於風煙無人之境, 蓋道人之所易, 而畫工之所難."

소식 자신도 선비 그림과 화공 그림에 대하여 다시 말했다.

선비가 그린 그림을 보면 마치 천하의 말을 열람하는 것과 같아, 말의 기상이 표현되었다. 그러나 화공 같은 사람들은 종종 말채찍과 가죽과 털, 구유와 마판, 사료들만 그렸으니, 한 점도 준걸한 기상을 느낄 수 없어서 몇 자만 보아도 싫증난다.❶

> ❶ 「한걸의산수화 2수에 또 발문하다(又跋漢杰畫山水二首)」중 2수,『소식문집(蘇軾文集)』70권, "觀士人畫如閱天下馬, 取其意氣所到. 乃若畫工往往只取鞭策皮毛槽櫪芻秣而已, 無一點俊發氣, 看數尺許便倦."

소식이 회화에서 중요하게 요구하는 것은 사대부의 '감정이 이르게' 표현하는 것이다. 이는 '사의'가 원림에서부터 모든 사대부예술에까지 근본목적과 완전히 일치한다. 소식의 화론 중에서 사람들이 가장 잘 알고 있는 이 시를 지나칠 수 없다.

論畵以形似	형체가 닮은 것으로 그림을 논하면
見與兒童鄰	어린아이의 견해로다.
作詩必此詩	시를 짓는데 반드시 이 시와 같아야 한다고 하면
定知非詩人	진정 시를 아는 이가 아니라네.
詩畵本一律	시와 그림은 본래 일률이니
天工與淸新	천공하고 청신해야 하리.
邊鸞雀寫生	변란은 참새를 사생하고
趙昌花傳神	조창은 꽃을 전신했었지.
何如此兩幅	왕주부의 이 두 폭은 어떤가?
疎澹含精勻	성기고 담담한 가운데 정교함이 담겼구나.
雖言一點紅	누가 말하는가, 하나의 붉은 점에
解寄無邊春	가없는 봄을 부친 줄 안다고.❶

❶ 「서언릉왕주부소화절지2수[書鄢陵王主簿所畵折枝二首]」, 『소식시집(蘇軾詩集)』 29권.

사람들은 종종 이 시 앞의 몇 구절만 흥미롭게 이야기한다. 사실 더욱 중요한 것은 오히려 마지막 양 구절이다. 사대부가 그림을 통해 표현하고자 하는 것은 꽃이나 나뭇가지의 '한 점의 붉은 꽃'이 아니라, 훨씬 중요한 것은 '무궁무진한 봄' 이다.

화가는 천지만물과 사시운행에 대한 이해가 있어야만, 이를 회화기법으로 표현할 수 있고, '그림을 형사로 논하면, 아동의 견해에 가깝다'는 원칙에 부합할 수 있다. 이것도 곧 후대의 장원간12)이 「미원휘산수 발문」에서 말한 것과 같은 것이다.

선비의 마음이 소탈하여, 만물이 흥을 일으켜 강산에 구름과 초목에 안개 끼고 바람이 일면, 종종 뜻이 이를 때 이를 그리는데, 그런대로 마음속으로 다시 그리는 것을 수묵의 유희삼매라고 하지만, 화사와 동과라 할 수 없다.❶

> ❶ 장원간(張元幹), 「미원휘 산수화 발문跋米元暉山水」, 『노천귀래집(蘆川歸來集)』 9권, "士人胸次洒落, 萬物發興, 江山雲氣, 草木風煙, 往往意到時爲之, 聊復寫懷, 是謂遊戱水墨三昧, 不可與畵史同科也."

    송대의 사대부는 원림예술 뿐만 아니라, 철학·회화 등 기타영역에서 모두 이런 점을 자각하여 이구동성으로 '사대부 마음이 소탈한[士人胸次洒落]' 의의를 강조하였다. 이는 분명히 근본적으로 사회역사의 원인에 근원할 수밖에 없다.

    중국고대회화는 오대를 거쳐 송대에 최고봉에 올랐으며, 그 원인과 원림문화의 관계는 제7편 제2장에서 구체적으로 설명하고, 이 장에서는 송대 회화예술의 성취와 당시의 의상사유가 고도로 강화된 것과 완선하게 된 연관관계만 언급할 것이다. 이 당시 산수화의 거장인 이성과 범관을 예로 들면, 양송 무렵의 이강13) 이 이성의 산수화를 다음과 같이 평했다.

妙手不可遇	묘한 솜씨는 우연하게 나오는 것이 아니며
心匠良難傳	심혈을 기울여도 아름답게 전하기 어렵다오.
於中營邱生	가운데 영구 이성이 태어나서
名若日月懸	명성이 해와 달에 걸린 것 같네.
胸次有衝霩	마음속에 뜻밖에 만나는 것이 있으면
筆端合其天	붓끝에서 천기와 리라.

| 坐令衆畵史 | 앉아서 뭇 화사를 호령하니 |
| 縮手嗟材綿 | 손을 오그리며 탄식하니 소재가 이어지네.❶ |

❶「우공명 찰원이 이성의 산수를 지은 것에 다시 차운하다
[再次韻和虞公明察院賦李成山水]」,『양계집(梁溪集)』15권.

이것도 화가의 '마음속'과 '붓끝'의 관계를 분명하게 제시한 것이다.
또 동유董逌가 범관의 산수화평을 예로 들겠다.

백락이 어부에 있으면서 세간에서 구하였으나, 만나는 것은 모두 말이다. 포정이 칼을 잘 다루어서 19년이나 저장해두었지만, 천하에서 그의 눈은 소 전체의 모습을 보지 않고 살과 뼈의 구조만 볼 줄 안다. 이에 중립이 붓을 내려놓을 때 모든 천지의 사물을 남기지 않았다는 것을 알게 되었다. 때문에 붓을 움직이면 기운을 통솔할 수 있어서 천기가 저절로 운행하여 사물과 서로 만난다. 나부끼며 크게 행해지는 이유가 본래부터 있었다는 것을 알지 못한다. ……❶

중립이 산수를 좋아하는 자를 대하면, 정신을 모아 지혜롭게 이해하여 마음으로 터득한 것을 반드시 밖으로 드러내는데, 옷을 벗고 두 다리를 펴고서 산림천석과 바로 만난다. 비록 맹분❷과 하육❸이 그를 만나더라도 용기를 잃을 것이다. 이 때문에 수미산을 잡고 겨자씨 하나로 덮을 수 있다. 기운을 떨쳐도 여유가 있으니, 산으로 돌아오지 않을 것이다.❹

❶ 동유(董逌),「왕거경 시제가 소장한 범관〈산수도〉에 제하다[題王居卿侍制所藏范寬〈山水圖〉]」『광천화발(廣川畵跋)』6권, "伯樂以御求於世, 而所

遇無非馬者. 庖丁善刀, 藏之十九年, 知天下目無全牛. 余於是知中立(范
　　　寬字中立)放筆時, 蓋天地間無遺物矣. 故能筆運而氣攝之, 至其天機自運,
　　　與物相遇, 不知披拂隆施, 所以自來. ……"
❷ 맹분(孟賁): 춘추 때 위나라의 장사 이름이다.『사기정의(史記正義)』에 의
　　하면 그가 일단 노하여 고함을 치면 그 소리에 하늘이 움직였다고 했다.
❸ 하육(夏育): 위(衛) 출신의 전설상의 역사. 천균(千鈞) 즉 10톤의 무게
　　를 들 수 있다고 했다. 후에 노나라 대부 신수(申繻)에게 살해되었다고
　　했다.
❹ 동유(董逌),「범관산수도에 쓰다[書范寬山水圖]」,『광천화발(廣川畫跋)』
　　6권, "當中立有山水之嗜者, 神凝智解, 得於心者, 必發於外, 則解衣磅礴,
　　正與山林泉石相遇, 雖賁育逢之, 亦失其勇矣. 故能攬須彌蓋於一芥. 氣振
　　而有餘, 無復山之相矣."

　이런 것에서 사대부 사유방식이 강화된 송대 회화 의의를 분명하게 볼 수 있다. 이와 유사한 견해를 송나라 사람이 반복하여 분명하게 설명한 것을 예로 들겠다.

산이 우뚝 솟았고, 강이 흘러 신령함을 드러내고, 바다는 포용하며 땅은 실을 수 있다. 자연이 신기하고 빼어나서 음양의 밝고 어두움은 만 리의 먼 거리를 비추나, 아주 작은 공간에서 얻을 수 있다. 흉중에 자연스런 구학이 있더라도 가서 여러 가지 모양을 보지 않으면, 반드시 이러한 경지를 알 수 없다.❶
회화의 일은 형사를 구하는 것으로, 붉은 색·청색·주색·황색·흰색 등의 뛰어남에 있지 않다는 것을 알겠는가. 그럼으로 담묵으로써 바르듯 기울 듯 하게 그려 형사를 오로지 추구하지 않고 형상 밖에서 얻는 것은 종종 화가에서 나오는 것이 아니라 시인의 작품에서 많이 나온다. 대체로 가슴 속에서 얻는 것은 진실로 운몽❷의 사방 팔구백 리를 삼킬 정도로 넓어서 문자로 형용할 수 없기 때문에, 하나 같이 그림에 의탁한다.❸

❶ 『선화화보(宣和畫譜)』· 산수서론(山水敍論)」, "嶽鎭川靈, 海涵地負, 至
　　於造化之神秀, 陰陽之明晦, 萬里之遠, 可得之於咫尺間. 其非胸中自有

丘壑, 發而見諸形容, 未必知此."
❷ 운몽(雲夢): 초나라의 못 이름, 사방 구 백리이다.
❸ 『선화화보(宣和畵譜)·묵죽서론(墨竹敍論)』, "繪事之求形似, 丹靑朱黃鉛粉則失之, 是豈知畵之貴乎有筆, 不在夫丹靑朱黃鉛粉之工也. 故有以淡墨揮掃, 整整斜斜, 不專於形似, 而獨得於象外者, 往往不出於畵家, 而多出於詞人墨卿之所作. 蓋胸中所得, 固已呑雲夢之八九, 而文章翰墨形容所不逮, 故一寄於毫楮."

山高最難圖	산을 높게 그리는 것이 가장 어려우니
意足不待大	뜻이 큰 것을 기대하지 않아야 한다.
尺楮眇千里	한 자의 종이가 천 리로 보이고
長江浸橫翠	장강에 푸른 봉우리가 가로로 잠겼구나.
畵家雜雲煙	화가가 안개구름을 섞어서
懵恍徒意會	어슴푸레하게 뜻만 모았구나.
......	
近山才四寸	가까운 산은 겨우 네 마디 밖에 안 되니
萬象紛納芥	만상을 겨자씨에 넣는다.
欲識無窮意	무궁한 뜻을 알려고 하니
聳翠更天外	푸른 봉우리가 하늘 밖으로 높이 솟았구나. ❶

❶ 누월(樓鑰), 「범안의 가을 산수의 소경에 쓰다題范寬秋山水小景」『공괴집(攻媿集)』 2권.

　회화예술은 모든 시공조건의 제한을 타파하여 오래도록 무한한 경계로 진입할 수 있다. 이 때문에 그 관건은 사대부들의 '흉중에 자연스런 구학이 있고', '가슴 속에 운몽의 사방 팔구백 리를 얻어서', 그들의 '마음으로 큰 것을 기대하지 않는다.'는 데에 있다. 이는 앞에서 서술한 '공안낙처'와 원림예술에서 '호중천지'·'개자납수미' '천석재흉중泉石在胸中' 등등의 수많은 '사의'에 관한 예들과 근본적으로 일치하지 않는가?

원나라 왕면(王冕)의 〈매화도〉

　제1편에서 위진남북조·성당 원림에 관한 소개에서, 이미 언급할 때에 원림과 회화가 서로 통하는 것은 정취나 기법 상에서 서로 참고했지만, 정취와 기법 사이에 반드시 연계하는 '사의'가 중당 때에 고도로 강화되어, 특히 송나라 이후에 비로소 완성될 수 있었다.

　따라서 송대 원림의 '사의'가 크게 발전하여 서로 호응하는 것과 회화 '사의'가 날로 더하여 사대부들이 보배처럼 여겼을 뿐만 아니라, 송대 화론에서 출현한 사의가 원림미학과 한 계통으로 이어져서 "당 아래로 내려가지 않아도 않아서 자연을 궁구한다(不下堂筵, 坐窮泉壑)"14)는 것들이 경전의 성격으로 개괄하였다.

　더욱 중요한 것은 원림 '사의'와 회화 '사의'가 공동으로 기초를 이루어 사대부가 '천인' 체계를 파악함으로, 이에 따라 파생된 사고방식 사이에서 연계하여 발전하였다. 이런 상황이 송 대에는 뚜렷하게 두드러지게 되었다. 그 후, 중국회화예술의 주류는 시종일관 상술한 방향으로 발전하여, 명 청 때까지도 변하지 않았다.

　따라서 원나라 왕면이 그의 「묵매도」에 제하여 "사람들이 색을 지나치게 좋아해서는 안 되고, 단지 맑은 기운이 건곤에 가득하게 흘러야 한다."15)하였고, 명나라 동기창董其昌

제4장 사의가 중국사대부 문화예술에 차지하는 보편적 의의

이 '구학이 마음속에서 경영된다.'16)는 것을 회화의 진리로 여겼다.

청나라 정판교가 다시 원림과 그림을 일체화하여, '천인' 일체의 기초 위에서 예술사유의 능동성을 토론하였다.

청나라 정판교(鄭板橋)
〈화봉삼축도(華峰三祝圖)〉

십홀 남짓한 초가집에 한쪽은 천정이고 수죽 몇 줄기 돌 사이엔 죽순이 몇 자 자랐구나. …… 나는 죽석을 좋아하지 않지만 죽석이 나를 좋아한다. …… 우리가 명산대천을 유람하고자 하지만 어느 때라도 곧 갈 수 없으니 방 하나의 소경이면 어떤가? 정이 있고 맛이 있으니 오래 지날수록 더욱 새롭지 않은가? 이 그림을 보고 이 경치를 구축하여, 거두면 물러나서 몸을 숨기는데, 어찌 어려우며 또 다시 놓아주면 천지에 충만하리라.❶

❶ 『정판교집(鄭板橋集)·제화(題畵)·죽석(竹石)』, "十笏茅齋, 一方天井, 修竹數竿, 石笋數尺. ……非唯我愛竹石, 即竹石亦愛我也. ……吾輩欲遊名山大川, 又一時不得即往, 何如一室小景, 有情有味, 曆久彌新乎? 對此畵, 構此境, 何難斂之則退藏於密, 亦復放之可彌六合也."

곧이어 청나라 말기의 화가 겸 이론가인 탕이분湯貽芬이 변함없이 "잘 깨달은 자는 정원에서 나무 하나를 보아도 천 그루의 숲을 상상할 수 있다. 화분 안의 주먹만 한 돌만 보아도, 오악을 짐작할 수 있다."17)고 하였다.

 제8편 제4장에서 구체적으로 논술하여 이 같은 예를 들었을 때에는 명·청시대의 회화 '사의'와 명·청시대의 원림 '사의' 방법이 어떻게 서로 통하는가에 관심을 가진 것이다. 이 같은 예술방법으로 인하여 모두 고대 사회 말기 사대부들의 정신세계에 반영되어 특징을 이룬 것과, 중국전통문화가 필연적으로 쇠퇴한 운명 사이의 관계가 더욱 중요하다.

◁ 제백석의 청정희수도(蜻蜓戲水圖)

서예[書法]

 회화 '사의'에 내포된 의미와 발전과정을 간략하게 이해했다면, 서예의 '사의'에 대해서는 몇 마디 말로 이해할 수 있을 것이다. 중국고대 서예와 회화에서 사용하는 도구가 같아서 기법이 통한다고 본다면, 예술사에서 '서화동원書畵同源'[18]에 대한 역사는 아주 오래 전으로 거슬러 올라갈 수 있다. 또한 후대에 상당수의 사람들이 이러한 관점으로 서예와 회화 사이의 관계를 보았다.

 예를 들면 명나라 초 도종의陶宗儀[19]가 문동을 일컬어 "예서·전서·예서·행서·초서 비백서를 잘 썼고 대나무를 잘 그렸다. 그 필법은 앙상한 가지를 굳세게 그려서, 고목이나 괴석을 그릴 때는 일종의 멋이 있다. 의론하는 자 들이 건장하지만 둥근 맛이 적다고 하였다."[20]고 하였다.

 그러나 더욱 깊은 측면에서 서예미의 내함은 여전히 원림·회화·문학·철학 등과 같다. '천인' 체계의 이해와 파악에 집중되어 사대부 이상인격을 포괄하여 구축한 것이다. 당나라 저명한 서예가이며 이론가인 장회관張懷瓘[21]이 초서에 대한 논의를 예로 들겠다.

연기가 걷히고 안개가 합하며, 더러는 번개가 치며 별이 흐른다. 웅건한 풍격이 체를 이루어 변화가 활용되었다. 구름과 놀이 모였다 흩어지는 것 같이 만날 때마다 형을 이룬다. 용과 호랑이 같은 위의의 정신이 날아 움직이니 그 필세를 더한다. 바위 골짝이 서로 험준한 쪽으로 기울이니 산수가 높고 깊은 곳에서 각자 애쓴다. 수많은 나무를 포괄하고 마름질하여 하나의 상을 이룬다. 더러는 기이하게 자유로운 뜻에 의지하고 더러는 흩어져서 울창하게 모일 생각을 품는다. 매우 귀한 자라도 그 고상함을 두드릴 수 없고 계산에 뛰어나더라도 그 필력을 헤아릴 수 없다. 이에 하지 않아도 이용이 되는 자연의 공과 같다. 사물이 형에 따라 분류하니 조화의 이치를 얻었구나. 모두가 자연스러움으로 이루어진다는 것을 알지 못한다. 마음으로 통하는 것이지 말로 표현할 수 없다.❶

❶ 장회관(張懷瓘), 『서의(書議)』, "或煙收霧合, 或電激星流. 以風骨為體, 以變化為用. 有類雲霞聚散, 觸遇成形, 龍虎威神, 飛動增勢. 岩谷相傾於峻險, 山水各務於高深. 囊括萬殊, 裁成一相. 或寄以騁縱橫之志, 或托以散鬱結之懷. 雖至貴不能抑其高, 雖妙算不能量其力. 是以無為而用, 同自然之功, 物類其形, 得造化之理. 皆不知其然也. 可以心契, 不可以言宣."

'마음으로서 통하는 것이지, 말로 표현할 수 없다.'는 말은 중국고대예술과 철학이론에서 빈번히 사용되는 말이다. 따라서 장회관의 글에서 서예도 반드시 이런의 사유방식을 활용한 원인을 쉽게 발견할 수 있다. 분명한 것은 서예 '사의'와 전체 사대부문화가 한 걸음 진보하여 상통했음을 볼 수 있다.

예를 들면 전기錢起와 교연皎然이 앞 면에서 당대의 은일·원림·사대부 사유방식 등의 문제를 소개할 때 이미 다양한 측면에서 언급하였는데, 여기서는 그가 서예가를 평론한「부모님 뵈러 고향가는 출가한 생질 회소를 보내며」와 서예 시 두 수를 읽어보겠다.

釋子吾家寶	출가한 우리 집안 보물은
神清慧有餘	정신이 맑아 지혜가 여유롭네.
能翻梵王字	부처님 가르침 헤아릴 수 있어
妙盡伯英書	장백영의 묘함 모두 익혔네.
遠鶴無前侶	멀리 나는 학보다 앞선 짝이 없고
孤雲寄太虛	홀로 떠있는 구름 하늘에 기탁하니.
狂來輕世界	미친 듯 와서 세상을 경시하고
醉裏得真如	취한 가운데 진여를 얻었구나.
....	
故池殘雪滿	고향의 못에는 잔설이 가득 하고
寒柳霽煙疏	겨울 버드나무 연기 걷히니 성글구나.
....	

| 遙知禪誦外 | 멀리 있어도 알겠네, 참선하고 독경할 때 외에는 |
| 健筆賦閑居 | 건강하게 글과 시 쓰시며 한가히 지내시겠지.❶ |

伯英死後生伯高	백영이 죽은 뒤 백고가 태어나
朝看手把山中毫	아침에 산중에서 붓 잡은 것 보네.
先賢草律我草狂	선현의 초서법 따랐는데 나는 광초이고
風雲陣發愁鍾王	비바람이 떨치니 종요와 왕희지가 근심하네.
須臾變態皆自我	순간에 변한 모습 모두 독자적이고
象形類物無不可	모양으로 사물을 나눌 수 없네.
閬風遊雲千萬朶	신선 사는 낭풍에 수많은 꽃송이 구름처럼 떠다니고
驚龍蹴踏飛欲墮	놀란 용이 날아 오르니 떨어지려 하누나.
更睹鄧林花落朝	아침마다 다시 보니 드림에 꽃이 떨어지고
狂風亂攪何飄飄	광풍이 어지러운데 어찌 살랑거리겠는가?
有時凝然筆空握	때때로 엉기는데 부질없이 붓을 잡고
情在寥天獨飛鶴	뜻은 하늘에서 홀로 나는 학에 있네.
有時取勢氣更高	때로 세를 취하니 기운이 더욱 높아지고
憶得春江千里濤	봄 강에서 천리의 파도를 기억할 수 있구나.❷
....	

❶ 전기(錢起), 「부모님 뵈러 고향 가는 출가한 생질 회소를 보내며[送外甥懷素上人歸鄕侍奉]」『전당시(全唐詩)』238권.
❷ 교연(皎然), 「장백영초서가(張伯英草書歌)」『전당시(全唐詩)』821권.

사대부의 우주관·인격이상·사유방식 등은 서예에서 큰 지위를 차지하고 있다. 여기에서 더욱 사람을 감동시키는 흥취는 시에서 말한 서예에서 흥미로운 것은 서예와 사대부가 음주를 통해 '취한 중에 진여를 얻었다'는 것으로, 이는 곧 '천인' 체계를 파악한 것이라는 것을 알 수 있다.

'고향의 못'이라는 원림예술과 '건강하게 지내시며 글 짓고 글씨 쓰신다'는 은일문화와 '봄 강에서 천리의 파도를 기억 한다'는 산수심미는 서로의 형태는 다르지만 핵심은 일맥 상통한다는 것이다. 송대에 이에 대한 인식이 당나라 사람들에 비하여 더욱 많이 자각하였다. 이런 예를 들겠다.

심괄이 "글씨와 그림의 묘함은 당연히 마음으로 깨달아야지 겉모습을 탐구하면 곤란하다."❶고 말했다.
황정견이 "그림과 글씨는 운치를 보아야 한다."❷고 하였다.

❶ 심괄(沈括), 『몽계필담(夢溪筆談·서화(書畫)』, "書畫之妙, 當以神會, 難可以形器求也"
❷ 황정견(黃庭堅), 「모연각 상보도에 제하다題摹燕郭尙父圖」, 『예장황선생문집(豫章黃先生文集)』 27권. "凡書畫當觀韻"

이런 것은 모두 그림과 글씨가 통한다는 기초에서 세워진 논리이다. 또 예를 들면 "추밀 장자후22)가 글씨를 잘 썼다. …… 항상 자칭 '묵선'이라 하였다."23)고 하였다. 황정견과 육유도 말했다.

장백영의 〈죽계유은(竹溪幽隱)〉

한퇴지가 장장사[장욱]를 논하여 초서를 좋아한다고 하였다. …… 기교를 부리지 않고, 나누어서 사용하지 않기 때문에 신묘한 경지에 들 수 있다. 마음이 외물에 끌리지 않으면 그 자연스러움을 완전히 지킬 수 있고 만물이 삼연하여 하나의 거울에 비치는 것처럼 드러나니, 어찌 먹을 머금고 붓을 머뭇거리며, 옷을 벗고 다리를 뻗은 뒤에 그리겠는가? 그래서 내가 이르길 묘한 필치를 얻으려면 묘함은 마음으로 터득해야 한다는 것이다.❶

난정서를 보면 선종처럼 분별해야 입문하기 쉬울 것이다. 만약 그것에 관한 이야기를 기대하면 감히 어떻게 쓰겠는가? 식자가 한 번 펼치면 이미 정미함과 서툴음이 보인다. 어떤 이는 점획을 추구하고, 귀로 사물을 감상하는데, 속인은 속일 수 있지만, 아마 공내사[왕희지]는 인정하지 않을 것이다.❷

❶ 「도진사가 그린 묵죽의 서문[道臻師畫墨竹序]」, 『예장황선생문집(豫章黃先生文集)』16권, "韓退之論張長史喜草書, ……不治它技, 用治不分也, 故能入於神. 夫心能不牽於外物, 則其天守全, 萬物森然, 出於一鏡, 豈待含墨吮筆, 盤礴以後爲之哉? 故余謂臻欲得妙於筆, 當得妙於心."
❷ 「난정서에 제발하다[跋蘭亭序]」, 『육유집(陸游集)·위남문집(渭南文集)』29권, "觀〈蘭亭〉當如禪宗勘辨, 入門便了. 若待渠開口, 堪作什麼. 識者一開卷已見精粗, 或者推求點畫, 參以耳鑑, 瞞俗人則可, 但恐王內史(王羲之)不肯耳."

이것은 선禪으로 서예를 비유하거나 선으로 서예와 그림을 겸하여 비유한 예이다. 이들이 서로 통하는 기초는 여전히 "만물의 삼연함이 하나의 거울에서 드러나니 …… 묘함은 마음으로 터득한다[萬物森然, 出於一鏡, …… 得妙於心]."고 한데 있다. 즉, 사대부의 고도한 능동적인 의상사유가 '천인' 체계를 파악한 것이다. 황정견이 말한 '한퇴지가 장욱을 논하여[韓退之論張長史]'에서 한 말들은 한유의 「고한상인을 전송하는 서문」에서 나온 말이다. 그 글에서 다음과 같이 말했다.

옛날에 장욱이 초서를 잘 썼는데, 기교를 부리지 않았다. 기쁘거나 화가 나고, 곤궁하고 근심하고 걱정하고 즐겁거나 원한이 있거나 사모하거나 취하거나 무료하거나 불편함에도 마음이 동요하면, 반드시 초서를 써서 그 기분을 표현했다. 사물을 관찰함에 산수의 벼랑과 계곡 조수충어, 초목의 꽃과 열매를 보았고, 해와 달 별, 비바람 물과 불, 우레와 벽력 가무와 전투 등의 천지사물의 변화를 보았으며, 즐겁거나 놀라워도 모두 글씨에 표현했다. 이 때문에 장욱의 글씨는 변하는 움직임이 귀신같아서 실마리를 잡을 수 없다.❶

❶ 한유(韓愈), 「고한상인을 전송하는 서문(送高閑上人序)」, 『한창려문집교주(韓昌黎文集校注)』4권, "往時張旭善草書, 不治他伎. 喜怒窘窮, 憂悲愉佚, 怨恨思慕, 酣醉無聊不平, 有動於心, 必於草書焉發之. 觀於物, 見山水崖谷, 鳥獸蟲魚, 草木之花實; 日月列星, 風雨水火, 雷霆霹靂, 歌舞戰鬥, 天地事物之變; 可喜可愕, 一寓於書. 故旭之書, 變動猶鬼神, 不可端倪."

장욱의 초서

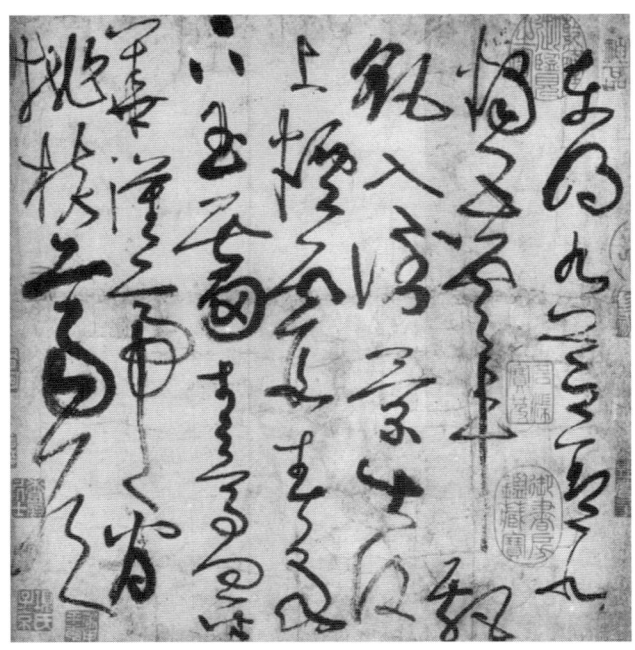

제4장 사의가 중국사대부 문화예술에 차지하는 보편적 의의   277

    이 단락은 사대부의 우주관·인격관 및 서예 사이의 관계를 묘사하여 매우 정채하다할 수 있다. 그러나 그 가운데 오히려 송나라 사람들처럼 선을 서법이나 그림에 비유한 것과 같은 것이 없고, '마음[心]'에 대한 능동성의 강조도 분명히 황정견보다 못하다.
    이 때문에 우리는 송대 사대부의 의상사유를 철학·원림·회화 등의 많은 영역에서 쉽게 연상할 수 있다. 이런 모든 것이 전대에 비하여 더욱 강화되어 조금도 예외가 없다. 송나라 사람들은 그들의 사유방식과 서예의 관계를 항상 말했다. 육유가「초서가」에서 다음과 같이 말했다.

今朝醉眼爛巖電	오늘 아침 취한 눈 바위에 번쩍이는 번개를 보고
提筆四顧天地窄	붓을 잡고 사방을 돌아보아도 천지가 좁구나.
忽然揮掃不自知	홀연히 자기도 모르게 붓을 휘두르니
風雲入懷天借力	풍운이 자연의 힘을 빌려 품는구나.❶

❶『육유집(陸游集)·검남시고(劍南詩稿)』14권,「초서가(草書歌)」, "提筆四顧天地窄, 忽然揮掃不自知, 風雲入懷天借力."

    아래의 것은 육유의 다른 한 수의「초서가」이다. 이 시는 서예와 원림이 일체함을 유달리 명확하게 보았기 때문에 더욱 주의할 가치가 있다.

吾廬宛在水中沚	우리 집은 물 가운데 섬에 있는 것 같은데
車馬喧囂那到耳	수레 말이 시끄럽게 이를 뿐이네.
一堂翛然臥虛曠	자유롭게 누우니 온 집이 휑하니 비었고
蟬聲未斷蟲聲起	매미소리 그치지 않았는데 벌레소리 시작하네.
有時寓意筆硯間	어느 때 붓과 벼루사이에서 뜻을 붙여
跌宕奔騰作詼詭	활달하게 날아올라 익살을 부릴꼬?
徂徠松盡玉池墨	소나무를 오가니 옥지에 먹이 다하고

雲夢澤乾蟾滴水　　운몽의 못이 마르니 달에서 물방울이 떨어지네.
心空萬象提寸毫　　마음을 비우니 만물이 붓끝에서 들리고
睥睨醉僧窺長史　　취한 승려가 장욱을 흘겨보네.
聯翩昏鴉斜著壁　　해질녘 까마귀가 날아와 벽에 비스듬히 쓰고
郁屈瘦蛟蟠入紙　　파리한 교룡이 종이에 들어와 도사리고 있네.
神馳意造起雷雨　　정신이 치달아 결국 우레와 비를 일으키고
坐覺乾坤真一洗　　건곤이 정말 깨끗이 씻긴 것을 앉아서 느끼네.❶

❶ 『육유집(陸游集)·검남시고(劍南詩稿)』 58권.

삼희당(三希堂) 실내
자금성의 양심전(養心殿) 내에 있다. '삼희당'이라는 이름은 희귀한 물건 세가지로 불린 왕희지의 〈쾌설시청첩(快雪時晴帖)〉, 왕헌지의 〈중추첩(中秋帖)〉, 왕순의 〈백원첩(伯遠帖)〉이 보관된 것에서 유래하였다. 여기에서 건륭황제의 서예에 대한 관심을 알 수 있다.

제4장 사의가 중국사대부 문화예술에 차지하는 보편적 의의 279

앞 1장에서 인용한 육유의 「연정기」를 돌이켜 생각하고, 이 책에서 소개한 수많은 비좁은 방[容膝斗室]에 천지의 위대한 관경을 넣어[納天地偉觀], 주먹만 한 돌과 한 국자의 물로 강과 산악의 기이한 변화를 표현했던 예들을 회상할 수 있다면, 사대부의 원림이나 서예 같은 예술에 관하여 논할 것 없이 대개를 더욱 깊이 이해할 수 있을 것이다.

강희황제사자상
(康熙皇帝寫字像)

술 차 바둑 거문고 등

　회화와 서예를 서로 비교하고, 음주와 다도 영역 중에서의 '사의'까지도 보다 전형적으로 중국사대부 사고방식과 '천인' 체계의 관계에 반영시킬 수 있다. 왜냐하면 음주와 다도는 엄격한 의미에서는 예술이 아니다. 원림·문학·회화 가운데는 언어·개념·형태·선조·색채와 같은 종류의 표현수단과 예술사유의 모순이 음주와 다도에서는 근본적으로 존재하지 않기 때문이다.

　'사의'의 목적이 단순히 위에서 말한 모순을 해결하기 위함이라면, 음주와 다도에서 이러한 점은 큰 의미가 없을 것이다. 하지만 사실 정반대일 수도 있다. 이런 몇몇 영역은 여전히 원림이나 회화와 같아서, '사의'를 하나의 자신의 사유방식으로 생각하고, '천인' 체계에 대한 파악을 사유방식의 최고 목표로 삼는다. 아래에서 차례대로 보겠다.

옥준(玉樽)

동한(東漢)
입 지름 10.5Cm, 높이 12.5Cm.
호남성 안향현(湖南省安鄕縣)

백옥으로 만든 술 단지이다. 원통 모양으로 바닥은 평평하다. 배에는 짐승 머리에 긴 혀 모양의 고리가 2개 달렸다. 배가 불룩한 곰 모양의 다리 3개가 몸을 움츠린 채 어깨로 통을 떠받치고 있다. 통의 윗부분은 용과 구름무늬로 장식했는데, 한쪽에는 머리가 길고 구름을 받친 우인(羽人)이 단정하게 앉았다. 아랫 부분도 용과 구름무늬를 장식했는데, 한쪽에는 머리가 길고 구름을 받친 우인이 용과 서로 대립하는 모습을 새겼다. 통안은 평평하고 매끄러우며 파손된 흔적이 남았다.

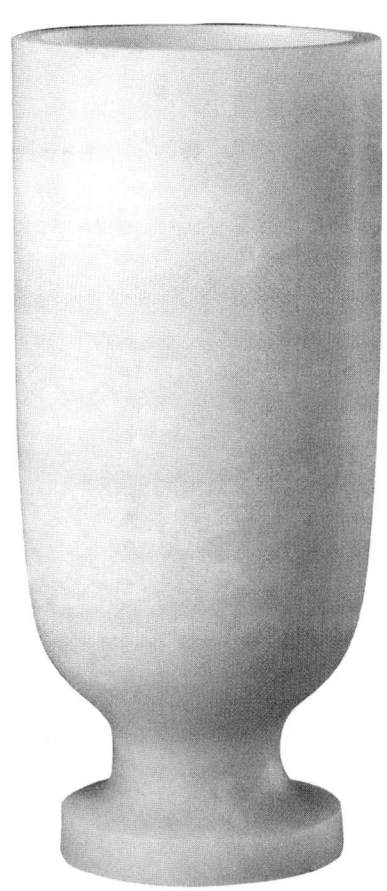

옥배(玉杯)

삼국 위(三國魏)
높이 13Cm, 입 지름 5Cm, 다리 지름 4Cm.
하남성 낙양시 간서촌 조위묘(河南省洛陽市澗西村曹魏墓)

옥으로 만든 술잔이다. 위진(魏晉)남북 시대는 한과 당에 비해 옥기 제작이 저조했고, 출토되는 옥기 역시 매우 적다. 이 옥배는 이 시기에 보기 드문 정교한 예술작품 중의 하나이다. 진귀한 화전옥(和田玉)을 쪼아 만들었으며 옥의 제질이 윤택하다. 단정하고 둥근 모양으로 문양이 없다. 잔의 곡선이 소박하면서도 우아하다. 비록 꽃무늬 장식이 없지만 높은 수준의 아름다움을 표현했다.
이 잔은 당시 옥공예 장인들이 도가의 무위사상의 영향과 함께 로마 유리잔 조형의 영향도 받았음을 보여준다. 당시 사람들은 옥기를 제작하기 보다는 옥을 먹는 것을 즐겼다. 당시는 신선사상과 도교 연단술(煉丹術), 단약을 써서 불로장생에 이르려는 동양관 연금술의 영향으로 말미암아 옥을 찾아다니며 먹는 일에 광분할 지경까지 이르렀다고 한다. 게다가 위진 시기 빈번한 전란으로 서역으로 통하는 무역로가 차단되면서 신강에서 나는 옥 원석이 중원에서 점차 줄어들었고, 정교한 옥기도 더욱 찾기 힘들어졌다.
중국의 옥기는 동한 이후, 상고 시기에 주도적 위치를 차지한 의식용 옥기, 순장용 옥기 등이 대폭 감소하고, 백성들의 일상 생활용품 및 부녀자의 장식품 등을 제작하는 방향으로 바뀌어 갔다. 이 옥잔은 이러한 변화를 잘 반영하고 있어 고고학적으로 꽤 의미 있는 작품이라 하겠다.

주구(酒具)

동위(東魏)
동 접시: 높이 2.5Cm, 지름 49Cm.
은 그릇: 높이 3.8Cm, 지름 9.2Cm.
동 주전자: 높이 13Cm.
술 따르는 도구: 길이 10.2Cm, 높이 14.3Cm.
청자 잔 5개: 높이 7.5~8.8Cm, 지름 10~12.8Cm
하북성 찬황현 남형촌 이희종 부부묘(河北省贊皇縣南邢村李希宗夫婦墓)

9개가 한 세트인 주기(酒器)이다. 그 중 동으로 만든 접시, 은으로 만든 그릇, 동을 도금한 술병과 주전자가 각각 하나씩이며 청자로 만든 잔이 다섯 개다. 은 그릇과 도금한 주전자, 술 따르는 도구, 청자 술잔은 모두 접시 위에 놓였으며 바닥은 평평하다. 소의 다리 모양을 한 주기의 한쪽 입은 술을 잘 따르도록 움푹 파였으며 긴 손잡이는 평평하고 동 접시 가운데 놓였다. 은 그릇은 입이 넓고 배가 얕으며 발은 둥글다. 그릇의 바닥에 잎이 여섯 개인 연꽃 한 송이를 부조했으며 바깥에는 구슬 무늬 두 줄을 장식했다. 그릇의 벽은 바닥부터 입까지 곡선 무늬를 새겼다. 조형이 우아하고 아름다우며 공예가 훌륭한 이 그릇들은 숙조 금은 용기 중의 진귀한 유물이다. 도금한 동 주전자의 입은 평평하며 목이 가늘고 볼록한 배에 바닥은 둥글다. 뚜껑 위에는 진귀한 구슬 모양의 손잡이를 달았다. 청자 잔은 총 다섯 개로 입은 약간 오므렸으며 배가 깊으며 두껍고 무겁다. 청회색을 띠며 발의 가운데는 안으로 약간 패였다.

음주문화는 중국에서 유구한 역사를 가지고 있지만, 사대부문화를 자각한 후에 진정으로 중국우주관에 참여하게 되었다. 『문선』47권, 이선의 「주」에서 장영서臧榮緖[24]가 『진서』에서 말한 "유령은 뜻과 기백이 활달하고 거리낌이 없어 우주를 좁다고 여기고, 「주덕송」을 지었다."[25]는 것을 인용하였는데, 이것이 이 당시의 유명한 예이다. 그리고 이 짧은 세 구절의 말이 이미 사대부의 인격관·우주관과 술의 관계를 설명하였다. 「주덕송」에서 말했다.

대인선생이란 사람이 있어, 천지개벽 이래의 시간을 하루아침으로 여기고, 만 년의 긴 세월도 순간으로 생각한다. 해와 달은 문과 창으로 삼았고, 광활한 천지를 집안 뜰과 길거리로 여긴다. …… 하늘을 지붕으로 삼고 땅을 자리로 삼으며, 무엇에도 얽매이지 않고 마음 가는대로 한다. 머무를 때는 크든 작든 술잔을 잡고, 움직일 때는 술통과 술병을 들고 …… 멍하니 정신 잃고 곤드레 취했다가 불현듯 정신 들어 상쾌하게 깨어난다. 조용히 귀 기울여도 우레 소리가 듣지 못하고, 자세히 살펴봐도 태산의 모습 안 보인다. 살을 에는 추위와 더위나 마음속의 욕망조차도 아무것도 못 느낀다. 만물을 굽어보니 어지러운 모습이 마치 장강과 한수에 뜬 부평초 같이 여겼다. ……❶

❶ 『문선(文選)』 47권, "有大人先生, 以天地爲一朝, 以萬期爲須臾, 日月爲扃牖, 八荒爲庭衢. ……幕天席地, 縱意所如. 止則摇卮執觚, 動則挈榼提壺, ……兀然而醉, 豁然而醒, 靜聽不聞雷霆之聲, 熟視不見泰山之形, 不覺寒暑之切肌, 利欲之感情, 俯觀萬物, 擾擾焉如江海之載浮萍. ……"

글에서 말한 '대인'이나 '천지의 시간을 하루아침으로 여기고, 만 년의 긴 세월도 순간으로 여겼다.'·'하늘을 지붕으로 삼고 땅을 자리로 삼았다.'·'만물을 굽어

현대 작가의 〈월하독작도(月下獨酌圖)〉

본다.'는 것과 같은 말은 사대부의 우주관과 인격관을 관찰할 때 도처에서 반드시 접하게 되는 것으로, 이런 것들에서 '주덕酒德'의 기초가 이루어졌다.

당나라 때의 사대부가 술을 즐기는 고사가 매우 많이 전해져 내려오는 데, 이는 이태백을 예로 한 것이다. 그의 「달빛 아래에서 홀로 마시다4수」중 몇 수를 보겠다.

花間一壺酒	꽃 사이에 술 한 병 놓았다.❶
....	
永結無情游	시름 없는 무정한 교류 영원히 맺어
相期邈雲漢	아득한 은하수 너머에서 서로 기약하세!❷

❶ 이백(李白), 「달빛 아래에서 홀로 마시다月下獨酌」중 1수.
❷ 이백(李白), 「달빛 아래에서 홀로 마시다月下獨酌」중 1수.

앞 구절은 영원히 노래로 전하여 졌으며, 그 다음 결구에서 주지하는 것이 여전히 사대부의 우주관과 인격관이다. 그 둘째 수를 보겠다.

| 三杯通大道 | 석 잔이면 대도에 통하고 |
| 一斗合自然 | 한 말이면 자연과 하나 된다.❶ |

❶ 이백(李白), 「달빛 아래에서 홀로 마시다[月下獨酌]」 중 2수.

여기에서 '대도'나 '자연'은 더욱이 전국 진한시대 이후의 우주관의 기본적인 개념이다. 후인들은 이런 의사를 더욱 직접적으로 말했다. 이런 예들을 들겠다.

육구몽이 피일휴❶를 일컬어 「주중10영」에서 '물건이 오래되면 말이 곱고, 뜻이 높으면 본성이 진실하여, 하늘과 인간의 관계를 궁구한다고 말한다.❷
당자서❸가 혜주에서 귀양살이 할 적에, 항상 두 종류의 술을 빚어놓고, 순한 것을 '양생주'라 하였고, 조금 독한 것을 '제물론'이라 하였다.❹

---

❶ 피일휴(皮日休; 834~883추정): 수당대정치인. 당나라 말기 호북성(湖北省) 양양(襄陽) 사람. 자는 일소(逸少) 또는 습미(襲美)고, 호는 취음선생(醉吟先生) 또는 간기포의(間氣布衣)다. 일찍이 고향 근처의 녹문산(鹿門山)에 은거하여 시와 술을 벗 삼았다.
❷ 육구몽(陸龜蒙), 『첨주중6영(添酒中六咏)·서(序)』, 『전당시(全唐詩)』 620권, 「주중십영(酒中十咏)」 "物古而詞麗, 旨高而性眞, 可謂窮天人之際矣".
❸ 당자서(唐子西; 1068~1118)의 이름은 경(庚)이고 호는 미산(眉山)이며, 북송(北宋)때 사람이다. 그의 문장이 정밀하고 세무(世務)에 통달하였다.
❹ 장호(張淏), 『운곡잡기(雲谷雜記)·보편(補編)』2권, 「주명제물론(酒名齊物論)」조, "唐子西謫居惠州, 嘗醞酒二種, 其和者名'養生主', 其稍勁者名'齊物論'".

바로 이 때문에 음주가 사대부문화에서 이처럼 깊은 뜻을 내포하고 있다. 따라

서 이와 원림 등 기타 사대부문화 부류와 상통하여야 서로 의지하여 위로 올라가는 현상이 아닌가? 맹교가 말했다.

大道母群物	대도는 무리 짖지 않고,
達人腹眾才	달인은 중재를 간직하고 있다.
時吟堯舜篇	때때로 「요순편」을 읊조리며,
心向無爲開	마음은 무위자연을 향하여 열어 놓았다.
彼隱山萬曲	산 만 구비에 숨어서,
我隱酒一杯	나는 은거하며 한 잔 술이나 마신다.
公庭何所有	공정에 무엇이 있겠는가?
日日清風來	날마다 청풍이 불어오네. ❶

❶ 맹교(孟郊), 「기실 조숙이 직무에 일이 없어서[趙記室俶在職無事]」, 『맹교야시집(孟郊野詩集)』6권, "…… 大道母群物, 達人腹眾才. 時吟堯舜篇, 心向無爲開. 彼隱山萬曲, 我隱酒一杯. 公庭何所有, 日日清風來."

'산 만 구비'와 같이 '술 한 잔'에도 은일할 수 있는 원인이 원림과 똑 같기 때문에, '대도'·'달인'·'무위' 같은 것들을 한곳에 융합하였다. 송대에 이르러서는 '은일'에 대한 인식이 더욱 분명해졌다. 소식의 「주은부」를 예로 들겠다.

세상사 한가하니 뜬 구름 거품처럼 모이네, 어제는 깊은 골짝이 지금은 높은 언덕이구나. 한쪽 눈을 감으니 만사가 한 순간인데, 누가 모두 잊고 홀로 노닐겠는가? 이에 달인이 천지를 두루 관찰하면, 산림을 택하지 않아도 속세를 피할 수 있다네. 술잔을 잡고 스스로 즐기니 한 잔 술에 취하여 이 몸 은거하길 기대하누나. …… 희황의 진미를 맛보니 태초의 지극한 낙으로 돌아가네. 혼돈을 삶아 국을 끓이며 바다 물이 다해도 술잔을 돌린다.❶

---

❶ 「주은부(酒隱賦)」, 『소식문집(蘇軾文集)』1권, "世事悠悠, 浮雲聚漚, 浮雲聚漚, 昔日浚壑, 今爲崇丘. 眇萬事於一瞬, 孰能兼忘而獨遊? 爰有達人, 泛觀天地. 不擇山林, 而能避世. 引壺觴以自娛, 期隱身於一醉. …… 酣羲皇之眞味, 反太初之至樂. 烹混沌以調羹, 竭滄溟而反爵."

육유도 이미 "동해에서 잠시 술 마시며 은거하였다."26)고 말했다. 제2편에서 이미 언급한 중당에서 양송에 이르러 은일문화가 날로 높은 수준으로 완비하게 된 것은 이 당시 사대부의 사고방식이 고도하게 강화되어 완선해진 것과 일맥상통한다는 것을 여기에서도 알 수 있다. 음주가 사대부문화에서 깊어진 의미에 대해서는 양송 사대부들이 매우 상세하게 말한 예를 들겠다.

酒杯輕宇宙	술잔은 우주를 가볍게 여기니
天馬難羈縶	천마가 굴레매기 어렵네."❶
杳冥冥其似道	깊숙하고 컴컴하여 도와 같아서 같으니
徑得天眞	천진을 얻는다오.❷
醉眼覺天寬	취한 눈은 하늘이 넓게 느낀다."❸

❶ 매요신(梅堯臣), 「석만경을 조문하다(弔石曼卿)」, 『매요신집편년교주(梅堯臣集編年校注)』11권.
❷ 『소식문집(蘇軾文集)』1권, 「막걸리에 묘리가 있다(濁醪有妙理賦)」.
❸ 「소은(小隱)」, 『육유집(陸游集)』· 검남시고(劍南詩稿) 17권.

사대부가 중요시하는 것은 술이라는 물질적 껍데기가 아니라, 술을 통해 '천진을 얻는 길'을 실현하는 것이며, 즉 '천인' 체계와 하나가 되는 것을 성취하고자 하는 것이다. 그렇기 때문에 음주문화 속에도 원림·문학·회화 등 기타 영역과 똑같이 필연적으로 '사의' 기법을 활용하여, '마음'에 있는 의상사유의 능동성을 최대한 발휘하여 사물의 외향적인 제한을 돌파하고자 하는 것이다. 소식의 「도연명 음주시 20수에 답하다·서」와 그의 시 한 수를 보겠다.

나는 술을 조금 마시지만 항상 술잔을 잡고 즐긴다. 때때로 낙담하며 앉은 채로 잠들고 남들이 취한 것을 보아도 나는 마음속이 분명하다. 대개 취하기 위해서 마시는지 깨기 위해서 마시는지 명분을 찾을 수 없다.

我不如陶生	나는 도연명보다 못해서
世事纏綿之	세속의 일에 늘 얽매여 있네.
云何得一適	어떻게 한 번 여유를 얻어서
亦有如生時	나도 연명처럼 살 수 있을까?
寸田無荊棘	한 떼기의 밭에 잡초가 없다면
佳處正在茲	여기에 바로 좋은 곳이 있다네.
縱心與事往	마음대로 세상일 하여도
所遇無復疑	만나는 것마다 더 이상 의심하지 않네.
偶得酒中趣	가끔 술 마시는 즐거움 있어
空杯亦常持	빈 술잔이라도 늘 들고 있다네.❶

❶ 「도연명 음주시에 답하다[和陶飮酒詩]·서(序)」, 『소식시집』 35권, "吾飮酒至少, 常以把盞爲樂. 往往頹然坐睡 人見其醉 而吾中了然. 蓋莫能名其爲醉爲醒也."

술을 많이 마시거나 적게 마시거나, 그 명분이 취하거나 깨기 위한 것은 덫이나 통발의 자취[목적]에 불과하다. 중요한 것은 '술 마시는 즐거움'을 찾는 것이 핵심이라는 것이다. 그렇기 때문에 빈 잔을 들어도 족하다는 표현을 한 것이다. 이러한 표현은 원림의 '사의'인 '내가 산에 살지 않아도 내 눈에 항상 산이 있다[吾居無山, 吾目未嘗無山]'는 것과 회화의 '사의'인 '형상이 닮지는 않았으나 형상 밖에서 독특함을 얻었다[不傳於形似而獨得於象外].'는 것들과 마찬가지로 형은 달라도 정신이 통하는 것이다. 이런 예는 다음과 같은 것들이다.

송원 무렵의 방회가 '시인이면서 술을 좋아하지 않는 이가 없다. 술을 마시지 못하는 자라도, 시에는 술이 항상 있다.'❶
명나라 원굉도가 "술을 못해도 술 마시는 사람을 가장 사랑한다."❷하였고, 아울러 『상정觴政❸』 두 권을 지어서 주취酒趣를 상세하게 논하였다.
고기원顧起元이 "본성이 술을 못 마셔도, 항상 술잔을 들고 작은 잔으로 석 잔을 마시지 못해도 술을 보면 즐겁고 좋은 술이 있다는 소식을 들으면 너무 기쁘다."❹

❶ 방회(方回), 『영규율수회평(瀛奎律髓滙評)』19권, "未有詩人而不愛酒者也, 雖不能飲者, 其詩中亦未嘗無酒焉."
❷ 원중도(袁中道), '이부험봉사랑중 중랑선생 행장[吏部驗封司郎中中浪先生行狀]', 『가설재문집(珂雪齋文集)』10권, "不能酒, 最愛人飮酒"
❸ 상정(觴政): 술좌석에서의 이른바 주령(酒令). 한 번 받은 술을 다 마시지 못하고 남길 때, 벌주로 크게 한 잔 더 마시기로 하는 따위의 술자리에서의 약속(約束)등을 이른다.
❹ 『객좌췌어(客座贅語)』9권, 「주(酒)」조, "性不善飲, 每擧不能盡三小盞, 然見酒則喜, 聞佳酒則大喜"

청(淸), 소육붕(蘇六朋), 〈태백취주도(太白醉酒圖)〉

제4장 사의가 중국사대부 문화예술에 차지하는 보편적 의의 **291**

　육유의 『다경』27)에 의하면, 차(茶)의 역사가 시작된 것은 신농 시대로 거슬러 올라가야 한다. 그러나 사실상 차를 마시는 풍습이 크게 흥성하고 원림과 사대부생활예술 전반에 일체화된 것은 중당 시대부터 시작되어 양송에 절정을 이루었다.
　이 내용은 제7편 제2장에서 소개할 것이며, 여기서는 간단하게 다도가 어떻게 사대부의 우주·인격이상 및 사유방식과 연관되었는지에 대한 예만 들겠다. 중당 전기의 「조거와 다연을 하다」이다.

현대인이 그린 다연(茶宴)

청대 사고전서(四庫全書)본 『다경(茶經)』

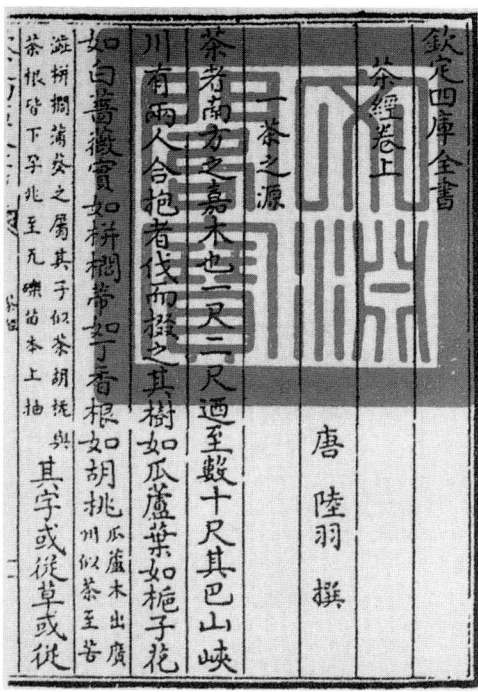

竹下忘言對紫茶	대나무 아래에서 자다를 보고 말을 잊고
全勝羽客對流霞	빼어난 신선이 모두 유하❶를 본다.
塵心洗盡興難盡	먼지 쌓인 마음은 다 씻어도 흥을 다하기 어렵네.
一樹蟬聲片影斜	나무에 매미소리 들리고 그림자가 비치누나.

❶ 유하(流霞): 신선이 마신다는 향기로운 술의 이름.
❷ 전기(錢起), 「조거와 다연을 하다[與趙莒茶宴]」, 『전당시(全唐詩)』239권.

'대나무 숲 아래 보라색의 찻잎을 보며 말을 잊었다.'는 표현이 있는데, 여기서 '망언'은 분명히 현玄·선禪의 사유방식에서 유래한 것이다. 그가 말한 '먼지 쌓인 마음을 씻는다.'는 표현은 사대부 인격이론에 가장 자주 인용되는 말이다.

이런 것들이 차를 마시는 것과 구체적인 관계는 어느 정도에 불과하지만, 전기의 짧은 몇 구의 시는 당시 교연皎然이 분명하게 말한 것보다 훨씬 못 미친다.

교연이 원림 '사의'·문학·선학에 관하여 다양하게 말한 것을 모두 인용하여 말했는데, 사실 그도 차 문화가 시작되는 단계에서 대표적인 인물이다. 교연과 육우는 절친한 친구로, 그들 시에는 두 사람이 함께 산수원림을 유람하며 감상하고 물을 길러 차를 품평하는 작품이 매우 많다. 그런 예를 들겠다.

「육우처사를 방문하다[訪陸處士羽]」이다.
……

何山賞春茗	어느 산에서 올라가 햇 차를 맛보며
何處弄春泉	어느 곳에서 봄날의 샘물을 맛보고 있을까?
莫是滄浪子	바다의 방랑자는 아니지만

悠悠一釣船	유유히 떠가는 낚싯배에 오른다네.❶

「의흥현의 명부❷ 권자군이 산에 이르러 육우처사의 청당 별장에 모임을 기뻐하여」이다.
……

身關白雲多	자신에게 흰 구름이 많고
門占春山盡	문에는 봄 산이 온통 차지하였네.
最賞無心事	최고의 감상은 무심한 일이니
籬邊釣溪近	울타리 옆 여울 근처에서 낚시하네.❸

❶ 「육우처사를 방문하다(訪陸處士羽)」, 『전당시(全唐詩)』816권.
❷ 명부(明府): 지방관의 개칭.
❸ 『전당시(全唐詩)』817권, 「의흥현의 명부 권자군이 산에 이르러 육우처사의 청당 별장에 모였다(喜義興權明府自君山至集陸處士羽青塘別業)」.

석 교연(釋皎然)이 차 마시는 깊은 뜻을 인식한 것이 본보기가 될 만하다. 그의 「차를 마시면서 최석 나리를 놀리는 노래」를 읽어보자.

…………

一飲滌昏寐	한 모금 마시니 어지러운 잠 씻기고
情來朗爽滿天地	정이 맑고 시원하여 전지에 가득.
再飲淸我神	다시 마시니 나의 정신 맑아져
忽如飛雨灑輕塵	홀연히 비가 날리니 가벼운 티끌에 뿌리듯
三飲便得道	세 번 마시자 도의 경지에 이르니
何須苦心破煩惱	어찌 고심하여 번뇌를 깨트려야 하는가?
此物淸高世莫知	이것의 청고함 세상에서 모르니
世人飮酒多自欺	세인은 음주를 탐하여 스스로를 속이 누나.
愁看畢卓甕間夜	필탁❶이 밤새 술독 사이에 있는 것이 걱정이고
笑向陶潛籬下時	도연명이 울타리에서 취한 것 웃는데
崔侯啜之意不已	최 나리 술 마셔도 직성이 풀리지 않아

狂歌一曲驚人耳　　미친 노래 한 곡으로 남들을 놀라게 했지.
孰知茶道全爾眞　　다도의 온전한 진리를 누가 알리
唯有丹丘得如此　　오직 단구❷의 신선만 이 같은 경지 얻으리.❸

❶ 필탁(畢卓): 동진(東晋) 신채(新蔡) 동양(銅陽) 사람. 자는 무세(茂世)다. 어릴 때부터 영특하여 호무보지(胡毋輔之)의 인정을 받았다. 원제(元帝) 태흥(太興) 말에 이부랑(吏部郎)이 되었다가 너무 술을 즐겨 직분을 돌보지 않았는데, 사랑(舍郞)에 술을 익으면 훔쳐 마시다가 관원에게 붙잡혔다. 피난하여 남으로 내려가 온교(溫嶠)의 평남장사(平南長史)가 되었다. 사곤(謝鯤), 완방(阮放) 등과 머리카락을 흩트리고 웃통을 벗은 채 문을 걸어 잠그고 며칠 내리 술을 마셨다. 항상 "한 손에는 게 다리를 들고, 한 손에는 술잔을 쥔 채 주지(酒池) 속에 빠져 생애를 바치면 좋겠다―手持蟹螯 一手持酒杯 拍浮酒池中 便足了一生"고 말했다.
❷ 단구(丹丘): 밤이나 낮이나 항상 밝으며 神仙(신선)이 산다는 가상적인 언덕이다.
❸ 교연(皎然), 「차를 마시면서 최석 나리를 놀리는 노래[飮茶歌誚崔石使君]」『전당시』 821권.

　　차를 마시는 구체적인 문화형식을 제외하고, 시의 내용이나 개념은 모두 사대부의 우주관이나 인격관을 고찰할 때 거듭 보았다. 이미 그 목적이 '천인' 체계를 파악하는 것이라면, '사의'가 이런 영역에서 운용되는 것도 필연적이어서, 이 시 끝 부분에서 보았듯이 교연皎然은 '다도'와 '단구'가 형모 상에서 아무런 관계가 없는데, 어떻게든 이 두 건의 일을 동등하게 보았다.
　　이후의 정황도 줄곧 이와 같다. 황정견의 「형주의 왕충도가 차 끓이다 4수에 재미삼아 답하

제4장 사의가 중국사대부 문화예술에 차지하는 보편적 의의 295

다」중의 넷째 수에서 다음과 같이 말했다.

> 龍焙東風魚眼湯   용차를 동풍에 말려 어안 물방울❶로 끓이고
> 個中即是白雲鄉   개중에는 곧 흰 구름 낀 고향이네.❷

> ❶ 차를 끓일 때 탕(湯)을 식별하는 세 가지 방법으로, 명(明)나라 장원(張源)의 『다록(茶錄)』에 첫째, 끓는 물의 물방울 모양에 따라~해안(蟹眼), 하안(鰕眼), 어안(魚眼), 연주(連珠), 등파고랑(騰波鼓浪)이라 하고, 둘째, 끓는 물의 소리에 따라~초성(初聲), 전성(轉聲), 진성(振聲), 취성(驟聲), 무성(無聲)이라 하며, 셋째, 끓는 물의 기운에 따라~난루(亂縷; 어지럽게 올라감), 기직충관(氣直沖貫; 위로 꿰뚫듯이 올라감)이라 했다.
> ❷ 황정견(黃庭堅), 「형주의 왕충도가 차 끓이다 4수에 장난삼아 답하다 [戲答荊州王充道烹茶四首]」, 『예장황선생문집(豫章黃先生文集)』 10권.

여기에서 차 한 잔이 사람들을 흰 구름 덮인 고향에 있는 것처럼 느끼게 하였는데, 이런 '사의'가 여기에서 심지어 원림에 있는 주먹 만 한 돌, 한 국자의 물이 오악 강호의 형상을 비유하여 더욱 크게 볼 수 있는 사유방식은 여전히 천인물아28)를 조화롭게 융화시키기 위한 것이다. 이에 황정견이 『전다부』에서 다도 기술에 관하여 빠짐없이 기술한 뒤에 그 의의를 다음과 같이 총결하였다.

> 不游軒後之華胥   불유헌 뒤의 화서지몽❶은
> 則化莊周之胡蝶   장주가 호접으로 변한 것이다.❷

> ❶ 화서지몽(華胥之夢): 화서의 꿈이란 뜻으로, 좋은 꿈이나 낮잠을 비유한다. 화서는 자연무위(自然無爲)의 태평한 나라로, 즉 이상향을 뜻한다.
> ❷ 황정견(黃庭堅), 「전다부(煎茶賦)」, 『예장황선생문집(豫章黃先生文集)』 1권.

이는 차를 마시는 것과 사대부의 인격관이나 우주관에 대하여 실제로 정묘하고 긴요하게 설명한 것이다. 어째서 차가 중국사대부문화에서 선명한 인격의의를 갖추었는지가 명백하고, 세계 다른 민족문화에서도 이런 현상을 보기가 결코 쉽지 않다. 예를 들면, 명대 진계유가「다동소서」에서 다음과 같이 말했다.

내가 '다성'이라는 관사에서 매일 손님들과 차 잘 끓이기를 겨루었는데, 스스로 이르길 혼자 마시면 차의 정신을 얻고, 두 세 사람이 마시면 차의 멋을 얻고, 일곱 여덟 사람이 마시면 나누어 마신다. …… 그윽한 운치가 구름처럼 몰려오니, 술이 차보다 빼어나지 않다. 술은 협사 같고, 차는 은사 같다. 술은 실로 도가 넓어야 하고, 차 역시 덕이 바탕이 되어야 한다.❶

❶ 『진계유전집(陳繼儒全集)』상책, p.135. 「다동소서(茶董小序)」, "余以 '茶星'名館, 每與客茗戰, 自謂獨飲得茶神, 兩三人得茶趣, 七八人乃施茶耳. …… 幽韻如雲, 酒不勝茶. 酒類俠, 茶類隱; 酒固道廣, 茶亦德素."

　대관원에서 묘옥29)이 '한 잔의 술은 작품을 만든다一杯爲品'고 한 말은 더욱 잘 알고 있는 예이다. 도연명의 "뜻이 술 마시는 있는 것이 아니고 술에 의탁하여 작품을 하기 위함이다."30)고 한 것과 똑같이 유명한 것은 그의 무금撫琴의 고사故事이다.

여름날 한가롭게 북창 아래 베개를 높이 베고 누워서 스스로 희황상인이라 한다. 천성적으로 음을 이해하지 못했으나, 소박한 거문고 하나를 갖고 있었다. 줄이나 기러기발이 없었다. 친구들과 술 자리를 가질 때마다

제4장 사의가 중국사대부 문화예술에 차지하는 보편적 의의 297

그것을 어루만지면서 좋아하며 이르길 '거문고가 가지고 있는 멋을 알면 되지, 어찌 줄로 소리를 내려고 애쓰리오.' 하였다.❶

❶ 『진서(晉書)・도잠전(陶潛傳)』, "嘗言夏月虛閑, 高臥北窓之下, 淸風颯至, 自謂羲皇上人. 性不解音, 而畜素琴一張, 弦徽不具, 每朋酒之會, 則撫而和之, 曰: '但識琴中趣, 何勞弦上聲!'"

근현대 중국화가 진소매(陳少梅)의 〈고사무금도(高士撫琴圖)〉

현대중국화가 임중(任重)의 〈고사무금도〉

천성적으로 음을 몰랐지만 거문고의 멋을 이해할 수 있었던 것은 소식이나 원굉도 같은 이가 술을 잘 먹지 못했지만, 술을 마시는 중의 정취와 뜻을 깊이 알고 있었던 것과 같은 예이다. 음악에서 '사의'가 형적을 버리는 전제31)라는 것과 원림 등의 '사의' 목적이 완전히 일치하기 때문에 도연명이 결론적으로 거문고를 어루만지는 것과 자신의 모든 원림문화를 일체로 보았다.

작자미상의 중국화 〈고사무금도〉

靄靄堂前林	집 앞에 숲이 무성하여
中夏貯淸陰	한 여름 시원한 그늘이 가득하다.
凱風因時來	시원한 바람 때맞춰 불어오니
回飆開我襟	회오리바람이 내 옷깃을 연다.
息交遊閑業	사귐을 쉬고 한가한 일로 노니나니
臥起弄書琴	누었다 일어나며 책이나 읽으며 거문고를 탄다.❶

❶ 도연명(陶淵明), 「곽주부에 화답하다(和郭主簿)」.

이 시 끝 부분에서도 영원히 끝없는 '천인지제'로 돌아온 것을 이해하여 "높이 떠 있는 흰 구름 바라보며, 옛 일을 생각함이 참으로 깊네."³²⁾하였다. 후대의 황정견이 말한 "도연명이 백발로 누웠으니, 우주가 하나의 북창이다"³³⁾고 한 우주인식도 바로 도연명이 추구한 '줄 위의 소리[弦上聲]'를 떠난 '거문고의 멋[琴中趣]'이다.

기타 문화영역에서도 마찬가지로, '천인' 경계의 추구가 시종 위진 이후의 사대부 음악문화를 지배하였다. 이로 인하여 '사의'도 줄곧 사유방식과 예술방법에 필수적인 요소가 되었다. 구양수가 이를 설명하였다.

無爲道士三尺琴	무위도사의 삼 척 금은
中有萬古無窮音	한 곡조만 타도 만고의 무궁한 음이 있다네.
音如石上瀉流水	그 음은 바위위에 물이 흐르는 것 같아서
瀉之不竭由源深	근원이 깊어서 흘러도 마르지 않는다.
彈雖在指聲在意	손가락으로 타지만 소리가 뜻에 있으며
聽不以耳而以心	귀로 듣는 것이 아니고 마음으로 듣는다.
心意旣得形骸忘	뜻을 얻고 형해를 잊으니
不覺天地白日愁雲陰	천지가 대낮인데 구름 그늘을 근심하네.❶

❶ 「무위군 이도사에게 보내는 2수[贈無爲軍李道士二首]」 중1수, 『구양수전집(歐陽修全集)·거사집(居士集)』4권.

여기에서 '마음'과 '뜻'을 강조했음을 알 수 있다. 그리고 청나라 초기의 유명한 학자 진몽뢰³⁴⁾가 음악과 천지만물의 '현화[玄化]'까지도 우주본체와 한 곳에 연계하였다.

| 一彈再三奏 | 한 번 타고 두세 번 연주하면 |
| 悲風動遠林 | 슬픈 바람이 먼 숲을 감동시키네. |

巖巖靑山高　　푸른 바위산이 높으니
蕩蕩江水深　　출렁이는 강물이 깊네.
曲終歸至靜　　곡이 끝나니❶ 지극한 고요함에 이르고
元化渺難尋　　천지조화가 아득하여 찾기 어렵네.❷

❶ 곡종(曲終): 세속(世俗)의 음악을 연주한 다음에 다시 바른 음악을 연주하는 것. 종국의 아름다움을 말함.
❷ 「서교잡영(西郊雜咏)」 중 18, 『한지서당집초(閑止書堂集鈔)』 2권.

이와 유사한 '사의' 방법이 심지어 바둑이나 장기에서도 똑같이 보인다. 청나라 사람 장의천張宜泉이 그의 원림생활을 다음과 같이 종합하여 묘사하였다.

槐樹陰深庭晝長　　홰나무 그늘 깊어 마당의 낮이 길어
閉門獨坐笑焚香　　문 닫고 향을 피우며 혼자 앉아 웃고 있네.
棋雖有子何須看　　바둑 두는 자 있어도 누가 보겠는가?
琴卽無弦亦不妨　　거문고는 줄이 없어도 무방하리.❶

❶ 『춘유당시고(春柳堂詩稿)·칠언근체(七言近體)·사시한흥(四時閑興)』중3.

이런 현상은 도교를 신봉하는 이들도 그 세계를 파악하는 방법이 여전히 중국 전통사유방법의 구조[틀]에서 나왔다. 예를 들면 이미 언급했던 『포박자·창현』35)에서의 우주관이다. 또 여암36)의 「칠언」과 그 「절구」에서도 다음과 같이 말했다.

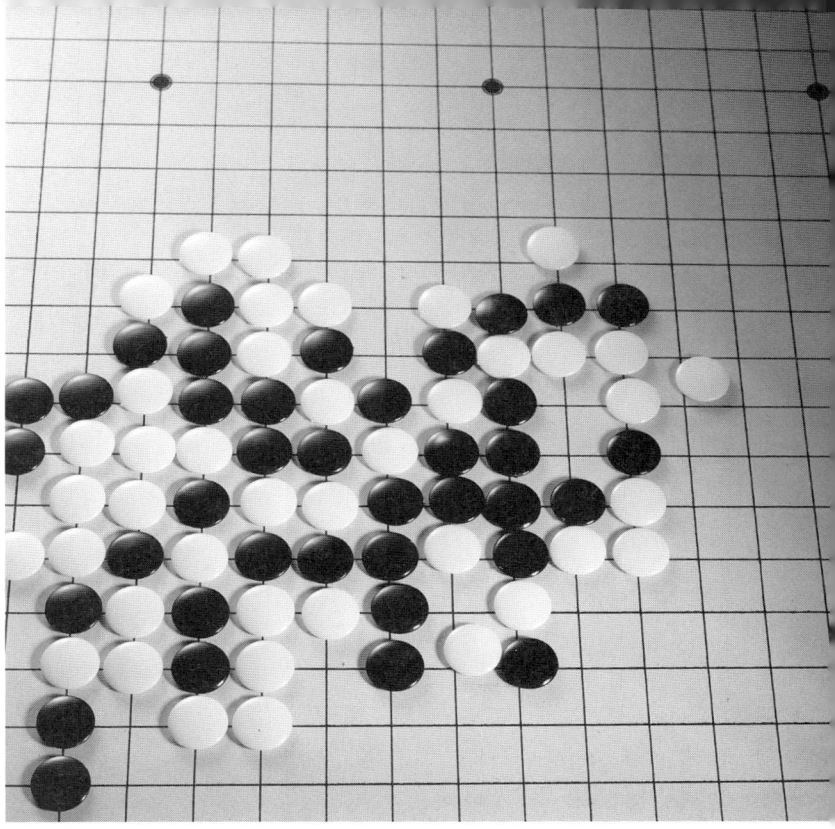

周行獨力出群倫	두루 다니며 홀로 힘써 뭇 백성보다 뛰어나
默默昏昏亙古存	어둑하고 잠잠하여 서로 오래 보존된다.
無象無形潛造化	형상이 없어도 조화에 잠기어
有門有戶在乾坤	문호는 건곤에 있다.
色非色際誰窮處	색이 아닌 색의 정도를 누가 다 하고
空不空中自得根	하늘이 아닌 하늘 가운데서 스스로 뿌리를 얻었다.
此道非從它外得	이 도는 이 밖에서 얻은 것이 아니니
千言萬語謾評論	수많은 말들이 속여서 평론한다. ❶

不用梯媒向外求	쓸모없는 사다리는 외모의 아름다움을 구하고,
還丹只在體中收	환단❷은 체내에서만 거둔다.
有人問我修行法	어떤 사람이 나에게 수행법을 질문하기에
只種心田養此身	갖가지 마음의 밭을 자신이 기른다. ❸

❶ 『전당시(全唐詩)』 856권.
❷ 환단(還丹): 단전으로 돌아오는 단련법
❸ 『전당시(全唐詩)』 858권.

작자미상 〈문도도(聞道圖)〉

여동빈[여임]의 이런 몇몇 방법은 선학에서 영향을 받은 것이다. 하지만 두 가지는 반드시 서로 통하기 때문이고 여전히 맨 앞에 둔 것은 사유목적과 사유방식이 본질적인 면에서 일치하는 것이다. 바로 이 때문에 도교를 숭배하는 사대부가 우주관과 원림·회화심미 방법상에서 표현해내는 것이 모든 사대부계층의 고도한 수준과 일치한다.

제1편 제4장에서 이미 도홍경과 그의 원림을 예를 들어 언급하였다. 도홍경은 당시 도교에서 대표적 인물의 한 사람이다. 그리고 그의 도교사상은 '천인지제'의 심미경계와 일치하는 데에서 비롯되었다.

나이 열 살에 갈홍의 『신선전』을 얻어서, 밤낮으로 연구하여, 양생의 뜻을 터득하였다. 사람들에게 말하길, '푸른 구름을 쳐다보고 태양을 보면, 자신도 모르게 멀게 느낀다.'하였다.❶

❶ 『양서(梁書)·갈홍전(葛洪傳)』, "年十歲, 得葛洪『神仙傳』, 晝夜硏尋, 便有養生之志. 謂人曰: '仰靑雲, 睹白日, 不覺爲遠矣'."

제4장 사의가 중국사대부 문화예술에 차지하는 보편적 의의 **303**

남송의 왕신王莘37)은 자호를 '방호거사方壺居士'라 하였다. 그의 「심원춘·자제방호」에서 예를 들겠다.

……………………

…… 모두 질문을 그치고, 또 한 잔 마시고 한 수 읊으며, 나는 나의 집 좋다고 사랑하니. 남고의 경치 어떤가? 밝은 달과 맑은 바람을 버리면 누구와 함께 살겠는가? 봉래를 바라보니 산길이 어둡네. 많은 나무 푸른 노송이고, 방호문이 가렸는데, 사면이 붉은 연꽃이구나. 가운데 가인이 있어, 맵시가 고야❶같고, 향 맑은 향기가 태허❷에 가득하네.❸

……………………

❶ 고야(姑射): 막고야 산의 신선으로 그 피부가 눈과 얼음처럼 뽀얀 살결의 미인이다.
❷ 태허(太虛): 중국사상의 기본적 개념의 하나로 우주의 본체 또는 기(氣)의 본체.
❸ 왕신(王莘), 「심원사(沁園春)·자제방호(自題方壺)」, 『전송사(全宋詞)』제3책, p.2190, "……都休問, 且一觴一咏, 吾愛吾廬. 南皐境界何如. 舍明月清風誰與居. 望蓬山路杳, 萬株翠檜, 方壺門掩, 四面紅蕖. 中有佳人, 綽如姑射, 一炷清香滿太虛."

그는 다른 한 수 「심원춘」에서도 다음과 같이 말했다.

有流水小橋	흐르는 물에 작은 다리
茅屋竹窓	초가집에 대나무 창이 나있고
紙帳蒲團	종이로 만든 방장과 부들방석에
把坎宮閉了	북쪽의 감궁❶이 닫혔고
虎龍吟嘯	호랑이와 용이 울부짖으며
離宮鎖定	별궁을 잠그니
日月迴環	해와 달이 다시 돌아오네.
萬點星飛	수많은 별들이 날고

兩輪電轉　　　　두 바퀴가 번개처럼 구르니
五色圓光天樣寬　　오색의 둥근 빛이 하늘처럼 넓구나.❷

❶ 감궁(坎宮): 팔괘에서의 북쪽 방향으로 북쪽의 궁이다.
❷ 왕신(王莘), 「심원춘(沁園春)」『전송사(全宋詞)』제3책, p.2197.

청(淸), 매청(梅淸), 〈황산도(黃山圖)〉

이는 종교적인을 통하여 당시 전반적인 사대부계층의 '호중천지' 우주관과 원림미학의 원칙을 완전히 드러냈다. 왕신이 또 「심원춘·억황산」 두 수를 묘사했는데, 둘째 수의 「서문」에서 말했다.

〈황산도〉12축을 걸어 놓으니, 집이 꽉 찬 것 같고, 이 몸이 참로 황산 가운데 있는 것 같아서, 이 글을 지어 천도봉아래 왕도를 표현 한 것이네.❶

❶ 왕신(王莘), 「심원춘(沁園春)·억황산(憶黃山)·2수서(二首序)」, 『전송사(全宋詞)』제3책, p.2196, "挂黃山圖十二軸, 恰滿一室, 覺此身眞在黃山中也, 賦此詞寄天都峰下王道者".

글 중에서 한걸음 나가서 말했다.

覺仙峰六六	신선봉과 육육봉이
滿堂峭峻	집안에 가득하게 높이 솟았고,
仙溪六六	신선 계곡과 육육봉에서
繞屋潺湲.	집을 돌아 물이 흐르는 것 같다.
行到水窮	물이 다하는 곳에 이르러
坐看雲起	앉아서 구름 피어오르는 것을 보니
只在吾廬尋丈間	다만 우리 집이 심장❶사이에 있구나.❷

❶ 심장(尋丈): 심은 8척이고 장은 10척을 말한다.
❷ 왕신(王莘), 『전송사(全宋詞)』제3책, p.2196.

전통사유방식이 그의 회화심미에서 이처럼 높은 수준으로 발휘한 것은 곽희의 "대청의 자리에서 내려가지 않아도 앉아서 샘물과 골자기를 궁구할 수 있다."[38])는 것과 송대 '사의'화가 신속하게 발전한 것과 합치하는 것이 꼭 부계[39])같지 않은가?

북송(北宋) 곽희(郭熙) 전(傳), 〈과석평원도(窠石平遠圖)〉

01 하상공(河上公): 한 문제(漢文帝; BC180~BC157)가 황제로 있을 때, 노자의 도덕경(道德經)을 완벽하게 이해하는 사람이었다. 이 사람은 황하(黃河) 물가에서 풀로 엮어 만든 작은 모옥(茅屋) 속에 살고 있었다. 그래서 그곳에 살고 있는 사람들은 그 사람을 '황하 가에 살고 있는 사람'이라는 의미에다 존칭인 공(公)을 붙여 '하상공'이라고 불렀다.

02 현람(玄覽): 하늘의 도계에서 현묘하게 본다는 의미이다.

03 『문선(文選)』17권, 이선(李善)주「注」인용, "當洗其心, 使潔淨也, 心居玄冥之處, 覽知萬事, 故謂之玄覽也".

04 삼재(三才): 천(天)·지(地)·인(人)을 이른다.

05 정교(政敎): 정치와 교화, 정치와 종교를 이른다.

06 사공도(司空圖; 837~908): 중국 당나라 말의 시인. 저서『24시품(二十四詩品)』은 시의 의경(意境)을 24품(品)으로 나누어, 각각 4언의 운어(韻語) 12구를 가지고 상징적으로 해설하였다. 시는 당나라 말기에 으뜸으로 꼽혔다.

07 왕사정(王士禎; 1634~1711): '남주북왕(南朱北王)'이라 불렸던 중국 청나라시인. 청조풍(淸朝風)시의 확립자이며 그 대표적인 시인으로, 시설(詩說)에서는 신운설(神韻說)의 주창자였다.

08 현학(玄學)은 뜻을 터득하면 언어를 잃어버린다고 하였다.

09 장언원(張彦遠), 『역대명화기(歷代名畫記)』5권. 顧愷之論畵 "以形寫神", "遷想妙得"

10 이덕유(李德裕; 787~849): 당나라 재상. 문필에 뛰어나 한림학사·중서사인 등을 지냈다. 중앙집권의 강화를 위해 힘썼으며 폐불(廢佛)을 단행하였다

11 「자첨의 고목에 쓰다[題子瞻「枯木」]」『예장황선생문집(豫章黃先生文集)』5권, "胸中元自有丘壑, 故作老木蟠風霜".

12 장원간(張元幹; 1091~1175 추정): 송원대정치인. 남송 복주(福州) 장락(長樂) 사람. 자는 중종(仲宗)이고, 호는 노천노은(蘆川老隱) 또는 진은산인(眞隱山人)이다. 일설에는 복건(福建) 영복(永福) 사람이라고도 한다.

13 이강(李綱; 1083~1140): 송나라 소무(邵武, 福建) 사람. 자는 백기(伯紀)고, 호는 양계(梁溪)다. 유학(儒學)에 정통했고, 시문(詩文)을 잘 지었는데, 관련 저술에 『역전내편(易傳內篇)』10권과 『역전외편(易傳外篇)』12권, 『논어상설(論語詳說)』10권 등이 있다.

14 곽희(郭熙), 『임천고치(林泉高致)·산수훈(山水訓)』, "不下堂筵, 坐窮泉壑".

15 왕면(王冕), 「매화도에 쓰다[題墨梅圖]」, 『죽재집(竹齋集)·속집(續集)』 "不要人誇好顔色, 只流淸氣滿乾坤".

16 『화선실수필(畫禪室隨筆)·화결(畫訣), "丘壑內營"

17 『화전석람(畫筌析覽)·총론제10(總論第十)』, "善悟者, 觀庭中一樹, 便可想像千林; 對盆裏一拳, 亦卽度知五嶽."

18 서화동원(書畵同源): 서예와 회화는 같은 근원에서 시작됐다.

19 도종의(陶宗儀; 1316~1369): 원말명초(元末明初) 때 절강(浙江) 황암(黃巖) 사람. 자는 구성(九成)이고, 호는 남촌(南村)이다. 원나라 말기에 진사 시험에 응시했지만 떨어졌다. 학문에 열중해서 살피지 않은 분야가 없었다. 『철경록(輟耕錄)』을 지었는데, 원나라 시대의 법령제도 및 지정(至正) 말년의 동남(東南) 지역의 병란에 관한 일들이 자세히 기록되어 있고, 서화(書畵)와 문예의 고정(考訂) 등도 참조할 만하다. 그밖에 『서사회요(書史會要)』와 『남촌시집(南村詩集)』 등도 남겼고, 『설부(說郛)』120권의 편찬자로도 알려져 있다.

20 『서사회요(書史會要)』6권, "善篆隸行草飛白, 又善畵竹, 其筆法楂牙勁削, 如作枯木怪石時, 自由一種風味. 議者謂多縱健而少圓媚"

21 장회관(張懷瓘; ?~?): 당나라 해릉(海陵) 사람. 악주사마(鄂州司馬)와 한림원공봉(翰林院供奉), 우솔부병조참군(右率府兵曹參軍)을 지냈다. 진서(眞書)와 행서(行書)·소전(小篆)·팔분(八分) 등을 잘 썼다. 전서(篆書)와 행서는 우세남(虞世南)과 저수량(褚遂良)에 비견되었고, 초서는 수백 년 동안 독보적인 존재로 군림했다. 동생 장회괴(張懷瑰)도 문학적 재능이 있었고, 전서와 팔분을 잘 썼으며, 특히 장초(長草)와 예서(隸書)에 뛰어났다. 한림(翰林)과 집현양원시독학사(集賢兩院侍讀學士)를 지냈다. 아버지 역시 일가를 이룬 서예가였다. 지금 전하는 작품은 없다.

22 장자후(章子厚; 1035~1106): 송나라 장돈(章惇)의 자. 송나라 건주(建州) 포성(浦城) 사람. 소주(蘇州)에 우거(寓居)했고, 자는 자후(子厚)다.

23 『몽계필담(夢溪筆談)·보필(補筆)』, "章楶密子厚善書……嘗自謂'墨禪'"

24 장영서(臧榮緒): 남조 양(南朝梁) 동완(東莞) 사람. 자호는 피갈선생(被褐先生)이고, 『진서(晉書)』를 지었다.

25 『문선(文選)』47권, 이선(李善)의 「주」, "劉伶志氣曠放, 以宇宙爲狹, 著「酒德頌」".

26 『육유집(陸游集)·검남시고(劍南詩稿)』7권, "少時酒隱東海濱".

27 다경(茶經): 세계 최고(最古)의 차서(茶書, 다서)이다. 당나라의 육우가 지은 것으로 3권으로 되어 있다. 그의 출생에는 두 가지 다른 설이 있으나 그것 또한 확실치 않다. 그는 주역(周易)의 점을 쳐 육우(陸羽)라는 이름을 지었다. 자(字)는 홍점(鴻漸)이었고 상우옹(桑苧翁)으로 불리기도 하였다. 그는 다방면에 걸쳐 조예가 깊어 수많은 저서를 집필하였다.

28 천인물아(天人物我): 하늘과 사람이 하나 되는 물아일체(物我一體)의 경지를 이른다.

29 대관원(大觀園)은 중국 고전문학의 거작 「홍루몽」에서 나오는 주요인물들이 생활하던 장소이고, 제48회에서는 묘옥(妙玉)이 설보채(薛寶釵), 임대옥(林黛玉), 가보옥(賈寶玉) 등과 함께 차를 마셨다는 내용이 있다.

30 소통(蕭通), 「도연명집서(陶淵明集序)」,『전상고삼대진한삼국육조문(全上古三代秦漢三國六朝文)·전양문(全梁文)』20권, "意不在酒, 亦寄酒爲迹".

31 전제(筌蹄): 고기를 잡는 통발과 토끼를 잡는 올가미라는 뜻으로, 목적을 위한 방편을 말한다.

32 도연명(陶淵明), 「곽주부에 화답하다[和郭主簿]」, "遙遙望白雲, 懷古一何深".

33 「와도헌(臥陶軒)」『예장황선생문집(豫章黃先生文集)』4권. "陶公白頭臥, 宇宙一北窓".

34 진몽뢰(陳夢雷; 1651~1723): 명청대 정치인. 청나라 복건(福建) 민현(閩縣) 사람. 자는 즉진(則震)이고, 호는 성재(省齋) 또는 천일도인(天一道人)이다.

35 『포박자(抱朴子)·창현(暢玄)』: 중국의 신선방약(神仙方藥)과 불로장수의 비법을 서술한 도교서적. 동진(東晉)의 갈홍(葛洪; 283~343)이 지었다. 창현(暢玄)의 현(玄; 道)은 자연의 시조이고 만물의 근원이다. 현도를 알면 영생을 얻고 만사가 뜻대로 되고 동요나 미혹됨에서 벗어날 수 있다는 뜻이다.

36 여암(呂巖): 여동빈(呂童賓)이란 이름으로 널리 알려진 신선(神仙)이다.

37 왕신(王莘): 청 진택(震澤) 사람, 자는 임임(任菴)이고, 자호가 '방호거사(方壺居士)'이다. 저서『치평금감(治平金鑑)』과『산림경제(山林經濟)』가 있다.

38 곽희(郭熙), 『임천고치(林泉高致)·산수훈(山水訓)』, "不下堂筵, 坐窮泉壑"

39 부계(符契): 나무 조각이나 두꺼운 종이 조각에 글자를 새기거나 쓰고 증인(證印)을 찍은 뒤에 두 조각으로 쪼개어 한 조각은 상대에게 주고 다른 조각은 자기가 보관하여 서로 맞추어 증거로 삼은 물건.

06 중국고전미학에서의 중화中和 원칙과 중국고전원림의 조경예술

사회형태의 특징으로 말미암아 중국고대문화의 건립과 유지는 '천인지제(天人之際)'의 체계가 자신의 근본적인 목적으로 작용하였다. 그러나 이러한 목적은 결코 가볍게 거론된 것이 아니며, 그 가운데서도 하나의 어려움이 있다. 즉, 어떻게 하면 거대한 범위 내에서 이 같은 잡다한 모순의 요소들이 완정(完整)하면서도 조화(和諧)로운 체계를 이루는가이다.
이러한 난제는 거의 존재하였으며 그것을 해결하는 방식 또한 매우 높은 수준에서 중국고대문화의 특징을 체현하였다. 예컨대 방대하면서도 분산된 소농(小農)경제가 엄밀한 집권국가제도를 거쳐야만 비로소 전체를 조합해 이룰 수 있고, 종법제도 가운데 복잡한 종친관계가 자세하고 분명하게 완비된 윤리관념 및 질서를 거쳐야만 비로소 협조될 수 있다.
중국고대건축에서 제한적이며 조형이 자유로운 개체의 나무들을 조합한 많은 건축들이 세계의 기타 건축체계와 비유하기 힘들 정도로 고도의 발달된 조합방식을 거쳐야만 비로소 방대하고 완정한 건축들을 형성할 수 있게 된다는 것 등이다.
이러한 여러 예들은 서로 거리가 매우 먼 것 같지만, 그것들의 문제점은 오히려 공통적이다. 이러한 공통된 난제와 수요는 또한 '중화(中和)'의 이론 및 방법이 전통철학이나 미학에서 오래 동안 두드러진 것과 유관하며, 아울러 여러 문화예술영역에서도 원림조경의 기법을 포괄하는 데 거대한 영향을 주었다. 풍부(豊富)·조화(和諧)·완정(完整)의 경관체계를 건립하는 것은 중국고전원림예술의 목적이다. 하지만 사람들은 어떠한 구체적인 기법을 통해 이러한 목적을 실현해나가려 하지만 도리어 마음이 하고자 하는 대로 될 수는 없다. 앞서 각 편에서 서술한 여러 요인들의 영향을 제외한다면, 그것은 모순관계에 대한 인식정도를 철학이 엄격하게 제약하려는 것이기도 하다.
설령 조각돌과 한 홉의 물을 조합하거나, 한 집의 반쪽 정자를 배치하더라도 그것들이 반영해낸 것 또한 예술체계 가운데 복잡한 모순관계에 대한 인식 아닌 것이 없으며, 사람들이 '천인(天人)' 체계 중에서도 조화[和諧] 관계에 대해 예술적으로 형상화한 것이라 하겠다. 그러므로 어떤 구체적이고 미세한 기교와 기법은 철학이나 미학의 '중화(中和)'관을 거쳐서 모든 문화체계와 하나로 결성되며, 이 또한 필연적이다.

제 1 장

중화* ― 중국고전미학 방법론의 기본원칙 및 그 정제*와 반제*

* 중화(中和): 글자 그대로 모든 것이 치우침이 없고 골고루 분포되었거나 서로 상생상극하며 돕고 설하고 극하고 취하면서 고르게 이루어지는 것을 중화라고 한다.
* 정제(正題): 본제·주제·명제란 뜻이다
* 반제(反題): 정제(正題)의 반대어로 반정립(反定立)·안티테제(Antithese)를 의미한다.

◁ 남조묘(南朝墓) 전화(磚畵) 죽림칠현(竹林七賢)

『논어·자로』에 공자가 "군자는 화합하지만 부화뇌동하지 않으며, 소인은 부화뇌동하지만 화합하지 못한다."[1]는 내용이 있다. '화和'와 '동同'은 모두 모순된 요소들과 서로 관계되는 범주이지만, 공자의 관점은 완전히 다른 의미가 있었다.

그러나 공자는 이 두 가지가 각각 함유하고 있는 뜻이나 그 구별에 관해서 결코 구체적인 해석을 한 적이 없으며, 오히려 공자 이전의 정치가들이 더욱 상세하게 설명한 것이 있다. 『좌전·소공[2]·20년조』의 기록을 예로 들겠다.

소주 원림의 수려한 경치

제1장 중화 — 중국고전미학 방법론의 기본원칙 및 그 정제와 반제

제나라 경공이 안영❶에게 "오직 거❷와 나는 '화'의 관계인가?"하고 물었다. 안영이 "거 또한 '동'의 관계이므로 어찌 '화'를 할 수 있겠습니까?"라고 대답하였다. 경공이 "'화'와 '동'은 다른 것인가?" 하고 물었다. 안영이 대답하였다. "다릅니다. '화'는 마치 국과 같은 것입니다. 물, 불, 식초, 젓갈, 소금, 매실 등을 넣어 어육을 삶고, 땔나무로 불을 땝니다. 요리사는 이것을 조화시켜 맛을 내는데, 부족한 것은 더해주고 과한 것은 덜어냅니다. …… 소리도 맛과 같아서 일기❸, 이체❹, 삼류❺, 사물❻, 오성❼, 육율❽, 칠음❾, 팔풍❿, 구가⓫ 등이 서로 잘 어우러져 이루는 것입니다. 맑음과 탁함, 작음과 큼, 짧음과 김, 괴로움과 평온함, 슬픔과 즐거움, 굳셈과 부드러움, 더딤과 빠름, 높음과 낮음, 나감과 들어옴, 고루고루 미침과 성근 것 등이 서로를 구제하는 것입니다. …… 만약 물로써 물을 구제한다면 누가 먹을 수 있겠습니까? 만약 거문고와 비파만으로 오로지 한결같게 연주한다면 누가 들을 수 있겠습니까? '동'의 불가함이 이와 같습니다."⓬

❶ 안영(晏嬰; ?~BC.500): 춘추시대 제(齊)나라의 명신(名臣)으로 자는 평중(平仲)이며 산동(山東) 고밀(高密) 사람이다. 제나라 영공(靈公)·장공(莊公)·경공(景公)을 섬겼다. 춘추시대 후기의 사상가이자 외교가로서도 중요한 위치를 차지하고 있다. 특히 그의 사생활은 얼마나 검소하였든지 한 벌의 여우 가죽옷을 30년간이나 입었다는 이야기로도 유명하다.
❷ 거(據): 나라의 대부(大夫)인 양구거(梁丘據)를 가리킨다.
❸ 일기(一氣): 공기(空氣)를 의미한다.
❹ 이체(二體): 무용의 문무(文舞)와 무무(武舞) 두 가지 춤을 의미한다.
❺ 삼류(三類): 『시경(詩經)』의 풍(風)·아(雅)·송(頌) 세 가지 부류를 의미한다.
❻ 사물(四物): 악기(樂器)가 사방의 사물을 사용하여 만들어 진 것을 의미한다.
❼ 오성(五聲): 궁(宮)·상(商)·각(角)·치(徵)·우(羽) 오음(五音)을 말한다.
❽ 육율(六律): 십이율(十二律) 중의 양음(陽音)에 속하는 황종(黃鐘)·태주(太簇)·고선(姑洗)·유빈(蕤賓)·이축(夷則)·무역(無射)을 말한다.
❾ 칠음(七音): 두 가지의 칠음이 있는데, 하나는 동양음악의 궁(宮)·상(商)·각(角)·치(徵)·우(羽) 오음에 반상음(半商音)·반치음(半徵音)을 더한 것이며, 다른 하나는 음운학에서 분류한 아(牙)·설(舌)·순(脣)·치(齒)·후(喉)의 오음에 반설음(半舌音)·반치음(半齒音)을 더한 것이다.
❿ 팔풍(八風): 팔방(八方)의 바람을 뜻한다. 입춘(立春)에 조풍(調風)이 불고, 춘분(春分)에 명서풍(明庶風)이 불고, 입하(立夏)에 청명풍(淸明風)이 불고, 하지(夏至)에 경풍(景風)이 불고, 입추(立秋)에 양풍(涼風)이 불고, 추분(秋分)에 창합풍(閶闔風)이 불고, 입동(立冬)에 부주풍(不周風)이 불고, 동지(冬至)에 광막풍(廣莫風)이 분다고 한다.
⓫ 구가(九歌): 구공(九功)의 덕을 노래한 것이다. 구공은 육부(六府)라 불리는 수(水)·화(火)·금(金)·목(木)·토(土)·곡(穀)과 삼사(三事)라 불리는 정덕(正德)·이용(利用)·후생(厚生)을 가리킨다.
⓬ 『좌전(左傳)·소공(昭公)』20년조, "齊景公曰, 唯(梁丘)據與我和夫, 晏子對曰, 據亦同也, 焉得爲和. 公曰, 和與同異乎. 對曰, 以. 和如羹焉. 水火醯醢鹽梅以烹魚肉, 燀之以薪. 宰夫和之, 齊之以味, 濟其不及, 以泄其過. …… 聲亦如味, 一氣, 二體, 三類, 史物, 五聲, 六律, 七音, 八風, 九歌, 以相成也. 淸濁, 小大, 短長, 疾徐, 哀樂, 剛柔, 遲速, 高下, 出入, 周流, 以相濟也. …… 若以水濟水, 誰能食之. 若琴瑟之傳壹, 誰能聽之. 同之不可也如是."

'화和'는 곧 상호 모순된 많은 요소들이 상부상조하여 서로 구제하는 관계를 맺도록 하여, 이를 기초로 통일과 조화의 통일체를 이루지만, '동同'은 모순된 요소의 가치를 부인하며 줄곧 한결 같은 효과만을 추구한다는 논지임을 알 수 있다.

이 두 가지는 모순을 처리하는 방법이 매우 다르기 때문에 그 결과도 큰 차이가 있다. 『국어·정어』에 "화하면 실로 만물이 생겨나고, 동하면 생명이 이어지지 못한다."3)는 말이 있다. 화의 모순체계가 끊임없이 생성하고 또 생성하게 하는 것이라면, 동은 딱딱하게 말라서 죽게 한다는 것으로, 당시의 사람들이 이미 보편적으로 인식했던 것이다.

춘추시대 사람들은 풍부한 모순 및 균형관계가 예술조화에서 적극적으로 작용했다는 것을 보았는데, 이는 매우 중요한 사실이다. 더욱 중요한 문제는, 이러한 미학방법을 앞으로 어떠한 방향으로 지속적으로 발전시킬 것인가? 이러한 발전방향을 결정하는 역량은 또한 무엇인가? 하는 것이다. 이러한 문제를 대답할 때 가장 먼저 언급되어야 할 것은 여전히 중국고대사회형태의 특징이며, 이것이 총체적인 관건이다.

중국고대철학과 미학에서 조화이론이 생겨난 이래로 곧 고대종법제도관계가 관념이나 심미영역에 반영되었다. 안영晏嬰4)·사백史伯5)·공자 같은 사람들의 화和와 동同에 관한 토론 중에는 모두 종법체계 중에서 조화하고 생명력이 풍부해진다는 것을 출발점과 귀결점으로 삼았다. 공자 제자인 유약有若6)이 말했다.

예의 쓰임은 화가 귀중한 것이다. 옛 왕들의 도는 이것을 아름답다고 여겼다.❶

❶ 『논어(論語)·학이(學而)』, "禮之用, 和爲貴. 先王之道, 斯爲美."

제1장 중화 — 중국고전미학 방법론의 기본원칙 및 그 정제와 반제

이것은 모두 '중화'이론과 종법제도와의 관계만 설명한 것이 분명하다. 씨족제도는 내부의 엄밀하고 조화로운 윤리관계에서 겨우 유지될 수 있지만, 이로부터 발달된 예제7)를 생산해내기도 하였다. 『좌전·은공8)』11년 조에 다음과 같은 기록이 있다

예는 국가를 경륜하고 사직을 안정시키며, 백성들의 질서를 잡고 후사를 이롭게 하는 것이다.❶

❶ 『좌전(左傳)·은공(隱公)·11년조(年條)』, "禮, 經國家, 定社稷, 序民人, 利後嗣者也."

여기에서의 핵심은 '백성들의 질서를 잡는 것[序民人]'에 있으며, 아울러 예의 작용으로 말미암아 이러한 사회성의 구속력은 혈연종친 관계범위를 더욱 확대하고, 명확한 차등을 두어서 사회협력관계로 확립시켰다. 이 같은 사회가 존재하는 기초위에, 철학에서 '화'를 주위 일체의 모순이상과 조합하는 방식이라고 여긴 것은 필연적이다.

그러나 춘추시대 철학가·정치가들이 '화'에 대해 밝힌 것은 이미 씨족제도에서의 윤리관을 회고하거나 그리워한 것이 분명하다. 왜냐하면 그들은 더욱 많은 곳에서 어떻게 '중화'의 방법을 응용하여 국가를 경영하고 사직을 안정시킬 것인가 하는 점에 착안했기 때문이다.

안영晏嬰이 생각하는 이상적인 화和는 매우 복잡한 모순관계를 서로 구제하는

것으로부터 이루어진다는 것으로, 이러한 모순에 대한 풍부한 인식은 명백하게도 씨족사회를 훨씬 뛰어넘어 상商·서주西周의 종법시대 사람들의 사유수준에까지 이르러 당시의 분분한 정치관계의 흔적을 띠고 있다.

   결론적으로, 춘추시대 '중화'관의 의의는 이중성이 있다. 하나는 혈연친족의 종법관계9)를 철학적으로 개괄하는 것이고, 다른 하나는 씨족내부의 모순관계만 중화하여, 최종에는 국가를 경영하고 사직을 안정시키는 표준을 예시하는 방식이다. 전자는 시종일관 전통적인 '화'를 모순관계의 귀착점으로 삼았다면, 후자는 '화'가 이전의 모순체계와 비교하는 중에서, 모순요소들이 서로 구제하는 상부상조를 실현시켜야만 의의가 있다는 것을 예감한 것이다.

   상나라와 주나라 이전의 우주관·인격관·사유방식 등의 전통문화제반 요소는 확대와 개조를 거쳐야만, 비로소 진秦·한漢 이후에 통일된 종법집권국가를 건설할 임무를 감당할 수 있었다. 이와 마찬가지로, 전례 없이 거대하게 통일된 사회조직을 구축하는 모든 추세에서도, 모순관계를 파악하는 능력이 새롭게 높은 수준으로 올라갈 것을 요구하였다. 또 '중화'이론을 확대하여 '천인' 체계의 각종 모순이 균형을 갖출 것을 요망한 것이다. 이처럼 방대한 내용은 두 가지에서 벗어나지 않는다.

   하나는 어떻게 해야 '중화'의 방법이 방대한 모순체계를 내포하고 파악하는 능력을 갖추게 할 것인가? 또 하나는 어떻게 해야 '중화'의 방법이 복잡하고 다중적인 모순을 균형 있게 하는 능력을 갖출 것인가? 이런 문제는 중국의 봉건문화가 2천 년 동안 발전과정에서 철학과 미학방법론은 시종일관 끝까지 이 두 가지 측면을 벗어나지 않았다.

   '중화' 이론의 확대는 전국시대부터 비롯되었기 때문에 전국시대 사상가와 관련 있는 견해를 앞서 인용한 안영, 공자 등의 화和에 대한 이론과 조금만 비교해 보면, 이러한 확대가 어떤 방법을 통하여 실현되었는지 곧 알 수 있다. 『예기·중용』의 글을 보자.

제1장 중화 — 중국고전미학 방법론의 기본원칙 및 그 정제와 반제

중이라는 것은 천하의 큰 근본이며, 화라는 것은 천하의 통달한 도리이다. 중화를 이루면 하늘과 땅이 제자리를 찾고 만물이 제대로 길러진다.❶

> ❶ 『예기(禮記)·중용(中庸)』, "中也者, 天下之大本也, 和也者, 天下之達道也. 致中和, 天地位焉, 萬物育焉."

　전국시대 사상가들이 전통문화요소를 확대한 것에 관하여 제3·4·5편에서 이미 지적했는데, 그 공통적인 관건은 바로 그들이 전례 없이 방대한 새로운 우주모식을 결합하는 데 있었으며, 『중용』에서 '중화'에 대해 명확하게 말한 것도 이러한 결론을 거듭 증명한 것이다.
　『중용』이 '중화'를 강조하는 것은 천지만물이 자라서 돌아가는 공통적이고 기본적인 법칙으로, 이러한 자각적인 우주의식은 안영·공자 등의 '중화'설에서는 보이지 않는다. 전국시대 이후에 우주관이 오히려 '중화'이론의 첫 번째 전제조건이 되었다. 이에 대해 가장 상세히 설명한 것은 『예기·악기』[10]이다. 그 가운데 「악론편」을 예로 들겠다.

대악은 천지와 화를 함께 하고, 대례는 천지와 절을 함께 한다. 조화롭기 때문에 만물이 생명을 잃지 않으며, 절도가 있기 때문에 천지에 제사지낸다.❶
악은 천지의 화이고, 예는 천지의 서이다. 조화롭기 때문에 만물이 모두 변화하고, 질서가 있기 때문에 온갖 사물이 구별된다. 악은 하늘로 말미암아 지어졌고, 예는 땅으로써 제정되었다. …… 천지의

이치에 밝은 이후에야 예악을 일으킬 수 있다.❷

❶ 『예기(禮記)·악기(樂記)·악론편(樂論篇)』, "大樂與天地同和, 大禮與天地同節. 和, 故百物不失. 節, 故祀天祭地."
❷ 『예기(禮記)·악기(樂記)·악론편(樂論篇)』, "樂者, 天地之和也. 禮者, 天地之序也. 和, 故百物皆化, 序, 故群物皆別. 樂由天作, 禮以地制. … 明於天地, 然後能興禮樂."

이러한 새로운 우주모식과 결합은 명백히 '중화'의 방법이 방대한 모순체계의 유일한 길을 내포할 수 있게 하였고, 자연과 인간 사이에 내부질서의 객관적인 요구가 건립되도록 하였다. 『역』에서도 마찬가지로 이러한 자각에 의해 모순 법칙을 전체 우주에까지 확대한 노력을 볼 수 있다. 『주역·계사전』에서 예를 들겠다.

천지변화의 범위를 정하되 잘못되지 아니하며, 구석구석 만물을 이루되 빠뜨리지 않는다.❶
음과 양이 덕을 합하여 굳세고 부드러운 것이 틀을 갖추며, 이로써 하늘과 땅의 일을 체현하고 신명의 덕에 통달한다.❷
변화하고 움직여서 가만히 있지 않고 육허❸에 두루 흐른다.❹

❶ 『주역(周易)·계사전(繫辭傳)·상4장』, "範圍天地之化而不過, 曲成萬物而不遺."
❷ 『주역(周易)·계사전(繫辭傳)·하6장』, "陰陽合德, 而剛柔有體, 以體天地之撰, 以通神明之德."
❸ 육허(六虛): 『주역』 64괘의 괘마다 갖추고 있는 육효(六爻)를 이른다. 효(爻)는 음양(陰陽)으로 나뉘어져서 매괘(每卦)의 효가 변동하여 일정함이 없기 때문에 허(虛)라고 칭한다. 여기서는 상하사방(上下四方)

제1장 중화 — 중국고전미학 방법론의 기본원칙 및 그 정제와 반제

❹ 을 가리킨다.
『주역(周易)·계사전(繫辭傳)·하8장』, "變動不居, 周流六虛."

이것과 '중화'가 방대한 모순체계를 내포할 수 있는 능력과 비교해보면, 방대한 제2방면에서는, 복잡한 다중모순을 균형 있게 할 수 있더라도, 진·한 시기에는 서로 경시한 경우가 많았다.

그 원인은 간단하다. 천인체계가 건립된 초기에는 사람들이 가장 관심을 가진 것은 어떻게 해야, 큰 외부구조를 확립할 수 있는가 하는 것뿐이었고, 정미한 내부구조를 어떻게 해야, 완벽하게 할 것인가는 아니었다는 점이다. 때문에 제1단계 철학과 미학방법론의 특징은 조화를 강조한 기초는 같지만, 복잡한 모순 사이에서 상부상조한 것이 아니었다는 것이 두드러진다. 『여씨춘추11)·응동』을 예로 들겠다.

비슷한 것들은 진실로 서로를 부르니, 기가 같으면 합하고 소리가 비슷하면 상응한다. 대궁을 치면 소궁이 움직이고, 대각을 울리면 소각이 움직인다.❶

❶ 『여씨춘추(呂氏春秋)·응동(應同)』, "類固相召, 氣同則合, 聲比則應, 鼓宮而宮動, 鼓角而角動." * 이 문장에 대해 고유(高誘)는 "대궁을 치면 소궁이 응하고 대각을 치면 소각이 화하니, 부류가 서로 응한다는 것을 말한 것이다[擊大宮而小宮應, 擊大角而小角和, 言類相感也]."라고 주석한다. 고유는 동한의 저명한 경학가이다.

동중서董仲舒12)에 이르면 천인관계에서 '중화'의 구조적인 공력이 더욱 중시되었고, 아울러 그것을 '하늘을 따르는 도[循天之道]'의 기본방법으로 여기기도 했다. 동중서는 『춘추번로13) · 순천지도』에서 다음과 같이 언급했다.

동중서(董仲舒)

중은 천하의 시작이자 끝이며, 화는 천지가 생성되는 것이다. 덕은 화보다 큰 것이 없고, 도는 중보다 바른 것이 없다. 중은 천지의 아름다움이 이치에 도달한 것으로 성인이 보존하고 지켜야 하는 것이다. 『시경』에서 '굳세지도 부드럽지도 않으니, 정사를 베푸는 것이 넉넉하도다.'라고 하였는데, 이것이 '중화'를 말한 것이 아니겠는가?❶

❶ 동중서(董仲舒), 『춘추번로(春秋繁露)·순천지도(循天之道)』, "中者, 天下之終始也, 而和者, 天地之所生成也. 夫德莫大於和, 而道莫正於中, 中者, 天地之美達理也, 聖人之所保守也. 詩云, 不剛不柔, 布政優優, 此非中和之謂歟."

동중서가 이상적으로 여긴 '중화'는 모순요소들이 '굳세지도 않고 부드럽지도 않은' 기반 위에서 건립되는 것임을 알 수 있다. 이에 대해 그는 더욱 상세하게 설명하였다.

만물이 그 장소를 떠나 다른 것과 함께 하고, 또 그 장소를 쫓아 같은 것과 함께 한다. 그러므로 기가 같으면 모이고, 소리가 가까우면 응하니 그 징험이 분명한 것이다. 시험 삼아 비파와 거문고를 조율해 놓고서 그 궁

제1장 중화 — 중국고전미학 방법론의 기본원칙 및 그 정제와 반제

음을 치면 다른 궁음이 응하고, 그 상음을 치면 다른 상음이 응하니, 오음이 비슷한 것을 따라서 저절로 울리는 것은 신이 있어서 그런 것이 아니라 그 수가 그러한 것이다. …… 동류가 서로 응하여 일어나니 …… 만물은 진실로 동류를 서로 부르는 것이다.❶

❶ 동중서(董仲舒), 『춘추번로(春秋繁露)·동류상동(同類相同)』, "百物去其所與異, 而從其所與同, 故氣同則會, 聲比則應, 其驗皦然也. 試調琴瑟而錯之, 鼓其宮則他宮應之, 鼓其商則他商應之, 五音比而自鳴, 非有神, 其數然也. … 類之相應而起之. … 物固以類相召也."

　　춘추시대 사람들은 이미 다중적인 모순 간에 상부상조하는 적극적인 의의를 인식하여 '화이부동和而不同'의 원칙을 제출하였다. 동중서는 더욱 새롭게 모순 간을 처리하는 상호관계의 방법을 '만물이 그 장소를 떠나 다른 것과 함께하고, 그 장소를 쫓아 같은 것과 함께 한다'는 것으로 규정하였다.
　　철학과 미학방법론의 각도로만 본다면 이것은 분명하게 후퇴한 것 같다. 하지만 전반적인 천인관계에서 논리의 발전과정체계에서 본다면 이러한 후퇴는 '중화'방법이 과거의 협소한 천지에서부터 진·한 이후 전례 없이 방대한 모순체계로 도약해갈 때에 불가피한 것이었다. 이러한 의의는 모든 문화요소에 최대한의 동일성을 취합한 것으로, 전례 없는 위력이 천인관계 체계의 외부 틀을 세웠다는 데 있다.
　　이러한 새로운 공간 내에서 '화이부동'의 방법은 비로소 비교적 과거의 모순관계가 점차 스스로의 가치를 펼쳐내는 것을 직면할 수 있었다. 이후 오랜 세월동안 이러한 모순을 운용하여 정교하고 근엄한 천인체계의 내부구조를 만들 수 있었으며, 그 가운데에 우리들이 관심을 갖는 고전원림의 예술조경도 포함되었다.
　　춘추철학 방법론에 대한 확대는, 그 첫째 방면은 전국시대 이후 특히 서한 시대에 완성되었으며, 그 둘째 방면의 임무는 위진 철학가들이 한대 철학에서 버린 것을 더욱 상세하게 탐구하여 남긴 것이었다.

이미 위진 이후 문화는 천인관계를 기본적인 틀로 삼았다고 했지만, 이 당시의 사람들은 이미 한나라 사람들의 양상과는 달리, 모든 역량의 대부분을 그 외부적인 구조를 세우는 데 경주하여, 어떻게 해야 집권제도가 사대부와 독립성 사이에서 서로 잘 적응할 것인가? 어떻게 해야 원림예술이 조화의 운율화를 더욱 풍부하게 할 것인가? 어떻게 해야 사유방식이 우주와 인격이상을 천인체계의 내부적인 구조 문제와 같이 충분하게 융합할 것인가? 등에 관하여 더욱 많은 관심을 쏟았다.

따라서 이러한 모든 변화와 적응은 철학과 미학방법론에서도 필연적으로 복잡한 모순을 균형 있게 해석하는 능력을 중시하는 방향으로 바뀌었고, 모순체계만 내포하는 총괄능력은 더 이상 중시하지 않았다.

이러한 변천이 상징하는 것은 바로 위진 현학14) 방법론의 출현이다. 지금까지 위진 현학에 대한 연구는 대부분 본체론本體論이나 재성론才性論 방면에 집중되었으며, 그 철학방법론을 주의하는 사람이 많지 않았다. 실제 현학자체가 가장 특색 있는 내용의 하나일 뿐만 아니라, 모든 천인체계가 성숙해가는 데 조금이라도 없어서는 안 될 수단이다.

현학이 복잡하고 다양한 모순 사이의 상호관계에서 어떻게 해야 이러한 모순관계가 균형을 이룰 수 있을까? 하는 점을 전례 없이 심각하게 인식했다는 것이 현학 방법론의 가치이다.

현학 이전에 춘추시대 때 안영晏嬰15) 등과 같은 사람들은 모순의 상호구제가 모순체계의 전체균형을 세운다는 의의를 이미 인식했으며, 이후 『역전』에서 이러한 방법론에 대하여 또한 구체적으로 설명한 것이 있다. 예를 들면 다음과 같은 것들이다.

단전彖傳에서 '미제괘未濟卦'❶가 길괘吉卦의 원인이 되는 까닭을 해석할 때에 "비록 자리가 마땅하지는 않지만 굳센 것과 부드러운 것이 응한다."❷라고 말한 것이다.

제1장 중화 — 중국고전미학 방법론의 기본원칙 및 그 정제와 반제   325

'미제괘' 중 '구이九二'가 양효陽爻이지만 음陰의 위치에 있고 '육삼六三' 이 음효陰爻이지만 양陽의 위치에 있으며, 아울러 위로 나아가는 괘상卦 象에서도 '육오六五'가 음효陰爻이지만 또한 양의 위치에 있으면서 이 괘 의 주가 된다.

❶ 미제괘(未濟卦): 괘의 형상으로 위☲, 아래☵.
❷ 『주역(周易)・미제(未濟)』. "雖不當位, 剛柔應也."

안영

이러한 것은 모두 '자리가 마땅하지 않음', 즉 '부당위不當位'의 성질을 지니고 있기 때문에 일부분에 따라 당연히 불길不吉하다고 말하지만, 이 많은 양효와 음효가 비록 모두 그 자리를 잃었지만 도리어 서로 호응하고 융합하기 때문에 전체적으로 괘가 드러내는 것은 곧 길상吉象이다. 따라서 『역경易經』에서는 "미제未濟는 형통한다."16)라고 말한 것이다.

명백하게도 『역전易傳』에서는 다중적이고 서로 다른 모순 간의 상호 관계[應]가 단일의 모순관계[位]에 비해 의의가 더욱 중요하다는 것을 보여주고 있다. 그런데 이러한 오랜 변증방법은 한대에 와서는 진일보 발전을 할 수 있는 기회가 없었을 뿐만 아니라, 도리어 "그 장소를 떠나 다른 것과 함께하고, 또 그 장소를 쫓아 같은 것과 함께 한다去其所與異, 而從其所與同]."는 방법으로 완전히 대치되었다.

따라서 동중서가 강조한 것은 "그 궁음을 치면 다른 궁음이 응하고, 그 상음을 치면 다른 상음이 응한다鼓其宮則他宮應之, 鼓其商則他商應之]."는 것으로 즉, 서로 같은 요소들 간의 '동同'일 뿐 서로 다른 모순간의 '화和'는 아니다. 이러한 미학방법이 한대에 지배적인 위치를 차지하였기 때문에 음악가의 예술표준은 곧 다음과 같다.

簫管備擧	퉁소와 피리를 함께 들고
金石幷隆	금석의 악기를 동시에 연주함에
無相奪倫	서로 차례를 빼앗지 않음으로써
以宣八風	팔풍이 불게 된다.
律呂旣和	율려❶가 이미 조화를 이루면
哀聲五降	애틋한 소리는 오강❷한다.
曲終闋盡	곡조가 다 끝나면
餘弦更興	다른 현을 다시 뜯는다.
繁手累發	복잡하게 손을 자주 튕기고,
密櫛疊重	조밀하게 쓸어내리기를 거듭한다.
踸踔攢仄	소리가 모아지기를
蜂聚蟻同	벌떼와 개미 모이듯 한다.
衆音猥積	모든 소리가 잡다하게 쌓이면
以送厥終	그것을 마친다."❸

❶ 율려(律呂): 옛날에 성음(聲音)을 조정하고 악률(樂律)을 바로잡는 기구로, 대나무나 금속으로 만든 열두 개의 관으로 이루어져 있다. 중국 고대 황제(黃帝) 때의 영륜(伶倫)이 대나무를 끊어 만든 것으로, 관의 장단에 따라 성음의 청탁(淸濁)과 고저가 생기게 된다. 양률(陽律) 6가지, 곧 황종(黃鐘)·태주(太簇)·고선(姑洗)·이칙(夷則)·무역(無射)·유빈(蕤賓)과 음려(陰呂) 6가지, 곧 대려(大呂)·협종(夾鐘)·중려(仲呂)·임종(林鐘)·남려(南呂)·응종(應鐘) 모두 12가지로 되어 있다. 대체로 고대의 음악을 가리키는 말이다.
❷ 오강(五降): 『좌전(左傳)·소공(召公)』 원년(元年)조에 있는 말로, 강(降)은 끝났다는 뜻이다. 즉, 오음(五音)의 중화지성(中和之聲)을 다 탄 뒤에는 다시 타지 않는다는 것이다.
❸ 마융(馬融), 『장적부(長笛賦)』.

궁원건축에서도 숭상한 것이 "천문이 서로 비슷하고 만호가 한결같다."17)는 것이다. 이러한 현학 방법론의 출현하자, 중국고대철학과 미학에서 모순관계에 대한 인식이 비로소 중대한 개혁과 변화가 나타나게 되었다.

표면적으로는 복잡한 모순관계에 대한 현학의 인식은 안영晏嬰·『역전易傳』사상에 대한 복귀로 보이지만, 실제는 그 이론체계의 규모나 인식의 자각 및 성숙이 통일제도 건립 이전에 도달할 수 있었던 것이 아니다. 현학의 영수인 하안(何晏)18)은 다음과 같이 말했다.

같은 종류는 멀면 서로 응하지 않게 되고, 다른 종류는 서로 가까우면 위배되지 않음이 없다. 비유하자면 음 가운데 양이 있고 양 가운데 음이 있으니, 각각의 종류로써 자연히 쫓는 바를 서로 구한다. 여름날은 양이지만 저녁 밤이 길어지면 겨울날과 함께 음이 되며, 겨울날은 음이지만 아침 낮이 길어지면 여름과 함께 양이 된다. 모두 가까이에서는 다르지만 멀어지면 같아진다.❶

❶ 하안(何晏), 「무명론(无名論)」, "同類無遠而相應, 異類無近而不相違. 譬如陰中之陽, 陽中之陰, 各以物類自相求從. 夏日爲陽, 而夕夜遠與冬日恭爲陽, 終日爲陽, 而朝晝遠與夏日同爲陽. 皆異於近而同於遠也." 『열자(列子)·중니편(仲尼篇)』, 장담(張湛) 주(注)에서 인용.

하안(河晏)

하안은 음 가운데 양이 있고 양 가운데 음이 있는 복잡한 모순성질의 존재를 인식했을 뿐만 아니라, 모순성질의 복잡함은 반드시 그것들 간의 '서로 응한다[相應]'거나 '쫓는 바를 구한다[求從]'것에 직접적 영향을 끼치며 이로부터 미묘한 모순 조합관계가 이루어진다는 것을 인식했다.

하안과 함께 유명한 현학가인 왕필王弼[19]은 모순법칙에 대하여 더욱 정밀하고 심오하게 인식했다. '음양'에 대한 것으로써, 이러한 기본적인 모순에 대한 인식은 예컨대 "음의 물이 되는 것은 반드시 그 무리를 떠나 반대의 무리로 간 다음에 안정의 길함을 얻는다."[20]는 것이다. 음양이 서로 바뀌는 것은 이전 사람들이 일찍이 언급했던 의견이지만, 왕필은 이러한 것에서 한걸음 나아가 바뀌는 복잡한 조건과 그 과정에서 각종 새로운 모순을 거듭 연구했다. 예로 들면 아래와 같은 것이다.

왕필이 '수괘需卦'❶의 '육사六四'효를 설명할 때 "음양이 서로 가까우면 서로 얻지 못하니, 양이 나아가고자 하는데 음이 그것을 막으면 서로가 해롭다."❷하였다.

❶ 수괘(需卦): 괘의 형상으로 위☵, 아래☰
❷ 『왕필집교석(王弼集校釋)·주역주(周易注)·수괘(需卦)』, "陰陽相近不相得, 陽欲進而陰塞之, 則相害也."

왕필상(王弼像)

'수괘'의 형상은 '건乾'이 '감坎' 아래에 처한 것으로, 즉 양강陽剛이 험난한 곳에 처해있다. '육사'의 음효陰爻가 '구삼九三'의 양효陽爻 위로 올라서 침범해 있는 이러한 형세에 처해서는 곧 결과가 불리한 모순충돌을 빚게 된다. 따라서 이러한 음양 두 효爻는 비록 서로 가깝지만 도리어 서로 방해가 되기도 하며, 또한 그들 간의 유익한 전화를 실현할 수 없다는 것도 말해준다.

다만 '상육上六'은 다른데, 그것이 비록 '육사'와 같은 음효인데다가 무위無位의 자리에 처해있으면서21) 양효 '구오九五'의 강대하고 위협적인 형세와 직면하고 있지만, 그것은 도리언 '구삼' 양효와 멀리 떨어져서 응수하기 때문에 '종길終吉'을 얻을 수 있으며, 아울러 "하나의 음으로써 세 양의 주인이 된다."²²⁾는 것이다. 분명하게도, 여기에서 멀리 떨어져있다는 것은 간단치가 않다.

단지 하나의 음양조성에 대한 모순관계와 전화과정에서 말미암은 것이지만, 전체적인 과정에서는 상근相近과 상해相害, 상원相遠이 상응할 수도 있고, 하나의 음효가 가까이에 있는 양효와 대립하는 동시에 서로 멀리 있는 양효로써 응수하는 등 한 계열의 모순 및 그 사이의 복잡한 제약관계를 포함하고 있다. 그래서 음양의 바뀜은 도리어 구체적인 조건이 다름으로 인해 현저하게 상이한 결과를 도출할 수도 있는데 다음과 같은 내용이다.

음으로써 양에 처하고, 부드러움으로써 강한 것 위에 오르며, 나아간 즉 호응이 없고 물러선 즉 지킴이 없다. 이로써 전쟁을 일으키면 시체를 수레에 싣고 오는 흉함을 얻게 될 것이다.❶
음이 극에 달하여도 극성하지 않고 양을 의혹하는 데 이르지 않으면 문이 중에 있어서 아름다움이 지극해진다."❷

❶ 『왕필집교석(王弼集校釋)』・주역주(周易注)・사괘(師卦)』, "以陰處陽, 以柔乘剛, 進則無應, 退則無守, 以此用師, 宜獲與尸之凶."
❷ 『왕필집교석(王弼集校釋)』・주역주(周易注)・건괘(乾卦)』, "極陰不盛, 不至疑陽, 以文在中, 美之至也."

유사하고 복잡하며 다중적인 모순 사이의 교차관계와 바뀌는 과정에 대하여 왕필은 『주역주』에서 왕성하게 서술을 했으며, 아울러 『주역약례』²³⁾에서 전면적인 총결을 했는데, 그 변증사상의 풍부하고 깊음은 기존 철학으로는 견줄 수 없는 것이었다. 우선 왕필은 모순체계 중 복잡하고 번거로운 관계를 대상으로 삼아

'중화'작용을 토론하였는데, 그의 말을 살펴보자.

사물은 망령됨이 없어 반드시 그 이치에서 비롯된다. 거느림에는 모임이 있고, 모임에는 우두머리가 있으므로 번잡하되 어지럽지 않으며 복잡하되 미혹되지 않는다. 그러므로 여섯 개의 효가 서로 섞이되 하나[중심이 되는 효]를 들어서 밝힐 수가 있고, 강함과 부드러움이 서로 타고 있지만 주를 세워서 정할 수가 있는 것이다. …… 그러므로 그 거느림에서부터 찾아가면 사물이 비록 번다하다지만 곧 하나를 잡아서 제어할 수 있으며, 근본에 연유하여 관찰한다면 뜻은 비록 넓어도 곧 하나의 이름으로 들 수 있음을 알 수 있다. 그렇기에 북극성에서 천체의 움직임을 관찰한다면 즉 천지의 움직임이 괴이하지 않을 것이며, 변화의 중심에서 앞으로의 변화를 관찰한다면 곧 우주가 중심을 향해 모여드는 것이 번잡하지 않을 것이다. 대저 옛날과 오늘이 다르고 군국은 모습을 달리하더라도 중의 쓰임은 멀리 할 수가 없다. 현상은 온갖 모습으로 변하지만 종주는 존재하는 것이니, 단이 숭상하는 것은 바로 이를 중요하게 여긴다.❶

❶ 『왕필집교석(王弼集校釋)·주역약례(周易略例)·명단(明彖)』, "極陰不盛, 不至疑陽, 以文在中, 美之至也. 物無妄然, 必由其理. 統之有會, 會之有元. 故繁而不亂, 衆而不惑. 故六爻相錯, 可擧一以明也. 剛柔相乘, 可以主以定也. … 故自統而尋之, 物雖衆, 則知可以執一御也. 由本以觀之, 義雖博, 則知可以一名擧也. 故處璇璣以觀大運, 則天地之動未足怪也. 據會要以觀方來, 則六合輻輳未足多也. … 夫古今雖殊, 軍國異容, 中之爲用, 故未可遠也. 品制萬變, 宗主存焉. 象之所尙, 斯爲盛矣."

방대한 '천인지제' 체계에서 '중화'를 실현하고자, 기존의 '만물이 그 장소를 떠나 다른 것과 함께하고, 그 장소를 쫓아 같은 것과 함께 한다'는 모순법칙은 이미 쓸모없게 되었고, '번잡하되 어지럽지 않다[繁而不亂]'는 것과 '현상은 온갖 모습으로 변한다[品制萬變]'는 방법을 장악해야 할 필요가 있음을 알 수 있다.

또한 이와 같은 것이 있어야만 '천지의 움직임[天地之動]'이나 '우주가 중심을 향해 모여드는 것[六合輻輳]'에서 작용하는 바가 있게 될 것이다. 그렇다면 이러한 새

제1장 중화 — 중국고전미학 방법론의 기본원칙 및 그 정제와 반제 331

로운 모순방법의 구체적인 내용이 어떠한 것인가? 왕필이 이에 대해 상세하게 설명한 것을 살펴보자.

효라는 것은 무엇인가? 변화를 말하는 것이다. 변화라는 것은 무엇인가? 진정과 거짓이 행하는 바이다. 진정과 거짓의 움직임은 헤아려서 구하는 바가 아니기 때문에 굴신의 작용과 합치되었다가 어긋나기도 하고, 본체와 서로 괴리되며, 형체는 떠들썩하지만 고요한 것을 좋아하고, 바탕은 유순하나 대하는 것은 강하여 본체는 진정과 상반되기도 하고, 바탕은 마음과 어긋나기도 한다. 정교한 역법으로도 헤아림이 완정할 수 없고, 성인의 밝음으로도 표본이 될 수가 없다. 법제를 고르게 할 수 없으며, 도량도 균일하게 할 수 없다. 그것을 행함에 어찌 큰 것이 있겠는가!
가깝다고 반드시 비슷하지 않고 멀다고 반드시 어긋나지 않는다. 같은 소리가 상응하되 높고 낮음은 반드시 고르지 않다. 같은 기운은 서로 구하되 체질이 반드시 비슷하지 않다. 구름을 부르는 것은 용이요 음악을 연주하는 것은 율이라. 그러므로 두 음기가 서로 어긋나지만 강유가 합하여 하나의 체를 이룬다. 거대한 섬돌은 영원히 노래하고 고원한 산골짜기는 반드시 가득 차게 마련이다. 창을 여기저기 던지면 육친❶이 서로 보호할 수 없고, 한 배를 타고 건너면 오나라와 월나라의 서로 다른 마음 무슨 걱정이랴. 그러므로 진실로 그 진정을 알면 멀리 어긋남을 근심하지 않고, 진실로 그 취지에 밝으면 억지스러움도 괴롭지 않다. 마음을 말할 수 있고 사려를 연마할 수 있으며, 어긋나 있지만 그 비슷함을 알고 다르지만 그 통하는 것을 알게 되니, 그 오직 효를 밝히는 것인 저! 그러므로 가까운 데서 선함이 있으면 멀리에까지 미치고, 궁음을 치면 상음이 호응하며, 아래에서 닦으면 위에서 내려오는 것이니, 저것과 더불어 이것을 취하는 것을 따르는 것인가!❷

❶ 육친(六親): 점괘(占卦)를 볼 때 부모(父母)·형제(兄弟)·처제(妻弟)·자손(子孫)·관귀(官鬼)·세응(世應) 등 여섯 가지를 가리킨다.
❷ 『왕필집교석(王弼集校釋)·주역약례(周易略例)·명효통변(明爻通變)』, "夫爻者, 何也. 言乎變者也. 變者何也. 情僞之所爲也. 夫情僞之動, 非數之所求也, 故合散屈伸, 與體相乖, 形躁好靜, 質柔愛剛, 體與情反, 質與願違. 巧曆不能定其算數, 聖明不能爲之典要. 法制所不能齊, 度量所不能均也. 爲之乎豈在夫大哉. … 近不必比, 遠不必乖. 同聲相應, 高下不必均也. 同氣相求, 體質不必齊也. 召雲者龍, 命呂者律, 故二女相違, 而剛柔合體. 隆墀永歎, 遠壑必盈. 投戈散地, 則六親不能相保, 同舟而濟, 則吳越何患乎異心. 故苟識其情, 不憂乖遠, 苟明其趣, 不煩强武. 能說諸心, 能硏諸慮, 暌而知其類, 異而知其通, 其唯明爻者乎. 故有善邇而遠至, 命宮而商應, 修下而高者降, 與彼而取此者服矣."

왕필이 모순은 천변만화하는 것으로 그들 사이에서 각종양식이 상반상성[24]하여 호응하기도 하고 소진되기도 하는데, 이는 몹시 복잡한 관계로 가장 정교한 산법의 역량도 그에 대한 잣대나 규범이 될 수 없음을 명확하게 제기하였다.

이 때문에 이러한 양상의 모순체계에서 '중화'를 실현하는 관건은 그 다른 부류는 버리고 그 같은 부류와 함께 한다[25]는 식의 강제적이고 획일적인 방법에 있는 것이 아니다. 아래와 같은 것들을 인식하는데 달려있다.

....

각종 모순 사이에서 어긋난 가운데 합치되는 것을 살펴본다.
다른 가운데 통함이 있는 것은 물론, 상호 거리가 먼 사물도 일정한 도리에 맞지 않는 것을 필요로 하지 않는다.
서로 가까운 사물도 일정한 친화와 친밀감을 볼 수 없다.

....

충분한 이동과 이용으로부터 이러한 복잡한 호응이나 제약의 관계가 전반적인 체계에서 상대적인 균형을 실현하게 하는 것이다.

춘추시대의 '화이부동'으로부터 동중서의 '궁음을 치면 다른 궁음이 응하고, 상음을 치면 다른 상음이 응한다.'는 것을 거쳐서, 다시 왕필의 '같은 소리가 상응하되 높고 낮음은 반드시 고르지 않다', '궁음을 소리 내면 상음이 호응한다.'는 데 이르기까지 중국고대 철학방법론의 발전은 하나의 부정에 부정을 거친 거대한 둥근 바퀴를 걸어온 것이 분명하다.

이러한 과정을 통해서 '중화'의 원칙은 전반적인 천인관계 체계의 균형 있는 작용범위와 존재의의를 조화롭게 확립했을 뿐만 아니라, 정제[26]와 반제[27] 또한 모

제1장 중화 — 중국고전미학 방법론의 기본원칙 및 그 정제와 반제

두 이미 완전히 성숙된 것이었다.

이러한 양대 방법은 전반적인 천인체계에서 각종 모순관계를 유지하는 기본원칙을 이루었고, 그 후 중국고대문화가 오래 동안 변천해가는 가운데서도 지위는 더 이상 바뀌지 않았다.

어떻게 해야 '중화'에서 전반적인 천인체계를 효과적으로 파악할 수 있을까? 어떻게 해야 정제와 반제가 상호간 더욱 협조하여 적응을 할 수 있을까? 어떻게 하면 무수한 문화영역에서 구체적인 형식과 기법을 사용하여 중화의 원칙이 실현되고 완선해질 수 있을까?

이런 것들은 힘을 다해야 할 것에 지나지 않으며, 위진 시대 특히 중당 이후로 나날이 정교해지는 고전원림의 조경예술도 이러한 많은 구체적인 형식과 기법 가운데 하나인 것이다.

소주 잔립원 괄창정(栝蒼亭)

01 『논어(論語)·자로(子路)』, "君子和而不同, 小人同而不和."
02 소공(昭公; ?~BC.613, 재위; BC632~612): 춘추시대 제(齊)나라의 제19대 군주이다. 성은 강(姜), 휘는 반(潘)이며, 제나라 환공 갈영의 아들이다.
03 『국어(國語)·정어(鄭語)』, "和實生物, 同則不繼."
04 안영(晏嬰; ?~B.C.500): 춘추 시대 제나라의 정치가. 자는 평중(平仲). 영공(靈公)·장공(莊公)이다.
05 사백(史伯): 서주(西周) 말기 인물로 주나라의 태사(太史)를 지낸 태사백(太史伯)이다.
06 유약(有若; BC.505 또는 518~?): 춘추말년에 활동했던 인물로 노(魯)나라 사람이다. 자는 자유(子有)이며, 후대 사람들이 유자(有子)로 칭송했다.
07 예제(禮制): 국가 규정의 예법·예식을 이른다.
08 은공(隱公): 춘추시대 노나라 군주이다.
09 여기서는 선왕(先王)의 도를 의미한다.
10 『예기』의 작자에 대해서는 지금까지도 여전히 정론이 없다. 그러나 일반적으로 전국시대에서 서한시대에 이르기까지의 여러 학설을 모아서 이룬 것이라고 본다. 『예기』는 오경(五經)의 하나로 『주례(周禮)』, 『의례(儀禮)』와 함께 삼례(三禮)라고 한다. 예경(禮經)이라 하지 않고 『예기』라고 하는 것은 예(禮)에 관한 경전을 보완·주석했다는 뜻이다. 그래서 때로는 『의례』가 예의 경문(經文)이라면 『예기』는 그 설명서에 해당한다고도 본다. 하지만 마치 『예기』가 『의례』의 해설서라고만 여겨지는 것은 옳지 않다. 『예기』에서는 의례의 해설뿐 아니라 음악·정치·학문 등 일상생활의 사소한 영역까지 예의 근본정신에 대하여 다방면으로 서술하고 있기 때문이다.
11 『여씨춘추(呂氏春秋)』는 『여람(呂覽)』이라고도 하는데, 진나라의 정치가 여불위(呂不韋)가 빈객(賓客) 3,000명을 모아서 편찬하였다. 『사고제요(四庫提要)』에는 「자부(子部)」의 잡가편(雜家篇)에 수록되었는데, 도가(道家)사상이 중요한 부분을 차지하나, 유가(儒家)·병가(兵家)·농가(農家)·형명가(刑名家) 등의 학설도 볼 수 있다. 또한 춘추전국시대의 시사(時事)에 관한 것도 수록되어 있어 그 시대를 알 수 있는 중요한 사론서이다. 내용은 「십이기(十二紀)」, 「팔람(八覽)」, 「육론(六論)」으로 나누어 「십이기」는 춘하추동 4계절을 맹(猛)·중(仲)·계(季)의 3기로, 「팔람」은 유시(有始)·효행(孝行)·신대(愼大)·선식(先識)·심분(審分)·심응(審應)·이속(離俗)·시군(恃君)으로, 「육론」은 개춘(開春)·관행(慣行)·귀직(貴直)·불구(不苟)·사순(似順)·사용(士容)으로 나누어 논하고 있다.
12 동중서(董仲舒): 중국 전한(前漢) 때의 유학자이다. 무제(武帝)가 즉위하여 크게 인재를 구하므로 현량대책(賢良對策)을 올려 인정을 받았다. 하북성(河北省) 광천현(廣川縣) 출신으로 일찍부터 『공양전(公羊傳)』을 익혔으며 경제(景帝) 때는 박사가 되었다. 장막(帳幕)을 치고 제자를 가르쳤기 때문에 그의 얼굴을 모르는 제자도 있었다. 3년 동안이나 정원에 나가지 않았을 정도로 그는 학문에 정진하였다. 무제(武帝)가 즉위하여 크게 인재를 구하므로 현량대책(賢良對策)을 올려 인정을 받고, 전한의 새로운 문교정책에 참획(參劃)하게 되었다. 오경박사를 두게 되고, 국가 문교의 중심이 유가에 통일된 것은 그의 헌책(獻策)에 힘입은 바가 크다. 그러나 뒤에 자신의 학설로 말미암아 투옥되는 등 파란 많은 생애였다. 저서로는 『동자문집(董子文集)』, 『춘추번로(春秋繁露)』 등이 있다.
13 『춘추번로(春秋繁露)』는 동중서의 저서로 『춘추』를 해설한 것인데, 『공양전(公羊傳)』을 주로 하고 간혹 음양오행설을 논한 글이다.
14 현학(玄學): 노장(老莊)의 학문이라는 뜻으로 중국 도가(道家)의 학문을 일컫는 말이다. 현(玄)이란 노자(老子)에 나타나는 것으로 인식을 초월한 우주생성(宇宙生成)의 근원을 말하며 이것을 또한 도(道)라고도 한다. 한대(漢代)에는 노장의 학문은 유교와 더불어 당시 사람들의 교양의 대상이었고, 삼국(三國)·위

제1장 중화 — 중국고전미학 방법론의 기본원칙 및 그 정제와 반제

(魏)·진(晉) 시대에는 형이상학적 담론 또는 철학론적 색채가 짙었으며, 청담(淸談)이 행해졌다. 『송서(宋書)』의 「뇌차종전(雷次宗傳)」이나 『남사(南史)』의 「문제본기(文帝本紀)」에 의하면 438년 유학·현학·사학(史學)·문학(文學)의 4관(四館)으로 된 4학(四學)을 세웠는데, 현학은 하상지(何尙之)로 하여금 건립케 하였다고 되어 있으며, 『당서(唐書)』의 「선거지(選擧誌)」에는 741년에 비로소 숭현학(崇玄學)을 설치하여 「노자(老子)」, 「장자(莊子)」, 「문자(文子)」, 「열자(列子)」 등을 가르쳤다고 기록되어 있다.

15 안영(晏嬰; ?~BC500): 춘추시대 제(齊) 나라의 정치가로 관중(管仲)과 함께 훌륭한 재상(宰相)으로 이름을 떨쳤다. 이름[諱]는 영(嬰), 자(字)는 중(仲)이다.

16 『주역(周易)·미제(未濟)』, "未濟, 亨."

17 왕연수(王延壽), 「노영광전부(魯靈光殿賦)」, "天門相似, 萬戶如一."

18 하안(何晏; 193?~249): 위진(魏晉) 현학(玄學)의 시조로 삼국시대 위(魏)나라의 관료 겸 사상가이다. 자는 평숙(平叔)이며 후한(後漢)의 대장군 하진(何進)의 손자이다. 어머니 윤(尹)씨가 후에 조조(曹操)의 부인이 된 탓으로 위나라 궁정 안에서 자랐고, 위나라 공주를 아내로 맞았다. 조상(曹爽)이 권력을 잡자 이부상서(吏部尙書)로 승진하였으나, 사마의(司馬懿)에 의해 조상 일족과 함께 살해되었다. 그가 왕필(王弼)과 주고받은 청담(淸談)은 일세를 풍미하였고, 그 뒤 언제까지나 '정시(正始)의 음(音)'으로 일컬어져 청담의 모범이 되었다. 왕필과 더불어 위진 현학의 시조로 받들어지며, 「논어」, 「역경」, 「노자」를 상통하게 하여 유교의 도(道)나 성인관(聖人觀)을 노장풍으로 해석하였다. 대표 편저로『논어집해(論語集解)』가 전한다.

19 왕필(王弼; 226~249): 자는 보사(輔嗣)이며 산동성(山東省) 출생이다. 풍부한 재능을 타고난 데다 유복한 학문적 환경에서 자랐기 때문에 일찍 학계에서 두각을 나타냈다. 관료인 하안(何晏) 등에 그 학식을 인정받아 젊은 나이에 상서랑(尙書郞)에 등용되었고, 하안과 함께 위진 현학의 시조로 일컬어진다. 한(漢)나라의 상수(象數; 卦에 나타나는 형상과 변화)나 참위설(讖緯說; 예언학의 일종)을 물리치고 의(義)와 이(理)의 분석적·사변적(思辨的) 학풍을 창설하여 중국 중세의 관념론체계에 영향을 끼쳤다. 체용일원(體用一源)의 무(無)를 본체로 하고 무위(無爲)를 그 작용으로 하는 본체론을 전개하여 인지(人知)나 상대세계를 무한정으로 보는 노자의 '무위자연(無爲自然)'에 귀일함으로써 현실의 모순을 해결하려고 하였다. 저서로는 『노자주(老子註)』, 『주역주(周易注)』, 『주역약례(周易略例)』가 있다.

20 『왕필집교석(王弼集校釋)』·주역주(周易注)·곤괘(坤卦)』, "陰之爲物, 必առ其黨, 之於反類, 而後獲安貞吉."

21 이 효는 한 괘의 아래에 처하는 것이지 높은 자리에 처하는 것이 아님을 뜻한다.

22 『왕필집교석(王弼集校釋)』·주역주(周易注)·수괘(需卦)』, "以一陰爲三陽之主."

23 『주역약례(周易略例)』: 왕필의 주요 역학(易學)사상을 담고 있는 이 책은 「명단(明彖)」·「명효통변(明爻通變)」·「명괘적변통효(明卦適變通爻)」·「명상(明象)」·「변위(辯位)」·「약례하(略例下)」·「괘략(卦略)」 등으로 구성되어 있다. 「명단」에서는 완전히 다른 한대(漢代) 상수역학(象數易學)의 신역학을 보여준다. 「명괘적변통효」에서는 효와 효의 관계를 논하고 있다. 「명상」에서는 역학의 호체이론(互體理論)을 배척하고 있다.

24 상반상성(相反相成): 서로 대립되면서도 일정한 조건 아래서는 통일성이 있다는 것이다.

25 형숙(邢璹) 주(注), "爲之乎豈在夫大哉, 曰, 情有巧僞, 變動相乖, 不在於大. 聖人巧曆, 尙測不知, 豈在乎大哉."

26 여기서의 정제(正題)는 동중서의 "만물이 그 장소를 떠나 다른 것과 함께 하고, 또 그 장소를 쫓아 같은 것과 함께 한다[百物去其所與異, 而從其所與同]."는 명제를 가리킨다.

27 여기서의 반제(反題)는 왕필의 "어긋나 있지만 그 비슷함을 알고, 다르지만 그 통하는 것을 안다[睽而知其類, 異而知其通]."는 명제를 가리킨다.

제 2 장

고전원림예술에서
중화의 실현 –
풍부·조화·완정이
구축된 경관체계

◁ 원향당(遠香堂)

위진 시기 이후 '중화中和'의 원칙이 성숙된 방향으로 향한 것을 상징하는 것은, '천인' 체계를 유지함에 있어서 외부의 총체적인 구조를 방대하고 완정하게 하는 것과 동시에 이미 그 내부적으로도 날이 갈수록 밀도 있고 정미하게 모순의 균형 관계를 구축한 것이다.

보편적인 모순법칙으로 '중화'를 성숙시킨 것은 당연히 많은 문화예술영역에 직접 적인 영향을 끼쳤다고 사료된다. 혜강嵆康1)의 음악에 대한 묘사를 예로 들겠다.

혹 간성이 섞이는 형상이 마치 엇갈리며 나가는 것 같다. 두가지 아름다운 소리가 아울러 나아가고, 함께 달리며 나란히 몰고 간다. 처음에는 어그러지는 듯하다 결국 함께 나아간다. 혹 굽은 듯하지만 굽지 않고 강직한 듯하지만 오만하지 않다. 혹 서로 부딪치더라도 어지럽지 않고 서로 떨어지는 듯 하지만 전혀 다르지는 않다.❶

❶ 「금부(琴賦)」, 『문선(文選)』80권. "或間聲錯揉, 相若詭赴, 雙美并進, 駢馳翼驅. 初若將乖, 後卒同趣. 或曲而不屈, 直而不倨, 或相凌而不亂, 或相雜而不殊."

이러한 음악에서의 각종 뒤섞임과 변환에 대해 마음을 쏟는 것은 분명하게도 한대의 음악이론이 '세밀하게 반복하고[密櫛疊重]' '벌이 모이고 개미가 얽힌 듯[蜂聚蟻同]'이 조밀한 것을 추숭한 것과는 매우 다른 점이 있다. 유사한 예로 앞에서 이미 많은 것을 제기했는데, 예를 들겠다.

제2장 고전원림예술에서 중화의 실현 - 풍부·조화·완정이 구축된 경관체계

남북조 이후의 문학가들이 성률聲律의 변석辨析에서 날로 정교해지다가 마침내 중국고전시가의 형식구조가 더욱 성숙해졌다.
한대漢代 장안성의 배치와 비교하면 수당隋唐대의 장안성은 웅대한 규모와 정밀·엄격하고 세부적인 격식의 통일을 실현했다.

혜강

고전원림예술의 발전은 바로 이러한 것과 궤를 함께한다. 따라서 진나라와 한나라의 궁원에서는 방대하면서도 완정한 산수체계를 실현하여, 각종 경관은 '보아도 끝이 없고 살펴도 끝이 없는 듯한' 충만한 아름다움이었다. 그러나 위진 이후에는 사람들이 '나를 휘감는 곡조를 헤아릴 수 없는 듯하다紆余委曲, 若不可測'는 공간예술을 창조하는 노력을 할 수밖에 없었다.

기타 영역에서의 정황과 일맥상통하는 것으로 원림공간예술이 발전하게 된 관건은, 어떻게 해야 내부의 복잡한 요소들 사이에서 조화와 풍부한 변화의 모순관계를 균형 있게 구축하는 것이다. 전통문화 후기에 중국고전원림의 기본 공간원칙이 '호중천지'로부터 발전하여 '개자납수미'에 이르렀다고 제기한 바 있다. 전반적인 구조상에서 이러한 지향은 반드시 그 내부 모순구조에 거대한 영향을 미친다는 것이다.

날로 협소해지는 원림공간에서 완정한 경관체계로 유지·발전시키고자 한다면, 각종 경관요소들 간에 정교한 상대적 균형관계를 강화하고 완선하게 하는 것 외에는 어떠한 따른 출로를 찾을 수 없었다. 이미 고도의 정미한 '호중'의 경관체계를 송대 원림예술의 전형적인 특징으로 삼았으며 지금도 이런 점을 강조하여 언급하고자 한다.

이러한 고도의 정미함은 그 각종경관의 개체예술 형상에서 표현될 뿐만 아니라, 여러 요소들이 조합되어 완정한 체계를 이루는 공간구조 예술상에서 더욱 많이 표현된다. 명 청 대 원림은 이러한 구조예술의 극치를 지향했으며, 그 결과 곧 '개자납수미'를 실현하였다.

바로 이 때문에, '호중'과 '개자'의 구조에 의해 '중화'의 방법이 더욱 큰 범위에서 자신의 모든 역량을 풀어냈다. 따라서 중당 이후 특히 명 청 시대 원림공간예술을 그 이전의 것과 비교하면 더욱 전형적이다.

이 장에서는 그러한 예를 위주로 토론하려 한다. 중국고전원림의 경치를 구성하는 예술은 장기간 발전을 거쳐 지극히 정미한 경지에 이르렀다. 그 내용을 상세히 소개하려면 일부 전문적인 저작으로 완성해야 할 분량이므로, 이 장에서는 지면 관계상 가장 간략하게 제시만 하겠다. 그 목적 또한 원림형태만 서술할 뿐이다. 더욱 주요한 것은 하나의 샘과 돌을 조합하여 배치하는 것을 '중화'의 원칙과 서로 필연적인 관계임을 설명하는 것이다.

소주 유원(留園)

제2장 고전원림예술에서 중화의 실현 - 풍부·조화·완정이 구축된 경관체계

제1절 중국고전원림 경관요소의 분류와 조합

　중국고전원림의 경관은 크게 다섯 종류로 나눌 수 있다. 산·물·건축·꽃·나무·원림소품 등이다. 그 중에서 각각 하나의 종류는 다시 세밀하게 구분할 수 있다. 예컨대, 산의 경우 산봉우리·언덕·동산·정산庭山[2]·흙산·돌산·호석산湖石山[3]·황석산黃石山[4] 등으로 분류된다. 물의 경우 강·호수·못·샘·계곡·폭포 등으로 분류된다. 건축의 경우 누樓[5]·대臺[6]·정자·당堂[7]·재齋[8]·수樹[9]·탑·성곽·다리·패방牌坊[10] 등 각종 형상이 있다. 화목 또한 교목[11]·관목[12]·등라[13] 등이 있다.

　이러한 풍부한 요소들은 한편으로 이루 다 볼 수 없는 경관을 원림에 제공했으며, 다른 한편으로는 그러한 요소들 간의 공간조합은 매우 복잡한 예술을 이루어냈다.

중국고전원림 경관의 복잡한 실례

산체山體

제1편에서 소개한 것에 의하면 산체는 상고시대 원림에서 가장 높은 자리를 점유했다. 이 때문에 당시의 심미자들은 가장 먼저 힘을 쏟은 것은 산과 기타 경관들과의 협조가 결코 아니었으며, 어떻게 하면 그 거대하게 돌출된 형체와 간단하면서도 강렬한 선을 다 헤아리는가 하는 것이었다.

시대의 변화에 따르면 '연이어 모인 것이 하나가 아니다[連聚非一].'라고 하여 하나의 건축물이 여러 건축들로 대체되었다. 때문에 전국시대 연燕나라 도읍의 궁원은 여러 건축물 사이에도 크기 상에서 이미 대소의 구별이 있었다. 배치하는 데 있어서도 들쭉날쭉하고 성글고 조밀한 것의 조율이 있었다.

더욱 중요한 것은 이러한 건축들은 이미 '못을 끼고 치솟은 준령과 아득한 높고 심원한 언덕[夾塘崇峻, 邃岸高深].'의 자연지형과 하나로 결합되었다. 이 때에는 사

승덕피서산장 전체 모습

제2장 고전원림예술에서 중화의 실현 - 풍부·조화·완정이 구축된 경관체계 343

람들이 이미 산체 형태의 풍부함이 원림공간예술의 가치를 변화시킨다는 점에 주의했다는 것을 알 수 있다.

한대를 거쳐 수나라에 이르러서 산은 일정한 원림경관체계에서 지위가 이미 완전히 굳혀졌을 뿐만 아니라, 광대한 경관은 물론 미세한 경관에서도 산에 대한 인식이 모두 이미 성숙되었다.

따라서 한편으로 수나라 낙양의 서원西苑에서 자연지형의 변화를 이용하여 산봉우리·도랑과 집 등 강렬하게 대비되면서도 또한 서로 연결되는 경관을 구획하여 궁원을 정리했고, 다른 한편으로는 정원의 인공 산에 풍부한 형태를 빚어냈다고도 할 수 있다. 큰 것이든 작은 것이든 어느 하나 버릴 것 없는 능력에 대한 파악은 이후 원림에서 산을 만드는 기초가 되었다.

산체는 원림공간의 골격을 지탱했으며, 산의 선택은 직접 연계된 원림의 각종 경관 및 각 구역을 만들어내는 것과의 조합하는 것이다. 승덕피서산장[14] 전체가 차지하는 땅은 대략 5.6평방Km로, 겨우 서한 상림원 곤명지[15] 유지 면적의 절반이지만, 조원자가 산세지형에 정성을 쏟아 선택했기 때문에 전체적으로 펼쳐진 원림경관은 빼어난 조건을 제공했다. 규서[16]는 다음과 같이 말하였다.

수도의 동북쪽은 여러 봉우리들이 모여 있고 맑은 얽혀 휘감으며, 승덕에 이르러서는 형세가 한데 어우러져 뭉쳐지니 무성하게 깊고 빼어나다. 예로부터 서북의 산천은 대체로 웅장하고 기괴하고, 동남의 산은 그윽하면서도 굽이굽이라 했으니, 이는 땅이 실로 아름다움을 지니고 있다는 것이다.❶

---

❶ 규서(揆敍), 『피서산장도영(避暑山莊圖咏)』말권, 「임금께서 지으신 피서산장 36경시에 삼가 주를 달다[恭注御製避暑山莊三十六景詩跋]」. "京師東北行, 群峰會合, 清流縈繞, 至熱河而形勢融結, 蔚然深秀. 古稱西北山川多雄奇, 東南多幽曲, 此地實兼美焉."

이러한 풍부하고 변화가 많은 산체는 여러 봉우리들이 모여 있는 멀리의 풍경을 원림 안으로 끌어들였을 뿐만 아니라 원림 안에서도 호수나 평원한 지역, 산봉우리 등의 구획을 매우 자연스럽게 하여 산장의 안과 밖은 물론 산장의 각 경관들의 공간적인 규합曖合17)과 융화하는 등의 균형과 제약의 관계를 형성하였다.

이러한 자연산천을 갖추지 못한 정황에서는 인공산체를 만들어 똑같이 풍부한 공간조건을 제공하는 것을 주요 목적으로 삼았다. 유명한 예로 일찍이 제기한 북송 시대의 간악은 10리 의 산을 만들었지만 천리의 형세를 갖추어 천하의 기괴한 산의 풍경을 모두 망라한 것이다.

명청 원림은 더욱 이러한 성향으로 흘러갔는데, 예컨대 예원豫園의 산은 다음

상림원 곤명지 근래 풍경

과 같이 묘사하였다.

높고 낮은 것이 서로 휘감아 돌아 바람이 되기도 하고 고개가 되기도 하고 계곡이 되기도 하고 동굴이 되기도 하고 골짜기가 되기도 하고 징검다리가 되기도 하고 여울이 되기도 하여 이루 다 기록할 수 없을 정도로 각각의 그 흥취가 지극하다.❶

❶ 반윤단(潘允端), 「예원을 스스로 기록하다(豫園自記)」, 『상해현지(上海縣誌)』28권. "高下紆回, 爲風爲嶺爲澗爲洞爲壑爲梁爲灘, 不可悉記, 各極其趣."

예원(豫園)

△ 소주 환수산장(環秀山莊)의 가산(假山)

▽ 우원(耦園)의 가산(假山)

제2장 고전원림예술에서 중화의 실현 - 풍부·조화·완정이 구축된 경관체계 347

이러한 풍부한 공간변환은 소주의 환수산장18)이나 우원19) 등 명청明淸의 첩첩산 중에 남아있는 건축구조를 통해서 충분히 감지할 수 있다. 이러한 작품은 매우 제한된 공간에서 최대한 산과 돌의 취산개합聚散開闔20)이나 착락변화錯落變化21)를 이용하여 봉우리·계곡·동굴·높은 다리·길 등 서로 다른 경관을 구성했으며, 이 풍부한 산의 경관에다 주위의 물이나 건축, 꽃과 나무 등을 한 데에 넣어서 조합하였다.

중당의 조원가들이 "몇 척 사이를 돌아보니 마치 작은 봉래와 영주를 보는 것 같네."22)라고 제기한 미학요구 이후로부터 그것은 시종일관 첩산 예술로 발전되어갔으며, 이러한 요구의 기본방법을 실현한다면 산체의 공간변화를 더욱 충분히 발휘할 수 있을 것이다. 이러한 방법이 강화되어 명 청 원림에서는 산체의 조형이나 질감·색조·환경·기운 등 많은 예술요소들의 배치·변환을 산체의 공간변화와 더욱 긴밀하게 한 곳에 조합시켰다.

북해의 섬 경도 같은 경우는, 남쪽 언덕의 산세는 평온하고 완만하고 산체는 반은 돌이고 반은 흙이며, 돌의 재질은 대부분 청석靑石23)이다. 또한 소나무와 측백나무가 두루 심어져 있으며, 엄숙하고 공손하고 깊숙하고 고요한 하나의 환경을 조성함으로써 영안사永安寺24) 등 종교적인 건축과 상호 협조하며, 동시에 멀리 북해공원 남문 밖의 단성團城·중해中海·자금성紫禁城 등 큰 궁궐들과 경관을 마주하고 있다.

다만 경도의 서쪽 언덕은 '안개구름 자욱한 형태[煙雲盡態]'를 한번 띠게 되면 완전히 달라지는데, 여기의 산세는 가파르고 험준하여 돌계단 길이 구불구불 멀리 이어져 있다.

산체 전반이 호수와 돌로 구성되었고, 수목이 매우 적어서 문득 산체의 확 트인 면을 충분히 드러내고 있다.

영안사(永安寺)

단성(團城)

자금성紫禁城

제2장 고전원림예술에서 중화의 실현 - 풍부·조화·완정이 구축된 경관체계 349

그것의 다리 아래에는 호수의 수면이 고요하여 남쪽 언덕 경관의 큰 나루와는 흡사 대비를 이루는 것 같고, 주위의 건축조형이나 배치는 자못 영활하며, 또한 남쪽 언덕의 주 건축물들은 완전히 고쳐서 축선軸線[25]이 명확한 것이 특징이다. 결론적으로, 남쪽으로부터 서쪽 언덕으로 공간상의 변환과 대비는 각종 복잡한 경관요소의 바뀜 및 대비와 융합하여 하나가 된 것이다.

또 다른 전형적인 예로 양주揚州의 유명한 개원个園[26]은 사계가산四季假山[27]으로 석순石笋·호석湖石·황석黃石·선석宣石 등을 구분하여 쌓아올려 산체공간의 변화 또한 기타 여러 경관 요소들의 전환과 하나로 결합시킨 것이다.

양주(揚州)의 개원(个園) 입구

개원(个園)의 사계가산(四季假山)

'호중'의 산체가 공간과 형태에서 더욱 풍부한 변환을 가져왔고 이는 많은 경관들을 만드는 데 더욱 효과적이었으며, 송대 이후에는 원림에 산을 만드는 기교가 더욱 정묘해지고 지극히 아름다웠다.

산중의 동굴과 골자기를 만든 것을 예로 들자면 북송 시대의 조조가「간악기」에서 일찍이 동굴과 산, 바위계곡 등 풍부한 산체의 조형을 한데 아울러 논하였는데 다음과 같이 말했다.

얕은 곳은 마치 절간 같고, 깊은 곳은 구름 속 같으며, 깊고 어두운 곳에서는 안개와 노을이 막아서고, 밤이건 낮이건 바람과 비가 머무른다. 혹 횃불을 쥐고서 들어갈 수 있을 듯하고, 혹 빗장을 어루만지며 두드릴 수 있을 듯하다. …… 이른바 골짜기라는 것은 이와 같은 것이다.❶

제2장 고전원림예술에서 중화의 실현 - 풍부·조화·완정이 구축된 경관체계

❶ 조조(曹組), 「간악기(艮岳記)」, 『휘진록(揮塵錄)·후록(後錄)』2권. "淺若龍龕, 深若雲竇, 鎭烟霞於杳冥, 留風雨於昏晝. 或秉炬而可入, 或捫扃而可叩. …… 所謂洞者如此."

남송 후기에는 더욱 보편화되어 형상구조와 예술작용은 날이 갈수록 무성해졌다. 섭몽득[28]의 예를 들겠다.

정치에서 물러나 삽천의 산에다 집을 지으려는데 무릇 산중에 흙에 숨어있는 돌들이 있어 이를 모두 캐내어 그것을 오래도록 하니 하나의 산이 모두 영롱한 동굴이 되었다. 해가 그 사이에 들어 스스로 '석림산인'이라 불렀다.❶

❶ 오경(吳坰), 『오총지(五總誌)·이궐잡지조(伊闕雜誌條)』, "旣辭政路, 結屋霅川山中, 凡山中有石隱於土者, 皆穿剔表出之, 久之, 一山皆玲瓏空洞, 日挾策其間, 自號石林山人."

이는 자연적인 산체를 깎고 뚫어서 동굴을 만든 것이다. 또 예를 들겠다.

운동원이란 곳은 양화왕의 별장이다. 흙을 북돋아 골짜기 굴을 만들었고 굽이굽이 통행되도록 하였으며 운기가 있도록 꾸몄다. 그 옆에는 여춘대가 있으며, 청석으로 언덕을 만들었는데 주춧돌을 부수지 않았다.❶

❶ 전여성(田汝成), 『서호유람지(西湖遊覽誌)』8권, "雲洞園者, 楊和

王別業也, 培土爲洞, 屈曲通行, 圖畵雲氣, 其傍有麗春臺, 靑石爲坡, 不斫鹼齒."

여기서 흙을 북돋아 굴을 만들어 돌 언덕과 조합을 이루도록 했다. 이와 반대로, 또한 돌을 쌓아 동굴을 만들고 아울러 흙으로 언덕을 만들어 이들을 조합한 예를 들겠다.

초목이 무성하게 서로 엉켜진 사이로 소나무 비탈길이 있고, 석동은 돌을 쌓아 정교하게 만든 것으로 가파른 바위가 볼 만하다.❶

❶ 『서호유람지(西湖遊覽誌)』4권, "松磴盤屈草莽間, 有石洞, 堆砌工致, 巉巖可賞."

이 또한 동굴을 물과 건축 등 여러 경관과 서로 잘 어우러지게 한 것으로, 항주 봉황산의 '수악 동굴' 같은 것이다.

그 동굴 앞 사방의 전망은 숲과 산이 우뚝 빼어나고, 암석이 솟아있으며, 굴이 텅 비었으면서 그윽한 곳에 물이 괴여서 젖어든 모습이 마치 못과 샘 같다. 맛 또한 맑고 달콤하여 손으로 움켜 들이킬 만하며, 동굴의 물소리는 마치 금석악기소리 같다. 문득 양화왕의 특별한 정원이 되었는데, 돌을 뚫어 정자를 축조한 것이 가장 그윽하고 우아하였다. …… 여러 해 동안 잡초가 무성하나 관리가 되지 않고 수악의 소리는 거의 끊어졌다. 가을 계곡을 파고서 더 크게 그것을 얻으려 한데 그 경치가 더욱 가려지고 돌아보아도 물소리가 나지 않는다. 가을 계곡으로 내려다보며 소리를 들어보니 유유히 들려온다. '골자기가 텅 빈 이후에 응할 수 있고 물이 흐른 이후에 소리가 날 수 있으니, 지금 그 안에 물이 고이고 그 바깥을 흙으로 매우며 소리를 진동시키려 하니 들리겠는가?' 이에 급히 막혀있는 다른 웅덩이를 확 트게 하니 소리가 동굴에서 들려오니 리듬이 자연스러웠다.❶

❶ 『몽양록(夢梁錄)』11권, "其洞前四望, 林巒耸秀, 巖石笋峙, 洞虛窈淳, 涵如淵泉, 味且淸泔可掬, 洞中水聲, 如金石之音. 頃爲楊和郡王別圃, 鑿石築亭, 最爲幽雅. …… 歷年多蕪穢弗治, 水岳音聲幾絶, 賈秋壑以厚直得之, 增葺其景, 顧無水音, 秋壑俯睨旁聽, 悠然有契, 曰, '谷虛而後能應, 水激而後能有聲, 今水瀦其中, 土壅其外, 慾振聲, 得乎.' 亟命疎壅異瀦, 有聲自洞間出, 節奏自然."

그러나 동굴의 주요 예술효능은 이러한 하나의 경관을 만드는 것이 아니라, 지극히 좁은 원림에서 공간이 연계되도록 이동하고 변화하는 수단을 제공하는 데 있다. 명대 왕세정이 당시 금릉의 '삼금의가원'에 대해 기술하였는데 다음과 같이 말하였다.

동쪽으로부터 그 물길이 아래위로 비스듬히 연결되어 있는데 모두 정관을 따라 지하로 물이 흐른다. 돌다리 두 개는 아름답고도 가지런하며, 굽이굽이 동굴 두 개는 구불구불하여 그윽하고도 깊다. 동쪽으로 더 가면 산의 끝자락인데 못 가운데 정자는 세 기둥이 드러나 있을 것이다.❶

❶ 『유금릉제원기(遊金陵諸園記)·엄주속고(弇州續稿)』64권. '삼금의가원(三錦衣家園)', "······ 自是東, 其實下上迤逦, 皆有亭館之屬伏流窈窕穿中, 石橋二, 麗而整, 曲洞二, 蜿蜒幽深. 盆東, 則山致盡而水亭三楹出矣."

    구불구불한 산의 동굴은 이 원림에서 산과 산 사이의 많은 경승지를 연결하고 통관해주는 것일 뿐만 아니라 산체 공간의 층차를 풍부하게 해 주며, 또한 산의 경관과 물의 경관이 더욱 강렬하게 대비되도록 해 준다.

    현존하는 명청明淸대의 작품 중에서 북해北海 경도瓊島의 북쪽 언덕이 이러한 기법의 전형이라 할 수 있다. 여기에는 경승지와 경관구역이 고도로 밀집되어 공간이 협소하여 자연임야의 기운이 풍부한 원림경관을 창조하는 데에는 매우 불리한 것이었지만, 선천적으로 부족한 것을 두루 보완하여 조원가가 한 계열의 전통기법을 강화하여 운용했다.

북해경도의 북쪽언덕

최대한으로 경승지 간의 위치 차이를 이용했는데, 건축물의 구조와 규모, 방위 등의 방면에서 뒤섞어 변화를 줌으로써 벼랑 깊숙한 산과 돌, 무성하고 빽빽한 꽃과 나무, 흐릿한 굽은 담장과 돌아가는 길 등이 경승지 간 공간의 층차와 지나가는 길목을 증가시켰다.

하지만 이렇게 되면 원림배치의 정체성이나 경승지, 경관구역 간에 서로 스며들거나 호응하여 결합하는 것은 매우 약화될 수 있다. 이에 원림을 조경하는 자는 또한 이 산체 사이에 구조를 십분 복잡한 산굴을 겹겹이 만들어 그것들을 곡절하게 뚫어 넣고, 많은 경승지가 마침내 하나로 연결되어 관통되도록 하면 앞에서 기술한 바와 같이 모순이 균형을 잡게 된다. 건륭황제 홍역弘歷은 그것을 다음과 같이 기록하였다.

옛 누각과 돌담을 보면서 문을 나와 돌아서 동쪽으로 보면 '요산정'이고, 또 동북쪽으로는 '감고당'이다. 당의 동쪽 방은 석굴에 기대 있고, 석굴을 따라서 동쪽으로 더 가면 묘석실이 그려졌다. 당과 실의 남쪽은 모두 탑산에 그늘져 있고, 혹 돌담도 있고 혹은 무성한 숲도 우거져 빽빽하게 치솟은 것은 더 이상 올라갈 수 없다. 석실의 동쪽 편에는 누각이 있고, 층계를 밟고 내려가면 다시 동굴이 있다. 심원하고 아득하고 깊고 깨끗한 것이 마치 옹기의 구멍 같고 골짜기의 굴 같으며 휘감아 도는 빛이 기괴하여 그 끝을 알 수 없다. 마치 이것은 수백의 병사들이 지나가는 것처럼 동쪽을 향하면 홀연 동굴 문을 만나고, 동굴을 나오면 시원하게 확 트이는 것을 느끼게 된다. ……❶

---

❶ 「어제탑산북면기(御製塔山北面記)」, 『일하구문고(日下舊聞考)』26권, "自閱古樓岩墻門出, 轉而東, 則邀山亭, 又東北則酣古堂. 堂之東室倚石洞, 循東而東, 則寫妙石室. 堂與室之南皆塔山之陰, 或石壁, 或茂林, 森峙不可上. 而室之東間內樓也, 踏梯以降, 復爲洞. 窈窱窅滃, 若陶穴, 若嵌窟, 旋轉光怪, 不可殫極. 若是者行數百武, 向東忽得洞門, 出則豁然開朗. ……"

건륭황제무금도(乾隆皇帝撫琴圖)

제2장 고전원림예술에서 중화의 실현 - 풍부·조화·완정이 구축된 경관체계

여기 동굴 입구 정자의 편액에 '일호천지一壺天地'라고 쓰여 있다. 이 네 글자는 이 공간의 특징에 대해서 가장 핵심을 찌르는 제시이다. 건륭황제는 「부득일호천지」에서 또 말하였다.

十笏無余地	10홀 크기의 내 땅은 없지만
一壺別有天	병 하나에는 별천지가 있네.
……	
寥落四禪表	쓸쓸히 사선❶을 밝히니
希夷萬景全	심오한 도리는 온갖 경치에 온전하구나.❷

❶ 사선(四禪): 깨달음의 경지에 이르는 네 단계의 선정(禪定). 대상을 명료하게 관조하여 탐욕을 떠나는 관선(觀禪), 청정한 지혜로써 번뇌를 점점 정화시키는 연선(練禪), 모든 선정(禪定)을 스며들게 하고 성숙시켜 걸림 없는 경지에 이르는 훈선(熏禪), 모든 경지를 자유자재로 드나드는 수선(修禪).
❷ 「부득일호천지(賦得一壺天地)」,『일하구문고(日下舊聞考)』27권.

앞면의 그림에서 보듯이, 홍몽(鴻濛29))과 희이(希夷30))의 수많은 경관이 병 안의 10홀쯤 되는 땅에 들어가 있다는 것으로, 이는 첩첩산중에 골자기와 굴을 조경하는 이유인 것이다.

상고시대에 하나의 산이나 건축물의 거대한 체형을 두드러지게 하려고 힘을 쏟거나 간단하고 강렬한 선의 심미를 숭상한 것과는 대조를 이루는 것과 같다. 성숙된 중국고전원림에서는 산체 그 자체의 경관효과는 잠시라도 그 수많은 경관요소들과 조직되고 평형을 이루는 효능에서 벗어날 수 없으며, 독립적으로 존재하는 것임을 알 수 있다. 앞의 건륭황제 말을 인용하면 다음과 같다.

집에는 높고 낮음이 있듯이 산에도 곡절이 있고 물에도 파란이 있다. 그러므로 물에 파란이 없으면 맑음에 이르지 못하고, 산에 곡절이 없으면 신령함에 이르지 못하며, 집에 고하가 없으면 정취에 이르지 못한다. 그러나 집은 스스로 높고 낮게 될 수 없기 때문에 산에 의해서 집을 구성하면 그 흥취는 더욱 굳세고 아름답게 된다.❶

❶ 「어제탑산서면기(御製塔山西面記)」『일하구문고(日下舊聞考)』 26권. "室之有高下, 猶山之有曲折, 水之有波瀾. 故水無波瀾不致淸, 山無曲折不致靈, 室無高下不致情. 然室不能自爲高下, 故因山以構室者, 其趣桓佳."

소주 유원(留園)

수체水體

　수체는 첩산 예술의 발전과 대체로 일치하는데, 중국고전원림에서 수체의 변화는 선진 시대에 완전히 하나의 높은 건축에 의지하는 과정을 거쳐 왔다. 진한 이후에는 거대한 규모의 주된 풍경 중 하나가 되었고, 남북조 시대를 거쳐 수나라에 이르면 진일보하여 대상의 감상과 경관의 조직수단을 두루 갖춘 요소가 더욱 발전되었다.

　중당 이후에는 '호천'에 애써 '사방 좁은 곳에 창해 바다를 모방하려는 것처럼[猶將方寸像滄溟]'했다. 이렇게 네 번의 기본단계를 거쳤다. 어떻게 수체를 운용하여 전체원림체계에서 복잡한 경관요소들과의 '중화'를 실현했는가에 대해서 말하자면, 중당 이후의 원림을 이전의 것과 비교하면 더욱 전형적인 의의를 갖추고 있다.

　이 때문에 '호중'에서 곧 '개자'까지 이르는 총괄적인 구조는 반드시 그 내부적으로 모순이 있는 요소들 간의 건립이 더욱 정미한 균형관계가 이루어지기를 요구한다. 그렇지 않으면 모든 체계의 존재와 운영이 불가능하다. 아래에서 이러한 요구를 어떻게 해야 구체적으로 원림의 이수理水예술이 체현되는지를 살펴보기로 한다.

　'호중'과 '개자' 구조는 원림 이수예술의 발전방향에 대해 두 가지 측면을 요구했다. 하나는, 대상을 감상하는 것으로, 어떻게 해야 수체가 큰 공간감을 다할 수 있고 풍부한 형태변화를 다할 수 있는가이다. 또 하나는 수단을 만드는 것으로, 어떻게 해야 수체가 더욱 영활하고 유효하게 많은 경관요소들과 하나로 융합되게 하는가이다. 그 목적은 모두 '호중'을 유지하면서 풍부·조화·완정의 경관체계를 강화하는 데 있다. 고전원림이 장기간 이어져 옴에 따라 이수예술의 두 가지 방면은 완전히 하나로 잘 융합되었다.

　백거이·이덕유·배도 등은 공간이 제한된 정원 안에서 연못·샘·시내·계곡·폭포·물가 등 풍부한 수체를 만들었으며, 수체 형태의 변화를 모든 원림공간의 구조와 경관배치에 들여놓았다. 송나라 사람들의 원림에는 이러한 종류의 예가 더욱 많은데, 사마광이 그의 독락원에 대해 다음과 같이 기록한 것을 예로 들겠다.

사마천

…… 독서당의 남쪽에 집이 있는데 한쪽으로 물을 끌어들여 집의 북쪽을 지나가서 집 아래로 관통하여 하였다. 가운데에는 연못을 만들었는데 사방의 깊이가 각각 석 자이다. 물을 터서 다섯 개의 물줄기를 만들어 그 물이 가운데 연못에 물을 대는 꼴이니 형상은 마치 호랑이 발톱 같다. 연못의 북에서 땅 속으로 흐르는 물이 땅 밖으로 나와서는 북쪽 계단을 타고 뜰 아래로 흐르니 그 형상은 코끼리 코와 같다. 계단에서 떨어진 물은 두 개의 도랑으로 나뉘어 흐르는데 뜰의 사방 모퉁이를 에워싸고, 이 물이 서북에서 모여서 흘러나오기에 '농수헌'이라 이름 짓는다. 독서당의 북에 연못을 만들고 중앙에 섬을 만들었다. ……❶

❶ 「독락원기(獨樂園記)」, 『온국문정사마공문집(溫國文正司馬公文集)』 66권, "…… 堂南有屋, 一區引水北流, 貫宇下. 中央爲沼, 方深各三尺. 疏水爲五派, 注沼中, 狀若虎爪. 自沼北伏流出北階, 懸注庭下, 狀若象鼻. 自是分爲二渠, 繞庭四隅, 會於西北而出, 命之曰弄水軒. 堂北爲沼, 中央有島. ……"

여기에서 연못·도랑·폭포 등 다양한 수체의 대비·조합이 있을 뿐만 아니라, 고인 물은 집 북쪽의 연못과 집 남쪽의 연못으로 나누었고, 흐르는 물 또한 다섯 개의 물줄기와 두 개의 도랑으로 나누었으며, 수체와 건축 또한 연못가의 독서당, 도랑 사이의 집, 연못 안의 섬 등 다중의 조합배치 관계가 있다.

자연수체의 실제모습

수체의 형태와 효능이 복잡한 것을 볼 수 있다. 이격비의 서술에 의하면, 사마광은 이 원림을 "비록 보잘 것 없어서 다른 원림들과 비교할 바가 못 된다. …… 북쪽의 요화정은 더 작으며, 농수헌이나 종죽재는 더욱 더 작다."31)고 여겼다.

소옹(邵雍)

이러한 설명은 원림의 규모가 날이 갈수록 보잘 것 없지만 이수예술은 날로 정묘해진다는 것이다. 이 때 원림의 발전에는 서로 보완하여 완성하는 두 가지 측면이 있었다. 그래서 사마광과 동시대의 소옹邵雍은 한편으로 자기의 원림에 마련한 '작은 연못[盆池]'을 반복해서 감상한다고 했으며, 다른 한편으로는 '물이 있는 원림은 정자가 생동한다[有水園亭活]'32)는 한 마디로써 이수예술의 요지를 잘라 말했다.

시문·산수화·건축 등의 예술들과 마찬가지로, 정밀하고 아름다운 정도로 말하자면 중국고전원림은 남송 시대에 이미 최고의 수준에 올랐다. 이러한 수준에 도달하게 된 주요 방법의 하나는 바로 고도로 완선하게 된 이수예술 때문이다. 강남江南의 우수한 자연조건은 이수理水예술이 발전되는 조건을 제공하였다. 시악施諤과 오자목吳自牧의 기록을 예로 들겠다.

중흥 이래에 이름난 원림과 널찍한 집은 대부분 서호에 있다."❶
항주에 임금이 남쪽으로 건너다 여기에 잠시 머물렀는데, 지형이 산림과 어우러져 있고 강과 호수를 품에 안았으며 수많은 계곡·못·시내·강 등이 마을을 에워싸고 있으니 실로 그 아름다운 곳을 묘사하기가 어렵다."❷

송(宋) 〈하당안락도(荷塘按樂圖)〉 부분

❶ 시악(施諤), 『순우임안지(淳祐臨安誌)』6권, 「원관(園館)·호곡원(湖曲園)」. "中興以來, 名園閑館, 多在西湖."
❷ 오자목(吳自牧), 『몽양록(夢梁錄)』11권, "杭郡系南渡駐蹕於此, 地倚山林, 抱江湖, 多有溪潭澗浦, 繚繞郡境, 實難描其佳處."

세상에 전해오는 수많은 남송의 회화작품 가운데 우리들은 당시 원림 수경의 풍부하고 정미함을 보기가 어렵지 않다. 예컨대 유송년劉松年의 〈사경산수四景山水〉 그림에서 하나는 원림의 문 앞에 돌을 뚫어서 구불구불하게 내려오는 굽은 시내를 묘사하였고33) 또 하나는 넓고 아득한 호수와 그 사이에 세운 물가의 정자 및 물속에 우물벽돌을 쌓아서 만든 공간을 묘사하였다.34)

송(宋), 유송년(劉松年), 〈사경산수(四景山水)〉 부분

송(宋) 옥루춘사도(玉樓春思圖)

〈하당안락도荷塘按樂圖〉에 의하면 못이 정교하게 손질되어 있음을 알 수 있다.

〈옥루춘사도玉樓春思圖〉35)에서는 당시 물속의 건축이 유행하여 수체水體와 건축이 조합 배치되는 영활함을 알 수 있다.

〈수각납량도水閣納凉圖〉36)에 의하면 이 때 원림의 수경水景은 건축·산석山石·화목花木 등과 치밀하게 조합되었다.

송(宋)〈수각납량도(水閣納凉圖)〉부분

제2장 고전원림예술에서 중화의 실현 - 풍부·조화·완정이 구축된 경관체계 365

〈추당객화도秋堂客話圖〉37)에 의하면 원림을 만드는 자가 어떻게 해서 이러한 수체水體가 산간의 계곡과 폭포에서 비롯되어 원림 앞에 이르러 굽이굽이 흐르는 시내로 전환시켰으며, 원림 건축을 산정山亭에서부터 초당草堂에 이르는 과정과 하나로 조합하였는지 알 수 있다.

〈추당객화도(秋堂客話圖)〉 부분

〈수각산촌도(水閣山村圖)〉

　더욱 주목할 만한 것은 〈수각산촌도水閣山村圖〉38)인데, 이 작품으로부터 정원에서의 수체水體는 많은 건축들과 교차하여 이미 매우 복잡하게 조합되어 있음을 볼 수 있다.
　또 이 때의 원조원자가 이미 끊임없이 이어지는 회랑을 능수능란하게 운용하여 수면水面을 갈라놓음으로써 수체가 더욱 심오한 층차감을 주도록 했음을 볼 수 있다.
　또 물 위에 지은 정자 아래로 하나의 놀잇배를 띄워 그것이 화면에서의 수원

밖이며 또한 더 큰 수체가 있음을 암시하는 것을 알 수 있다. 또 수경이 호수와 돌, 건축, 집 밖의 각종 분재나 집 안 작은 책상 위의 화병 등 수많은 경관 요소들과 서로 잘 어울리고 융합하는 것 등을 볼 수 있다.

곧 지안池岸39)을 만드는 방법은 이러한 세미한 부분이며, 남송의 원림 또한 공교로움과 변화를 구하려고 진력하였다. 예컨대, 오문영吳文英이 「성성만聲聲慢」에서 한 원림 연못을 기록하며 "푸른 물결이 우물벽돌을 두드린다[翠漣拍甃]."40)고 했는데, 이는 작은 원림에서 우물벽돌이 지안池岸이 된다는 묘사이다.

진윤평陳允平41)은 「백자령百字令·단교잔설斷橋殘雪」에서 "얼었던 것이 녹아 이끼가 깔렸고, 얼음이 녹아 모래가 우물담장을 쌓으며, 누군가 옥으로 만든 난간에 기댄다."42)라고 하였다.

몇 구절에서 서호西湖는 이와 같은 대형의 천연 수체로 대부분 자연스럽게 백사장을 언덕으로 삼고, 다시 난간을 꾸며서 정묘하고 우아한 가운데 오히려 소박함을 띠기를 추구한다는 것을 볼 수 있다. 어떤 때에는 지안池岸과 원림의 산이 하나로 엉김으로써 협소한 공간 안에서 단계별로 옮겨가는 것을 없애는 강렬한 기법 운용으로 자연에서 맛보는 아름다운 흥취를 두드러지게 한다. 예를 들면, 임안부

서호의 단교잔설

윤臨安府尹 장징張澄이 건립한 원림의 못은 다음과 같다.

서호(西湖)의 소재(蘇土) 풍경

물과 샘이 맑고 깨끗하고, 연못 밖에는 작은 산이 우뚝 솟아 있으며, 돌다리가 물속에 박혀있는데 깎아놓은 것이 마치 자연적으로 이루어진 듯하다. 교목이 십 수 그루인데 좌우로 서로 비추며 무성하게 그늘을 주고받으니, 자연의 소리가 서로 화답한다.❶

> ❶ 응요(應繇), 「강역당기(講易堂記)」 『순우임안지(淳祐臨安誌)』5권 인용, "水泉洌清, 池之外峙小山, 石脚挿水下, 劃如天成. 喬木數十章, 左右環映, 扶疏交陰, 天籟互答."

이 당시 원림의 이수예술에서 어떤 미세하고 말단의 기법이라도 모두가 이미 고도하게 자각했으며 동시에 수체의 형태변화의 발전과 수체의 경관조성 효용의

제2장 고전원림예술에서 중화의 실현 - 풍부·조화·완정이 구축된 경관체계

발전이라는 두 가지의 중요한 의의를 볼 수 있다.

명청 원림이 모든 사회문화체계를 규정하는 바가 되어 중당 이후의 추세를 따라 '호천'·'개자' 가운데서 생존과 발전을 추구한 이상, 그것은 오직 이미 송대에 고도로 성숙된 이수예술을 강화하는 방법도 있었다. 점점 제한되고 점점 없어지는 가운데 헤쳐 나갈 수 있는 공간 내에서 전력을 다하여 수체의 모든 가능한 변화를 발휘하며, 아울러 이러한 복잡한 수체水體 사이와, 수체와 기타 경관 사이에 더욱 정미한 모순평형 관계를 건립해야 할 것이다.

앞서 문헌에 기록된 명대明代 원림의 물 관리법을 보았는데, 문징명文徵明은 일찍이 사관 공보恭甫가 의흥宜興 옥녀담玉女潭에 살면서 별장을 축조한 일에 대해 다음과 같이 기록하였다.

의흥(宜興) 옥녀담(玉女潭)

옥녀담의 사방으로는 틈이 없고, 물은 땅속에서 남쪽으로 흐르며, 솟아난 암석 아래에는 물이 질펀하여 작은 연못이 되었다. 물이 옥처럼 물이 깨끗한데 흐르지 않아 그 위에 정자를 지었으니 '응옥'이라 이름 했다. 응옥의 서쪽은 연못이 깊어 저수지로 흘러들고, 그 강물은 빠르게 지나 하나의 도랑으로 갈라져 흐르네. 저수지의 물은 북쪽으로 흘러나가는데 돌 틈을 지나기가 난해하여 돌 사이를 돌아 흐르니 술잔을 띄울 만하여 '유상서'라 이름 했다. 응옥의 남쪽은 오래된 느티나무 한 그루가 있다. …… 그 아래 여울에는 물이 돌아나가고 나무와 서로 비추니 '경수단'으로 이름 했는데 '뢰옥헌'이 여기에 있다. 여울물은 서쪽으로 흐르며 꺾어서 돌아 남쪽으로 가면 물굽이와 합류하여 굽은 물가의 돌이 뒤섞여 있는데 마치 황하 가운데 지주산의 무성함과도 같으며, 물이 쏟아져 들어가 물결이 부딪혀 흐르는 것은 마치 투쟁하는 것 같다. 다시 꺾어서 동쪽으로 보면 물이 더욱 빠르게 흐르고 돌 또한 더욱 기이하여 아리따운 것이 마치 용이나 뱀이 구불구불한 듯하고 악어가 성내는 것 같으며, 세차게 흘러 용솟음치고, 뿌려대는 물방울이 원을 그리며 물소리가 진동하며 흩어지는 것이 마치 산골짜기를 다니는 듯하여 '규타협'이라 이름 했다. 골짜기 좌우로의 징검다리를 '비옥교'라 했고, 비옥교를 건너서 북으로 가면 땅에 아름다운 대나무가 많이 자라있는데 그 사이 강가에 매화도 있어 이름 하여 '매죽오'라 했으며, 대나무밭 쪽에 '청옥요'가 있다. 또 북쪽으로는 비스듬히 연못이 있는데 것이 마치 초승달 같아서 '생명지'라 이름 했다. 못을 가로질러 짐검다리가 있으니 '격범교'라 했으며, 격범교 위쪽이 '옥양산방'이다……❶

❶ 「옥녀담산거기(玉女潭山居記)」 『문징명집(文徵明集)』19권, "潭四周無隙, 水伏流而南, 出岩石之下汇爲小池. 玉洁不流, 爲亭其上, 曰凝玉. 凝玉之西, 淵泓灑泬, 其流浙駛, 別疏一渠, 激其流北出, 行亂石間, 緣石旋轉, 可以流觴, 曰流觴嶼. 凝玉之南, 古櫸一株. …… 其下湍瀨淙泂, 與樹映帶, 曰琦樹湍, 漱玉軒在焉. 湍流西下, 折旋而南, 屬於灣, 碕石累屬, 如龍馬下飲, 如砥柱中矗, 水奔注激射如斗. 再折而東, 水益駛, 石亦益奇, 夭嬌如虬蟠, 如矗奮, 飛流噴薄, 濺沫成輪, 聲震蕩如行峽中, 曰虬矗峽. 峽左右梁曰沸玉橋, 逾沸玉橋而北, 地多美箭, 間以江梅, 曰梅竹隩, 琅玕所, 聽玉寮在焉. 又北, 偃沼如初月, 曰生明池. 絶沼爲梁, 曰隔凡橋, 隔凡梁而上, 則玉陽山房也. ……"

제2장 고전원림예술에서 중화의 실현 - 풍부·조화·완정이 구축된 경관체계

이 원림의 북쪽에 산 경승지가 조성된 것과 비교하면, 여기에서는 물이 주 경관을 이룬다. 각종 물 경관을 나누어 설치하고 조합한 것은 자못 창의적인 구상이다. 물의 발원은 천연 연못으로 그 인접한 곳과 다시 하나의 못으로 만들어 옥처럼 깨끗하나 흐르지 않는 고요한 연못의 상태가 두드러지도록 힘썼다.

이후 여러 층의 경승지를 지나면서 물의 기세가 급속도로 전환하고 달려서 바로 날아오르는 것처럼 물을 뿜어내어 산이나 돌의 기험한 것들과 상응이 된다. 이러한 물과 돌이 서로 겨루는 경관은 응옥정 앞의 물과 경관이 강렬한 대비를 형성한 것에서도 있다.

'비옥교'를 지나면 물의 기세는 다시 점차 느려지고, 생명지에 이르면 이미 달과 같이 수려하다. '규타협' 일단과의 대비와 전환은 더욱 조화로우며, 골짜기와 못 사이에 이르면 하나로 조합된 꽃나무·건축을 안배하였는데 이는 공간과 정감을 만드는 과정이다. 이러한 '격범교'를 건너 한 걸음 나아갈 즈음 '옥양산방'으로

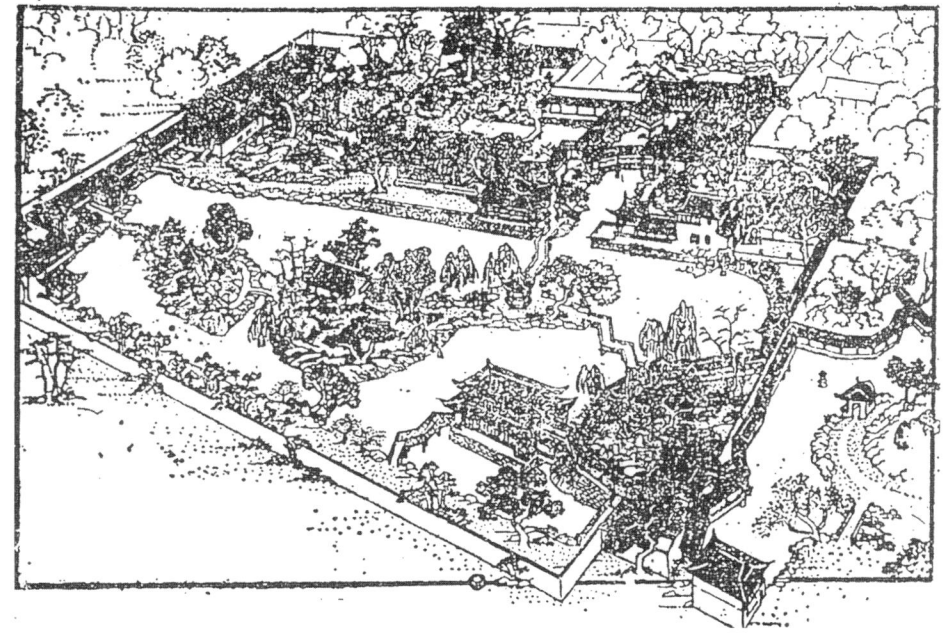

졸정원중부조감도(拙政園中部鳥瞰圖)

인도한 산의 경승지는 비로소 유람객의 눈앞에 펼쳐진다.

　이러한 단편의 문장을 통해 우리는 명대 원림이 각각의 물 경관 배치와 전체 원림 공간의 행렬과 그 관계가 어떻게 강화되었는지를 체득하기 어렵지 않다.

　세상에 남겨진 명청明淸의 작품 중에서 남쪽 사가원림私家園林의 이수理水예술은 소주蘇州의 졸정원拙政園 중앙부위를 전형으로 삼는다. 여기에는 수체水體의 변화가 풍부할 뿐만 아니라 수면水面도 전체 원림의 면적에서 매우 큰 비례를 차지하고 있으며, 원림 안에 건축·산·돌·섬·주된 경관과 부수적인 경승지 등 많은 요소들 간의 배치와 전환 관계도 모두 통일적이면서 영활한 수체水體를 요충지로 삼은 것이다.

　조원자는 구불구불한 다리[曲橋]나 지붕이 있는 다리[廊橋] 등을 이용하여 수면을 구분지어 대부분 서로 비춰주고 소통하며 또한 독립된 부분과 마주하기도 한다.

　이는 수면의 경관 심도를 증가시켰을 뿐만 아니라 분별함으로써 풍격이 서로 다른 경관구역을 구성하게끔 했다. 원향당遠香堂 남쪽 경관구역의 무성함, 북쪽 주 경관구역의 깊고 확 트임, 오죽유거정梧竹幽居亭 서쪽 전망의 심원함, 소창랑小滄浪이라는 수원水院의 고요함, 견산루見山樓 남쪽 언덕의 성글고 거침, 유음로곡柳蔭路曲의 지극한 아름다움 등 존재하는 모든 것은 수체水體 형태의 천변만화와 어긋나고 소통하고 떨어지고 합해지는 그런 점을 주요 조건으로 삼은 것이다.

　예컨대 원향당 남쪽은 원림 뒤쪽 제일의 경관구역으로 이기에는 우아하고 깨끗한 작은 연못이 중심을 이루고 주변으로 조성된 산과 구름 문양의 담장, 뱃길 등이 펼쳐지는데, 한정 공간의 경계면이 맑고 분명하여 경관구역의 기운을 평화롭고 여유롭게 만들어 마치 느릿느릿하게 원림 전체 서곡序曲이 연주되는 것 같은 느낌을 준다.

　다른 한편으로 여기에는 또한 무성함을 막는 것이 완전하지가 않는데 즉, 담장 사이로 동쪽은 수기정綉綺亭이 군림해 있고, 뱃길 서쪽으로는 역시 소창랑 한 구역과 은은하게 통한다. 이처럼 작은 가운데 큰 것을 보는 방법은 제일 경관구역과 전체 원림공간과의 연계를 강조한 것이다.

원향당(遠香堂)

오죽유거정(梧竹幽居亭)

소창랑(小滄浪)

견산루(見山樓)

수기정(綉綺亭)

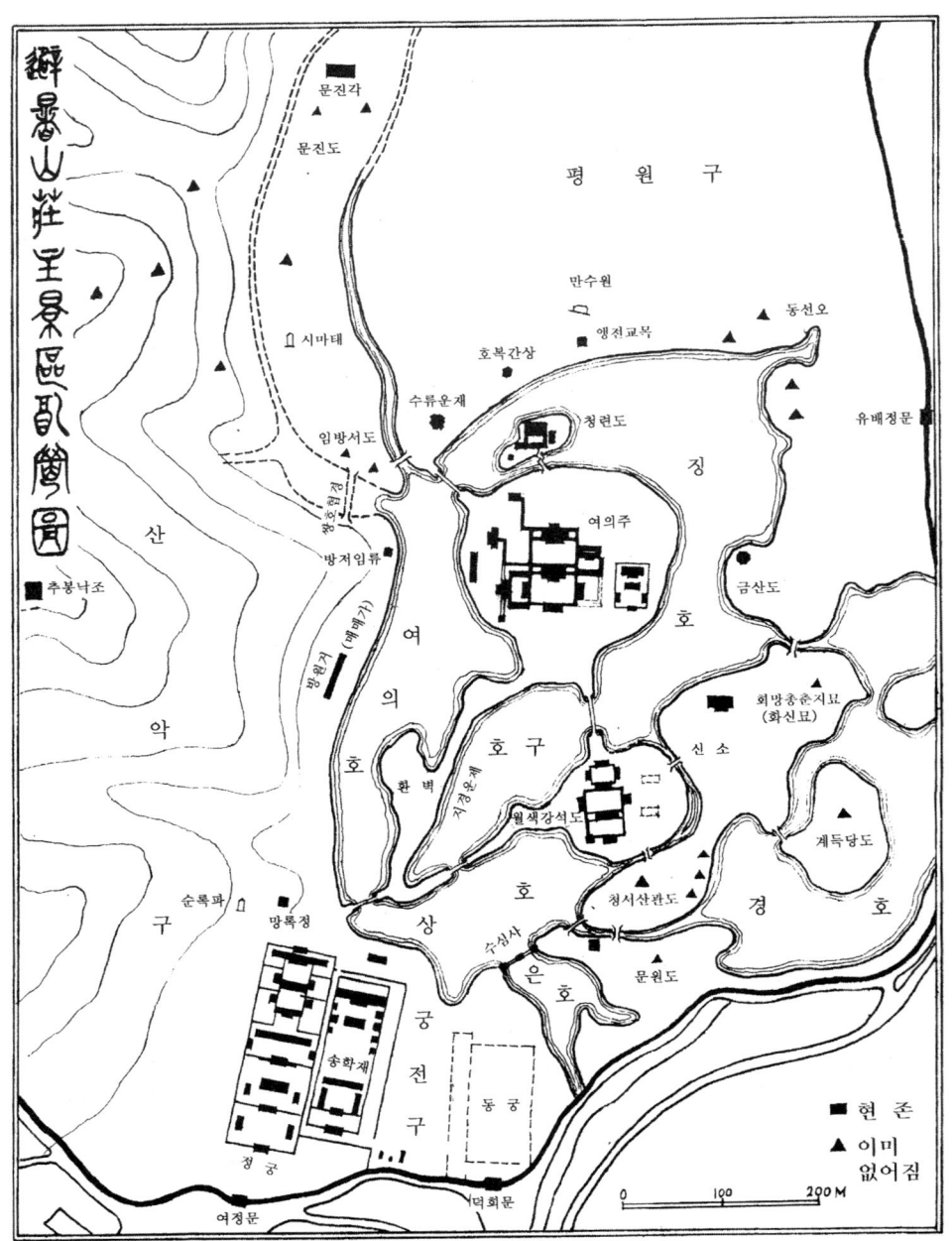

피서산장(避暑山莊) 주요경관 배치도

원향당을 돌아지나 북쪽을 바라보면 경계가 돌연 크게 펼쳐지는데, 원향당과 상대적으로 깊고 확 트인 수면 뿐 아니라 물 가운데 가로로 뻗어있는 흙으로 된 섬은 무게감이나 풍격 등 모든 면에 있어서 원향당 남쪽의 작은 연못이나 작은 산들과 선명한 대비를 이룬다. 그러나 경치가 시원하게 펼쳐지는 것과 동시에, 원조원자 큰 가운데 작은 것을 보는 것 또한 잊지 않았다.

예를 들면, 원향당과 대면하는 동서쪽 두 개의 섬은 서로 적대하며 대치해 있는데 그 가운데 그윽하게 꺾어 지르는 시내가 흐르고, 시내 위로 다시 작은 돌다리를 만들어 다리 북쪽으로 더욱 심원한 공간을 암시토록 했다.

청대淸代 이후 원림은 수면水面 사이의 통하고 막힘이나 물길의 곡절과 교차 등에 더욱 애를 썼다. 북해北海 공원의 정심재靜心齋는 이미 분명히 산골짜기의 수면水面을 7~8덩어리로 나누었으며, 피서산장避暑山莊 원림도 크게 열고 닫히는 수면水面과 온갖 돌아나가는 물길이 원림 전반을 구성하고 있는 데, 모두 이러한 방면의 전형이다.

정심재(靜心齋)

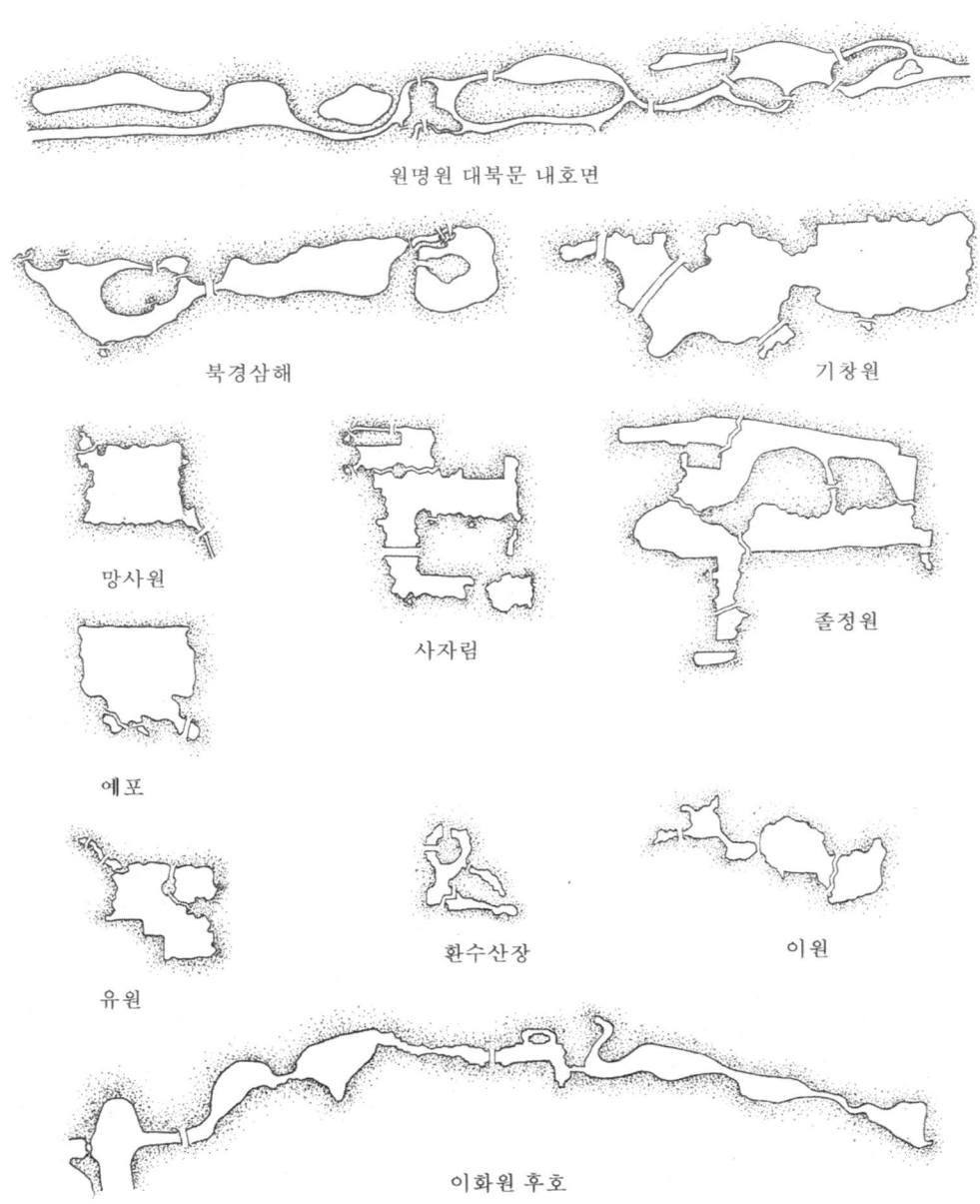

고전원림의 수공간 구성의 비교

건축建築

중국고대건축은 나무로 만드는 것이 위주인데, 그 기본적인 특징은 두 가지가 있다.

첫째는 들보(梁)·기둥(柱)·각목(枋) 등 목재로 조성된 골격은 지붕의 무게를 견디지만 담장은 겨우 둘러싸는 작용만 한다. 구조재의 재료성질에 따라 결정되는 것으로, 나무건축은 규모 상에서 흙이나 돌로 건축한 것에 비해 훨씬 많은 제약을 받는다. 하지만 한편으로는, 목재 간의 조합방법은 자유롭고 영활하기 때문에 건축가들은 효능과 심미의 요구에 근거하여 각종 건축형체와 실내공간을 매우 편리하게 만들어내었다고 할 수 있다. 고전건축에서 풍부한 지붕조형은 영활한 공간의 회랑(廊)·정자(亭) 등의 건축형상 모두가 제일 먼저 구조적 특징에서 도움을 받으려 한다.

둘째, 상대적으로 독립된 개체 건축의 상호연계로 말미암아 내부에 공간을 갖춘 정원이 조성된다. 이 때문에 건축들의 평면구조와 공간행렬의 제작은 고도로 영활하고, 건축물들의 조합예술은 고도로 발달하며, 그것은 이미 북경北京의 고궁故宮과 같은 데서 축선이 명확하게 구성되었다고 할 수 있다.

근엄한 면을 말하자면, 공간이 차례로 나아가는 삼엄한 등급의 대형 건축들은 배치가 자유로운 강남의 택원宅園을 구성했다고도 할 수 있다.[43] 원림예술의 수요 말미암아 중국고전건축의 두 가지 큰 특징은 모두 가장 충분한 발전을 거두었다고 하겠다.

건축이 원림예술의 요소이자 존재로 작용할 때에, 원래 있던 거주 등의 효능을 제외하면 그것은 두 가지 작용이 있다. 독립된 경관을 구성하는 것과, 기타 경관과의 상호 조합으로 완정한 경관체계를 구성하는 것이다. '호중천지' 구조의 확립에 따라 조원자는 상대적으로 독립된 건축경관을 모든 원림경관 체계에 철저하게 유입시켜야 한다는 요구를 더욱더 자각했다.

소주(蘇州)의 졸정원(拙政園)의 원향당(遠香堂) 내부

　　개체의 건축으로 말하자면 그것의 지위, 무게, 입체 및 평면조형, 실내외 공간의 관계, 심지어 내외 처마의 양식 등 온갖 요소는 모두 자체의 효능과 심미수요에 의해 결정될 뿐만 아니라 이러한 요소들은 기타 원림경관과의 평형조건 관계로 인해 결정되는 바가 더욱 많다.
　　예컨대, 소주蘇州의 졸정원拙政園의 원향당遠香堂은 원림의 중심 건축이면서 물 또한 원림의 주요 경관인데, 원향당과 주요 경관과의 관계가 강조되어 그것의 앞과 뒤로 물을 임하여 자리해 있다. 아울러 하중을 견디도록 행랑 아래에 나누어 설치하였고, 사면이 밝고 맑으며 탁 트인 대청을 형성함으로써 곧 최대한 실외의 물 경관이 실내에 비치도록 하여 건축과 자연경관 간의 조화를 취하였다.

제2장 고전원림예술에서 중화의 실현 - 풍부·조화·완정이 구축된 경관체계 381

항주의 사면당(四面堂)

　이는 분명히 송인宋人들이 항주杭州의 소제蘇堤44) 위에 건립한 사면당四面堂의 기법을 계승한 것이다.45)
　이미 언급했듯이, 북해北海 경도瓊島의 북쪽 언덕에 협소한 공간 내에는 완전한 각종 경관의 수용이 다 가능한데, 원조원자 건축모양의 변환 상에서 매우 고심하여 대臺·누樓·당堂·방정方亭·원정圓亭·선면정扇面亭·각종 행랑 등 다양한 건축형식을 분별하여 안배했으며,46) 아울러 그것들을 만듦에 매우 작은 기교로써 그 규모와 풍격이 기타 건축 및 주위환경들과 서로 조화되도록 했다.
　이와 상반되게 곤명호昆明湖는 광활한 수면水面과 서로 조화되고, 이화원頤和園의 불향각佛香閣은 매우 높고 크게 만들어졌다. 심지어 이어진 단독 건축의 세세한 부분까지도 기타 경물景物과의 균형을 이루도록 했다.
　소주蘇州 유원留園 관운루冠雲樓의 문과 창은 모두 색이 비교적 짙은데, 이는 관운봉冠雲峰 앞의 우아하고 깨끗하고 영롱한 돌 하나와 서로 잘 어울리도록 대비를 이루었다. 예를 들면 다음과 같은 것들이다.

△ 유원(留園)

▽ 관운봉(冠雲峰)

제2장 고전원림예술에서 중화의 실현 - 풍부·조화·완정이 구축된 경관체계

한유가 「저정滁亭」에서 말했다.
莫敎安四壁　　사벽을 편안히 여기지 말라
面面看芙蓉　　면면에 연꽃이 보인다네. ❶

육유는 「가주 태수 집이 오래 전부터 뒤에 텃밭이 없어서 농사짓는 사이에 꽃을 심고 정자를 지어서 ……보았다」에서 말했다.
正欠雄樓并杰觀　　바르고 웅장한 누각은 뛰어난 경관을 아우르고
奇峰秀岭待彈壓　　기이한 봉우리 빼어난 산은 탄압이 머무르네. ❷

공내[47])가 「작원勺園」에서 말했다.
亭臺到處皆臨水　　정대는 도처에 모두 물을 임하고
屋宇雖多不碍山　　집은 비록 많지만 산을 가로막지는 않네. ❸

계성計成은 『원치園治』에서 말했다.
花間隱榭　　꽃들 사이에 사당이 숨어 있고
水際安亭　　물 사이로 정자가 안치되어 있다.

窗牖無拘　　창문은 구애받는 것이 없거늘
隨宜合用　　어울리는 것에 따라 알맞게 쓰이고
欄杆信畫　　난간의 그림은 진실로
因景而成　　경치로 인해 이루어졌구나. ❹

❶ 『한창려시계년집석(韓昌黎詩系年集釋)』8권.
❷ 『육유집(陸游集)·검남시고(劍南詩稿)』4권. 「가주태수 집이 오래 전부터 뒤에 텃밭이 없어서 농사짓는 사이에 꽃을 심고 정자를 지어서……보았다(嘉州守宅舊無後圃, 因農事之隙爲種花築亭觀……)」
❸ 공내(公鼐), 『제경경물약(帝京景物略)』5권.
❹ 계성(計成), 『원치(園治)』1권.

이는 모두 건축의 각종 요소가 기타 경관과 서로 호응하여 어울리기를 요망한다는 것을 강조한 것이다. 자연스럽고 꾸밈없는 교외원림에 경치를 더해주는 개별 정자·누대 등을 제외하면, 원림에서의 모든 건축은 대부분 기타 건축이 정원

과 조합하여 더욱 큰 건축 군을 이루고, 이러한 것에 의해 산수 등 자연경관과 서로 어우러져서 이어진다.

　이는 곧 경관체계 가운데서 예술모순을 더욱 복잡하게 한다. 즉, 단독 건축에서의 수많은 요소들이 기타 대응하는 어떠한 하나의 산수경관 사이의 균형과 조화를 실현해야 하고[48], 반드시 정원 중의 기타 건축들과 방대한 건축 군에 속해 있는 각 양식의 건축까지 균형과 조화를 실현해야하며, 나아가 건축 군과 수많은 자연경관의 조합·균형도 실현해야한다.

　이는 매우 복잡한 모순체계이지만 그 경관을 더욱 풍부하게 완비하는데, '호천'이 더욱 좁아져서 모순 또한 더욱 복잡해지며, 모든 체계 사이의 균형과 조화의 실현도 더욱 곤란해지는 것이 분명하다.

파산랑(爬山廊)의 내부

◲ 건축과 이어진 파산랑

▽ 산의 언덕으로 이어진 파산랑

그러나 다른 한편으로는 이 또한 중국고전건축에서 여러 체의 건축들이 조합하는 영활한 형식을 제공하는 재능을 발휘한 것이다. 이런 형식은 천변만화하는 정원공간을 활용하여 배열할 수 있게 하여, 단독건물 사이·단독건축과 건축 군 사이·다양하게 조합된 건축 군 사이·건축 군과 자연경관 사이·모든 원림경관 사이 공간에까지 교묘한 관계를 구축하였다.

첩산疊山과 이수理水예술의 정황이 완전히 일치하여 고전원림의 후기 발전추세가 원림 중의 건축조합에 대한 예술적 요구였기에, 다만 그 공간형태의 변화능력을 완선시키고 강화하는 데 힘을 쏟을 수 있었고, 그 발전의 정미함이 지극한 정도에 이르러서는 곧 '호천' 혹은 '개자'의 격식이 왜 날로 점점 좁아지는가를 막론하고, 여전히 그 가운데 완정·조화된 경관체계를 건립할 수 있었다. 아래에서 몇 가지 구체적인 예를 살펴보겠다.

해취원은 이화원 전체 원림공간의 서열에서도 결론에 해당하는 곳으로, 황가원림 중에서 강남 사인원림을 모방하여 건립하였다. 허다한 원인으로 해취원은 이화원에서의 지위가 두드러질 수 없는 것으로 결정되었고, 이를 위해 그 외관 윤곽선은 반드시 평온하고 느긋하며 유순하고 수렴하는 형세를 취하도록 했다.

이화원(頤和園) 해취원(諧趣園)의 건축

그리고 해취원의 정원 내에는 좌우로 좁고 긴 물 경관이 심원하며, 주 건축인 함원당은 남쪽을 향하여 자리 잡았는데, 그 방향과 고도가 해취원 전체를 통괄하기에는 부족하였다. 해취원 밖의 좌우 양단에도 아무 것이 없어서 원림 안으로 높고 큰 건축 경관을 끌어들였다. 즉, 해취원 좌우의 경관 깊이를 통제하였고, 또한 원림 내에 연못 주변으로 건축군의 지평선으로 운율과 변화를 풍부하게 주어 자칫 단조롭고 정체되지 않도록 했으며, 수요에 따라 원림의 서쪽 끝에 하나의 누각 설치하였다.

전반적으로 원림 밖의 경관은 모름지기 억제하고 수렴하는 형세를 드러내었지만, 원림 내의 경관은 또한 반드시 높은 누각으로 돌출하는 공간감을 주었다. 이 두 가지는 예사롭지 않은 첨예한 모순으로, 이 모순 내에는 해취원과 이화원의 모순, 해취원 내 건축과 물 경관의 모순, 좌우 축선과 남북 축선의 모순, 연못 주변 건축들 간의 모순, 원림 내 건축의 낮고 평탄함과 원림 밖에 경관이 없어 차경

해취원(諧趣園) 전경(全景)

이화원(頤和園)의 긴 회랑[長廊]

한 것과의 모순 등등을 포함하고 있다.

분명히 하나의 괘상卦象 가운데 허다한 조합의 효상爻象이 섞여 일부 충돌하는 것과 같은 양상으로, 이는 다중모순이 섞여서 이루어진 체계이다. 그리고 체계 중에서 각각 하나의 부분은 각각 하나의 세미한 모순방면을 처리하는 데까지 이른다.[49] 이는 모두 일부분에 해당하는 모순의 균형이나 조화와 관계될 뿐만 아니라, 수많은 모순들의 조합과도 관계가 있으며, 전체 체계의 조화까지도 미친다.

체계적인 조화를 실현하기 위해 해취원은 서쪽 끝의 촉신루矚新樓[50]에서 범상치 않은 영활성과 색다른 형식을 취했다. 그것은 원림 밖의 산기슭에 의지하여 상하 두 층을 만들었다. 하층 뒷담은 암벽 아래에 숨어있고, 앞쪽에 건립된 면은 원림 내에서 분명하게 드러나 있다. 상층의 기둥과 다리는 원림 밖의 지면과 나란하고, 동시에 원림 밖으로 열린 문과 창을 향한다. 그러므로 원림 안으로부터 앉아서 구부려 보면 전체 원림은 높은 누각이며, 원림 밖으로부터 보면 그것은 다만 한 칸의 나지막하고 평탄한 보통의 단층집일 뿐이다.

촉신루를 이와 같이 설치한 이유는, 진실로 목재건축의 구조가 더욱 영활하지만 더욱 결정적으로 작용한 것은 이 누각이 그 안의 복잡한 모순체계 간에 다중적인 제약과 균형관계에 놓여있었으며, 이러한 체계에서도 '중화'의 미학적 요구를 실현했기 때문임을 간파하기 어렵지 않다.

원림건축의 조합예술에서 우리들은 이 모양과 상이하지만 신묘한 조합의 예를

제2장 고전원림예술에서 중화의 실현 - 풍부·조화·완정이 구축된 경관체계

무수히 볼 수 있다. 예컨대 이화원 만수산 앞의 수많은 경관구역구와 경승지로 하여금 유기적인 체계를 조성하였다. 즉, 여기에 길게 펼쳐지는 행랑을 설치하여 동쪽에서 서쪽을 향해 통관하여 행하도록 했다.

그리고 북해北海 경도京島의 북쪽 언덕은 협소한 '호중壺中'에 경관의 변화를 증가시켰는데, 곧 대부분 풍격이 서로 다른 경승지와 건축 군을 설치하고 건축군은 또한 각각 하나의 건축 군과, 건축 군에서도 하나의 건축마다 크기를 매우 작게 압축시켰다.

이러한 양상으로 건축의 예술표현능력이나 건축 군의 공간운율 변화가 크게 줄어들고 약화되었으나, 이는 분명히 다중모순의 뒤섞임으로 말미암아 이루어진 난제이다. 이러한 모순을 해결하기 위해서는 조원자가 고전건축의 조형능력과 공간 구성능력을 동시에 최대한으로 발휘해야 한다.

예컨대 감고당醂古堂이라는 하나의 원은 길이가 극히 제한되어서 높낮이와 절주를 특히 선명하게 하는 첩락식疊落式의 파산랑爬山廊을 집과 떨어져 있는 건축

감고당(醂古堂)

들과 연결하는 방법으로 운용하였다.

이 집은 비록 몇 걸음 되지 않지만 집 안으로부터의 감상이든 집밖에서의 감상이든 간에 이를 막론하고 그 건축의 윤곽은 모두 필요한 운율변화를 갖추고 있다.

이화원 또는 감고당을 막론하고 행랑의 구조와 풍격의 선택은 모두 전반적인 체계로부터 결정되는 것이다. 유돈정 선생은 소주 원림에서의 건축에 대한 분석을 하는데 마찬가지로 이러한 점을 설명하였다.

대비와 호응의 관계를 처리하는 데에는 기준의 장악이 매우 중요한 것으로, 작은 면적에 원림을 만드는 이런 문제에서 특히 두드러진다. 공간감을 트이게 함으로써 방과 집의 크기를 응당 높고 큰 것에서 피할 수 있게 된다. 집은 비록 원림 내의 주요 건축이지만 주객이 전도될 수 없으므로 산이나 못과는 일정한 비례를 잃어버리더라도 집의 길이와 처한 공간의 대소는 서로 적당히 응해야한다. 졸정원拙政園 서쪽의 36원앙관三十六鴛鴦館은 체형이 과대하므로 산이나 목과는 길이가 비대칭이며, 좁고 협소한 결점을 낳았다. 망사원網師園의 집은 가산假山의 뒤로 물러나 있어서 비교적 놓은 배치이다. 못을 임하고 있는 누각은 혹 모양이 가볍고 교묘하여 마치 졸정원의 정관루征觀樓나 유원留園의 명슬루明瑟樓 같고, 혹 원림의 한쪽 모퉁이에 자리하고 있어서 유원의 곡계루曲溪樓 같으며, 혹 누각 앞에 낮고 작게 허공을 통과하는 건축이 옮겨가는 것 같고, 망사원의 집허재集虛齋 같기도 하다. 졸정원의 견산루見山樓는 못 안에 위치해 있어 되도록 지면과 층고를 낮추었으며, 또한 못 서북쪽의 귀퉁이 한쪽에 위치해 있다. 산과 못 주위로 기타 집, 정자, 행랑, 교량, 물기슭 모두 길고 곧은 형체로 하지 않고 구불구불 꺾임과 기복을 취하여 변화와 정돈이 조용히 젖어들고 협조됨으로써 비슷한 산수가 서로 경쟁하는 것을 피했다. 산 위의 정자는 더욱 작은 기교로 영롱하게 해야 하는데, 그렇지 않으면 가산假山이 곧 정자의 대좌 같아서 웅장하고 기이하며 가파르고 빼어난 기백의 생산이 불가능해진다. ……❶

❶ 유돈정(劉敦楨), 『소주고전원림(蘇州古典園林)』, pp.12~13.

이와 같은 예술수단이 어떻게 천변만화하고 더욱 정밀함을 추구하는지는 막론하고 그 기본목적은 다만 하나인데, 즉 작은 면적의 원림에 풍부·조화·완정한 경관체계를 건립하는 것이다.

산·물·건축을 제외하면 원림의 경관요소는 꽃나무·소품51) 및 건축에서 부착되어 있는 장식이나 가구·채색화이고, 아울러 수체에는 배 등이 있는데 그

원림의 연꽃

면목이 각각 다르지만 원림경관체계에서의 조합원칙은 도리어 산·물·건축과 일맥상통한다.

비유하면 화목으로 자연의 기운을 덜어내거나 증가시면 풍부한 경관효과의 효능 외에도 원림공간의 배열을 조성하는 데 가담하게 된다. 주밀周密52)의 말을 예로 들겠다.

거북 언덕에 머물러 앉았으니 아래로 수많은 집이 내려다보이고 밖으로 사방은 산으로 둘러싸였네. 예전에 살았던 사람이 집을 짓고 '소영'이라 불렀으니 올라가 경관을 취해보네. 구불구불하게 뒤의 밭으로 들어가니 맑은 매화와 파리한 대나무가 바람과 달을 가리는구나. 뒤로는 관하가 굽어들어 나무들이 서로 물을 바라보고 있으니 작은 봉래산이 있는 듯하네. 오랜 버드나무와 높이 자란 연이 슬프게 노래하며 해를 다투네.❶

---

❶ 『전송사(全宋詞)』제5책, p.3275, "…… 倬居据龜阜, 下瞰萬室, 外環四山, 先子作堂曰嘯咏, 撮登覽要. 蜿蜒入後圃, 梅淸竹臞, 亏蔽風月. 後俯官河, 相望一水, 則小蓬萊在焉, 老柳高荷, 吹凉競日."

이 원림의 산 경관구역에서 물 경관구역으로 넘어가면서 서로 다른 경관 풍격이 대비하는 가운데 꽃과 나무는 분명히 매우 중요하게 작용한다. 유사한 문장을 낱낱이 들어 일일이 서술할 수는 없겠지만 명청 이후의 운용실례는 자주 볼 수 있으며, 지면 관계상 생략하므로 다시 장황하게 설명하지 않겠다.

결론적으로, 중국전통문화의 전반적인 형태가 매우 유사하며, 고전원림의 단계별 발전에 따르면 원림 중의 각각 하나의 요소들은 모두 더욱더 철저하게 전반적인 체계에서 조화를 이루어서, 모두 더욱더 복잡한 모순 제약 관계에 놓여있다.

모든 하나의 요소들은 다만 이러한 체계에서 비로소 발전할 수 있었고, 발전하는 모든 내용은 곧 어떻게 하면 체계 속에서 더욱 정확한 자기의 위치를 찾느냐는 것이며, 이는 어떻게 해야 자신의 능력과 역량을 최대한 발휘하여 체계를 더욱 치밀하고 완정되도록 하는가이다. 명대 조원가들이 그 원림을 형용하여 다음과 같이 말했다.

하나의 꽃이나 대나무 돌 모두 적합해야 하니, 두세 번 살펴보고 적합하지 않으면 비록 아름답더라도 반드시 버린다.❶

> ❶ 정원훈(鄭元勳), 『영원요화집(影園瑤華集)』중권, "一花一竹一石皆適其宜, 審度再三, 不宜, 雖美必棄."

아래의 한 절에서 이러한 발전추세는 왜 사람들이 '호천'과 '개자'에서 비교할 수 없을 정도로 정교하고 미묘한 원림경관체계를 구축했는지를 한걸음 나가서 볼 것이다. 그리고 제8편 제5장에서도 이 같은 추세가 또 어째서 고전원림예술이 최종에는 소극적인 면으로 향하게 되었는지를 함께 살펴볼 것이다.

제2장 고전원림예술에서 중화의 실현 - 풍부·조화·완정이 구축된 경관체계   393

제2절 중국고전원림예술의 공간원칙과 기법

조형예술로서 원림은 공간형태의 조성을 기본적인 표현수단으로 삼아서 산·물·건축 등의 경관요소는 모두 일정한 공간관계에서 존재한다. 진한 궁원의 '천지를 본떠서 형상함[體象天地]'이나 당 이후 원림의 '호중천지' 등 역대 원림발전 또한 공간형태의 방법적인 변화발전 과정을 구체적으로 파악해야 한다.

'호천'이 확립되고 강화됨에 따라, 원림에서의 모든 경관요소 및 그 조합관계는 모두 필연적으로 서로 적응하는 방향으로 발전하였기 때문에, 일련의 구체적인 공간의 원칙과 기법에 따라 발전하였다. 바로 이러한 원칙과 기법에 의거하여 '호천'에서의 모든 요구가 비로소 모든 작품에서 실현되었으며, 각종 복잡한 경관요소도 '호천' 안에서 '중화'의 미를 성취할 수 있었다.

중당 이후 고전원림은 더 이상 진·한·수·초당·성당시기 원림의 구조를 지탱할 능력이 없어서, 사람들의 심미가 점점 또 다른 경지로 방향이 바뀌어 갔는데 다음과 같다.

庭際山宜小	정원 주변의 산은 작아야 마땅하고
休令著石添.	아름다움이 돌을 얹으니 두드러지네.❶
拳石苔蒼翠	주먹만 한 돌에 이끼가 푸르게 끼어
尺波烟杳渺.	조금씩 퍼져나가는 구름이 아득하네.❷

❶ 요합(姚合), 「이빈신거(李頻新居)」, 『전당시(全唐詩)』499권.
❷ 백거이(白居易), 「낙산 사람이 은거하는 작은 연못을 지나며(過駱山人野居小池)」『백거이집(白居易集)』8권.

위진 이후 사람들은 '꾸불꾸불한 것이 헤아릴 수 없는 듯하다[紆余委曲, 若不可測]'는 원림공간을 창조하기 시작하여 성당에 이르러 '작은 것으로써 큰 것을 본다[以小觀大]'는 공간예술의 방법이 이미 성숙되었으며, 중당 이후에는 원림예술이 이미 '호중'에서만 보존되고 발전할 수 있었다고 이미 언급하였다.

그렇다면 그 유일한 방향 또한 반드시 갈수록 자각적으로 광활한 경지에 대한 개척을 버리고 전력을 다해 '작은 것으로써 큰 것을 보는' 방법을 완벽하게 강화시켰다. 바로 이 때문에, 당 중기의 조원가들은 '땅이 좁지만 텅 비워서 넉넉한'53) 원림 공간원칙을 더욱 명확하게 제시하였으며, 이후에도 이러한 많은 창작의 실례가 있었다. 육구몽陸龜蒙54)의 다음과 같은 기록을 예로 들겠다.

낙안의 임군이 일찍이 경위가 되어 오성❶에 기거하는데, 땅에 겨우 몇 개의 싹만 돋아나 있었다. …… 못이 있었는데 못 가운데 섬이 있고, 못의 남·서·북쪽으로 모두 3개의 정자가 있었다. 긴 대나무와 아름다운 나무들이 물굽이를 가리고 있어 정자 한 곳에 자리하면 그 나머지는 보이지 않는다.❷

---

❶ 오성(吳城): 중국 화북(華北)지역 남부 하남성(河南省)에 있는 진(鎭)이다.
❷ 「백구시서(白鷗詩序)」, 『전당시(全唐詩)』625권, "樂安任君嘗爲涇尉, 居吳城中, 地才數苗. …… 有池, 池中有島嶼, 池之南西北. 邊合三亭, 篁嘉木, 掩隱隈隩, 處其一, 不見其二也."

이 문장은 간략하지만, '물굽이를 가리고 있는[掩隱隈隩]'듯한 공간형태의 변화를 충분히 활용해야만 비로소 협소한 원림이 풍부한 경관을 지닐 수 있다는 것을 분명하게 말 한 것이다. 중당부터 명청 시대에 이르기까지 원림을 조성하는 구체적인 기법은 비록 다양하게 변화했지만, 그 핵심내용은 하나같이 육구몽의 몇 마디 말에서 벗어나지 못하였다.

제1편 제6장에서 중당에서 양송 사인에 이르기까지 '구불구불한 곳에 그윽한 정취가 있는[曲有奧趣]' 원림공간을 어떻게 창조하는지 고심하였으며, 간악艮岳 등 황가궁원이 '수천 번 겹치고 수만 번 중복되는[千疊萬復]' 방법을 어떻게 운용해야 주위 10리의 산이 천리의 형세를 갖춘다는 것을 이미 소개했다.

아래에서 명청 원림이 또 어떻게 진일보하여 이러한 방법으로 강화되고 완선한 극치를 향하게 되었는지 자세히 볼 수 있다. 이 과정에서 '어긋나지만 그 유사함을 알고 다르지만 그 통합을 안다[暌而知其類 異而知其通]'는 변증법적 방법을 모두 발휘하였고, 동시에 원림이 최후에는 한 점의 에너지까지도 짜내서 깨끗하게 된 것을 볼 것이다.

명청 시대 원림형태는 수많은 자태가 비슷하지만, 그 공간원칙과 기법의 공동된 취지를 파악하기란 매우 어렵다. 왕세정은 「금릉의 동원」을 다음과 같이 기록하였다.

…… 집 뒤 작은 못을 베개 삼고 작은 봉래산과 마주보고 있으며, 산 아래 잔잔한 물결이 넘치고 못 가운데 잠겨 있다. 봉우리와 골짜기와 정자가 이어졌는데 형체가 갖추었지만 한편 은미하다. …… 일감당 좌측 기둥으로 나오면 붉은 다리가 비스듬히 이어졌는데 대여섯 번 정도 꺾여 있다 ……❶

❶ 왕세정(王世貞), 「금릉동원(金陵東園)」, 「유금릉제원기(遊金陵諸園記)」, 『엄주속고(弇州續稿)』64권. "…… 堂後枕小池, 與小蓬萊對, 山址潋灧, 沒於池中, 有峰巒洞壑亭榭之屬, 具體而微. …… 出(一鑒堂)左楹, 則丹橋迤邐, 凡五, 六折. ……"

여기에 기본적인 방법 두 가지가 있다. 규모는 매우 작지만 경관 요소가 조합하여 완정한 원림경관 체계를 갖추었다. 제한된 천지 안에서 공간형태의 변화를 증가시켰다. 예컨대 다리를 반복해서 꺾어 구부러진 형태로 만드는 것이다. 전자는 앞 1절에서 이미 소개하였고, 후자는 마찬가지로 명대 원림에서 다양하고 자세하게 운용하였다. 기표가의 '예홍보원'에 대한 기록을 예로 들겠다.

至其委迤層折處	그 구불구불하게 층층이 꺾어진 곳으로 말하면
輒自堂及寢	문득 집으로부터 사당에 이르기까지
無非園亭	정원이 아닌 것이 없도다.❶

❶ 『기표가집(祁彪佳集)』8권, 「월중원정기 중2[越中園亭記之二]」, "예홍보원(倪鴻寶園)".

또 '요경원'에 대해서 말했다.

爲堂爲亭	집이 되고 정자가 되고
爲臺爲沼	누대가 되고 못이 됨에
每轉一境界	매번 하나의 경계로 옮겨가는데
輒自有丘壑	문득 자연히 언덕과 골자기가 있다.❶

❶ 『기표가집(祁彪佳集)』8권, 「월중원정기 중3[越中園亭記之三]」, "요경원(夭鏡園)".

또 청대 전영55)이 '상숙 연곡원'에 대해 말했다.

원림이 매우 작지만 구부리고 꺾어서 적당함을 얻는다.❶

❶ 전영(錢泳), 『이원총화(履園叢話)』20권, 「상숙연곡원(常熟燕谷園)」, "園甚小, 而曲折得宜."

이러한 것은 모두 원림공간의 전체적인 구조를 논한 것이다. 전반적으로 '구부리고 꺾어서 적당함을 얻는 것[曲折得宜]'는 당연히 매우 많은 경관사물을 묘사한 것과 공간관계가 변화하여 완성된 것에 의거하고자 한 것이다. 왕세정은 금릉 '사금의동원'의 산에 대해 말했다.

周幅不過五十丈　　산의 둘레가 500척에 불과하지만
而掌足殆里許　　　족히 약 십리쯤 되는 것 같다.❶

❶ 왕세정(王世貞), 「유금릉제원기(遊金陵諸園記)」, 『엄주속고(弇州續稿)』64권, "사금의동원(四錦衣東園)".

연곡원(燕谷園)

섭섭56)은 '모원산'에 대해서 말했다.

盤磴窈窕	돌 비탈길 깊숙하고 그윽하여
一步一折	한 발짝 걸을 때마다 한번씩 꺾어진다.
峰拔坪起二十餘尺	빼어난 봉우리 넓이가 20여 척인데
……西上五折	서쪽 위로는 다섯 번 꺾어져있네.❶

❶ 섭섭(葉燮), 「해염장씨섭원기(海鹽張氏涉園記)」, 『기휴문집(己畦文集)』6권, "모원산(某園山)"

이것은 산을 중첩하여 구부리고 꺽은 데 힘을 쏟은 것을 말한 것이다. 「홍루몽』에서의 가정賈政57)은 다음과 같이 말했다.

물 위에 떨어지는 꽃은 더욱 많으나 그 물은 더욱 맑게 보이니, 광대하게 출렁거리는 물결 굽이쳐 휘감아 돈다.❶

❶ 『홍루몽(紅樓夢)』제17회, "只見水上落花愈多 其水愈淸 溶溶蕩蕩 曲折縈迂."

제2장 고전원림예술에서 중화의 실현 - 풍부·조화·완정이 구축된 경관체계

이는 물을 다스렸기 때문에 굴곡과 전절이 생겨난 것이다. 기표가의 '천장원'과 '일백원'에 대한 기록은 다음과 같다.

천장원은 섬세한 기교를 규제하여 하나의 작은 방이라도 반드시 여러 번 꺾어서 들어가게 했다. 돌을 여러 겹 쌓아 누각을 만들고 그 아래에 구멍을 뚫어 누각이 연못 위에 서 있다.
일백원은 아주 작은 방에 기거하더라도 반드시 곡절을 만들면 다할 수 없다.❶

> ❶ 『기표가집(祁彪佳集)』8권, 「월중원정기(越中園亭記)」중2, 天莊園; "規制纖巧, 一斗室必數折而入. 疊石爲樓而穴其下, 卽樓爲池而虛其上.", 一柏園; "居僅斗室, 必而委折不可窮盡."

이것은 건축의 곡절에 관하여 말한 것이다. '의원'은 다음과 같다.

담장은 여러 번 돌아가고, 길을 여러 번 우회한다.❶

> ❶ 『제경경물략(帝京景物略)』2권. 의원(宜園); "垣故故復, 徑故故迂回."

'마원'의 모습은 다음과 같다.

길을 들어서는데 대나무 울타리를 돌아서 가니 땅에는 발자국을 헤아릴 수 없고 빙빙 돌아가는데 끝이 없는 듯하다.❶

> ❶ 『기표가집(祁彪佳集)』8권, 「월중원정기(越中園亭記)」중2, 馬園; "入徑以竹籬回繞, 地不數武, 而盤旋似無涯際."

이것은 담과 길의 곡절에 관한 것이다. '곡수원'은 다음과 같다.

대나무 밭이 끝나고 서쪽으로는 아득히 멀리 모두 물인데 회랑이 굽고 또 굽어있다.❶

> ❶ 『제경경물략(帝京景物略)』2권, 曲水園; "竹盡而西, 迢迢皆水, 曲廊而曲."

곡수원(曲水園)

제2장 고전원림예술에서 중화의 실현 – 풍부·조화·완정이 구축된 경관체계

'선춘원'의 정황은 다음과 같다.

작아서 조금의 싹도 심기 어려운데 …… 집의 왼편은 굽은 회랑이 비스듬히 북쪽으로 굽어있고, 그 북쪽에는 물 위의 정자가 있다. 서남향으로 그 아래에 못이 있는데 기괴한 돌이 못 주의를 둘러싸 있고 …… 구불구불한 못의 서편으로는 누각도 있다.❶

> ❶ 장혜언(張惠言), 「악불초당도기(鄂不草堂圖記)」『명가문편(茗柯文編)』 2편 하권, 先春園; "小不能三苗, …… 堂之左, 曲廊迤以北, 水閣在其北. 小西南向, 其下池, 怪石環其池, …… 曲池之西, 又樓之."

이것은 자연경관과 건축경관이 변화를 다하지 못한 공간이 함께 이어지게 차례대로 구성한 것이다.

각종 경관요소에 변화를 다한 것과 열리고 닫히고 얽히고 휘어짐을 다 조합하여 넣으면 매우 제한된 공간이지만, 또한 지극히 완정한 천지가 되기도 한다. 그 결과 이러한 체계에서의 모든 예술모순 관계가 날이 갈수록 복잡하게 뒤섞였다.

체계의 완정성을 유지하고 부단히 강화하기 위하여, 상술한 일체의 요소들 모두 곳곳에서 '활발하게 기세가 왕성한' 상태로 곧 체계의 생존가치를 보증하면, 고전원림예술은 반드시 체계 내부에 정교하고 더욱 더 복잡한 모순이 균형관계가 유지될 것이다. 그렇지 않으면 모든 체계의 '중화'가 곧 얼음 녹듯이 와해될 것이다.

고전원림은 이러한 목적을 실현하기 위한 어떠한 새로운 수단을 찾지 못했기 때문에, 그것이 선택할 수 있는 것들은 다만 끊임없어서 전통을 완선하게 강화시

킬 수밖에 없었다. 특히 중당 이래의 공간원칙과 기법은 원림 안에 인경引景·차경借景·대경對景·억경抑景·광경框景·장경障景 등을 포괄하여 어떤 한 경물 평면이나 입면형태의 변화, 색채나 격조의 변화를 증가했고, 모든 경물 사이에 삽입·대조·영친58)·전환·삼투시키는 등 모순관계를 증가시켰다.

경승지와 경승지 사이·경구와 경구 사이의 대비·조합을 증가시켜서 모든 경관요소 사이에 여러 차례의 배합관계에 대해 세밀하게 비교하여 털끝만큼도 오류가 없도록 했다. 특히 이러한 수단으로 고도로 종합하여 운용하는 것이다. 그것들의 공동적 핵심은 체계 내에 모든 모순된 역량을 최대한 발휘하고, 그것들의 운동과 상호 변천을 초대한 촉진시켜 '어긋나지만 그 유사함을 알고 다르지만 그

북해(北海)의 호복간(濠濮間)

통함을 안다[暎而知其類, 異而知其通.]'는 특징을 실현하는 것이다.

　상술한 방법은 명청 시대 원림에서 예외 없이 정교하고 치밀한 경지에 이르러 그 변화는 극에 달했다. 이 책은 지면이 제한되어 일일이 소개할 수 없다.

　많은 작품 중에서 매우 작은 규모 하나를 가려내어 그 예술기법 상에서 대표적인 실례만 분석함으로써 '호천'에서의 조화·풍부·완정의 경관체계에서 필요한 일련의 정미하고 복잡한 모순을 균형 있게 하는 방법을 어떻게 유지할 수 있었는지를 살펴볼 것이다. 이러한 실례는 바로 북해北海의 호복간濠濮間이다.

　호복간은 청 건륭연간에 세워진 것으로 모든 중국전통문화체계와 같다. 고전원림예술은 이 시기 점점 쇠퇴하기 전 잠시 회생하는 '태평성대'의 단계에 진입했다. 이 때문에 전술한 한 계열의 원림예술방법은 건륭시대의 작품 중에서 가장 전형적이라고 할 수 있다.

　호복간은 북해 동쪽기슭에 위치해 있으며, 북쪽 인근에 화방재畵舫齋 한 채가 있다. 『장자·추수』에 근거하면 다음과 같은 내용이 있다.

장주는 일찍이 호양 가에서 물속의 물고기가 조용하고 즐겁게 놀고있는 것을 보았다. 이에 한가하고 편안한 즐거움을 깨달았다. 「추수」에서도 말하길 장주가 일찍이 복수에서 낚시를 하고 있었는데, 초왕이 두 대부를 보내 그를 초빙하여 고관으로 삼고자 하자, 그는 '낚싯대를 잡고 돌아보지 않았다'고 하였다.❶

---

❶ 『장자(莊子)·추수(秋水)』, "莊周曾於濠梁之上看到了水中之魚的從容怡然, 由此體會到了閑適之樂. 「秋水」中又說, 莊周曾垂釣於濮水, 楚王使二大夫聘他爲高官, 他持竿不顧, 後人遂據此典稱隱逸者避世閑居之地爲濠濮."

호복간의 양쪽 모습

후인들은 마침내 『장자』에 의거하여 은둔자를 칭찬하고 세상을 피하는 한가한 곳을 '호복'이라고 여겼다.

황실 원유園囿에서 세상을 피한다는 주제의 경관구역을 건립했는데, 그것은 주위의 커다란 환경과의 관계를 먼저 해결할 필요가 있었다. 조원자는 기복이 끝없이 길게 이어진 언덕을 만들어서 '호복간'을 다른 경관구역과 구별 한 뒤에 작은 길을 굴곡지게 만들어 고목이 빽빽하게 우거진 협곡으로 유람객이 들어오게 하였다.

구불구불 이어진 작은 길을 따라 유람객의 마음이 점점 호수 빛과 산색이나 화려한 '화방재畵舫齋'를 벗어나서, 고요하고 편안한 기분이 스며들도록 하였다. 여기에서 곧 장경59)으로써 큰 경관구역을 완성하여 호복간濠濮間의 공간과 정서로 바뀌게 한 것이다. 이러한 기법은 평범한 것 같지만 반드시 구체적인 상황에 근거하여 전반적으로 확실한 각종 요인을 파악해서 활용되어야만 하는 것이다.

한편으로, 주위 환경과 호복간의 풍격이 너무 큰 차이가 나기 때문에, 짧은 거리와 시간 안에 유람객으로 하여금 앞 사람부터 뒷사람까지 지나가게 완성해야, 가능한 한 호복간 밖 주위 산림분위기를 증가하여 장경의 효과를 충분하게 해야 할 필요가 있다. 다른 한편으로, 장경작용을 하는 언덕은 호복간의 시작에 불과하며 이곳의 산림 분위기가 만일 지나치게 두드러졌다면 이후의 주된 풍경의 전개는 매우 어렵게 만들어졌을 것이다.

이러한 모순의 균형을 유지하기 위하여 조원자는 이 언덕을 비교적 완만하게 쌓을 의도로, 돌을 길가에 흩어서 봉우리를 중첩시켜 사람들을 압박하는 강렬한 느낌을 피하고, 동시에 언덕 위에 높고 커다란 교목을 빽빽하게 심어서 경치를 막는 효과와 결점을 채워 산야 분위기의 부족한 점을 보강했다.

몇 봉우리를 넘어 길을 돌아가게 한 뒤에 '호복간'의 풍광이 비로소 점점 유람객의 눈앞 나타나도록 했다. 제일 먼저 눈에 비치는 것은 하나의 정교하게 돌로 만든 패방60)인데, 주련에는 '풀언덕의 무성한 비는 온갖 조화를 낳고, 솔숲에 가로지른 구름은 화의를 맞이하네[蘅皐蔚雨生機滿, 松峰橫雲畫意迎]'라는 글씨가 새겨져 있다.

돌 패방 동쪽으로 가로질러 한 조각의 커다란 산석이 쭉 펼쳐져 있으며, 돌 틈 사이 뒷면에 한 줄기 푸른 물결이 흐릿하게 나타난다. 이것은 바로 억경抑景[61]기법을 운용한 것으로, 그 목적은 경관과 공간을 차례대로 증가시키는데 있으며, 특히 이후에 시원하게 전개되는 주된 경물이 더욱 강렬한 효과를 낼 수 있도록 먼저 드러나려는 경관을 막는 것이다.

돌 패방의 동쪽으로 억경 방법이 운용되었기 때문에 유람객은 대부분 정남향에 시선을 집중시킬 수 있다. 돌 패방을 지나면 못의 수면 위로 낮고 구부러진 다리를 볼 수 있고, 다리의 남쪽에 앉을 수 있는 물가의 정자가 있으며, 다시 정자의 나무 기둥을 지나면 어렴풋하게 그 뒤쪽에 토구와, 토구 사이의 형세에 의지해서 일어나는 파산랑[62]을 볼 수 있다. 토구 뒤에 높고 심원한 곳에 하나의 집 '雲岫庵'이 자리하고 있는데 간신히 지붕을 드러내고 있다.

이는 유람객의 심경을 다시 심원한 공간으로 끌어들이는 것이다. 조원자는 여기에 인경[63]의 기법을 운용하여 이에 따라 유람객으로 하여금 원림 안으로 들어

파산랑에서 보이는 호복간

운수암(雲岫庵)

가기 전에 여러 단계의 풍부한 경관으로 안내한다.

  수면과 굽은 다리의 평탄함이 못가의 경사가 가파른 산석과 단정하게 있는 물가 정자와 서로 잘 어울린다. 그리고 물가 정자와 파산랑의 깊고 고요하며 또 그것들을 위해 뒤에 토구와 '운수암'의 고원함이 펼쳐진다. 경물의 색조도 매우 풍부하다.

  돌 패방과 굽은 다리의 담백하고 우아함, 못과 오래된 측백나무의 심원하고 울창함, 산석과 토구의 졸박함, 언덕의 지초와 물가 난초의 맑고 유려함, 산 경치와 물 색조의 공명하고 허령함 …… 존재하는 이러한 모든 것들이 하나로 조화롭게 융합하여 자연스럽게 유람객을 원림경계 안으로 끌어들인다.

  인경을 운용했기 때문에 유람객이 원림 안으로 들어오게 하여 자세하게 음미할 수 있도록 하였으며, 모든 원림의 심원한 공간적 층차에 대해서는 초보적인 인상을 갖게 된다. 이는 곧 이후에 각종 수단을 운용하여 일부분의 경관과 전체 원림의 관계를 강화하기 위한 복선으로 작용한다.

  특히 주의 깊게 볼 만한 것은 호복간濠濮間 돌 패방 남쪽의 '인경'과 동쪽의 '억경'이 동시에 교착되어 운용되는 것이다. 동쪽의 억경은 남쪽 인경의 효과를 강화한 것이고, 남쪽의 인경은 다시 유람객의 시선이 동쪽의 억경에 막혀 끊어질 때 계속해서 더 나아가 연장시킬 수 있는 것이다.

따라서 원림경관의 시작부터 주된 지역까지 공간의 행렬이 서로 일치한다. 이와 같이 많은 기법은 동시에 복잡한 모순관계에 대하여 매우 치밀한 평가에 의해 운용되었다.

돌 패방을 지나면 유람객은 곧 굽은 다리 위를 걷는다. 조원자는 이 때 또 반드시 하나의 새로운 복잡한 모순을 해결해야만 했다. 원림에 들어가기 전에 인경의 방법을 사용해서 유람객의 시선이 남북으로 쭉 이어지는 전체 원림공간의 순서대로 꿰뚫게 하고, 원림에 들어온 이후에는 반드시 유람객의 시선을 눈앞의 주요한 경관구역으로 되돌아오게 하였다.

일반적으로 대·중형의 원림에서 이런 공간과 정서의 전환은 끌어들인 경구와 주 경구 사이의 비교적 긴 거리 안에서 조금씩 완성할 수 있다. 예를 들면 여러 겹의 원락[64]·산·돌·복도·담장 등을 삽입·꾸불꾸불한 길·엄영[65]·개합[66]하는 것 같은 방법은 유람객의 주의력을 천천히 원경에서 근경으로, 전경에서 경관의 세밀한 부분까지 돌아보게 하여 갈수록 많아지는 주 경관 구에 영향을 미쳐 곧바로 유람객이 완전한 지점에 이르러 자리를 차지하게 한다.[67]

그러나 호복간에서는 전경에서부터 근경에 도달하는 과정에서 오히려 한걸음씩 쫓아갈 방법이 없다. 이 때문에 돌 패방 밖 인경의 자리부터 원림 내 다리 위 주경의 감상지점까지 공간거리가 겨우 3~5m떨어져 있어서 거의 짧은 시간 안에 완주할 수 있다.

이렇게 짧은 거리와 시간동안 끝낼 수 있는 것은 상술한 것이다. 또 억지로 끌어 들여 부자연스러운 흔적은 찾아볼 수 없는데, 이에 대해 조원가들은 특히 어려운 주제라고 분명하게 말했지만, 바로 이 어려움을 회피할 방도가 없기 때문에 경관요소 사이의 균형은 정교하고 탁월할 정도까지 이르렀다.

당연히 유람객이 돌 패방을 지나 다리 위를 걸어가면 다리 남쪽 가까이 물가 정자가 바로 지금 지붕을 드러내는 '운수암'을 적당히 가리는데, 이것이 원경이다. 남쪽의 원경이 숨어있는 것과 동시에 구불구불한 돌다리가 동측으로 완만히 기울어져 있고, 또 바로 이때에 산석 뒤에 가려진 못이 석교 동쪽에서는 그 전모를 분명하게 드러낸다.

못 전체 풍경은, 겨우 원림에 들어가서 눈앞에 보이는 것 가운데 반은 숨었고 반은 드러나는 자태가 선명한 대비를 이룰 뿐만 아니라, 못가에 커다란 조각의 높고 가파른 산석과 대비를 이루었다.

이때 돌다리 동측의 산 경치와 물빛, 돌 그림자와 숲 이 덮여서 이것은 '마치 비파가 반을 가린 것 같다' 하지 않고, 이것이 '맑고 깨끗하고 밝은 호수에 옥거울을 펼쳐 놓았다'고 하는 것이다. 그래서 유람객도 매우 자연스럽게 매료되며, 왼쪽으로 꺾어진 굽은 다리를 따라 시선을 남쪽의 물가 정자와 정자 뒤의 원경에서 다리 동쪽의 근경으로 향하여 옮기게 된다.

조원자도 가능한 한 다리를 길게 이어지게 할 수 있어서 유람객이 다시 긴 시간 동안 다리 위에서 눈앞의 경물을 감상하고 음미할 수 있게 하여 그들에게 '호복간'의 주된 경치에 매우 깊은 인상을 남게 한다.

협소한 부분 안에서 원경부터 근경까지의 과정을 완성하기 위해 조원자는 석방의 위치와 무게, 굽은 다리의 비스듬히 돌아간 각도와 길이 및 물갈래의 굴절, 물가 정자와 굽은 다리의 무게와 위치의 관계, 물가 정자와 '운수암'의 관계, 연못 형태의 변화와 굽은 다리가 비스듬히 돌아간 것의 관계, 산석과 대비의 관계 등을 매우 정확하게 전반적으로 가늠해야 해야 한다는 것을 알 수 있다.

석교를 지나 유람객들은 곧 다리 남단의 물가 정자에 도착하는데, 이것은 한 채의 창헌식(敞軒式)건축으로 처마와 기둥사이에 앉을 수 있는 난간을 장식해 놓았다. 권붕혈산식[68]지붕으로 물가 정자의 지붕은 약간 가볍게 올라갔고, 아울러 고요하고 담박한 모양을 잃지 않았으며, 일반적인 혈산식 지붕의 지나치게 장중한 풍격을 피했다. 이로부터 '호복간'의 주제와 주위환경과의 조화로운 통일을 추구했다.

정자에 있으면서 눈앞 산수의 경색을 대면할 때와 다리 위를 천천히 걸을 때 느끼는 정취가 다르다. 이때 유람객의 시선은 이미 잠시 전에 서쪽에서 동쪽을 향해 보다가 남쪽에서 북쪽으로 바뀐다. 그리고 연못의 형상은 남북으로 길고 동

서로 좁아 정자에 앉아 북쪽을 바라보게 되고 시선은 적당하게 수면과 최대한 겹치기 때문에 이 위치야 말로 유람객은 연못물이 북단으로 흘러가 물의 근원을 이루는 것을 감상할 수 있다.

한편으로는 대대적으로 수면에서 차례대로 감동하여 심원한 효과를 증가시키며, 다른 한편으로는 유람객으로 하여금 못 경치의 변화를 감상하고 오래도록 물가 정자 사이를 배회할 수 있게 하여 이곳에서 아래로 하나의 경구를 향해 지나가기 시작해서 분위기를 더욱 완화시킨다. 여기에서 조원가가 물가 정자와 연못의 위치를 안배해서 설계한 것을 다시 한 번 알 수 있다.

물가의 정자는 전체 '호복간' 원림 가운데 공간행렬의 중간 전환점에 위치해 있다. 그것은 원림 밖 언덕과 굽은 길에서 원림 안의 돌 패방 굽은 다리에 이르기까지 한 단계 경치의 완성이며, 또 원림 가운데 하나의 경관구역의 시작이다. 어떻게 이 한 칸의 정자에서 이렇게 협소한 세계를 완성하여 이런 변화를 이루었는 이것이 어려운 문제이다.

자세히 음미하면 곧 발견할 수 있겠지만 많은 실례가 있지만, 북해 경청재鏡淸齋의 '심천랑心泉廊'과는 달리, 물가 정자가 비록 물에 임하여 세워졌지만, 그것은 결코 상쾌하게 탁 트여 통하는 공간감을 추구하지는 않았다. 반대로 그것은 빽빽하게 낮은 기둥을 이용해서 일종의 온화한 정서와 운율을 조성하였다.

이런 양상에서 진일보하여 '호복간'의 주제도 과장하지 않았을 뿐만 아니라, 더욱 중요한 것은 이것과 물가 정자 남쪽에 그윽하게 굽어진 파산랑과 풍격의 통일을 이룬 것이다.

물가 정자를 지나 유람객은 빙빙 돌며 꺾어지는 파산랑을 오르기 시작한다. 물가의 정자와 산의 경관구역 사이의 거리는 거의 지척이기 때문에, 그것들이 어떻게 운용하여 파산랑과 연계하는지가 바로 성패를 좌우하는 관건이다.

복도가 매우 작고 좁지만 이미 물가 정자가 지닌 분위기에 대해 상세히 서술한 것으로 인하여 밝고 아름다운 물가에서부터 깊고 고요한 산랑山廊[69])까지의 실제 거리는 몇 발자국 정도 떨어져 있지만, 정서를 전환하는 데 결코 사람들이 갑자기

제2장 고전원림예술에서 중화의 실현 - 풍부·조화·완정이 구축된 경관체계 411

경관의 문[景框]의 여러 예
경관은 경치의 틀이라는 의미인데 풍경화의 액자같은 시각적인 효과를 준다. 이것도 중국원림의 특징 중의 하나이다.

느끼게 하지는 않는다. 변환을 이루는데 더욱 세밀하게 하여 조원자가 이미 매우 작은 파산랑을 길이가 다르게 세 번 꺾을 수만 있었다면, 기起·승承·전轉으로 구분될 것이다. 중간 한 구역이 가장 길고 서쪽에서 동쪽을 향하여 계단을 따라 올라간다.

이 산랑의 남측과 동쪽 가까이 토구가 있어서 유람객의 시선을 완전히 막기 때문에 유람객은 눈길을 자연스럽게 북쪽으로 되돌리고 산랑과 평행을 이루는 물가 정자를 지나 다시 한 차례 못가의 경치를 되돌아보게 된다.

이때 물가 정자의 기둥은 한 폭의 '경관의 문[景框]'을 이루는데 이러한 경광을 통과하면, 유람객들은 또 순서에 따라 못·산석·돌 패방·굽은 다리 등을 보게 된다. 이러한 경물은 비록 이전에 반복해서 감상한 것이지만, 지금 또다시 모두 기묘한 변화가 생긴다.

'경광'의 운용으로 인하여, 회랑과 기둥 사이의 빛이 약해지고 시선이 회랑과 기둥을 통과하여 조성된 공간의 범위가 크게 증가하여 시원하게 밝고 아름다운 물가 경관이 심오하고 그윽하게 느껴진다. 유람객은 회랑에 한 단 한 단 올라가 경광의 화면이 끊임없이 변하는 것을 따라서 최후에 천천히 물가 정자 뒤쪽으로 사라진다.

그리고 산랑山廊 북쪽의 경치가 완전히 사라질 때 산랑이 갑자기 남쪽으로 꺾어져 유람객의 시선은 하나의 재당齋堂에 둘러싸이고, 숲이 무성한 산언덕 쪽으로 향하게 한다. 다만 이때에 이르러 물가에서 산 사이에서 눈길을 돌려야 최종적으로 끝난다.

이런 과정은 협소한 공간에서 조원자가 각종 산·물·건축 경관을 반복해서 교차하고 뒤섞어 모여야, 이것들 사이가 떨어졌으나 같다는 것을 알 수 있고 다르지만 통할 수 있어서, 여운이 맴돌며 그칠 줄 모르고 연상되는 예술효과를 추구할 수 있다.

순서대로 꺾어지는 남면의 파산랑爬山廊을 향하여 계속 올라가면 유람객들은 숭초실崇椒室에 도착한다. 이처럼 매우 작은 가옥의 권붕경산식卷棚硬山式70) 지붕은 격조가 간단하다. 『초사』에 다음과 같은 말이 있다.

惟佳人之獨懷兮　오직 아름다운 사람만이 홀로 그리워하면서
折芳椒以自處　　방초[芳椒]를 꺾어 스스로 처하네.❶

❶ 『초사(楚辭)』9장, 「비회풍(悲回風)」.

이후에 사인士人들은 마침내 '방숙'을 상용하여 원림경관 주제의 의의로 삼아 자신의 고결함을 표현했으며, '숭초실崇椒室'의 설계도 이런 의미를 답습한 것이다.

숭초실(崇椒室)

갑자기 세속 일을 잊어버리고 스스로 거처하는 심경을 드러내기 위해 집 앞의 공간과 경관의 처리는 쓸쓸한 분위기 표현에 중시하였으며, 예술기법은 간결함을 힘써 추구하였다.

집 앞의 흙 언덕과 산석 매우 가까운 곳에 정면의 시선을 막는데, 산면의 돌을 에워싸는 형세를 이루었다. 이와 같이 전부 밀폐하는 격식은 사람들에게 조용하고 편안한 느낌을 주며, 좁고 굽은 공간은 또한 빠져나갈 만한 출구가 없도록 한 것이다.

여기에서 지나치게 막히는 분위기를 없애려고 조원자가 '운수암'을 서남쪽의 높고 밝은 곳에 안배했다. '숭초실' 이처럼 높은 곳에 서있는 대경對景이기 때문에 물가에서 구불구불 이어져 올라가는 정취가 결코 집 앞의 어둡고 좁은 분위기와 공간의 조화를 단절시키지 않고, 반대로 한층 더 연장하여 감추고 드러내는 예술상의 통일을 이루었다.

동시에 이러한 억제하는 가운데 드러남이 있고, 드러나는 가운에 억제하는[가로막는] 분위기의 기법도 '호복간' 전체 원림을 완성하기 위하여 정감과 공간의 느낌 측면에서 준비한 것이다. 유람객은 '숭초실'에서 산랑山廊을 따라 가서 '운수암雲岫庵' 북쪽에 이르고, 다시 이 집을 넘어 남쪽의 돌계단 위에 서면, 눈앞의 경치와 조금 전 집 앞의 분위기는 또한 선명한 대비를 이룬다.

여기에서는 이미 깊숙이 막힌 공간이 아니라 계속 이어지는 산등선과 넓고 울창한 고목이 있다. 멀리 경도71)위의 경치가 나무 그림자를 통하여 어렴풋하게 보이는데, 이러한 '차경'방법은 유람객의 마음을 나무들이 아름다운 높고 심원한 공간으로 끌어들인다. 홍역이 「운수암시」에서 다음과 같이 읊었다.

坐來怪底灑衣襟	앉아있노니 괴이하게 깊고 맑은 물 옷깃을 적시고
却見英英出碧岺	꽃부리들은 푸른 봉우리에서 솟아나네.
一縷欲飛何處去	한 가닥 희망은 어디로 날아갈 것인가
定知瓊島作春陽	경도가 봄 햇살을 일으키는 것을 알겠구나.❶

제2장 고전원림예술에서 중화의 실현 - 풍부·조화·완정이 구축된 경관체계

❶ 『일하구문고(日下舊聞考)』27권. 홍역(弘歷), 「운수암시(雲岫庵詩)」.

'차경'을 운용함에는 고원한 공간을 개척하는 동시에 '운수암'기슭 아래의 산랑은 도리어 공교롭게 물결이 일렁인다. 이는 산세를 따라 꾸불꾸불 아래로 가면, 마치 유람객들에게 어느 곳이든 무궁한 경치가 있다고 전하는 같았다.

한번 높으면 한번은 낮으며, 한번 열리면 한번은 수렴하며, 한번 멀면 한번은 가까운 것 같은 이중의 대비가 매우 자연스럽게 조합되었고, 이 '한번'의 현상으로써 '호복간' 전체 원림은 심오함을 함축할 수 있다고 결론지을 수 있다.

원림에서의 격조나 분위기에서는 경치가 갑자기 탁 트여 남김없이 배출되는 것이 없지만, 도리어 한 단계 더 발전할 수 있었다. 고대 미학에서 강조하는 '경물은 다하여도 정감은 남아 있다'[72]든가, '가버린 듯하나 이미 돌아오고, 그윽한

운수암(雲岫庵)

듯하나 감춰진 것은 아니다.'73)라는 예술원칙을 체현한 것이다.

결론적으로, '호복간'을 조성한 사람은 매우 제한된 공간에서 여러 차례 변화시켜 한 계열의 공간기법을 능수능란하게 운용하여 뒤얽혀 복잡한 경관을 풍부하고 조화롭고 완정한 체계를 이루어 고전원림 기교의 성숙함을 최대한 표현했다. 이러한 '개자' 가운데 공들여 고안한 구성은 겹겹이 빈틈이 없다. 이런 구성을 구체적으로 예를 들면 다음과 같다.

첫째, 언덕과 굽은 길을 이용해서 독립된 경관구역을 조성했다.

둘째, 원림에 들어가기 전에 '억경'과 '인경'을 뒤섞어 운용했다.

셋째, 원림에 들어간 뒤에는 전경에서 근경까지를 바꾸었다.

넷째, 수경에서 산경으로 바뀌는 분위기로 전체 원림을 마무리했다.

이런 것들 중에 셋째와 넷째 두 곳에서 가장 교묘하게 구상했는데, 이들의 공동적인 핵심은, 방촌의 좁은 땅에 전반적으로 복잡한 공간관계와 경관요소의 역

원명원(圓明園) 조감도

제2장 고전원림예술에서 중화의 실현 - 풍부·조화·완정이 구축된 경관체계   417

량을 균형 있게 하는 것이다.

 '호복간' 물가 정자의 옛 표제가 '호중운석壺中雲石'이라는 네 글자이다.74) 이는 매우 중요한 것을 시사한다. 즉, 공간범위가 작아질수록 모순관계가 점점 복잡해지며, 전통예술기법은 더욱더 정밀함을 요구한다. 점점 세밀한 요소를 요구할 때마다, 모든 체계는 가장 알맞은 위치에 배치하는 것을 규정하였기 때문에 조금의 편차도 있을 수 없었다.

 이런 점에서 '호천'과 '개자'에서 '중화'의 미를 유지하는 조원예술의 유일한 발전방향은, 일련의 균형을 이룬 체계 내부의 모순을 전통적인 기교로 강화하고 또 강화하며, 변환하고 또 변환시킬 수밖에 없었음을 알 수 있다.

 지면이 제한되어, 여기에서 명 청 시대의 어떤 하나의 대규모의 원림을 구체적으로 분석할 수는 없지만, 그 공간원칙과 기법은 '호복간'과 결코 근본적으로 구별되지 않는다. 왜냐하면 그것은 대략 방대해진 몇 개의 '호천'이나 '개자'에 불과하기 때문이다.

 구조적인 면에서도 이들은 더욱 많은 경승지와 경관구역에 불과하며, 소형원림까지 모두 하나로 조합해서 완성한 것이다. 따라서 그 구조방식도 우리가 소개한 방법 중의 하나이며, 어떤 새로운 것이 아니다.

 예를 들면, 원명원 뒤의 호수는 '하늘과 물이 모두 하늘 빛上下天光'이라하였고, 하나는 '살구꽃 핀 봄의 객사杏花春館'라고 한 것들이다. 이 두 경관구역은 서로 인접해있다. 전자는 구름과 물색이 서로 받아들이기 위해 호수를 향해 활짝 열리는 형세를 취하였고, 후자는 이와 대비되어 산석에 둘러싸여 있다.

 이 두 경구는 서로 가깝지만 공간 형태·환경 분위기·건축양식 등은 완전히 다르다. 각종 모순요소를 조합하고 변환해서 경관구역과 경관구역 사이에 '어긋나있지만 그 유사함을 알고, 다르지만 그 통함을 안다暌而知其類 異而知其通'는 분위기를 조성한 것이다.

 많은 시간 동안 조원자가 직접 소형원림을 모방하고 답습하여 대형원림의 경관구역이나 원림 안에 원림을 다시 만들었다. 이들의 예술원칙은 조금도 다르지 않다.

△ 원명원의 안란원(安瀾園)

▽ 장춘원(長春園)

제2장 고전원림예술에서 중화의 실현 - 풍부·조화·완정이 구축된 경관체계   419

　예를 들면, '원명원' 안에 '해녕진씨원'75)을 모방하여 '안란원安瀾園'을 세웠다. 이에 대하여 홍력76)이 「안란원기」에서 "진원의 곡절과 함께하면 하나이면서 둘도 없는 것 같다."77)고 했다. 또 '장춘원長春園' 가운데 소주蘇州 사자림獅子林를 모방해 놓은 것을 묘사하여 "하나의 언덕과 하나의 계곡은 모두 귀신을 닮은 것 같다."78)고 하였다. 그가 마음을 기울인 것은 여전히 '한 걸음마다 한 번의 기이하고 지극히 변화한다一步一奇極變幻'79)는 원림을 조성하는 기교이다.

　많은 사람들은 습관적으로 정교한 명 청 원림예술에 경탄하며 언제나 원림에서 가장 세밀한 곳과 고도로 완전히 융합하여 모인 것을 극찬하였다. 하지만 일찍이 이 모두를 소유한 고전원림예술이 '호천'이나 '개자'에서 오랫동안 살아남기 위해 압착해낸 결과물을 생각해 볼 수 있다. 바로 이 때문에 정교한 뛰어남과 완전히 하나로 융합하는 것은 결과의 전부가 결코 아니며, 더구나 고전원림 최후의 귀착점도 아니다.

　중당 이후 원림예술방식의 발전에 대해서는 더욱 많은 것을 보여주었고 더욱 중요한 바를 시사했다. 이는 제8편 제5장에서 상세하게 토론하고자 한다. 여기에서 진일보하여 중국고전원림의 구조예술 및 그 발전·운명은 물론 모든 중국고대사회의 구조 및 그 발전·운명과 필연적인 관계를 설명하고자 한다.

01 혜강(嵇康): 중국 삼국 시대 위(魏)나라의 문인(223~262)으로 자는 숙야(叔夜)이다. 죽림칠현의 한 사람으로, 작품으로는 한시에 「유분시(幽憤詩)」, 산문에 「금부(琴賦)」 등이 있다.

02 정산(庭山): 집안으로 드리워진 산.

03 호석산(湖石山): 호수를 낀 돌산.

04 황석산(黃石山): 누른 빛깔의 돌산.

05 누(樓): 바닥이 지면에서 사람 한길 높이 정도의 마루로 되어있는 집. 벽이 트이어 사방을 바라볼 수 있게 높이 지은 집.

06 대(臺): 높고 평평한 건축물. 흙이나 돌로 높이 쌓아 사방을 볼 수 있게 만든 곳. 또는 그곳에 지은 집.

07 당(堂): 대청 또는 집.

08 재(齋): 일상적인 주거 공간 및 서재.

09 수(樹): 건축에서 수는 담장 역활을 한다.

10 패방(牌坊): 위쪽에 망대가 있고 문짝이 없는 중국 특유의 건축물. 주로 충효와 절의를 지킨 사람을 기리기 위하여 세우는 문.

11 교목(喬木): 줄기가 곧고 굵으며, 높이 자라는 나무. 소나무·향나무 따위. 큰키나무.

12 관목(灌木): 나무의 키가 작고, 원줄기가 분명하지 아니하며 밑동에서 가지를 많이 치는 나무(무궁화·진달래·앵두나무 따위). 떨기나무.

13 등라(藤蘿): 담쟁이·칡 등 덩굴식물을 통틀어 일컬음.

14 승덕피서산장(承德避暑山莊): 하북성(河北省) 승덕시(承德市) 쌍교구(雙橋區)에 소재하는 현존 중국의 최대 황가 정원으로 청(淸) 황제의 여름 궁전이었으며 소주(蘇州)의 졸정원(拙政園) 및 류원(留園)과 북경 이화원(頤和園)과 더불어 사대명원(四大名園)의 하나이며 열하행궁(熱河行宮) 또는 승덕이궁(承德離宮)으로 불린다. 피서산장은 120여 채의 건축물로 구성되었으며 총면적은 5.6평방㎞, 주위의 담장 둘레는 10㎞에 달한다.

15 곤명지(昆明池): 한(漢)나라의 무제가 수군(水軍)을 훈련하기 위하여 장안성 서쪽에 판 못.

16 규서(揆敍): 청나라 만주(滿洲) 정황기(正黃旗) 사람. 납라씨(納喇氏)로, 자는 개공(愷功)이고, 호는 유실거사(惟實居士)다. 대학사(大學士) 명주(明珠)의 아들이다.

17 규합(睽合): 서로 떨어지고 합해짐.

18 환수산장(環秀山莊): 중국 강소성(江蘇省) 소주시(蘇州市)의 경덕로(景德路)에 있는 정원. 진(晉)나라 때 왕순(王珣)·왕민(王珉) 형제가 저택에 경덕사(景德寺)를 축조한 뒤 여러 번 주인이 바뀌어 청(淸)나라 건륭제(乾隆帝) 말기에는 대학사(大學士) 손사의(孫士毅)가 소유하였다. 손사의는 정원을 새롭게 꾸미기 위하여 가산(假山) 공예가 과유량(戈裕良)을 초빙하였다. 과유량은 면적 333㎡에 불과한 곳에 천리에 뻗은 명산의 위용을 갖춘 가산을 조성하였다. 1977년 소주원림(蘇州園林)에 포함되어 유네스코의 세계유산으로 등재되었고, 1988년 중국의 중점문물보호지로 지정되었다.

19 우원(耦園): 중국 강소성(江蘇省) 소주시(蘇州市) 동쪽의 소신교항(小新橋巷)에 있는 정원. 원래 명칭은 섭원(涉園)이며, 소울림(小鬱林)이라고도 불렀다. 청나라 동치제(同治帝) 때인 1874년 절강성(浙江省) 호주(湖州) 출신의 심병성(沈秉性)이 소유한 뒤 현재의 명칭으로 바꾸었다. 강남 지방의 대표적 저택원림 가운데 하나로서 1995년 장쑤성 문물보호지, 2001년 중국 중점문물보호지로 지정되었고, 2000년 소주원림(蘇州園林)에 포함되어 유네스코의 세계유산으로 등재되었다.

20 취산개합(聚散開闔): 모이고 흩어지며 열리고 닫힘.

21 착락변화(錯落變化): 뒤섞여 변화함.

22 「와준시(窊樽詩)」『원차산집(元次山集)』3권. "巡廻數尺間, 如見小蓬瀛."

23 청석(靑石): 푸른 빛깔을 띤 응회암.

24 영안사(永安寺): 중국 북경(北京) 시내의 북해공원에 위치한 사찰이다. 순치(順治) 8년(1651)에 창건되었고, 과거에는 라마(喇嘛)가 불경을 읽던 장소이며, 제후(帝後)들이 종종 이곳을 찾아와 예불을 올리곤 하였다. 북해공원 남문에 들어서서 영안석교(永安石橋)를 건너면, 바로 영안사가 보인다.

25 축선(軸線): 건물이나 건축 배치 등의 구성의 중심이 되는 선. 도시나 지구의 구조를 명확하게 나타내기 위해 넣는 직선적 공간.

26 개원(个園): 중국 강소성(江蘇省) 양주시(揚州市)의 염부로(鹽阜路)에 있는 정원. 부지면적 4500㎡이며, 청나라 가경제(嘉慶帝) 때인 1818년 황지균(黃至筠)이 수지원(壽芝園)의 옛터에 건설하였다. 개원은 황지균의 호(號)이다. 동치제(同治帝) 때 단투(丹徒)의 이균정(李筠亭)이 소유하였고, 광서제(光緖帝) 때는 다시 소유주가 강도(江都)의 주언오(朱言晤)로 바뀌었다. 이후에도 학교와 군대, 기관단체의 소재지가 되었다가 1980년대 초 대규모 재건사업이 이루어지면서 관광객을 대상으로 개방되었다. 1988년 중국의 중점문물보호지로 지정되었다. 돌을 겹겹이 쌓아 올린 정교한 가산(假山)으로 유명하다. 정원은 석순(石筍)·황석(黃石)·선석(宣石) 등에 의하여 사계절의 풍경이 연출된다. 개원의 남쪽 입구는 봄 풍경으로, 겨울을 나면서도 시들지 않은 대나무 숲과 대나무 숲속의 석순이 사계절의 시작을 의미한다. 개원의 서북쪽은 여름 풍경으로, 포산루(抱山樓) 서쪽에서 시작하여 물 속에 태호석(太湖石)을 겹쳐 쌓은 가산에 이르고 돌다리를 건너 수동(水洞)까지 수려하고 그윽한 정경이 눈길을 끈다.

27 사계가산(四季假山): 연못·정자·누각 등이 동서남북 계절의 변화에 따라 배치되어 있음.

28 섭몽득(葉夢得; 1077~1148): 송원대 정치인 송나라 소주(蘇州) 오현(吳縣) 사람. 자는 소온(少蘊)이고, 호는 석림(石林)이다.

29 홍몽(鴻濛): 하늘과 땅이 아직 갈리지 않은 모양. 천지자연의 원기(元氣).

30 희이(希夷): 심오한 도리(道理). 도(道)의 본체(本體).

31 이격비(李格非), 「낙양명원기(洛陽名園記)」, 『소씨문견후록(邵氏聞見後錄)』25권. "卑小, 不可與它園班. …… 澆花亭者, 益小, 弄水種竹軒者, 尤小."

32 「소포수기(小圃睡起)」, 『이천격양집(伊川擊壤集)』2권.

33 『중국역대회화(中國歷代繪畵)·고궁박물원장화(故宮博物院藏畵)』제3책 pp.64~67.

34 『송인화책(宋人畵册)』14집.

35 『중국회화전집(中國繪畵全集)』6, p.58.

36 『중국회화전집(中國繪畵全集)』6, p.86.

37 『양송명화책(兩宋名畵册)』제45정.

38 『중국회화전집(中國繪畵全集)』6, p.28.

39 지안(池岸): 못과 언덕이 맞닿는 곳.

40 『전송사(全宋詞)』제4책, p.2920. 오문영

41 진윤평(陳允平): 남송 경원부(慶元府) 봉화(奉化) 사람. 사(詞) 작가. 자는 군형(君衡)이고, 호는 서록(西麓)이다. 진문의(陳文懿)의 손자다. 공제(恭帝) 덕우(德祐) 때 연해제치사참의관(沿海制置司參議官)을 지냈다. 원나라에 입조한 뒤 원한을 가진 사람들이 그가 "애산(涯山)을 위해 호응하려 했다."고 고발해 결국 체포되었다. 나중에 동료 원홍(袁弘)의 노력으로 석방되었다. 이후 천거되었지만 벼슬할 생각이 없어서 병을 핑계대고 돌아갔다. 시사(詩詞)에 능해 오문영(吳文英), 옹원룡(翁元龍) 등과 이름을 나란히 했다. 저서에 『일호어창(日湖漁唱)』1권과 『서록계주집(西麓繼周集)』1권, 『서록시고(西麓詩稿)』 등이 있다.

42 『전송사(全宋詞)』, p.3102. "凍解苔鋪, 冰融沙氅, 誰凭玉勾欄."

43 양사성(梁思成), 「돈황벽화에 보이는 중국고대건축[敦煌壁畵中所見的中國古代建築]」제1절 「우리들이 이미 알고 있는 중국건축의 주요 특징[我門所已經知道的中國建築的主要特征]」, 『양사성문집(梁思成文集)』제1책 pp.2~4. / 「중국건축의 특징[中國建築的特征]」『양사성문집(梁思成文集)』제4책 pp.96~98. / 劉敦楨(류돈정) 주편(主編), 『중국고대건축사(中國古代建築史)·서론(緖論)』제3절 「중국고대건축의 특징[中國古代

建築的特徵]」등에 보인다.

44 소제(蘇堤): 북송시대에 소식(蘇軾)이 백성들을 위해 축조한 제방.

45 『몽양록(夢梁錄)』12권 「서호조(西湖條)」.

46 원림 중 건축형식의 기법을 전환하기 위한 노력은 이미 오래전부터 자각되었다. 예컨대, 『무림구사(武林舊事)』5권에 이르기를, "한탁주(韓侂冑)가 남원(南園) 안에 '십양금정(十樣錦亭)'을 지었다."는 것이다.

47 공내(公鼐): 명(明) 몽음(蒙飮) 사람. 자는 효여(孝與)이다.

48 산수경관 사이의 균형과 조화의 실현을 예를 들면, 비교적 항상 볼 수 있는 당과 당 앞의 수지(水池)나 파산랑(爬山廊)이 산체와 조합하여 일치하는 것들이다.

49 세미한 모순 적인 면을 예를 들면, 하나의 누각을 설치함에 있어서 그것의 위치나 형체, 문과 창의 취향과 채색양식 등에 이르기까지 모순되는 면이 있다는 것이다.

50 촉신루(矚新樓): 원래 명칭은 취운루(就雲樓)로 그 만든 의지를 더욱 체현할 수 있다.

51 원림의 소품(小品)은 바닥에 까는 것·난간·분경·어항·돌로 만든 탁자나 의자………이다.

52 주밀(周密): 남송(南宋) 말엽의 시인, 화가이다. 자는 공근(公謹), 호는 초창(草窓), (변양노인) 등이 있다. 송 멸망 후에는 '사수잠부(泗水潛夫)'라 했다. 조맹부(趙孟), 고극공(高克恭) 등 당시의 문인과의 교제도 넓었고 명화·법서의 수장가로 알려졌으며, 그림은 매죽난석을 잘했다. 저서에『운연과안록(雲烟過眼錄)』등이 있다.

53 백거이(白居易),「오진사를 유람하다 130운[遊悟眞寺一百三十韻]」,『백거이집(白居易集)』6권. "地窄虛中寬"

54 육구몽(陸龜蒙; ?~881): 중국 만당(晩唐)의 시인. 호 천수자(天隨子). 송강 보리(松江甫里)에 살면서 구기자(枸杞子)와 국화(菊花)를 심어 반찬하였고 차(茶)를 좋아하여 고저산(顧渚山) 밑에 다원(茶園)을 두었으며, 호수 입택(笠澤)에 배를 띄워 놓고 '입택어옹(笠澤漁翁)', '강호산인(江湖散人)'이라 자칭했음.

55 전영(錢泳; 1759~1844): 청대 후기의 서예가. 자는 입군(立群). 호는 매개(梅溪). 장쑤성 금귀 사람. 소식을 배웠다고 하나 모든 서체에 뛰어났으며, 특히 예서가 특징적이었다.

56 섭섭(葉燮; 1627~1703): 문학인 청나라 강소(江蘇) 오강(吳江) 사람. 자는 성기(星期)고, 호는 이휴(已畦)며, 섭소원(葉紹袁)의 아들이다. 강희(康熙) 9년(1670) 진사에 급제했고, 강소(江蘇) 보응현령(寶應縣令)을 지냈다.

57 가정(賈政): 영국부 가대선와 태부인 사이의 둘째아이들이자 가사의 동생이며, 자는 존주(存周), 이 작품의 주인공 가보옥의 아버지이다.

58 영친(映襯): 서로 잘 어울리게 함.

59 장경(障景): 서로 독립적인 요소들을 돌·건축물·수목 등으로 분리시키는 것을 말한다.

60 패방(牌坊): 원래 어떤 사람의 덕행을 널리 알리기 위해 세운 기념비적인 건축물을 가리키는 말이며, 대개 2개의 기둥 위쪽에 가로로 된 현판을 걸고 거기에 덕행의 내용과 관련된 글자를 새긴다.

61 억경(抑景): 중국원림 건축의 기법 중의 하나이다. 풀이하면 경치를 억압한다는 뜻이다. 이것은 흔히 '선장후로(先藏後露)'의 수법이라고도 하는데 일단 먼저 감추었다가 나중에 드러내는 것을 말한다. 중국 원림에서는 문에 들어서자마자 경치가 한눈에 다 들어오지 않고 부분의 경치만 보인다. 그것은 문이나 담장, 그리고 이런저런 모양의 창뿐만 아니라 기암괴석이나 숲 등의 자연경물이 시선을 가로막아 그 너머의 경치를 보여주지 않기 때문이다. 부분의 경치를 보고 난 뒤에 좁은 문을 통해 다음 구역으로 들어갔을 때 비로소 또 다시 새로운 경치가 눈앞에 펼쳐지는 것이 특징이다.

62 파산랑(爬山廊): 자연지형의 산비탈을 이용해서 오르내리는 회랑.

63 인경(引景): 경치를 끌어들이는 기법을 이른다.

64 원락(院落): 뜰이나 정원을 이른다.

65 엄영(掩映): 두 사물이 서로 가리면서 어울려 돋보이다.

66 개합(開闔): 열리고 닫히는 것.

67 유람객이 이화원(頤和園) 인수전(仁壽展) 서쪽 꼬불꼬불한 작은 길을 지나 곤명호반(昆明湖畔)에 도달하여 호반의 전경을 감상한 뒤에 경원락(經院落), 회랑 등을 지나 배운전(排雲殿) 주경구(主景區)에 도달한다. 이것이 이러한 종류의 실례이다.

68 권붕헐산식(卷棚歇山式): 지붕의 두 경사면이 용마루 없이 곡선으로 연결되는 형태.

69 산랑(山廊): 회랑의 일종이다.

70 권붕경산식(卷棚硬山式): 지붕면 단부가 측벽선과 일치하는 맞배지붕 형식이다.

71 경도(瓊島): 현재 북해공원에 있는 작은 섬.

72 유협(劉勰), 『문심조룡(文心雕龍)·물색(物色)』, "物色盡而情有餘."

73 사공도(司空圖), 『시품(詩品)·위곡(委曲)』, "似往自回, 如幽匪藏."

74 『일하구문고(日下舊聞考)』27권, "舊題'壺中雲石'."

75 해녕진씨원(海寧陳氏園): 해령(海寧)의 진씨(陳氏)의 안란원(安瀾園)을 이른다.

76 홍력(弘歷): 청나라 건륭제의 이름.

77 『원명원40경도영[圓明園四十景圖詠]』, pp.20~23, 「안란원기(安瀾園記)」 "與陳園曲折如一無二也."

78 「사자림의 입경시[獅子林入景詩]」중2, 「가산(假山)」, 『일하구문고(日下舊聞考)』83권에, "一丘一壑都神肖." 라고 보인다.

79 「사자림입경시(獅子林入景詩)」중8, 「정봉정(占峰亭)」, 『일하구문고(日下舊聞考)』83권, "一步一奇極變幻."

가

가주태수 집이 오래 전부터 뒤에 텃밭이 없어서 농사짓는 사이에 꽃을 심고 정자를 지어서……보았다[嘉州守宅舊無後圃, 因農事之隙爲種花築亭觀……] / 383
각암기(覺菴記) / 134
간악기(艮岳記) / 351
간악부(艮岳賦) / 172, 435
감궁(坎宮) / 304
강고(康誥) / 28, 431
강릉 육어사 댁의 연회에 모여 장조가 소나무와 돌을 그리는 것을 보고 쓴 서문[江陵陸侍御宅燕集觀張員外畵松石序] / 255
강역당기(講易堂記) / 368
강준과 함께 쇠락하여 몇 칸만 남은 동재에 쓰다[同姜浚題裒式微餘幹東齋] / 54
개납료(芥納寮) / 133
개원(個園) / 421, 442
개합(開闔) / 424, 444
거(據) / 315
거리낌 없이 말하다 5수[放言五首] / 79
거문고를 밀치고 유[안회]를 말리다 / 227
검남시고(劍南詩稿) / 237, 308, 438, 439
격범교(隔凡橋) / 370
견산루(見山樓) / 372
경구(景區) / 172, 435
경도(瓊島) / 424, 444
경수단 / 370
경신(耕莘) / 116
경원락(經院落) / 424, 444
계신잡지(癸辛雜識) / 238, 438
고목 죽석 그림에 제함 3수[題過所畵枯木竹石三首] / 150
고산수(枯山水) / 239, 438
고야(姑射) / 303
고와(高臥) / 152
고운 객사에 쓰다[題高雲客舍] / 55
고전원림 / 144

고한상인을 전송하는 서문[送高閑上人序] / 276
고화품록(古畵品錄) / 254
곡수원(曲水園) / 400
곤명지(昆明池) / 420, 442
공내(公廨) / 423, 443
공안낙처(孔顔樂處) / 140, 432
공필(工筆) / 172, 434
곽약허(郭若虛) / 65, 432
곽주부에 화답하다[和郭主簿] / 298
관목(灌木) / 420, 442
관역음(觀易吟) / 218
관학(關學) / 142, 434
광심재(廣心齋) / 143, 434
교목(喬木) / 420, 442
교서왕에게 월나라 대부들이 인하지 못하다고 대답하다[對膠西王越大夫人不得爲仁] / 29, 431
교연(皎然) / 238, 438
구가(九歌) / 315
구류백가(九流百家) / 28, 430
구륵진채법(句勒眞彩法) / 172, 434
국어(國語)·정어(鄭語) / 334, 440
권붕경산식(卷棚硬山式) / 424, 444
권붕헐산식(卷棚歇山式) / 424, 444
권석작수(拳石勻水) / 237, 437
귀거래사(歸去來辭) / 36
귀잠당기(歸潛堂記) / 135
귀전록(歸田錄)·자서(自序) / 93
규서(揆紋) / 420, 442
규타협(虬䗪峽) / 370, 371
금단(金丹) / 193
금릉동원(金陵東園) / 395
금마옥당(金馬玉堂) / 209
금부(琴賦) / 338
금어항(金魚缸) / 173, 435
기실 조숙이 직무에 일이 없어서[趙記室俶在職無事] / 286
기직충관(氣直沖貫) / 295
기풍필우(箕風畢雨) / 50

나

나대경(羅大經) / 173, 436
낙산 사람이 은거하는 작은 연못을 지나며[過駱山人野居小池] / 393
낙양명원기(洛陽名園記) / 160
낙포여고(樂圃余稿) / 125
낙하원지(洛下園池) / 124
낙학(洛學) / 142, 434
난루(亂縷) / 295
난성집(欒城集) / 141, 433
난정서에 제발하다[跋蘭亭序] / 275
남송이학의 대가 / 238, 438
남악의 스님 중인이 그린 묵매화[南嶽僧仲仁墨畵梅花] / 172, 435
내성외왕(內聖外王) / 142, 433
노가(老可) / 150
노영광전부(魯靈光殿賦) / 335, 441
노자한비자열전(老子韓非子列傳) / 197, 437
논어(論語)·술이(述而) / 73
논어(論語)·옹야(雍也) / 73
논어(論語)·위령공(衛靈公) / 74
논어(論語)·이인(里仁) / 74
논어집주(論語集注) / 142, 433
논화육법(論畵六法) / 255, 256
누(樓) / 420, 442
늦봄에 양서에 새로 초가집을 빌려 5수를 쓰다[暮春題瀼西新賃草屋五首] / 129

다

다경(茶經) / 308, 439
다동소서(茶董小序) / 296
다시 기사에 이르러 땅을 골라서 건축하다[再到期思卜築] / 60
단구(丹丘) / 294
단봉(短蓬) / 173, 435
단표누항(簞瓢陋巷) / 141, 433
달리2수(達理二首) / 141, 433
달빛 아래에서 홀로 마시다[月下獨酌] / 284, 285
답방참군(答龐參軍) / 237, 437
답정자상(答鄭子上) / 222
당(堂) / 420, 442
당율소의(唐律疏義) / 196, 437
당자서(唐子西) / 285
대(臺) / 420, 442
대경당시화(帶經堂詩話) / 250
대관원(大觀園) / 308, 439
대명(大明) / 15
대상정(待霜亭) / 173, 435
대종사(大宗師) / 190
대청율례(大淸律例) / 196, 437
덕충부(德充符) / 24
도(道) / 237, 438
도교의 특징 추의[道敎特徵芻議] / 193
도연명 시체를 본받은 16수[效陶潛體詩十六首] / 77
도연명 체를 본받은 16수[效陶潛體詩十六首] / 80, 81
도연명의 왕무군 장군의 좌석에서 객을 보내며 에 답하다[和陶王撫軍座送客] / 108
도연명집서(陶淵明集序) / 308, 440
도종의(陶宗儀) / 308, 439
도주공(陶朱公) / 125
도척(盜跖) / 89
독락원기(獨樂園記) / 143, 434
돈오(頓悟) / 195, 436
동남으로 가면서 지은 일백운…[東南行一百韻…] / 82
동산초당부(東山草堂賦) / 137
동중서(董仲舒) / 334, 440
동포물여(同胞物與) / 27, 430
동헌기(東軒記) / 142, 434
두주전(杜周傳) / 64, 431
득어망전(得魚忘筌) / 145
등라(藤蘿) / 420, 442
등파고랑(騰波鼓浪) / 295
또 을사년 봄에 시 한 수를 쓰다[又乙巳春

書之一 / 118, 119

라

루시앙 레비 브륄(Lvy Bruhl, Lucien / 195, 197, 436, 437
류상(流觴) / 370

마

마원(馬園) / 400
막걸리에 묘리가 있다[濁醪有妙理賦] / 287
말은 다함이 있으나 뜻은 다함이 없다[言有盡而意無窮] / 195, 436
매요신(梅堯臣) / 173, 435
매죽오(梅竹隩) / 370
매화도에 쓰다[題墨梅圖] / 307, 439
맹분(孟賁) / 266
명단(明彖) / 196, 330, 437
명부(明府) / 293
모연각 상보도에 제하다[題摹燕郭尙父圖] / 274
모원산(某園山) / 398
목서(木樨) / 169
못 가 대나무 아래에서 짓다[池上竹下作] / 56
몽계필담(夢溪筆談)·서화(書畵) / 274
몽양록(夢梁錄) / 362
무명론(无名論) / 327
무정설법(無情說法) / 192
묵가(墨家) / 27, 430
묵경(墨經) / 195, 436
묵죽(墨竹) / 261
묵죽부(墨竹賦) / 260
묵죽서론(墨竹敍論) / 267
문부(文賦) / 243
문선(文選) / 43
문심조룡(文心雕龍)·원도제1(原道第一) / 246

문심조룡(文心雕龍)·정기(程器) / 61
문안락(問顔樂) / 142, 434
문여가 양천 원지 30수에 답하다[和文與可洋川園池三十首] / 56
문여가가 그린 화죽병풍의 찬[文與可畫墨竹屏風贊] / 261
문징명(文徵明) / 173, 435
문천상(文天祥) / 27, 430
물(物) / 237, 438
물색(物色) / 424, 444
미광형(迷狂型) / 197, 437
미외지치(味外之致) / 195, 436
미원휘 산수화 발문[跋米元暉山水] / 264
미제괘(未濟卦) / 325

바

반가산(半假山) / 172, 435
반제(反題) / 313, 335, 441
반주기(盤洲記) / 173, 435
발원공아집도(跋袁公雅集圖) / 141, 433
배운전(排雲殿) / 424, 444
배풍(培風) / 120
백구시서(白鷗詩序) / 394
백규(白圭) / 125
범관산수도에 쓰다[書范寬山水圖] / 266
범안의 가을 산수의 소경에 쓰다[題范寬秋山水小景] / 267
법가(法家) / 27, 430
법언(法言)·문신(問神) / 202
법천상지(法天象地) / 237, 437
봉문(蓬門) / 56
봉화저주9영9수(奉和滁州九詠九首) / 88
부계(符契) / 309, 440
부득일호천지(賦得一壺天地) / 357
부모님 뵈러 고향 가는 출가한 생질 회소를 보내며[送外甥懷素上人歸鄕侍奉] / 273
부자는 요순보다 어질다[夫子賢於堯舜] / 141, 433

북송오자(北宋五子) / 238, 438
북해 경화도(瓊華島) / 172, 435
분지(盆池) / 133, 162
불골표(佛骨表) / 86
불구(不苟) / 19
비덕(比德) / 143, 434
비옥교(沸玉橋) / 370
비회풍(悲回風) / 413

사

사가법(史可法) / 27, 430
사계가산(四季假山) / 421, 443
사공도(司空圖) / 307, 439
사광(師曠) / 230
사령운(謝靈運) / 152
사면당(四面堂) / 381
사물(四物) / 315
사백(史伯) / 334, 440
사부정서류(史部政書類) / 196, 436
사선(四禪) / 357
사안(謝安) / 152
사의(寫意) / 172, 434
사의원림(寫意園林) / 144
사자림의 입경시[獅子林入景詩] / 425, 444
산거기(山居記) / 209
산거원에게 절교하는 편지를 보내다[與山巨源絶交書] / 43
산랑(山廊) / 424, 444
산수훈(山水訓) / 309, 440
산원의 소매[山園小梅] / 59
산정거화론(山靜居畵論) / 172, 435
산중에서 수재 배적과 쓰다[山中與裵秀才迪書] / 58
삼금의가원(三錦衣家園) / 354
삼류(三類) / 315
삼재(三才) / 307, 439
상감께서 손수 지으신 토원서옥 어필시를 삼가 우러러 보며[御制討源書屋恭瞻皇朝御筆詩] / 230
상고무풍(上古巫風) / 196, 437
상림원(上林苑) / 237, 437
상반상성(相反相成) / 335, 441
상산학안(常山學案) / 238, 438
상숙연곡원(常熟燕谷園) / 397
상정(觴政) / 289
생명지(生明池) / 370
서교잡영(西郊雜咏) / 300
서명(西銘) / 104
서명설(西銘說) / 143, 434
서명해(書銘解)·통론(統論) / 142, 433
서사회요(書史會要) / 308, 439
서서성(徐書城) / 172, 434
서의(書議) / 272
서호유람지(西湖遊覽誌) / 351
서화동원(書畵同源) / 307, 439
석만경을 조문하다[弔石曼卿] / 287
석성(石城) / 172, 435
선석(宣石) / 159
선성(繕性) / 24
선왕(先王)의 도 / 334, 440
선자원(鮮自源) / 143, 434
선종(禪宗)과 중국사대부(中國士大夫)의 예술사유(藝術思惟) / 195, 436
선춘원(先春園) / 401
설랑재명인(雪浪齋銘引) / 173, 435
설현(說玄) / 203
섭몽득(葉夢得) / 422, 443
섭섭(葉燮) / 423, 444
섭적(葉適) / 143, 434
성정(性情) / 141, 433
소겁(小劫) / 58
소공(昭公) / 334, 440
소년이 물어서[少年問] / 123
소순흠(蘇舜欽) / 64, 237, 431, 437
소엽(蘇曄) / 152
소요유주(逍遙游注) / 205
소은(小隱) / 287
소제(蘇堤) / 423, 443

소주(蘇州)의 졸정원(拙政園) / 372
소주의 조염 우부의 '호연당'에서[蘇州曹琰
　　虞部浩然堂] / 69
소창랑(小滄浪) / 372
소파(小坡) / 150
소포봉춘(小圃逢春) / 143, 434
소포수기(小圃睡起) / 422, 443
손등(孫登) / 56
송명이학(宋明理學) / 199
송사(宋史)·장재전(張載傳) / 103
송장중융서(送張仲隆序) / 222
수(樹) / 420, 442
수기정(綉綺亭) / 372
수신제가치국평천하(修身齊家治國平天下)
　　/ 238, 438
수심문집(水心文集) / 227
수은당기(粹隱堂記) / 127
순자(荀子)·불구(不苟) / 142, 433
승덕피서산장(承德避暑山莊) / 420, 442
시303수(詩三百三首) / 212
신축년 7월…(辛丑歲七月…) / 44
실현한 화해가 더욱 많은 것 / 64, 431
심남계상산도인은거(尋南溪常山道人隱居)
　　/ 214
심덕(沈德) / 158
심미의상(審美意象) / 195, 436
심씨 훤죽당의 기문[沈氏萱竹堂記] / 122
심안음(心安吟) / 115
심원춘(沁園春)·억황산(憶黃山) / 305
심원춘(沁園春) / 60, 303, 304
심장(尋丈) / 305
십양금정(十樣錦亭) / 423, 443
쌍괴당기(雙槐堂記) / 64, 431

아

아(我) / 237, 438
악양루기(岳陽樓記) / 27, 430
안락정명(顏樂亭銘) / 112

안락정시(顏樂亭詩) / 112
안란원기(安瀾園記) / 425, 444
안사군이 곽중사를 지나다가 절에는 감상
　　할 물이 없어서 내가 그 뜻을 서술하
　　여 받들어 답하다[奉酬顏使君見過郭中
　　寺, 寺中無水之賞, 故予述其意以答焉]
　　/ 212
안영(晏嬰) / 315, 334, 335, 440, 441
안척(顏跖) / 89
애련루기(愛蓮樓記) / 140, 432
약수(弱水) / 120
약신서심당(若神棲心堂) / 237, 438
양계만지(梁溪漫志) / 150
양의(兩儀) / 205
양정수 호재기에 쓰다[題楊廷秀浩齋記]
　　/ 143, 434
양호당(養浩堂) / 143, 434
어록상(語錄上) / 223
어수재소지(於秀才小池) / 237, 438
어안(魚眼) / 295
어항가(魚缸歌) / 164
억경(抑景) / 424, 444
언외지의(言外之意) / 195, 436
언의지변(言意之辨) / 195, 436
엄영(掩映) / 424, 444
여씨춘추(呂氏春秋) / 334, 440
여암(呂巖) / 309, 440
연목구어(緣木求魚) / 250
연우독음(連雨獨飲) / 237, 437
연운진태(煙雲盡態) / 172, 435
연주(連珠) / 295
염계(濂溪) / 140, 432
염계시(濂溪詩) / 140, 432
영(令) / 64, 431
영규율수회평(瀛奎律髓滙評) / 289
영릉삼정기(零陵三亭記) / 48
영안사(永安寺) / 421, 442
영욕(榮辱) / 8
영원요화집(影園瑤華集) / 392
영조법식(營造法式) / 196, 436

영주(瀛州) / 81
영척반우(甯戚飯牛) / 56
영친(映襯) / 424, 444
영회(詠懷) / 79
예(羿) / 230
예기(禮記)·단궁편(檀弓篇) / 79
예기(禮記)·악기(樂記) / 142, 433
예기(禮記)·악기(樂記)·악론편(樂論篇) / 320
『예기』의 작자 / 334, 440
예술사유(藝術思惟) / 195, 436
예악론(禮樂論) / 91
예원자기(豫園自記) / 345
예제(禮制) / 334, 440
예홍보원(倪鴻寶園) / 396
오강(五降) / 326
오성(五聲) / 315
오죽유거정(梧竹幽居亭) / 372
오진사를 유람하다 130운[遊悟眞寺一百三十韻] / 423, 443
오춘경이 고원헌이라 이름짓다[吳春卿高遠軒銘] / 132
옥양산방(玉陽山房) / 370
옹유음(瓮牖吟) / 115
와도헌(臥陶軒) / 309, 440
와준시(窊樽詩) / 421, 442
왕거경 시제가 소장한 범관〈산수도〉에 제하다 / 265
왕관(王官) / 28, 430
왕사정(王士禎) / 307, 439
왕신(王莘) / 303, 309, 440
왕안지에게 답하다5수[和王安之五首] / 220
왕양명(王陽明) / 140, 432
왕터(王攄) / 173, 435
왕패(王覇) / 28, 431
왕필(王弼) / 335, 441
왕형공천자효우(王荊公天資孝友) / 141, 433
요경원(天鏡園) / 396
우공명 찰원이 이성의 산수를 지은 것에 다시 차운하다[再次韻和虞公明察院賦李成山水] / 265

우락(憂樂) / 117
우원(耦園) / 421, 442
우제(偶題) / 233
운곡잡기(雲谷雜記) / 141, 285, 433
운몽(雲夢) / 267
운수암시(雲岫庵詩) / 415
원공(遠公) / 58
원관(園館) / 362
원락(院落) / 424, 444
원림(園林) / 199, 313
원림의 소품(小品) / 423, 443
원산(園山) / 172, 435
원치(園治) / 383
원향당의향당 / 372
원헌(原憲) / 75
월주 장중사 수락당[越州張中舍壽樂堂] / 59
월중원정기 중2[越中園亭記之二] / 161, 396
월중원정기 중3[越中園亭記之三] / 396
위곡(委曲) / 424, 444
위진현학(魏晉玄學)과 문학이론(文學理論) / 195, 436
위학산(魏鶴山) / 116
유감승이 소장한 〈해악암도〉에 제하다[題劉監丞所藏〈海嶽庵圖〉] / 151
유거경 육영에 써서 주다 / 226
유금릉제원기(遊金陵諸園記) / 395, 397
유기(劉祁) / 143, 434
유기에게 주다[贈劉祁] / 136
유면(劉勔) / 152
유문표(俞文豹) / 86
유애전(庾敱傳) / 204
유약(有若) / 334, 440
유장경(劉長卿) / 64, 432
유하(流霞) / 292
유한한 화해 / 64, 431
유효(儒效) / 20
육구몽(陸龜蒙) / 423, 443
육기(六氣) / 205
육우처사를 방문하다[訪陸處士羽] / 293
육원정에 주는 글[與陸元靜書] / 140, 433

육율(六律) / 315
육허(六虛) / 320
윤편(輪扁) / 230
율려(律呂) / 326
은공(隱公) / 334, 440
응소(應劭) / 75
응옥(凝玉) / 370
의료(宜僚) / 230
의발(衣鉢) / 140, 432
의병(議兵) / 28, 431
의원(宜園) / 399
의흥현의 명부 권자군이 산에 이르러 육우처사의 청당 별장에 모임을 기뻐하여[喜義興權明府自君山至集陸處士羽青塘別業] / 293
이강(李綱) / 307, 439
이덕유(李德裕) / 155, 307, 439
이동양(李東陽) / 143, 434
이락(伊洛) / 131
이부험봉사랑중 중랑선생 행장[吏部驗封司郎中中浪先生行狀] / 289
이빈신거(李頻新居) / 393
이소(二蘇) / 142, 434
이안편(伊安篇) / 195, 436
이일분수(理一分殊) / 140, 432
이정(二程) / 140, 432
이정집(二程集)·하남정씨수언(河南程氏粹言) / 72
이정집(二程集)·하남정씨문집(河南程氏文集) / 72
이질(李質) / 172, 435
이천격양음(伊川擊壤吟) / 124
이체(二體) / 315
이하원에 거처에 쓴 서문[題爾遐園居序] / 64, 432
인경(引景) / 424, 444
인공소헌이수(忍公小軒二首) / 212
인학(仁學) / 27, 430
일기(一氣) / 315
일백원(一柏園) / 399

일지록(日知錄) / 238, 438
임경희(林景熙) / 143, 434
임금께서 지으신 피서산장 36경시에 삼가 주를 달다[恭注御製避暑山莊三十六景詩跋] / 343
임마누엘 칸트(Immanuel Kant[康德]) / 180
임천고치(林泉高致)·산수훈(山水訓) / 307, 439
입사(入寺) / 108

자

자사(子思) / 27, 430
자신을 가엽게 여기다[悶己賦] / 84
자제방호(自題方壺) / 303
자첨의 고목에 쓰다[題子瞻「枯木」] / 307, 439
장경(障景) / 424, 444
장구성(張九成) / 140, 433
장뢰(張耒) / 64, 431
장백영초서가(張伯英草書歌) / 273
장식(張栻) / 140, 433
장영서(臧榮緒) / 308, 439
장원간(張元幹) / 307, 439
장자(莊子)·천지(天地) / 62
장자(莊子)·천하(天下) / 100
장자(莊子)·추수(秋水) / 403
장자후(章子厚) / 308, 439
장적부(長笛賦) / 326
장창(張蒼) / 83
장회관(張懷瓘) / 308, 439
장횡거 선생에 답하는 글[答橫渠先生書] / 142, 434
장효상(張孝祥) / 143, 173, 434, 435
장흥유림종 '양호재'기(長興儒林宗養浩齋記) / 130
재 앞 소산에 잡초가 무성하게 우거진지 오래되어 집안 형 소공이 그것을 정리하여, …… 소시 10수를 짓다[齋前小山

穢翳久矣, 家兄召工治之, …… 賦小詩
　　十首중2수 / 173, 435
재(齋) / 420, 442
재재지사(梓材之士) / 61
전다부(煎茶賦) / 295
전분(典墳) / 243
전영(錢泳) / 423, 443
전읍(田邑) / 28, 430
전제(筌蹄) / 308, 440
절동사공파(浙東事功派) / 143, 434
점족(點簇) / 172, 435
정고(庭誥) / 142, 433
정교(政敎) / 307, 439
정몽(正蒙)·건칭편(乾稱篇) / 104
정몽(正蒙)·성명편(誠明篇) / 105
정산(庭山) / 420, 441
정심재靜心齋 / 377
정제(正題) / 313, 335, 441
정주(程朱) / 140, 238, 433, 438
정현(鄭玄) / 75
제물론(齊物論) / 197, 437
제자(諸子) / 28, 430
조거와 다연을 하다(與趙苕茶宴) / 292
조덕린의 운을 다시 빌려 서호를 다시 읊
　　다(再次韻德麟新開西湖) / 235
조덕린의 운을 빌려 서호를 읊다(次趙德麟
　　韻(詠西湖) / 234
조양(潮陽) / 86
조양사기(朝陽榭記) / 158
종교사유(宗敎思維)의 상용성(相容性)
　　／ 197, 437
종남산 취미사 공상인 방에 쓰다(題終南翠
　　微寺空上人房) / 64, 432
종릉동호정기(鍾陵東湖亭記) / 48
종병전(宗炳傳) / 252
주소(周召) / 125
주밀(周密) / 423, 443
주술훈(主術訓) / 28, 430
주언약의 '호재'에 쓰다(題周彥若壺齋) / 133
주역약례(周易略例) / 335, 441

주역약례(周易略例)·명효통변(明爻通變)
　　／ 331
주역주(周易注)·건괘(乾卦) / 329
주역주(周易注)·곤괘(坤卦) / 335, 441
주역주(周易注)·수괘(需卦) / 328, 335, 441
주필대(周必大) / 143, 434
죽리관(竹里館) / 60
중니제자열전(仲尼弟子列傳) / 75
중장통(仲長統) / 64, 431
중장통전(仲長統傳) / 42
즉시 짓다(馬上作) / 141, 433
증점(曾點)의 기상(氣象) / 143, 434
증점(曾點)의 참된 멋 / 227
증점의 견해(曾點之見解) / 170
지수를 완상하다(玩止水) / 211
지안(池岸) / 422, 443
지해형(知解型) / 197, 437
직설(稷契) / 125
직재서록해제(直齋書錄解題) / 196, 437
진계릉이 헌명을 빌리다(陳季陵借軒銘)
　　／ 132
진덕수(眞德秀) / 141, 433
진동보의 포슬재에서 두 수를 쓰다(陳同甫
　　抱膝齋二首) / 120
진량(陳亮) / 143, 434
진몽뢰(陳夢雷) / 309, 440
진윤평(陳允平) / 422, 443
진한궁원(秦漢宮苑) / 237, 437
진헌장(陳獻章) / 140, 432
질곡(桎梏) / 180

차

차를 마시면서 최석 나리를 놀리는 노래(飮
　　茶歌誚崔石使君) / 294
차안세계(此岸世界) / 197, 437
착락변화(錯落變化) / 421, 442
창랑시화(滄浪詩話)·시변(詩辨) / 249
창랑정기(滄浪亭記) / 37

창현(暢玄) / 309, 440
창힐(倉頡) / 230
책소찬(責素餐) / 88
책신(責臣) / 88
천인물아(天人物我) / 308, 439
천장원(天莊園) / 399
천청음(天聽吟) / 218
천하(天下) / 190
첨주중6영(添酒中六咏)·서(序) / 285
청석(靑石) / 421, 442
청옥요 / 370
청옥요재(聽玉寮在) / 370
초당기(草堂記) / 52
초서가(草書歌) / 277
초성(初聲), 전성(轉聲), 진성(振聲), 취성(驟聲), 무성(無聲) / 295
초여름에 유씨의 죽림에서 조촐하게 마시다[初夏劉氏竹林小飮] / 53
초인궁(楚人弓) / 120
촉신루(矚新樓) / 423, 443
추명대(推命對) / 141, 433
추재(秋齋) / 68
축선(軸線) / 421, 442
춘추번로(春秋繁露)·동류상동(同類相同) / 323
춘추번로(春秋繁露)·순천지도(循天之道) / 322
춘추번로(春秋繁露) / 334, 441
춘추좌전(春秋左傳)·양공이십이년(襄公二十二年) / 78
취산개합(聚散開闔) / 421, 442
취운루(就雲樓) / 423, 443
칠음(七音) / 315

타

태사황정견거사(太史黃庭堅居士) / 169
태일(太一) / 201
태허(太虛) / 303

파

파산랑(爬山廊) / 424, 444
파이드루스([斐德若]phaedrus) / 178
팔풍(八風) / 315
패방(牌坊) / 420, 424, 442, 444
편작(扁鵲) / 230
평사 벼슬을 하는 조카와…[同族侄評事…] / 58
평장(平章) / 59
표상(表象) / 180
표직에게 드림[贈杓直] / 82
풍속통의(風俗通義)·궁통서(窮通序) / 75
풍우당기(風雩堂記) / 121
플라톤(Platon[柏拉圖]) / 178

하

하문언(夏文彦) / 172, 435
하상공(河上公) / 307, 438
하안(何晏) / 335, 441
하안(鰕眼) / 295
하육(夏育) / 266
학림옥로(鶴林玉露) / 170, 225
한거부(閑居賦) / 36
한유찬(閑游贊) / 47
함영(涵泳) / 142, 434
항주(杭州)의 소제(蘇堤) / 381
해녕진씨원(海寧陳氏園) / 425, 444
해안(蟹眼) / 295
해장(海㺬) / 142, 434
해취원(諧趣園) / 172, 435
헤겔(Hegel[黑格爾]) / 180
혁추(奕秋) / 230
현람(玄覽) / 307, 438
현포(玄圃) / 81
현학(玄學) / 307, 334, 439, 441
형주의 왕충도가 차 끓이다 4수에 재미삼아 답하다[戲答荊州王充道烹茶四首] / 295

혜강(嵇康) / 420, 441
호곡원(湖曲園) / 362
호구 검지를 보고 느낌이 있어[觀虎丘劍池
  有感] / 136
호복간(濠濮間) / 173, 435
호석(湖石) / 159
호석산(湖石山) / 420, 441
호수(濠水) / 173, 435
호연당기(浩然堂記) / 44
호재기(浩齋記) / 131
호적(胡適) / 28, 430
호중천지(壺中天地) / 172, 435
홍력(弘歷) / 239, 425, 438, 444
홍몽(鴻濛) / 422, 443
화방재기(畵舫齋記) / 173, 436
화산수서(畵山水序) / 253
화선실수필(畵禪室隨筆)·화결(畵訣) / 307,
  439
화암2수(花庵二首) / 219
화자강(華子岡) / 60

화전석람(畵筌析覽) / 307, 439
화진(華鎭) / 172, 434
환단(還丹) / 301
환수산장(環秀山莊) / 421, 442
활발발지(活潑潑地) / 140, 432
활참돈오(活參頓悟) / 145
황극경세서(皇極經世書) / 237, 437
황보염(皇甫冉) / 64, 432
황석(黃石) / 159
황석산(黃石山) / 420, 441
황종희(黃宗羲) / 238, 438
회남자(淮南子)·정신훈(精神訓) / 201
횡거선생(橫渠先生) / 142, 434
효상(爻象) / 195, 436
후동산초당부(後東山草堂賦) / 138
안회의 일에 기쁘게 쓰다[戱書顏回事]
  / 141, 433
희이(希夷) / 422, 443
히폴리트 텐(Hippolyte~Adolphe Taine)
  / 196, 436

* 저자(著者)

왕의(王毅)

• 1954년 북경(北京)생으로, 1982년에 중국인민대학(中國人民大學) 중문학과(中文學科)를 졸업하고, 1982~2000년 중국사회과학원(中國社會科學院) 문학(文學)편집과 심의를 역임했으며, 2000~지금까지 중국사회과학원 철학연구소 연구원이다. 2007~2008학년도에 미국 하버드대학 '경관학연구센터[景觀學研究中心]' 경관건축학(景觀建築學) 고급연구원을 지냈다. 연구영역은 중국철학(中國哲學)·사학(史學)·문학(文學)·법률사(法律史)·중국법철학(中國法哲學)·제도경제사(制度經濟史)·조형예술(造型藝術)·고전원림(古典園林)·민간종교(民間宗教)·사회생태(社會生態)와 제도윤리(制度倫理) 등이다.

* 역자(譯者)

김대원(金大源)

• 1955년 경북 안동(安東)생으로, 1977~1982년에 경희대학교 사범대학 미술교육과 교육대학원을 졸업하고, 2012년에 고려대학교 대학원에서 한문학 전공으로 문학박사학위를 취득했다. 1981년~1985년 대한민국 미술대전에서 인물화와 동물화로 특선 두 번과 우수상을 수상하였고, 1995년 제3회 월전미술상을 수상하였다. 1982년~현재까지 개인전 17회, 단체전 200여회를 하였다. 1988년~현재까지 경기대학 예술대학 교수로 재직 중이며 조형대학원장과 박물관장을 역임하였다.

• 저역서로는 다음과 같은 것이 있다.
중국역대화론(中國歷代畵論) Ⅰ~Ⅴ. 도서출판 다운샘(2004~2006)
집자묵장필휴(集字墨場必攜) 1~8. 공역. 고요아침(2009)
중국고대화론유편(中國古代畵論類編) 1~16. 소명출판(2010)
중국화론집성주석본(中國畵論集成注釋本) 1~2. 학고방(2013)
원림과 중국문화(園林與中國文化) 1~4. 학고방(2014)

한국연구재단
학술명저번역총서
[동양편]　　607

원림과 중국문화 ❸

초판 인쇄　2014년 1월 22일
초판 발행　2014년 1월 29일

저　　자 | 왕의
역　　자 | 김대원
펴 낸 이 | 하운근
펮 낸 곳 | 學古房

주　　소 | 서울시 은평구 대조동 213-5 우편번호 122-843
전　　화 | (02)353-9907　편집부(02)353-9908
팩　　스 | (02)386-8308
홈페이지 | http://hakgobang.co.kr/
전자우편 | hakgobang@naver.com,　hakgobang@chol.com
등록번호 | 제311-1994-000001호

ISBN　　978-89-6071-357-4　94820
　　　　978-89-6071-287-4　(세트)

값 : 31,000원

■ 이 저서는 2011년 정부(교육과학기술부)의 재원으로 한국연구재단의 지원을 받아 수행된 연구임(NRF-2010-421-A00035)
This work was supported by National Research Foundation of Korea Grant funded by the Korean Government (NRF-2010-421-A00035).

이 도서의 국립중앙도서관 출판시도서목록(CIP)은 서지정보유통지원시스템 홈페이지(http://seoji.nl.go.kr)와 국가자료공동목록시스템(http://www.nl.go.kr/kolisnet)에서 이용하실 수 있습니다.(CIP제어번호: CIP2014003143)

■ 파본은 교환해 드립니다.